# 조선 양반사회와 노비

전형택 지음

문현
MUN HYUN

# 머리말

저자는 그 동안 조선 시대 신분 문제 그 중에서도 노비를 주로 연구하여왔다. 이 책은 지금까지 써온 연구 논문 가운데 조선 시대 신분제와 관련된 글만을 묶은 것이다. 따라서 이 책의 각 장은 개별 논문으로 이미 발표된 것을 모아 재구성한 것이어서 전체적으로 짜임새가 떨어지고 산만한 감을 지울 수가 없다. 다시 정리하는 과정에서 기존 논문의 적지 않은 부분에서 수정, 보완이 가해졌으나, 전체적인 논지에서는 큰 변화가 없다.

이 책에서는 각종 고문서 자료와 등록류를 기초자료로 이용하고, 이를 『조선왕조실록』, 『승정원일기』, 『비변사등록』 등의 연대기 자료 및 『경국대전』을 비롯한 각종 법전류와 비교 검토하여 최대한 자료 해석의 객관성을 높이려고 노력하였다. 또 개인 문집류와 일기류 및 지방사료도 참고하였다. 특히 고문서 자료를 적극적으로 활용하여 실증적 방법으로 노비신분의 존재양태를 엄밀히 구명함으로써 노비 신분에 대한 이해의 지평을 확대하려고 노력하였다.

저자가 노비 신분을 연구 대상으로 삼은 것에 대해서는 이미 『조선후기 노비신분 연구』에서 밝힌 바 있다. 노비 신분이 양인층과 함께 한국 중세사회를 떠받치고 있는 신분층의 하나였기 때문에 노비신분에 대한 이해가 한국 전근대사회의 구조 및 성격을 해명하는데 필수적인 작업임과 동시에 또 노비제의 해체가 한국 중세사회의 해체를 의미한다고 생각했기 때문이다. 따라서 조선사회의 변화와 발전 양상을 밝히기 위해서는 노비제에 대한 검토가 필요하며, 동시에 이러한 작업은 한국 중세사회의 성격을 보다 분명히 해 줄 것으로 믿어 왔다.

양반 중심의 조선사회에서 노비신분은 사회 최하층 신분으로써 양반·상민과 함께 3대 주요 신분을 이루고 있었다. 노비 인구의 비중은 다른 신분에 비하여 결코 무시할 수 있을 정도로 작은 것이 아니었다. 조선 전기의 경우 전인구의 1/3 이상 거의 절반에 육박할 정도였다고 추정될 만큼 대규모에 달하고 있었으며, 그 비중은 조선 후기에서도 크게 줄어들지 않았다. 또한 노비는 상민과 함께 조선 시대 생산을 담당하는 농민층을 구성한 양대 신분 가운데 하나였다. 이러한 면에서 노비 문제는 한국 전근대 사회의 구조와 성격을 밝히는데 필요불가결한 기본적인 문제 영역이 아닐 수 없는 것이다.

이 책은 크게 '양반 중심의 사회구조'와 '노비의 존재형태와 사역양상'의 2부로 구성되었다. '양반중심의 사회구조'에서는 조선 시대 노비의 주된 소유자였으며 사역 주체였던 양반들이 어떠한 사회경제적 기반에서 노비를 소유하고 사역할 수 있었는지를 살펴보는데 중점을 두고 접근하였다. 양반이 노비를 소유할 수 있었던 사회경제적 기반이 어디에 있었나를 고찰하는 작업인 셈이다. 보충군 입역 조건을 분석하여 조선 왕조가 처음부터 양반 중심의 신분구조였음을 살펴보고, 이어서 양반가의 분재기를 분석하여 노비 소유의 주체인 양반들이 노비를 소유할 수 있었던 사회경제적 토대를 살펴보았다. 또 양반들이 사회적 유대를 공고히 하여 노비 소유와 사역을 정당화해주는 사회적 기반으로 기능한 향청과 서원을 살펴보았다. 향청에 대해서는 향청과 향회에 관한 자료가 풍부히 남아 있는 담양을 사례로 분석하여 향촌사회의 견고한 양반사회의 조직을 분석하였으며, 서원에 대해서는 설재서원과 필암서원에 소장되어 있는 고문서를 분석하여 조선 시대의 서원이 양반 세력의 본거지로서 양반의 지위를 유지해주는 유력한 사회적 기구로서 양반들의 노비 소유 및 사역과 무관하지 않았음을 밝혔다.

'노비의 존재형태와 사역양상'에서는 노비로 대표되는 하층 천민들의 실제 생활 현장을 살펴보는데 주력하였다. 말하자면 노비의 사회경제적 존재 형태를 살펴 노비의 삶을 조명하는 작업인 셈이다. 여기에서는 먼저 조선 전기의 공노비의 노동력 동원이 선상·입역제로 운영되었으며, 조선 시대 각 고을에 설치되어 있던 창기가 노비 신분에 속해 있었음을 밝혔다. 이어서 조선 후기에 관노비, 앙역노비, 외거노비의 존재형태가 어떻게 변화되었는지를 살펴보았다. 조선 후기의 외거노비는 점차 경제적 독립성이 높아져 소경영의 주체로 성장했을 뿐 아니라 재산 소유의 주체로, 종국에는 국역부담자로까지 성장하여 적어도 국역부담의 면에서는 일반 양인과 크게 차이가 없을 정도로 성장하였음을 밝혔다. 또 노비신분층의 재산 소유실태를 살펴보고, 노비의 도망이 증가하고 있는 사회 현실에서 양반들이 더 많은 노비를 확보하려고 어떻게 노력했는지, 노비들은 이에 어떻게 맞섰는지를 살펴보았으며, 마지막으로 이와 같은 사회적 구조 속에서 실제로 전라도 광주에 살던 전의 이씨의 호적 자료를 분석하여 양반가문이 노비를 어떻게 소유하고 사역하고 있었는지를 살펴보았다.

돌이켜보면 학문에 뜻을 두고 걸어온 길이 30년을 훌쩍 넘었지만 학문하는 흉내만 내다가 아무것도 이룬 것이 없이 오늘에 이른 것 같다. 학문의 길이 저자의 능력에 부친데다가 천성마저 게으른 탓이었으리라. 결코 짧다고 할 수만은 없는 시간에 이룬 것이 고작 이 정도 밖에 안 된다니 자책감이 앞선다.

이 책이 나오기까지는 많은 분들의 도움을 받았다. 상업성이 없는 전문 서적의 출판을 흔쾌히 응낙해주신 도서출판 문현의 한신규 사장님과 출간을 제안하고 아담한 책을 만들기 위해 교정과 편집에 수고를 아끼지 않은 엄승진 부장님 이하 편집부의 여러분께 감사드린다.

2010년 1월

# 목차

## 제 2 부 　　노비의 존재 형태와 사역 양상

# 제1부
# 양반 중심의 사회 구조

# Ⅰ. 조선 초기의 신분 구조와 보충군

## 1. 머리말

조선왕조는 신분제 사회였다. 따라서 신분에 따라 입사의 권리와 공역, 조세 부담 등의 의무에 큰 차이가 있었으며, 신분 간의 계층 이동도 매우 어려웠던 사회였다. 그러므로 조선왕조의 사회 성격을 보다 분명히 파악하기 위해서는 신분 구조의 정확한 해명이 요청된다.

그러나 전근대 사회에서 신분 구조가 이렇듯 중요한 것이면서도 조선왕조의 신분 구조에 대해서는 그 연구 노력에 비하여 아직도 그 성과는 미흡하여 정확한 이해에 도달하지 못한 감이 있다. 지금까지의 연구 성과를 살펴보면 조선왕조의 신분 구조에 대하여 종래의 통설인 양반, 중인, 상인(양인), 천인의 신분 구조 대신에 양반의 실체에 의문을 제기하여 양·천의 이원적인 신분 구조 속에 양반을 양인의 상단에 위치시켜 양인 내의 계층적 유동성을 크게 부각시키려는 견해가 대두되고 있으나, 아직도 결론에 이르지 못하고 있는 실정이다. 이 견해에 따르면 통설과 같은 신분구조는 16세기 이후에 이루어졌다고 한다.[1]

이 장은 이와 같은 실정에서 조선 초기 신분 구조의 한 단면을 살펴보기 위하여 보충군의 입역 규례를 검토하여 거기에 반영된 신분 구조를 밝혀보려는 의도에서 쓴 것이다.

보충군에 대해서는 기왕에 몇 편의 논고가 있어서 그 실체는 잘 밝혀진 바 있으나,[2] 보충군제에 반영된 신분 구조의 해명에는 별로 주목하

---

1) 한영우, 「조선초기의 상급 서리 成衆官」, 『동아문화』 10, 1971, 3~4쪽.
2) 有井智德, 「李朝補充軍考」, 『조선학보』 21 · 22 합집, 1961; 임영정, 「조선초기 보

지 않고 단지 양인 확대책의 일환으로만 다루고 있는 실정이었다. 한편 서얼 차대 문제를 다루면서 양반 관료의 천첩자의 종량 통로로서 보충군을 언급한 논고도 있다.[3] 그러나 이러한 논고는 모두 조선 초기의 신분 계층구조를 파악하기 위하여 보충군을 고찰한 것이 아니었다.

보충군은 주지하다시피 조선 초기에 양천 간의 신분 변별책의 하나로 설치되었는데, 이에 관한 제 규정에는 조선 초기 사회의 신분 구조의 한 단면이 반영되어 있다. 이것은 보충군 입속 여부가 할아버지나 아버지의 신분에 따라 결정되었으며, 또 입역 조건이나 입역 기간, 去官, 한품 수직 등에서 역시 할아버지나 아버지의 신분에 따라 많은 차이가 두어졌기 때문이다. 따라서 보충군 입속자의 할아버지와 아버지의 신분을 추출해 봄으로써 조선 초기의 신분 구조를 밝혀낼 수 있을 것이다.

이 장에서는 이와 같은 관점에서 보충군 입역 규례에 나타나는 할아버지와 아버지의 신분의 차이에 주목하여 이를 통하여 조선 초기 신분 구조의 일면을 밝혀보려 한다. 이를 위하여 보충군의 설치 의도는 무엇이며, 보충군 입역 규례에는 조선 초기의 신분 구조가 어떻게 반영되었고, 또 입역 규례의 변화가 신분 의식의 변화와 어떻게 관련되어 있는가를 살펴보려 한다.


## 2. 조부의 신분과 보충군 입속

보충군이 처음 설치된 것은 1415년(태종 15) 3월이다. 이때 보충군에 입속된 자들은 ① 대소인원의 한품자손으로 이미 사재감 수군에 속해

---

충군 산고」, 『현대 사학의 제문제』, 1977.

3) 이상백, 「서얼차대의 연원에 대한 일문제」, 『진단학보』 1; 이상백, 「서얼금고시말」, 『동방학지』1; 前間恭作, 「서얼고」, 『조선학보』 5·6; 이태진, 「서얼차대고」, 『역사학보』 27.

있던 자 및 누락되어 역이 없이 놀고 있는 자, ② 칭간칭척자, ③ 이 이후의 각품 비첩소생 및 각품 천첩소생으로 속신한 자였다.[4] 여기에서 1415년(태종 15) 3월에 처음 설치된 보충군에 입속할 수 있는 자들이 칭간칭척자를 제외하고는 모두가 각품 대소인원의 전첩 자손 및 그 소생인 것에 주목할 필요가 있다. 왜냐하면 위의 규정은 양천교가소생 중 할아버지나 아버지의 신분이 각품 대소인원인 자에 국한되고 일반 양인과 천인 여자와의 교가소생은 보충군 입속에서 제외되고 있기 때문이다.

다음으로 보충군 설치 이전에 사재감 수군에 입속되어 있던 자들 가운데 대소인원의 한품자손만이 보충군에 입속한다는 ①항의 규정도 주목할 필요가 있다. 보충군 설치 이전에 사재감 수군에 속해 있던 자들은 대소인원 한품자손만이 아니었기 때문이다. 사재감 수군은 양천교가소생 및 양천미변별자의 신분 귀속과 밀접한 관련이 있는데, 이들의 사재감 수군 입속은 신분 귀속에 있어서 아버지를 따라 양인이 되는 從父爲良의 원칙이 수립된 이후의 일이었으므로 서술의 편의상 양천교가소생 및 양천미변별자의 신분 귀속과 사재감 수군 입속을 결부시켜 살펴보아야 할 것이다.

양천교가소생의 신분 귀속은 고려 시대에는 부모 중 한쪽이 천인이면 소생이 천인으로 되는 '一賤則賤'의 원칙이 준수되어 천인으로 귀속되었으나,[5] 1392년(공양왕 4)에 이르러 양인과 천인이 혼인하는 것을 금지시키고 그 소생만은 종량한다는 원칙이 수립되었으며,[6] 다시 조선에 들어와 1397년(태조 6) 7월에 이르러 각품 대소인원의 비첩소생을 종량하는 것으로 결정되었다.[7] 이때에 각품비첩산을 방량한다고 하였으나,

---

4) 『태종실록』 권29, 태종 15년 3월 병오.
5) 『고려사』 권85, 「형법지」 39 노비.
6) 위와 같음.
7) 『태조실록』 권12, 태조 6년 7월 갑술. 이 때 "비록 비첩소생이라 하더라도 또한 이 역시 골육이므로, 노비와 같은 예로 사역하는 것은 옳지 못하니 재주가 살

실제로는 신량역천으로 하여 사재감 수군에 입속시켰던 것이다.[8] 이것이 양천교가소생을 사재감 수군에 입속시킨 시초였다. 그 후 1405년(태종 5) 9월에 각품 조부비첩소생도 각품 자기비첩소생과 함께 방량하여 사재감 수군에 입속시키고,[9] 1414년(태종 14) 정월에는 비첩산한품속신법을 정하면서 2품 이상의 공사천첩 소생도 자기 소유의 노비로 속신하여 자기비첩 소생과 마찬가지로 사재감 수군에 입속시켜 한품수직할 수 있도록 하였으며,[10] 같은 해 4월에는 3품 이하 천첩소생도 사재감 수군에 입속을 허가함과 동시에 각품 대소인원비첩소생으로 사재감 수군에 입속하는 것을 신축년(1361, 고려 공민왕 10년) 이후 소생으로 제한하였다.[11] 또 같은 해 6월에는 양인과 공사비의 교가소생을 아버지의 신분을 따라 양인신분이 되도록 하였다. 그러나 이때 종량된 양인의 공사비첩소생은 각품 대소인원의 공사비첩소생과는 달리 종량되었다하더라도 사재감 수군에 입속하지 못하고 고려의 判定百姓과 같이 신량역천으로 호적에 올려졌다.[12] 같은 해 7월에는 대소인원이 처의 비를 첩으로 삼아 낳은 소생도 자기 비첩 소생의 예에 따라 사재감 수군에 입속시켰으

---

아 있는 비첩소생은 영구히 방량하는 것을 항식으로 삼는다."고 결정하였으나, 모든 비첩소생이 방량되었던 것은 아니고 각품 대소인원의 소생에 한정되었다. 즉 1414년(태종 14) 4월에 마련된 노비변정조건에 "대소인원의 자기비첩소생은 신축년(1361년, 공민왕 10)을 한계로 하여 모두 추쇄하여 사재감 수군에 입속시킨다."고 되어 있는데, 이때 방량하여 사재감 수군에 입속할 수 있는 자를 대소인원의 신축년 이후 소생으로 국한시키고 있는 것을 보면 태조 때 방량된 자들은 각품 대소인원 소생이었음을 알 수 있다.(주 11) 참조)

8) 1414년(태종 14) 정월에 비첩소산한품속신법을 제정하면서 사재감에서 "태조 때에 제인의 자기비첩이 낳은 소생을 신량역천으로 삼아 사재감 수군에 소속시키자."고 한 것을 보면 처음부터 이들은 신량역천으로 되었던 것 같다.(『태종실록』 권27, 태종 14년 정월 기묘)

9) 『태종실록』 권10, 태종 5년 9월 무술.

10) 『태종실록』 권27, 태종 14년 정월 기묘.

11) 『태종실록』 권27, 태종 14년 4월 기미.

12) 『태종실록』 권27, 태종 14년 6월 무진.
   고려의 판정백성에 대해서는 武田幸男, 「高麗時代の百姓」, 『조선학보』 28 참조.

며,[13] 신축년(1361년, 고려 공민왕 10년) 이전의 대소인원비첩소생도 사재감 수군에 입속시켰다.[14] 1415년(태종 15) 정월에는 신축년 이후 사망한 2품 이상의 천첩자손에게도 속신을 허가함으로써,[15] 이들도 역시 사재감 수군에 입속하였다. 지금까지 살펴 본 자들은 양천교가소생 가운데 모두가 각품 대소인원의 소생으로 1415년(태종 15) 3월 보충군이 설치될 때 여기에 이속되었다.

한편, 보충군이 설치되기 이전에 사재감 수군에 입속하였으나, 보충군 설치 당시 바로 여기에 이속되지 못했던 자들도 있었다. 이 부류에 속하는 자들로는 우선 노와 양녀와의 교가소생을 들 수 있다. 이들은 1401년(태종 1) 7월에 신량역천으로 설정되어 사재감에 입속하였으나,[16] 1405년(태종 5) 9월에 공사천과 양녀와의 교가를 금하면서 그 소생을 모두 속공함으로써,[17] 사재감 수군에 입속하는 것이 금시되었다.

호적 상 양인인지 천인인지 불명확한 자(良賤籍俱不明者)와 기한 내에 양인이라고 소송을 제기하였으나 아직 판결이 끝나지 아니한 자(訴良限前未畢者)도 보충군 설치 이전에 사재감 수군에 입속하였다. 호적상 양인인지 천인인지 명확하지 아니한 자는 1392(태조 1) 윤 12월에 이미 "노비로 양인이라고 소송을 제기한 자 가운데 사역한 지 오래된 자는 천인 신분으로 하고, 일찍이 사역한 바 없는 자를 (자기) 노비라고 칭하여 강제로 노비로 삼은 자는 양인 신분을 허가한다."[18]고 결정하였으나, 1397년(태조 6) 7월에 이르러 호적 상 양인인지 천인인지 명확하지 아니한 자를 신량역천으로 규정하여 관사 사령으로 정속하도록 하였

13) 『태종실록』 권28, 태종 14년 7월 신사.
14) 『태종실록』 권28, 태종 14년 7월 계미.
15) 『태종실록』 권29, 태종 15년 정월 기묘.
16) 『태종실록』 권2, 태종 1년 7월 갑인.
17) 『태종실록』 권10, 태종 5년 9월 갑인.
18) 『태조실록』 권2, 태조 1년 윤 12월 계유.

으며,[19] 그 후 1405년(태종 5) 9월에 제정된 奴婢決折條目에서는 이들을 사재감 수군에 입속하도록 규정하고 있다.[20]

기한 내에 양인이라고 소송을 제기하였으나 아직 판결이 끝나지 아니한 자의 사재감 수군 입속은 1413년(태종 13) 9월에 노비 소송을 빨리 끝마치기 위하여 奴婢中分法을 제정하면서,[21] 같은 해 9월 1일 이전에 소송을 제기하여 아직 판결이 나지 아니한 자들을 모두 사재감에 입속시킴으로써 시작되었다.[22] 이들은 같은 해 12월까지 모두 사재감 수군에 입속하도록 하였는데, 이들이 바로 시비를 가리지 않은 자(勿間是非者)들이다.[23] 이밖에 驛子의 자기비첩소생도 대소인원 자기비첩소생과 마찬가지로 사재감 수군에 입속하였으나, 1414년(태종 14) 8월에 이르러 속공하도록 조처되었다.[24]

이상에서 살펴 본 바와 같이 1415년(태종 15) 3월 보충군이 설치되기 이전에 사재감 수군에 입속한 자들은 각품 대소인원 비첩소생과 천첩소생으로 속신한 자, 양인이라고 소송을 제기한 자 가운데 호적 상 양인인지 천인인지 분명하지 아니한 자, 그리고 1413년(태종 13) 9월 1일 이전에 양인이라고 소송을 제기한 자 가운데 아직 판결이 나지 아니한 자 등이었다. 이들 가운데 1415년(태종 15) 3월에 보충군에 이속된 자들은 앞에서 언급한 바와 같이 각품 대소인원의 비첩산 및 천첩소생으로 속신한 자 뿐이었다.

---

19) 주 7)과 같음.
20) 주 9)와 같음. 태종 5년 8월 朴尙文 등이 양인이라고 소송을 제기한 것에 대하여 태종이 "양인인지 천인인지 문서가 분명하지 않다."고 하여 사재감 수군에 입속시키고 있는 것을 보면 1405년(태종 5) 8월 이전에 이 법이 제정되었음을 알 수 있다.(『태종실록』 권10, 태종 5년 8월 정축)
21) 『태종실록』 권26, 태종 13년 9월 정축 및 병신.
22) 『태종실록』 권26, 태종 13년 9월 계미.
23) 『태종실록』 권26, 태종 13년 11월 정해.
24) 『태종실록』 권28, 태종 14년 8월 계해.

또 보충군을 설치하면서 마련된 "지금부터 각품 비첩소생으로 자기 아버지가 죽은 후 사재감에 소속된 자들은 아울러 보충군에 입속시키며 각품 천첩소생으로 속신한 자는 자기 비첩소생의 예에 따라 보충군에 입속한다."는 규정도 보충군 설치 이전에는 응당 사재감 수군에 입속해야 할 자들이 보충군이 설치됨으로써 직접 여기에 입속하도록 한 조처임으로 결국 1415년 3월에 설치된 보충군은 각품 대소인원의 비첩, 천첩소생과 칭간칭척자만으로 구성되었음을 알 수 있다.

이후 보충군은 세종 대에 확대 개편되었다. 보충군의 확대 개편은 먼저 1417년(태종 17) 9월에 노비 쟁송을 영원히 없애기 위하여 공사천 가운데 양인이라고 소송을 제기한 자들을 시비를 가리지 않고 모두 보충군에 입속시킴으로써 시작되었다.[25] 이들이 바로 勿問是非 보충군이다. 세종 대에 들어와서의 변화를 살펴보면 1419년(세종 1) 7월 병조의 계에 '본조 소속의 신량수군, 칭간칭척, 물문시비, 비첩산 그리고 속신 등의 각색 보충군'[26]이라 열거되어 있는 것을 보면 보충군 설치 이후 태종 대에 입속이 확인된 칭간칭척, 물문시비, 비첩산, 속신자 외에 신량수군이 입속하고 있음을 알 수 있다. 신량수군은 호적 상 양인인지 천인인지가 불명한 자로서[27] 이들은 앞에서 살펴 본 바와 같이 1405년(태종 5)에 사재감 수군에 입속하도록 조처되었으나,[28] 보충군 설치 당시에는 보충군에 이속되지 않았던 자들이다. 이들은 이후 1419년(세종 1) 7월 이전에 보충군에 이속된 것으로 보인다.[29]

---

25) 『태종실록』 권34, 태종 17년 9월 무인.
26) 『세종실록』 권4, 세종 1년 7월 신유.
27) 『세종실록』 권9, 세종 2년 9월 병인.
28) 주 9) 및 20) 참조.
29) 有井智德은 이들의 보충군 입속 시기를 1415년(태종 15) 3월에서 1419년(세종 1) 사이로 보고 있으나(앞의 논문, 312쪽), 1415년 4월 형조에서 올린 奴婢決折事宜에 '호적 상 양인인지 천인인지 명확하지 아니하여 사재감 수군에 소속된 자 가운데 그 주인이 잘못 결정되었다고 소장을 올려 천인으로 삼고자 한 자

1432년(세종 14) 9월에는 1414년(태종 14) 6월 28일 이후 有職人과 공사비와의 교가소생을 각품 천첩자손의 예에 따라 보충군에 입속시겼으며,[30] 관인과 관기의 교가소생도 1456년(세조 2) 2월에 이르러 속신하여 보충군에 입속하도록 조처되었다.[31] 한편 1429년(세종 11) 12월에는 각품 천첩자손들이, 1415년(태종 15) 3월 병조에서 수교한 각품천첩자손속 신법의 규정에 따라 고려의 첩설수직인과 본조의 공상천예로 수직한 자의 자손까지 할아버지나 아버지의 직함을 빌어 속신하고 있는 바 이것이 본조의 실직 3품 이상에게만 음직을 제수하도록 규정한 入官補吏法과는 상치된다 하여 고려의 3품 이하와 본조의 공상천예로 수직한 자의 자손의 속신을 일체 금함으로써,[32] 이들은 이때부터 보충군 입속이 금지되었다.

지금까지 살펴 본 바와 같이 1456년(세조 2) 7월 이전에 보충군에 입속한 자들은 고려조의 2품 이상 및 본조의 각품 대소인원의 천첩소생, 공상천예를 제외한 유외의 유직인의 천첩소생, 칭간칭척자, 물문시비자, 그리고 양인이라고 소송을 제기하였으나 정해진 기한 내에 소송을 마치지 못한 자(한내소량미필자)에 국한되었고, 일반 양인과 비와의 교가소생은 제외되었다. 위에 열거된 자들도 각품 대소인원의 자손을 제외하고는 잡색보충군이라 하여 차별 대우를 받았다.[33] 이것은 할아버지와

---

는 소송의 심리를 허락하지 않는다.'(『태종실록』 권29, 태종 15년 4월 경진)고 되어 있는 것을 보면 이들은 보충군 설치 당시에 이속되지 못하였음을 알 수 있다. 그런데 1417년(태종 17) 9월에 물문시비자들이 보충군에 입속된 것으로 보아 이들도 이 때 함께 이속되지 않았나 생각된다.(주 25) 참조)

30) 『세종실록』 권57, 세종 14년 9월 병진. 이때의 유직인은 流品 외의 유직인으로 해석된다. 왜냐하면 각품 천첩소생은 이미 보충군이 설치될 때에 모두 여기에 이속되었기 때문이다.(有井智德, 앞의 논문, 304쪽 참조)

31) 『세조실록』 권4, 세조 2년 7월 임신.

32) 『세종실록』 권46, 세종 11년 12월 을해.

33) 『세종실록』 권42, 세종 10년 10월 병신. 이때 좌사간 金孝貞이 잡색보충군의 隊長, 副長 출신을 취재하여 한품서용하려는 계획에 대하여 "잡색보충군에 이

아버지의 신분상의 차이에서 연유하는 것이다. 즉 이들 가운데 양천적 불명자, 한내소량미필자는 대체로 고려 말에 농장에 투탁하거나 招入된 양인들이었으며,[34] 칭간칭척자 역시 고려말에서 조선 초기에 걸쳐 나타난 양인의 定役戶로서 신분적으로는 양인이면서 특수한 직역에 종사하는 신량역천계층이었다.[35] 이들은 흠이 있는 양인이었으나, 어머니쪽의 가계가 천인 혈통이 아니었기 때문에 양인과 비와의 교가소생과는 달리 보충군에 입속되었다고 생각된다. 그러나 이들은 할아버지나 아버지의 신분이 각품 대소인원은 아니었기 때문에 보충군에 입속되어서도 후술하는 바와 같이 차별 대우를 받아 거관하지 못하는 永屬補充軍으로서 자자손손 보충군 역을 질 수 밖에 없었다. 이와 같이 이들은 고려 말에

---

르러서는 하품수지이 법이 정해진 바 없는데 아울러 시험하여 서용하게 되면 불가한 자들이 들어가게 된다."고 하면서 이에 반대하고 있는 것을 보면, 잡색 보충군은 대장 대부도 去官하여 한품수직될 수 없었음을 알 수 있다.

34) 임영정, 「여말 농장인구에 대한 일고찰」, 『동국사학』 13, 1976, 참조. 『태종실록』 권31, 태종 16년 5월 신해. 朴訔의 상소에도 "사인 간의 노비쟁송의 당사자는 대부분 본래 양인이거나 혹은 공천이나 사천으로 그 유래가 깊다."는 내용이 보인다.

35) 유승원, 「조선초기의 신량역천계층」, 『한국사론』 1, 서울대 한국사학회, 1973 참조. 칭간칭척자 가운데 원래 양인으로서 고려 말에 국가기관이나 귀족의 농장에 초입되어 전호로서 생계를 유지하던 이른바 처간이라 불리는 자들도 많았는데(송병기, 「고려시대의 농장」, 『한국사연구』 3, 1969, 27~28쪽), 이들을 구제하기 위하여 칭간칭척자의 보충군 입속이 실시된 것으로 생각된다. 왜냐하면 조선 초기의 칭간칭척자는 처간과 같은 부류 뿐 아니라 염간, 목자간 등 많은 종류가 있었는데, 정역호로서의 칭간칭척자의 대표적인 존재라 할 수 있는 염간이 보충군 입속에서 제외되고 있으며(주 4) 참조), 또 염간, 목자간 등이 보충군에 입속하려면 전투에서 적의 머리를 베거나 생포하는 등의 일등 군공을 세운 경우에만 가능하였고(『세종실록』 권5, 세종 원년 8월 경진 및 권23, 세종 6년 3월 병신), 염간, 목자, 역리 등의 천처나 천첩소생이 아버지의 신분을 따라 양인으로 되어서도 보충군에 입속되지 못하고 아버지의 역처에 정역되었던 것을 보면(『세종실록』 권44, 세종 11년 6월 병술, 『세조실록』 권20, 세조 6년 5월 경자) 이와 같은 부류는 원칙적으로 보충군 입속에서 제외되고 있었음을 알 수 있다.

압량위천된 자들이거나 신량역천으로서 특수한 직역에 정역된 원래 양인 신분이었기 때문에 이들을 보충군에 입속시킨 것은 이들의 신분을 회복시키기 위한 조치여서 이들이 모두 보충군에 입속하고 난 다음에는 다시 입속될 자들이 남아 있을 수 없으므로 이후로는 이들을 보충군에 입속시키려는 논의는 더 이상 거론되지 않았다. 일반 양인과 공·사비와의 교가소생의 보충군 입속은 1415년(태종 15) 3월 보충군이 처음 설치된 이후 46년이 지난 1463년(세조 7)에 이르러서야 실현되었다.[36] 이때에 "동서반 및 문무과, 생원, 성중관, 有蔭者의 자손으로 공·사비를 첩으로 삼아 낳은 자녀로 이미 양인이 된 자는 다시 속신할 필요가 없으며, 공·사비가 양인에게 시집가서 낳은 소생으로 이미 양인이 된 자는 영원히 보충군에 소속시킨다."고 결정하여 양인과 공·사비와의 교가소생은 이때에야 비로소 이미 종량한 자만이 영속보충군에 입속되었던 것이다. 양인과 공·사비와의 교가소생은 앞에서 서술한 바와 같이 1414년(태종 14) 6월에 아버지의 신분을 따라 양인 신분이 되어 고려의 판정백성의 예에 따라 호적에 올렸으나[37], 1432년(세종 14) 3월에 이르러 양인과 공·사비와의 교가를 금지하고 이를 어기고 낳은 소생은 천인으로 삼도록 하였다.[38] 따라서 1461년(세조 7) 6월 보충군에 입속된 양인과 공·사비와의 교가소생은 1432년(세종 14) 이전에 이미 아버지의 신분을 따라 양인이 된 자들이었으며,[39] 양천교가가 금지된 이후 종량된 자들은 1품 이하 동서반 유품, 문무과 출신인, 생원, 성중관, 유음자손의 공·사비첩 소생과 40세에 이르도록 자식이 없는 일반 양인(평민)의 공·사비 소생에 한정되었고,[40] 따라서 이들만이 이때에 보충군에

---

36) 『세조실록』 권24, 세조 7년 6월 병술.
37) 주 12) 참조.
38) 『세종실록』 권55, 세종 14년 3월 을유.
39) 이들은 1434년(세종 16) 2월에 사재감에 입속되었는데(『세종실록』 권63, 세종 16년 2월 무진), 이때 보충군에 이속되었다.

입속할 수 있었다. 위에서 양천교가소생종천법의 예외로 인정된 자들 가운데 40세 이상된 평민으로 자식이 없는 자와 공·사비와의 교가소생 도 1459년~1460년(세조 5~6) 사이에 승중 장자를 제외하고는 종천되었 다.[41] 이렇게 됨으로써 1460년 이후 양천교가소생으로 종량되어 보충군 에 입속할 수 있는 자들은 1품 이하의 동서반 유품, 문무과 출신인, 생 원, 진사, 성중관, 유음자손과 40세에 이르도록 아들이 없는 평민의 승 중 장자에 한정되었다. 위에 열거된 자들 가운데 40세에 이르도록 아들 이 없는 평민을 제외한 1품 이하의 동서반 유품, 문무과 출신인, 생원, 진사, 성중관, 유음자손이 이른 바 각품 대소인원 천첩자손이다.[42] 일반 양인과 공·사비의 교가소생은 40세에 이르도록 아들이 없는 평민의 자 를 제외하고는 모두 보충군 입속에서 제외되었다. 따라서 보충군은 1468년(세조 14) 6월 이후부터는 각품 대소인원의 천첩자손이 주축이 되 어 여기에 40세 이상으로 자식이 없는 평민의 승중 장자만이 더 포함되 었다. 그 후 이 보충군은 종부법의 실시로 일시 폐지되었으나,[43] 곧 바

---

40) 주 38)과 같음.

41) 40세에 이르도록 자식이 없는 일반 양인(평민)이 공천에 장가들어 낳은 소생 은 1459년(세조 5) 8월에 승중 장자만을 종량시켰고(『세조실록』 권17, 세조 5년 8월 무인), 사천에 장가들어 낳은 소생은 이듬해 2월에 승중 장자만을 종량시 켰다.(『세조실록』 권19, 세조 6년 2월 을묘)

42) 『경국대전』 권5, 「형전」 천첩자녀에 '대소인원(문무관, 생원, 진사, 녹사, 유음 자손 및 적자가 없는 자의 첩자나 손으로 승중한 자)'라 되어 있어 대소인원에 는 문무관, 생원, 진사, 녹사, 유음자손이 포함되고 있음을 확인할 수 있다. 여 기에서 녹사는 성중관이 개칭된 것이므로(한영우, 「조선 초기의 상급 서리 성 중관」, 『동아문화』 10) 1432년(세종 14) 6월에 제정된 양천교가소생종천법의 예 외로 인정된 자의 내용과 일치한다.(有井智德, 앞의 논문 참조)

43) 『예종실록』 권5, 예종 원년 4월 기축일에 '세조가 천인종부법을 세우고 보충군 을 혁파했다.'고 되어 있다. 有井智德은 앞의 논문에서 세조 11년에서 14년 5 월 사이에 폐지된 것으로 보고 있다. 그러나 세조 14년 6월 정해일까지도 黃 喜의 母妹인 康末生이 보충군역을 면하지 못하고 있고(『세조실록』 권46), 이어 서 임인일에 종모법으로 환원되고 있음(주 44) 참조)을 보면, 보충군은 세조 14년 5월 정해일에서 임인일 사이에 폐지되었음을 알 수 있다.

로 종모법이 부활되면서44) 1469년(예종 1) 4월에 다시 설치되면서 보충대로 개칭되어있다.45)

복설된 보충대에 입속된 자들은 각품 대소인원의 천첩자손에 한정되었다. 1474년(성종 5) 掌隷院의 계에 보면, 대소인원이 공·사비를 처나 첩으로 삼아 낳은 자손의 보충대 입속에 대한 『경국대전』의 규정만이 보이는데46), 이것은 앞에서 살펴 본 바와 같이 1432년(세종 14)에 종천법이 실시되면서 이들 자손만이 종량되어 보충대 입속 대상이 되었기 때문이다.

일반 양인과 공·사비와의 교가소생은 앞에서 서술한 바와 같이 40세 이상된 자의 승중 장자만 종량이 허가되었고, 衆子의 경우는 1477년(성종 8) 3월에 자신의 비와 처의 비를 첩으로 삼아 낳은 소생이 종량되어 보충대에 입속되었으나, 다음해 8월에 종천되었다가47), 다시 10월에 들어와 종량되어 영속보충대에 입속되었다.48) 1486년(성종 17) 3월 병조의 계에 "지금의 『경국대전』에 양인이 자기의 비나 공·사비에 장가들어 낳은 소생이 근무일수가 차면 去官하는 법이 있다."49)고 하는 내용이 보이고 있어, 이때까지는 양인의 자기 비첩 뿐 아니라 공·사비 소생까지도 종량되어 보충대에 입속되었음을 알 수 있다. 이 규정은 같은 해 5월에 삭제되어 종천으로 환원되었다가,50) 1491년(성종 22) 10월에 종량되어 보충대에 입속된 뒤,51) 다시 그 이듬해 11월에 종천으로 환원되

---

44) 『세조실록』 권46, 세조 14년 6월 임인.
45) 『예종실록』 권5, 예종 원년 4월 기사.
46) 『성종실록』 권40, 성종 5년 3월 무자. 이때의 논의에서 자기 비첩소생을 제외하고는 모두 속신한다고 했던 것을 보면, 공·사비에는 자기비첩도 포함되고 있었음을 알 수 있다.
47) 『성종실록』 권95, 성종 9년 8월 병신.
48) 『성종실록』 권97, 성종 9년 10월 신해.
49) 『성종실록』 권189, 성종 17년 3월 병오.
50) 『성종실록』 권191, 성종 17년 5월 임신.
51) 『성종실록』 권258, 성종 22년 10월 임신.

어[52], 이것이 현존의 『경국대전』에 그대로 반영되어 대소인원의 천첩자손과 40세 이상의 아들 없는 일반 양인의 승중자만이 종량되어 보충대에 입속되도록 규정되었다.[53]

이상에서 양천교가소생의 신분귀속과 보충군(대) 입속 과정을 살펴보았다. 먼저 양천교가소생의 신분 귀속에 있어서는 각품 대소인원의 천첩소생은 태조 대 이후 계속 종량되었던 데 비하여, 일반 양인과 공·사비와의 교가소생은 일시적으로 종량된 일도 있으나, 1434년(세종 16) 이후부터는 승중 장자를 제외하고는 거의 일관하여 종천되었다. 따라서 보충군 입속에 있어서도 각품 대소인원의 천첩 자손과 양천적불명자, 한전소량미필자 및 칭간칭척자 등 고려 말에 압량위천되었던 자들이나, 신량역천계층이 먼저 입속하였고, 일반 양인과 공·사비와의 교가소생은 그들의 신분이 법제적으로 양인으로 기속되었던 때를 제외하고는 입속이 불가능하였다. 양천적불명자, 한전소량미필자 및 칭간칭척자 등의 보충군 입속은 그들을 원래의 신분으로 회복시켜주기 위한 조처였다. 일반 양인과 공·사비와의 교가소생은 보충군에 입속하여도 이들은 영속보충대로서 대소인원의 자손과는 차별 대우를 받고 있었다. 이로써 미루어 보면 조선 초기에 있어서도 각품 대소인원과 일반 양인 사이에는 상당한 신분적 차별이 존재하고 있었음을 알 수 있다.

## 3. 조부의 신분과 입역 조건

보충군에 입속할 수 있는 자들은 앞에서 살펴 본 바와 같이 각품 대소인원의 천첩자손, 칭간칭척자, 양천적불명자, 한전소량미필자, 일반

---

52) 『성종실록』 권271, 성종 23년 11월 을해.
53) 주 42)와 같음.

양인과 공·사비의 교가소생 등이었으나, 1434년(세종 16) 이후부터는 대소인원의 천첩 자손만이 입속할 수 있었으며, 일반 양인과 공·사비의 교가소생은 1460년(세조 6)에 처음 입속된 후 성종 연간에 몇 차례 입속이 허가된 일이 있었다.

보충군 입속 대상자는 그의 아버지가 장례원에 신고하면 장례원에서 사실 여부를 확인한 후 병조에 移文하여 보충군에 입속하였으며, 아버지가 없는 경우에는 嫡母, 嫡同生, 조부의 순으로 신고하도록 되어 있었고, 자기의 비나 처의 비 소생을 제외하고는 보충대 입속 전에 반드시 나이가 비슷한 노비를 대신 소유주에게 바치고 속신해야 했다.[54] 왜냐하면 이들은 속신하기 전까지는 노비종모법의 적용을 받아 공·사비 소유주의 노비였기 때문이다.[55]

공·사비 소생의 속신은 1414년(태종 14) 정월에 2품 이상의 공·사천 첩소생에 한하여 자기의 노비로 속신하도록 하고[56] 이들을 사재감 수군에 입속하게 한 것이 시초였다. 다음 해 3월 보충군이 처음 설치되었을 때 각품 천첩소생 가운데 스스로 속신할 수 있는 자만을 보충군에 입속하도록 한 것[57]도 같은 이유에서였다.

속신에 관한 규정은 시간이 지나면서 강화되어 갔다. 태종 때에는 '나이가 서로 비슷한 노비'로 속신하도록 되어 있어,[58] 나이만 비슷하면 누구의 노비이든 상관이 없었으나, 1461년(세조 7)에는 '서로 나이가 비슷한 자기 노비'로 속신하도록 규정하여 자기 노비로 속신하도록 하였다.[59] 이

---

54) 『경국대전』 권5, 「형전」 천첩자녀.
55) 『성종실록』 권40, 성종 5년 3월 무자. 장례원에서 아뢰기를 "대소인원이 공·사비를 처나 첩으로 삼아 낳은 자녀는 … 속신하지 않으면 남의 노비이므로 이치 상 (공노비 소생은 그 소속) 관청에, (사노비 소생은) 그 주인에게 돌려주어야 마땅합니다."고 하였다.
56) 『태종실록』 권27, 태종 14년 정월 을묘.
57) 『태종실록』 권29, 태종 15년 3월 병오.
58) 『태종실록』 권29, 태종 15년 정월 정묘.

어서 성종 때에는 좀 더 구체화하여 '질병이 없고 나이가 서로 비슷한 자기 노비'로 속신하도록 했으며, 대신 바친 노비가 도망하게 되면 다시 바치거나, 아니면 속신한 자를 다시 노비로 되돌리도록[60] 속신의 규정이 강화되었다. 이렇게 속신의 규정이 강화되어 간 것은 대체로 양천교가소생이 종량될 수 있는 통로가 좁아진 것과 궤를 같이하여 보충군 입속에 그만큼 제한이 가해져 갔던 것과 상응하는 조처로 생각된다.

보충군 입속 대상자는 16세부터 입역하게 되어 있었다.[61] 이들은 보충군이 처음 설치된 태종 때에는 3번으로 나뉘어 6개월씩 교대로 입역하도록 되어 있었으나,[62] 1419년(세종 1)에 4개월씩 교대하도록 바뀐 뒤,[63] 성종 때에는 다시 4번으로 나뉘어 4개월씩 교대하여 입역하도록 고쳐졌다.[64]

보충군도 역시 正軍이었기 때문에,[65] 이들에게도 입역 중에는 정군 1명에 2명의 봉족이 주어졌다.[66] 이들 보충군은 5위에 소속되어 군역을 부담하는 외에 중앙 각사의 사령, 구종 등의 천역에도 종사하였으며,[67] 산릉역에도 동원되었다.[68] 이들은 이외에도 지방에서 선상되는 노가 담당하는 중앙 각사의 차비노가 부족할 경우에는 이에 차역되기도 하였다.[69]

5위 중의 의흥위에 소속되어 군역을 담당하는 대신에 위에서 살펴 본

59) 『세조실록』 권29, 세조 7년 7월 정미.
60) 『경국대전』 권5, 「형전」 천첩, 천첩자녀.
61) 『경국대전』 권5, 「형전」 천첩자녀.
62) 『태종실록』 권31, 태종 16년 5월 신해.
63) 『세종실록』 권4, 세종 원년 7월 신유.
64) 『경국대전』 권4 「병전」 번차도목.
65) 보충군은 5위 가운데 의흥위에 속해 있었다.(『경국대전』 권4, 「병전」 5위)
66) 『태종실록』 권29, 태종 15년 3월 병오, 4월 병진, 주 90) 참조.
67) 『세종실록』 권48, 세종 12년 4월 병신.
68) 『세종실록』 권111, 세종 28년 3월 을미.
69) 『경국대전』 권5, 「형전」 제사 차비노 근수노.

것과 같은 중앙 각사의 사령, 구종, 차비노와 같은 천역이나 산릉역에 동원되는 보충군은 대체로 각품 대소인원의 천첩 소생이 아닌, 할아버지나 아버지의 신분이 낮은 자들이었던 것으로 생각된다. 왜냐하면 1402년(태종 2) 6월에 승추부의 계청에 따라 문적불명자와 신량역천으로 사재감에 소속되어 있는 자들을 각사 창고와 도감청에 나누어 소속시켜 賤隷의 역에 종사하도록 결정하였는데,[70] 이때는 아직 보충군이 설치되기 전으로 사재감 수군에 소속되어 있는 자들 가운데 대소인원의 천첩 소생을 제외한 문적불명자와 신량역천자들 만이 천예의 역에 차역되고 있는 바, 이들 사재감 수군이 보충군에 이속되었기 때문이다. 또 1417년(태종 17) 5월에는 사간원에서 외방에 거주하는 보충군의 상경 입역에 따르는 고통을 덜어주기 위하여 이들을 방송하고 부족되는 사령은 隊長, 隊副를 증원 배치하여 이들로 하여금 그 역을 대신하게 하자고 상소한 바 있는데,[71] 여기에서 외방에 거주하는 보충군이 상경 입역하는 경우 사령으로 차역되는 일이 있었던 것을 알 수 있다. 이들은 대체로 신분이 저열한 농사를 지어 생활하는 자들로서 각품 대소인원의 천첩 자손은 아니었을 것으로 생각된다. 1486년(성종 17) 3월 영사 李克培의 계 가운데 "국초 이래 영속보충대를 설립하여 병조에 소속시켜 여러 곳의 역을 공급하고 있다."[72]는 내용이 보이고 있어, 영속보충대가 이러한 천역에 차역되었음을 분명히 보여주고 있다. 이들 영속보충대는 후술하는 바와 같이 아버지의 신분이 낮은 자들이었다. 더욱이 각품 대소인원의 천첩 소생은 보충군 입속 후 "부형의 사사로운 애정으로 촉탁에 힘입어 관직을 얻어 朝士와 어깨를 나란히 하고 있다."[73]거나 "은혜를 베풀고 사랑하여 하지 못할 일이 없다."[74] 한 것으로 보아, 할아버지나

---

70)『태종실록』권3, 태종 2년 6월 계축.
71)『태종실록』권33, 태종 17년 5월 계미.
72)『성종실록』권189, 성종 17년 3월 계유.
73)『태종실록』권29, 태종 15년 4월 경진.

아버지, 형제의 정치적, 사회적 지위가 상당한 각품 대소인원의 천첩소생은 천역에서 제외되었을 것으로 보인다. 보충군은 이와 같이 조선의 기간병인 5위에 소속되어 있으면서도 할아버지와 아버지의 신분에 따라 천역에도 차역되는 등 같은 보충군이면서도 입역처가 달랐던 것이다.

보충군은 정해진 기간의 입역을 마치면 거관하여 보충군 역에서 벗어날 수가 있었다. 이들의 입역 기간에 대해서는 1417년(태종 17) 이전까지는 특별한 규정이 없었던 것 같다. 즉 이해 5월에 병조에서 비첩자와 간척인의 遷轉法을 상계하면서

> 攝隊長, 隊副의 遷轉에 비첩자와 칭간칭척자 중에서 튼실한 사람을 충보하게 되어 있어 입역 기간의 다소는 고려하지 않고 튼실한 사람만을 충용하기 때문에 일반 정군 내의 노약자와 봉족인은 종신토록 천전할 수 없어 편치 않으니, 이제부터 비첩자와 간척인 가운데 정군 10명을 小牌로, 50명을 摠牌로 하여, …… 연말에 근무일수가 많은 1명을 대부로 승용하도록 하고, 신량수군도 역시 이와 같이 녹용하는 것이 어떻겠습니까?[75]

라 하고 있는데, 여기서 입역 연월의 다소를 고려하지 않으며, 일반 정군 노약자와 봉족은 종신토록 천전할 수 없었다고 한 것을 보면, 이때까지는 입역기간에 대한 특별한 규정이 없었음을 알 수 있다. 이때부터 비첩자, 간척인, 신량수군 등은 근무일수가 많은 자가 대부에 천전되어 거관하였다. 여기서 거관은 보충군역에서 벗어나는 것을 의미하므로 보충군은 대부, 대장에 천전되지 못하는 한 역에서 벗어날 수는 없는 것이다.

보충군의 거관은 거의 전적으로 각품 대소인원의 자손에게 유리하게 되어 있었다. 즉 1434년(세종 16) 6월 병조에서

---

74) 『태종실록』 권29, 태종 15년 4월 정해.
75) 『태종실록』 권33, 태종 17년 5월 임진.

이전에는 각색 보충군 가운데 2품 이상 첩의 소생은 근무일수를 따지지 않고, 3품부터 7, 8품 첩의 소생은 근무일수의 다소를 고려함과 아울러 아버지의 직품을 참고하여 한품서용하였을 뿐 할아버지의 직품을 준거하지 않아 손자는 같이 서용되지 못하고 있으나,『속대전』에서는 각품 첩산 보충군 자손은 거관한다 하였은즉, 위의 보충군 자손의 거관에는 아버지의 직품이 상당하지 못하더라도『속대전』의 규정에 따라 할아버지의 직품을 승습하여 거관하게 하소서.[76]

라고 계청하자, 이를 받아들여 이대로 시행하였는데, 이로써 보면 보충군의 거관은 할아버지와 아버지의 직품에 따라 큰 차이가 있었음을 알수 있다. 이 규정이 補充軍以祖父職品限品去官之法으로 다음 해 7월에 이르러 묻음은 조선의 관작만을 참용하는데 보충군 거관은 고려의 관작까지 준용하는 것이 불합리하다 하여 태조 즉위 이후 실직을 제수받은 자의 자손에게만 허가하도록 고쳐졌다.[77] 이와 같이 보충군 거관이 근무일수의 다소보다는 할아버지와 아버지의 직품이 참용되어 실시됨에 따라 각품 대소인원의 자손만이 거관할 수 있게 되고 일반 양인 이하의 소생은 거의 거관할 수 없었을 것이다. 예컨대 1415년(태종 15) 4월 火㷊軍 400명을 증치하면서 섭대장, 대부를 보충군 가운데 비첩자손 중 튼실한 자로 충액한 일이 있는데,[78] 이들 비첩자손은 각품 대소인원의 자손이었다. 왜냐하면 이때의 비첩자손으로 보충군에 입속한 자들은 각품소생에 한하였기 때문이다.

1449년(세종 31)에 이르러 보충군 거관에 제한이 가해지기 시작하였다. 이때에 의정부의 요청에 따라 보충군은 매 패 내에서 근무일수가 10년이 넘은 자 가운데 근무일수가 많은 자만을 거관시키도록 함으로써,[79] 보충군 거관에는 최소한 10년 이상의 근무가 필요하게 되었다.

---

76)『세종실록』권64, 세종 16년 6월 신미.
77)『세종실록』권69, 세종 17년 7월 갑술.
78)『태종실록』권29, 태종 15년 4월 신미.
79)『세종실록』권124, 세종 31년 4월 계해.

그러나 보충군의 입역은 앞에서 언급한 바와 같이 4번으로 나누어 4개월씩 교대로 근무하도록 되어 있어 1년의 근무일수가 대체로 70여 일에 불과하여 10년의 근무일수를 채우려면 60년이라는 장구한 세월이 소요되어 실제로는 거관이 거의 불가능하게 되었다. 이렇게 되자, 1450년(문종 즉위) 12월에는 거관에 필요한 근무일수를 1,000일로 하향 조정하여 근무일수가 1,000일 이상인 자를 거관시키도록 수정하였다.[80] 그 후『경국대전』에서는 2품 이상의 자손은 330일, 원종공신의 천첩자손 승중자는 그 반으로 근무일수가 축소되어 있어,[81] 2품 이상의 자손에게는 1/3만 근무하고도 거관할 수 있도록 특혜를 주고 있으며, 또 60세가 되어 역이 면제될 때까지도 거관하지 못하거나, 거관 전에 사망한 경우에도 자손으로 하여금 역을 계속하게 하여 그 근무일수를 합산하여 거관시키도록 배려하고 있다.[82] 이와 같이 보충군에 입역한 후 일정한 기간의 근무일수를 채우면 거관할 수 있었던 자들은 모두가 각품 대소인원의 자손이었다.[83]

이에 비해 보충군에 입속한 뒤 영원히 거관할 수 없는 자들이 있었다. 이들이 영속보충대이다. 영속보충대는 대대로 입역하여도 從良할 수 없으며,[84] 자손이 역을 계승하여도 거관할 수 없는 존재였다.[85] 따라서 일단 영속보충대에 입속되어 2대를 계속하여 입역하면 향리와 마찬가지로 자자손손이 각자 입역할 수밖에 없었다.[86]

---

80) 『문종실록』 권5, 문종 즉위년 12월 병자.
81) 『경국대전』 권4, 「병전」 번차도목.
82) 위와 같음.
83) 물론 보충군이 설치된 초기인 태종 대에는 칭간칭척자 등도 불리하기는 했지만 거관할 수 있었다. 그러나 세종 대 이후 보충군 입속이 대소인원의 자손에게만 허용되고 일반 양인 이하의 소생에게는 허용된다 하여도 영속 보충군으로서 거관할 수 없게 되어 있었다. 『경국대전』의 거관에 대한 규정도 결국 대소인원의 천첩자손에게만 해당되는 것이었다.
84) 『성종실록』 권189, 성종 17년 3월 계유.
85) 『성종실록』 권189, 성종 17년 3월 무진.

영속보충대에 입속한 자들은 1461년(세조 7) 6월에 입속한 공사비가 양인에게 시집가 낳은 소생으로 이미 종량한 자,[87] 1478년(성종 9) 10월에 입속한 양인의 자기의 비와 처의 비 소생,[88] 그리고 양천이 변별되지 아니한 자[89] 등이었다. 양천이 변별되지 아니한 자에 대해서는 병조에서 "조종조 이래로 양천이 변별되지 아니한 자는 영원히 보충대에 소속되어 자손이 역을 계승하며 거관할 수 없다."[90]라 하고 있고, 또 領事 李克培가 "국초 이래 영속보충대를 설립했다."[91]라 한 것을 보면, 성종 이전부터 있었으며, 여기에는 양천적이 불명한 자, 한전소량미필자, 칭간칭척자 등이 포함되었던 것으로 생각된다. 따라서 이들이 영속보충대로 확정된 것은 1434년(세종 16)부터가 아닌가 한다. 왜냐 하면 이들도 태종 대에는 거관이 가능하였으나, 1425년(세종 7)부터는 양인의 천첩 소생은 공이 있는 자를 제외하고는 從仕할 수 없도록 한데다가,[92] 1434년에는 양천 간의 결혼을 금지하고 이를 어기고 결혼하여 낳은 소생은 종천시키면서 대소인원의 천첩 소생만을 예외로 하여 보충군에 입속시켰기 때문에 이 이전에 보충군에 입속한 양인 이하의 소생을 대소인원의 천첩자손과 구분하여 영속보충군으로서 거관하지 못하게 한 것으로 생각되기 때문이다. 이렇게 볼 때 영속보충대는 할아버지나 아버지의

---

86)『대전속록』「병전」보충대. 여기에는 이들도 각자 1,500일을 근무하면 거관하도록 규정되어 있었으나, 현실적으로는 거의 불가능하였다. 한편 『경국대전』 권1, 「이전」향리에 "연달아 2대 입역하면 비록 본래 향리가 아니라고 소송을 제기하여도 청리하지 않는다."고 되어 있어 영속보충대의 경우도 원래 영속보충대가 아니라 하더라도 2대 입역하고 나면 마음대로 거관할 수 없었음을 알 수 있다.

87)『세조실록』권24, 세조 7년 6월 무술.

88)『성종실록』권97, 성종 9년 10월 신해.

89)『성종실록』권189, 성종 17년 3월 무진.

90) 위와 같음.

91) 주 84)와 같음.

92)『세종실록』권29, 세종 7년 8월 갑신.

신분이 각품 대소인원이 아닌 양인 이하의 저열한 자들로서, 양천교가가 금지된 후 이미 보충대에 입속한 자들에 대한 사후 규제 조처로 만들어진 것으로 이해된다.

이들 영속보충대 중에서 일반 양인 소생만은 1486년(성종 17)을 전후하여 근무일수가 차면 거관할 수 있었으나,[93] 『대전속록』에서는 '근무일수 1,500일을 채워야 거관한다.'[94]고 명시되어 있어 대소인원 자손보다 500일이 더 길었으며, 또 대소인원의 자손은 아버지의 근무일수를 아들의 근무일수와 합산하여 거관하게 하였으나, 이들은 각자의 입역일수만을 계산하게 되어 있어 거관이 그만큼 어렵게 되어 있었다. 이러한 규정도 『경국대전』에서는 삭제됨으로써 일반 양인 이하의 소생은 거관할 수 없게 되었다. 이와 같이 거관에 있어서도 각품 대소인원의 자손은 일반 양인 이하의 소생과는 다른 특별한 대우를 받았다.

이상에서 살펴 본 바를 요약하면 보충군 내에서도 각품 대소인원의 자손과 일반 양인 이하의 소생은 입역처, 입역기간 등에 상당한 차이가 있었음을 알 수 있었다. 이것은 그들 부계의 신분적인 차이에서 온 것이었으며, 따라서 부계의 신분을 같은 양인이라는 범주에서 동일한 신분집단이라고 볼 수는 없다고 생각된다.

## 4. 조부의 신분과 한품수직

보충군에 입역하여 소정의 근무기간을 마치면 거관하여 隊長, 隊副로 천전하였다 함은 전술한 바 있다. 대장, 대부는 원래 流外西人之職으로[95] 갑사직인 司直~副司正 바로 밑에 위치하여 서반에 들어가는 경

---

93) 주 89) 참조.
94) 주 86) 참조.
95) 『세종실록』 권72, 세종 18년 윤 6월 계미.

우 품외에서 바로 8품의 부사정으로 초서하게 되어 있었다.[96] 대장, 대부는 1436년(세종 18)에 司勇으로 개칭되어 9품직으로 편입되었다.[97]

보충군에서 거관하여 대장, 대부로 천전된 자들의 승진은 한품수직의 규정에 따라 제한되었다. 천첩자손의 한품수직은 이미 보충군이 설치되기 전인 1414년(태종 14) 1월에 婢妾所生限品贖身法이 마련되면서 시작되었다. 즉 이때에 의정부에서 "각사노비로 부모가 모두 천인인 자도 한품직을 받고 있는데 훈구대신들의 비첩소생은 상의원, 상림원에 예속되어 있는 실정입니다. 그들 가운데 문자를 아는 자들을 골라서 한품직에 충정하는 것이 어떻겠습니까?"라고 건의하자, 태종이

> 2品 이상의 자기 비의 자식은 영원히 양인이 되는 것을 허락하여 正品에 한품수직하고 공사천첩은 자기 소유의 비로 속신케 하며 그 소생도 위의 예에 따라 한품수직케 하라.[98]

고 윤허함으로써, 2품 이상의 천첩소생이 제일 먼저 5품을 한품으로 하여 서용될 수 있게 되었다. 이때 2품 이상의 천첩소생만이 한품수직할 수 있게 된 것은 그들의 부가 훈구대신들이었기 때문에 그들에 대한 대우에서였다. 이듬해 3월에는 보충군이 설치되면서 3품 이하의 천첩소생에게 까지도 한품수직이 허용되었다. 즉 이때에도 의정부에서 "3품 이상의 비첩소생은 이미 한품수직을 허가받았으나 3품 이하의 소생은 받지 못했습니다."라고 하고서 3품 이하 비첩소생의 한품수직을 계청하여 왕

---

96) 천관우, 「조선초기 5위의 형성」, 『역사학보』 17 · 18 및 『근세조선사 연구』, 일조각, 1979, 79~81쪽.
97) 같은 책, 82쪽.
98) 『태종실록』 권27, 태종 14년 정월 기묘. '定婢妾所生産限品授職之法……政府議聞曰……各司奴隸父母俱賤者 尙蒙限品之職 幸以勳舊之臣婢妾所出 隸於尙衣院 上林園 擇其識字開通者 俾充限品之職何如 命曰 二品以上自己婢妾之子 永許爲良 今後公私賤妾 許令以自己婢子贖身 其所生之子 依上項例……'

의 윤허를 받았던 것이다.[99] 이때에 결정한 3품 이하 소생의 한품수직 규정을 살펴보면 다음 〈表 1〉과 같다. 공사비첩소생에 대해서도 "각품 천첩자손소생 가운데 스스로 속신할 수 있는 자도 위의 예에 따라 군역에 세운다."고 되어 있어 속신을 거치면 보충군에 입속하여 한품수직할 수 있게 되어 있었다. 다음 〈表 1〉에 나타난 바와 같이 같은 대소인원 소생이라 하더라도 아버지의 관품에 따라 한품이 달랐으며 서인소생은 백정에 머물러 품관으로의 진출이 봉쇄되어 있었다. 따라서 양천교가소생의 보충군 거관 후의 한품서용에 있어서는 실질적으로 이미 태종 대에 각품대소인원소생만이 가능하게 되어 있었다.

〈표 1〉 1415년(태종 15) 소정 천첩소생 한품수직의 범위

| 부의 직품 | 소생의 한품 | 비 고 |
|---|---|---|
| 2품 이상 | 5품 | 태종 14년 정월 소정, 자기비 처비소생외 속신 |
| 3품 | 6품 | 태종 15년 3월 소정, 자기비 처비소생외 속신 |
| 4품 | 7품 | 태종 15년 3월 소정, 자기비 처비소생외 속신 |
| 5, 6품 | 8품 | 태종 15년 3월 소정, 자기비 처비소생외 속신 |
| 7, 8품 | 9품 | 태종 15년 3월 소정, 자기비 처비소생외 속신 |
| 9품, 권무 | 학생 | 태종 15년 3월 소정, 자기비 처비소생외 속신 |
| 서인(양인) | 백정 | 태종 15년 3월 소정, 자기비 처비소생외 속신 |

그 후 1425년(세종 7) 8월에는 공사비와 양인과의 교가를 관이나 본주에 알린 후 허가를 받아 하도록 하면서 이들 소생에게는 공이 있는

---

99) 『태종실록』 권29, 태종 15년 3월 병오. '議政府議啓和人心條目 一, 二品以上 婢妾所生已蒙上許 限品受職 三品以下婢妾所生 未蒙上許 三品所生限六品 四品所生限七品 五六品所生限八品 七八品所生 限九品 九品權務所生限學生 庶人所生限白丁 以辛卯年後 當身身故者子孫及辛卯年前從良受職有明文者之子孫 皆許稱爲限品子孫 以立軍役 上項各品賤妾子孫所生 能自贖身者 亦依上項例 立軍役……上皆從之.'

사람을 제외하고는 從仕하지 못하도록[100] 함으로써 이 이후의 양인의 공사비소생은 완전히 仕官의 기회가 막히게 되었다. 1432년(세종 14) 6월에는 유직인과 공사비와의 교가소생에게 한품수직을 허가함에 따라[101] 유외직자의 천첩소생도 한품수직할 수 있게 되었다. 1435년(세종 17) 7월에는 조선의 관작만을 준용하는 문음의 규정과 같이 한품수직에도 고려조의 관작은 참용하지 않고 태조 즉위 후 할아버지나 아버지가 실직을 제수받았던 자의 자손만을 한품서용하도록 함으로써,[102] 한품수직할 수 있는 자들은 조선에 들어와 실직을 제수받은 각품대소인원의 천첩자손에 한정되었다. 이렇게 됨으로써 고려조의 품관소생이 제외되어 천첩자의 아버지만을 고려할 때는 그 범위가 대폭 축소되었으나, 조선의 실직제수자에 있어서는 그 손자까지 한품서용할 수 있게 되어 가계 내에서의 범위는 훨씬 확대되었다.

위에서 살펴본 각품대소인원의 천첩자손은 모두 보충군에 입역하여 거관한 뒤에 한품수직할 수 있었으나, 같은 천첩소생이면서 보충군에 입역하지 않고 바로 한품수직할 수 있는 자들이 있었다. 공신첩자손이 바로 그들로 이들은 보충군 대신에 충의위에 입속하여 한품수직하였다.[103]

각품대소인원 천첩자손의 한품수직에 처음부터 수직 관사가 제한되지는 않았다. 이들의 한품서용이 처음 실시된 직후인 1415년(태종 15) 4월에 강원도관찰사 李安愚가 "천첩소생 한품수직자가 朝臣의 반열에 끼어들어 본주를 음해하는 자가 있다."[104] 하고, 실제로 私賤訴良者로서 물문시비보충군에 입속하였던 安吉이란 자가 護軍에까지 승진하고 있

---

100)『세종실록』권29, 세종 7년 8월 갑신.
101)『세종실록』권57, 세종 14년 9월 병진.
102) 주 77)과 같음.
103)『세종실록』권47, 세종 12년 2월 갑신.
104)『태종실록』권29, 태종 15년 4월 정해.

으며,105) 또 1428년(세종 10) 10월에 左司諫 金孝貞이 2품 이상 천첩소생 보충군의 갑사 취재와 3품 이하 천첩소생 및 잡색보충군의 취재 한품서용에 반대하면서 그 이유로 "이들을 갑사 취재에 응하게 하면 初品이 8품이 되어 정해진 한품을 넘을 수밖에 없게 되며 또 장차 양반가와 혼인하게 되어 존비의 구분이 무너지게 될 것입니다."106)라고 한 것을 보면, 적어도 이 무렵까지는 천첩소생의 한품서용에 수직관사의 제한은 없었던 것 같다.

따라서 이들은 한품수직하면서도 수직관사가 제한되지 않았기 때문에 "아버지와 형제가 골육을 아껴 촉탁하여 관직을 제수받아 朝士와 어깨를 나란히 하며",107) 또 "은혜와 사랑을 베풂이 끝이 없다."108)라고 한 바와 같이 친족의 정치적, 사회적 위치에 따라 용이하게 관계에 진출할 수 있었을 것이다.

이와 같이 각품 대소인원 천첩소생을 한품수직시킴에 따라 이들이 훈신 대족의 자손인 경우 아버지와 형제의 촉탁으로 관계 진출에 유리했기 때문에 세가자제 가운데에서도 능력과 실력을 겸비하고 있으면서 등용되지 못하는 자가 생기게 되어서는,109) 이들에게 수직관사를 제한하려는 움직임이 나타날 수밖에 없었다. 이러한 움직임은 이미 각품천첩자손의 한품수직이 처음 실시된 직후부터 나타났다. 즉 1415년(태종 15) 4월 강원도관찰사 李安愚가 천첩자손 한품서용자들 때문에 세가자제가 서용되지 못하고 있는 실정을 말하고 이들과 양반가의 통혼을 금지시킬 것과 아울러 잡직에만 한품서용하여 문무관작과 뒤섞이지 않도

---

105) 『세종실록』 권33, 세종 8년 8월 임신. '司諫院啓 護軍安吉 本以私賤訴良 幸於丁酉以勿問是非 屬補充軍 官至護軍 曾降敎旨 良賤未辨 稱干稱尺屬補充軍者 限七品 以故安吉告身 已滿五十日 未敢署經 命兵曹 收官敎 火之.'
106) 『세종실록』 권42, 세종 10년 10월 무신, 병신.
107) 『태종실록』 권29, 태종 15년 4월 정해.
108) 『태종실록』 권29, 태종 15년 4월 정해.
109) 위와 같음.

록 할 것을 청하였던 것이다.[110] 이에 대하여 태종이 "천첩소생의 한품수직은 朝班과 섞이지 않도록 하고 별도로 잡직을 제수하여 아뢴대로 행하도록 하라." 하였으나, 그 후 별다른 논의가 없다가 1446년(세종 28) 10월에 이르러 2품이상 천첩자손의 잡직서용이 확정되었다. 이때의 규정을 보면 2품이상 천첩장자손 승중자는 사율원, 사역원, 서운관, 전의감, 제생원, 혜민국에, 양첩중자손이 있는 경우의 천첩장자손은 서반에 한품수직 서용하며, 적자가 있는 자의 천첩중자손으로 무재가 없어 갑사직을 맡을 수 없는 자는 사복시, 충호위, 상의원, 사옹원, 도화원, 時波赤에 한품서용하도록 되어 있어,[111] 이들의 수직관사로는 갑사, 사율원, 사역원, 전의감, 제생원, 혜민국, 사복시, 충호위, 時波赤 등이 있었음을 알 수 있다. 이들 관사는 갑사를 제외하고는 잡직으로서 일반 동서유품과는 구별되는 관서였다. 위의 여러 관사 가운데 사옹원, 상의원, 도화원은 유외잡직이어서[112] 이들을 위의 잡직에 서용토록 한 것은 이들의 품관으로의 진출을 봉쇄하기 위한 것으로 볼 수도 있으나, 위의 사옹원, 상의원, 도화원 등은 원래 공상천예, 조예, 나장 등과 같은 천류의 조반 참여를 막기 위하여 설치한 관사인데다 천첩소생은 갑사를 맡을 수 없는 자만을 잡직에 서용하도록 하고 있어 천첩소생의 수직관사와 직접 연결시켜 이들의 유품으로의 진출이 봉쇄되었다고 볼 수는 없다. 왜냐하면 천첩소생의 수직관사는 위의 관사 외에도 갑사, 사율원, 사역원, 전의감, 제생원, 혜민국, 사복시, 충호위 등이 있었는데 이들 제사는 유외잡직이 아니었으며, 또 천첩자손의 한품이 규정되어 있는데다

---

110) 위와 같음.
111) 『세종실록』권114, 세종 28년 10월 계축.
112) 『세종실록』권49, 세종 12년 9월 을사. '摠制鄭招啓 中朝官制 各品皆有雜職 不列於流品 本朝官制 則無雜類之別 故工商賤隷已隷所由 螻匠杖首之類 若得受職則並齒朝班 甚爲未便 乞減西班官職 別設雜職 以尊文武官 上然之曰 如此輩 受東西班職者 亦參朝班乎 判書申商對曰 司饗司幕 尙衣院上林園樂工 圖畵院之輩皆非流品 不得參班 其餘雖工商賤隷 弱受東西職 則並於朝班矣……上曰然之.'

가 이들의 한품수직이 국가에서 2품 이상의 대신을 우대하는 데 있었기 때문이다.[113] 따라서 천첩자손의 수직관사를 잡직에 제한한 것은 이들을 유외잡직에 묶어 두어 품관으로 진출하는 것을 봉쇄하기 위한 것이 아니라 오히려 조반으로 진출하는 것을 막아 한품을 초과할 염려가 없도록 하기 위한 데에 있었다 할 것이다.

2품 이상 천첩자손의 수직관사는 세조 대에 들어와 사역원, 관상감, 전의감, 내수사, 혜민서, 산학, 율학 등으로 다시 제한되었다. 즉 1482년(성종 13) 3월에 예조의 계청에 따라 사역원, 관상감, 전의감에 천첩자손의 입속을 금지시키려고 할 때, 선성부원군 盧思愼 영중추 李克培 등이 대전 한품서용조의 주에 나오는 '2품 이상 첩자를 사역원, 관상감, 전의감, 내수사, 혜민서, 산학, 율학에 재능에 따라 서용하는 것을 허락한다.'는 규정을 '2品 이상 첩자손은 양천을 논하지 않고 입녹을 허락한다.'고 해석하고 있는 것을 보면,[114] 세조 대에 위의 관사로 그들의 수직이 제한되었던 것을 알 수 있다. 이때에 예조의 계청대로 내의원, 전의감, 혜민서에는 천첩자손의 수직이 금지되었으나, 『경국대전』에는 '2품 이상 첩자손은 사역원, 관상감, 전의감, 내수사, 혜민국, 도화서, 산학, 율학에 재능에 따라 서용한다.'[115]고 되어 있어 2품 이상의 첩자손은 양천을 구분하지 않고 위의 제관사에 수직할 수 있게 되었다.

한품의 품계도 『경국대전』에서는 〈표 2〉와 같이 규정되어 1415년(태종 15) 3월의 그것보다 일반적으로 상향 조정되고 있다. 즉, 1415년의 규정에서는 천첩소생만이 한품수직의 대상이 되었으나, 『경국대전』에서는

---

113) 『성종실록』 권139, 성종 13년 3월 을묘. '宣城府院君盧思愼領中樞李克培議大典限品叙用條 註 二品以上妾子許於司譯院觀象監典醫監內需司惠民署算學律學隨才叙用 以此觀之 二品以上妾子孫 則良賤勿論 許屬 成憲已著 當初著令之時豈不講究精審以立也 是必國家崇重二品以上大臣 故其妾子 亦從而待之.'

114) 위와 같음.

115) 『경국대전』 권1,「이전」한품서용.

천첩자손으로 확대되어 자손까지도 한품서용될 수 있게 되었다. 또 한품에 있어서도 3품 이상 친첩자손의 한품은 1415년의 규정과 같으나, 4품 이하 천첩소생은 1~2품씩 한품의 범위가 확대되었고 태종 때의 규정에는 누락되어 있던 천인에서 양인이 된 자(정7품에 한 함), 양첩자의 천첩자손(정8품에 한함)도 한품수직할 수 있도록 규정되고 있다.

〈표 2〉『경국대전』 천첩자손 한품서용의 범위

| 조부의 신분 | 자손의 한품 | 태종 15년의 한품 | 비고 |
|---|---|---|---|
| 2품 이상<br>6품 이상 | 정 5품<br>정 6품 | 한 5품<br>3품소생 한6품, 4품소생 한7품, 5, 6품소생 한8품 | |
| 7품~무직인 | 정 7품 | 7, 8품소생 한9품, 9품권무소생 한학생, 서인소생 한백정 | |
| 천인위량자<br>양첩자의 천첩자 | 정 7품<br>정 8품 | | 신설<br>신설 |

* 『경국대전』 권1, 「이전」 한품서용에 의함.

이와 같이 천첩자손의 한품이 상향되고 범위가 확대된 것은 신분의식의 고착, 강화와 관련되는 것으로 보인다. 즉 세종 대에 양천교가가 금지되면서 각품 대소인원에 한하여 천첩자손의 종량을 허가했기 때문에 각품 대소인원의 자손인 이들을 구제하면서 이들 조부의 신분적 우월의식이 작용하여 한품이 일반적으로 높아진 것으로 볼 수 있을 것이다. 그러면서도 이들은 모계의 혈통이 천인이었기 때문에 잡직에만 한품서용되도록 차별지워졌던 것이다. 이와 같은 신분구조의 기본 틀은 대체로 세종 대에 이루어지고 있었음을 보았는데 이것은 결국 세종 대에 신분제가 대소인원(양반) 중심으로 강화되고 있었음을 드러내 보이는 것이라 하겠다.

위의 〈표 2〉에 나타나는 무직인과 천인에서 양인이 된 자, 양첩자의 천첩자손도 양인층에 속하는 그것이 아니라 사족에 속하는 자들의 후손으로 신분상에 흠이 있는 자들이었을 것이다. 왜냐하면 세종 대 이후로는 양천교가소생으로 대소인원소생을 제외하고는 공이 있는 자가 아니면 종량될 수 없었으며, 보충군 입속에서도 양인 이하의 소생은 제외되었고, 또 이전에 입속된 자도 영속보충대로서 거관할 수 없게 되어 있어 한품수직의 대상은 자연히 각품대소인원의 천첩자손에 한정될 수밖에 없었기 때문이다.

위에서 살펴본 바와 같이 양천교가소생 중에서도 한품서용될 수 있는 자들은 조선에 들어와 제수받은 각품 대소인원의 자손에 한정되었다. 또 같은 대소인원의 천첩자손이라 하더라도 조부의 관품에 따라 한품에 차이가 있었던 것은 한품수직이 조부의 신분적 지위에 따른 음직제수와 관련이 있었기 때문이다. 예컨대 1415년(태종 15) 4월 강원도관찰사 李安愚가 각품천첩소생 한품수직에 대하여 "음직을 제수하는 것은 실로 전하의 어지심과 깊은 은택에서 나온 것입니다."[116]라 한 것이나, 1482년(성종 13) 3월 선성부원군 盧思愼, 영중추 이극배 등이 2품 이상 천첩자손의 한품수직에 대하여 "이는 필시 국가에서 2품 이상의 대신을 존숭하는 뜻에서 나온 것이고 그 첩자 또한 따라서 대우하는 것입니다."[117]라 한 것을 보면, 천첩자손의 한품수직이 음직제수와 관련되었음을 알 수 있다.

이상에서 살펴본 바와 같이 각품 대소인원 천첩자손의 한품수직은 세종 대에 그 규정이 강화되어 조선에 들어와 실직을 제수받은 자의 자손에 한정되고, 또 수직관사도 잡직제사에 한정되었는데 이것은 대체로 보충군 입속 규정의 강화와 궤를 같이하여 진행되었다. 그리하여 1446년(세종 28) 이후에 들어와서는 대소인원 천첩자손의 한품서용에 대한

---

116) 주 104)와 같음.
117) 주 113)과 같음.

논의가 2품 이상 첩자손에 대한 잡직제수에 국한되고 있어 실질적으로는 2품 이상의 첩자손만이 한품서용될 수 있었던 것으로 보인다. 이렇게 볼 때 대소인원 첩자손의 한품수직은 이들이 천첩자손이 아니었다면 문음으로 출사할 수 있었던 자의 입사를 위하여 마련된 것이라 하겠다. 다시 말하면 문음의 규정과 천계혈통에서 오는 제약의 타협으로 한품수직이 나타난 것이라 할 것이다. 따라서 조선 초기의 지배층이라 할 수 있는 각품 대소인원의 입장에서 보면 지배층집단으로서의 입장과 천첩자손의 조부라고 하는 가부장, 즉 개인의 입장의 타협에서 한품수직이 마련된 것이고 대소인원만이 이러한 혜택을 받을 수 있어서 결국 한품수직을 보더라도 대소인원은 양인의 상위에 있는 신분집단이었음을 알 수 있다.

## 5. 보충군 입속규정과 신분구조

보충군 입속규정을 통하여 조선 초기의 신분구조를 밝혀보기 위하여 『경국대전』에 규정된 보충대 입속자의 신분을 살펴볼 필요가 있다. 『경국대전』에 규정된 보충대 입속자의 신분은 '대소인원(문무관, 생원, 진사, 녹사, 유음자손 및 무음자손의 첩자손으로 承重한 자 포함)이 공사천을 처나 첩으로 취하여 낳은 자녀'[118]로 되어있어 일반 양인의 천첩자손은 일체 입속이 금지되어 있다. 여기에서 문무관, 생원, 진사, 녹사, 유음자손이 대소인원에 해당되며 이 규정의 골격은 이미 앞에서 언급한 바와 같이 1432년(세종 14) 3월에 양천교가를 금지시키고 이를 어기고 낳은 소생을 천인신분을 따르도록 결정하면서 그 예외로서 종량하여 보충군에 입속시키도록 한 규정이 모체가 되어 마련된 것이다. 이때의 규

---

118) 주 42)와 같음.

정에서 예외로 인정된 자들을 살펴보면 1품 이하 동서반유품, 문무과출신, 생원, 성중관, 유음자손으로 되어 있어,[119] 『경국대전』과는 약간 다르다. 이 규정은 세조 대에 들어와 동서반, 문무과, 생원, 성중관 유음자손으로,[120] 그리고 1477년(성종 8)에는 성중관이 녹사로,[121] 다음 해에는 문무관, 생원, 진사, 녹사, 유음자손으로 고쳐져[122] 이것이 『경국대전』에 그대로 실려 있는 것이다. 따라서 보충군 입속 규정에 나타난 신분구조는 적어도 1432년(세종 14) 경의 그것이 반영된 것으로 볼 수 있다.

보충대 입속자의 범위가 이렇게 귀결된 것은 조선 초기의 신분계층구조가 여기에 반영되었기 때문이라고 생각된다. 『경국대전』의 보충대 입속 규정을 근거로 하여 조선 초기의 신분계층구조를 살펴보면 크게 대소인원, 양인, 천인의 셋으로 나누어 볼 수 있다. 즉 양천교가소생 중 그들 조부의 신분에 따라 보충대 입속여부가 결정되어 입속이 가능한 대소인원의 자손과 입속이 불가능한 양인자손, 그리고 처음부터 논의의 여지도 없었던 천인자손이 그것이다. 따라서 여기서 조선 초기의 신분구조를 크게 대소인원, 양인, 천인으로 삼대별해 볼 수 있는 것이다.

대소인원은 위에서 검토한 바와 같이 문무관, 생원, 진사, 녹사, 유음자손이 이에 해당된다. 문무관은 1품 이하의 동서반 유품으로 현직, 전직을 불문하고 품관을 지낸 자는 모두 포함되었다. 한편 위의 규정에는 문무과출신에 대한 언급이 없는데, 생원, 진사가 포함된 것으로 보아 이들도 역시 당연히 포함되었을 것이다.[123] 녹사는 원래 성중관으로 불리는 중앙관사의 상급서리로서 성종 대에 녹사로 일원화된 자들이어

---

119) 주 38)과 같음.
120) 주 36)과 같음.
121) 주 47)과 같음.
122) 주 48)과 같음.
123) 문무과출신은 1461년(세조 7)까지도 기록에 구체적으로 나타나는데 성종 대에 들어와서 언급이 없는 것은 이들이 대부분 생원, 진사 출신으로 급제 후 관인으로 진출하였기 때문일 것이다.

서,124) 세조 대까지의 기록에는 성중관으로 불리고 있었다.125) 1461년 (세조 7) 2월에 국가기관 소속의 婢가 良夫에게 시집가 낳은 소생이 속신 면천할 수 있는 범위를 『경국대전』 천첩자녀의 규정과는 달리 동서 반유품, 朝土, 문무과출신, 생원, 진사, 성중관, 유음자손, 나이 40세에 이르도록 아들이 없는 양인이 천첩에서 낳은 장자에 한정시키고 있는 데,126) 여기에 포함된 동서반유품(산관 포함), 조사, 문무과출신, 생원, 진사, 성중관(녹사), 유음자손이 대소인원의 실체인 것이다.

유음자손을 『경국대전』에서 살펴보면 그 범위가 상당하였음을 알 수 있다. 즉 공신 및 2품 이상 관원의 자, 손, 서, 제, 질, 원종공신의 자, 손, 실직 3품인 자의 자, 손, 그리고 여기에 포함되지 않더라도 이조, 병조, 도총부, 사헌부, 사간원, 홍문관, 부장, 선전관을 거친 자의 자가 유음자손이었다.127) 이렇게 볼 때 대소인원에는 전현직 관리뿐만 아니라 문무과출신, 생원, 진사와 같은 예비관인은 물론이고 녹사와 같은 서리까지도 포함되고 있어서 거의 모든 사족이 다 해당된다고 할 것이다.

물론 대소인원에 포함되지 못하는 사족도 존재하고 있었으나, 조선 초기의 신분구조에서 사족(양반)이 하나의 우월한 신분집단을 형성하고 있었음은 의심할 여지가 없다.

조선 초기에 사족이 우월한 신분집단을 형성하고 있었던 것은 양인과 공사비와의 교가소생의 보충군 입속 여부에 대한 논의에서 여실히 드러나고 있다. 양인과 공사비와의 교가소생은 같은 양천교가소생이면서도 대소인원의 천첩자손과는 대단히 큰 차별 대우를 받아, 이들은 태

---

124) 한영우, 앞의 논문 참조.
125) 『세종실록』 권55, 세종 14년 3월 을유 및 『세조실록』 권23, 세조 7년 2월 정유, 권24, 세조 7년 6월 무술.
126) 『경국대전』 권1, 「이전」 취재, 음자제.
127) 『성종실록』 권95, 성종 9년 8월 병신. 및 『세조실록』 권23, 세조 7년 2월 정유.

종 대에 종량되었으나, 보충군 입속이 불허되었으며 세종 대에는 다시 종천되었고, 단지 이 이전에 종량한 자만이 1461년(세조 7)에야 영속보충군에 입속되었다함은 전술한 바 있다. 이와 같이 이들이 대소인원의 천첩자손과 달리 차별대우를 받게 된 것은 이들의 조부의 신분이 무직 양인이었기 때문이다. 따라서 이들은 일시적으로 종량되었다하더라도 벼슬길에 나아갈 수 없도록 규제를 당하고 있었다.

그러나 이들도 성종 대에는 종량되어 보충대에 입속된 일이 몇 차례 있었다. 그러면 왜 이들을 일시적으로 종량시켜 보충대에 입속시키려는 논의가 일어났는가? 먼저 1477년(성종 8) 양인의 자기 비소생이 종량되어 보충대에 입속될 때의 사정을 살펴보면, 이듬 해 8月 장례원에 내린 전지에

성화 13年(성종 8년-필자) 3월 초 3일 본원 수교에 …… 무음인원의 비첩소생은 본손의 노비가 됨으로 오히려 향리, 역리, 염간, 목자와 같이 천역을 담당하는 자의 소생보다 못하게 되어 심히 불편하니 양인이 자기 비나 처의 비를 첩으로 삼아 낳은 소생은 모두 스스로 신고하여 보충대에 입속하도록 하라.[128]

하고 있는 바, 여기에서 무음인원은 일반양인을 가리킨 것이 아니고 무음사족을 말하는 것이다. 따라서 이들 보다 신분이 저열한 향리, 역자, 목자, 염간 등의 비소생은 이미 종량되었는데,[129] 무음인원의 비첩소생은 종천됨으로 오히려 무음사족이 향리 등보다 못하다는 이유에서, 다시 말하면 무음사족의 비첩소생에 대한 신분적 배려에서 양인비첩소생의 보충대 입속이 결정되었던 것이다.

128) 『성종실록』권95, 성종 9년 8월 병신.
129) 『성종실록』권40, 성종 5년 3월 무자에 '『대전속전』에 향리, 역리, 염간, 목자가 자기 비에 장가들어 낳은 소생은 아버지의 역처에 정역한다.'고 되어 있어 이들은 이미 성종 5년 3월 이전에 종량되어 아버지의 역처에 정역되었음을 알 수 있다.

양인의 비첩소생은 1478년(성종 9) 8월에 종천되었다가, 10월에 다시 종량되어 보충대에 입속되는데, 이때에도 역시 같은 이유에서 입속이 결정되었다.130) 이 규정은 1486년(성종 17) 5월 다시 삭제되었는데, 이때 許璂, 黃璘 등이

> 구대전에는 대소인원(의 천첩소생)만을 언급하고 양인(의 천첩소생)을 포함시키지 않았기 때문에 사족무음직자의 천첩자녀가 입속할 수 없었으나, 신대전에는 양인의 공사비소생에게도 보충대 입속을 허가하여 국가에 이익됨이 큽니다.131)

라고 하면서 양인의 공사비소생의 보충대 입속 조항을 삭제하려는데 반대한 것도 같은 맥락에서 이해되어야 할 것이다. 이 규정은 1491년(성종 22) 10월에 다시 실시된 뒤 이듬 해 11월에 삭제되었음은 전술한 바 있다.

무음사족의 천첩자손을 구제하기 위하여 양인의 천첩자손에게 종량과 보충대 입속의 특전을 주게 되자 이번에는 사족이 아닌 무직양인의 천자손까지 보충대 입속의 특전을 입게 되어 사족우위의 신분관을 갖고 있는 대신들 사이에서 이에 반대하는 움직임이 나타나 이 규정은 다시 삭제되었던 것이다. 다시 말하면 양인과 공사비의 교가소생의 보충대 입속의 금지를 주장한 자들도 역시 사족우위의 신분관을 갖고 있었다는 말이다. 예컨대 1486년(성종 17) 3월 병조에서

> 양인이 자기의 비나 공사비에 장가가 낳은 소생을 대소인원의 천첩산과 같이 (보충대에 입속시켜) 거관 후 사로에 나아가게 하면 존비가 무너져 대체에 방해가

---

130) 『성종실록』 권97, 성종 9년 10월 신해.

131) 『성종실록』 권191, 성종 17년 5월 임신. '先是 命議大典良人娶公私婢爲妻妾所生屬補充隊事……許璂黃璘等議 舊大典只稱大小人員 而不及良人 故士族無蔭無職者之賤妾子女 不得屬補充隊 新典則並良人娶公私婢所生 許屬補充隊 此法有益於國家…….'

될 것이니 이들의 보충대 입속을 금하소서.[132]

라 하고 있는 것이나, 같은 해 5월에 양인의 공사비소생의 보충대 입속
여부를 논의하는 가운데 한명회 등이 "양인이 공사비에 장가들어 낳은
소생의 보충대 입속을 허가하게 되면 고공, 조예, 천인에서 새로 양인이
된 자의 자손까지도 예에 따라 모두 종량시켜야 되는데 이렇게 되면 비
단 존비의 구별이 없어질 뿐 아니라 풍교에 관계되는 것이오니 불가합
니다."[133]라 하면서 반대한 것 등이 그것이다. 이들의 반대 의견은 무음
사족의 천첩자손이 종량되는데 반대한 것이 아니라 사족이 아닌 일반
양인 이하의 천첩자손까지 혜택을 받게 되는데 대한 반대인 것이다.

위에서 양인의 천첩소생을 보충대에 입속시키려고 한 자들은 양인소
생을 제외시킴으로써 무음사족의 자손까지 제외될 수밖에 없는 현실을
중시하고 이들을 구제하기 위하여 양인소생의 보충대 입속을 주장하였
고, 이와 반대로 양인소생의 보충대 입속을 반대한 자들은 사족이 아닌
양인소생 더 나아가서는 고공, 백정, 조예, 천인에서 새로 양인이 된 자
의 공사비 소생까지 보충대에 입속하여 양인화함으로써 신분질서가 혼
효되는 것을 막으려는 데서 온 것으로 후자의 신분의식이 더 강한 것이
었음을 알 수 있으며 전자나 후자를 막론하고 그들의 주장에서 우리는
대소인원을 주축으로 하는 사족이 양인과 구별되는 우위에 있는 별개의
신분집단으로 인식되고 있음을 알 수 있다.

우리는 또 보충군을 설치하게 된 배경을 살펴봄으로써 조선 초기에

---

132) 『성종실록』 권189, 성종 17년 3월 무진. '兵曹啓……至於良人娶自己婢公私婢
　　所生及 補充隊爲賤時所生等 依大小員妾産 許令去官以通仕路 則尊卑失序.'
133) 주 76)과 같음. '韓明澮沈澮尹弼商李克培尹壕李鐵堅鄭佸金謙光李崇元議 若許
　　良人娶公私婢所生屬補充隊 則雇工巳隸及賤口之新良者之子孫 例皆爲良 非徒
　　尊卑無別 有關風敎 祖宗朝文武官生員進士錄事有蔭子孫 及無嫡子孫者之妾子
　　孫承重者 娶公私婢爲妻妾之子孫 只許補充隊深有意焉 請依祖宗之法…….'

사족이 우세한 신분집단으로 존재하고 있었음을 알 수 있다. 보충군을 설치한 목적이 종래에는 주로 양인확대책에 있었던 것으로 말해지고 있었으나,[134] 보충군이 설치된 전후의 사정을 자세히 살펴보면 우리는 거기에서 사족의 천첩자손에 대한 신분적인 배려가 깊이 작용하고 있음을 알 수 있다. 예컨대 1414년(태종 14) 6월 公私婢가 양인에게 시집가 낳은 소생을 아버지(의 신분)를 따라 양인으로 삼는 법(公私婢子嫁良夫所生從父爲良法)을 제정하면서 태종 자신이 "재상의 혈육을 어머니(의 신분)를 따라 천인으로 하여 사역하는 것은 심히 옳지 않다."[135] 하고 있는 것을 보면 양인확대책이라기 보다는 오히려 지배신분층에 대한 배려에서 종량을 실시했다고 해야 할 것이다.

물론 보충군을 설치하게 되면 양인이 증가할 것이라는 주장도 있었다. 예컨대 1414년(태종 14) 2월 하륜이 "아버지의 신분이 양인이고 어머니의 신분이 천인인 자나 어머니의 신분이 양인이고 아버지의 신분이 천인인 자를 모두 양인으로 한다면 양인을 늘이고 천인을 줄이는 명분에 합당할 것입니다."[136]라고 한 것이나, 1420년(세종 2) 9월 보충군의 환천조건을 의논할 때, 좌의정 박은이 "백성 가운데 천인이 많고 양인이 적어 보충군을 설치하여 종량의 길을 넓혔다."[137]고 한 말이 그것이다. 그러나 하륜의 말은 양천교가소생의 종량을 실시하면 그렇게 된다는 주장이고, 박은의 말은 보충군 입역을 모피하는 자들의 환천을 반대하면서 그 이유를 설명하면서 한 말이어서 보충군 설치의 근본 의도를 말하는 것으로 볼 수는 없다.

더욱이 1491년(성종 22) 10월 李克培, 成健, 權健 등이

---

134) 有井智德, 앞의 논문; 임영정, 「선초보충군산고」, 『현대사학의 제문제』, 일조각, 1977; 구병삭, 『한국법제사특수연구』, 동아출판사, 104~109쪽.
135) 『태종실록』 권27, 태종 14년 6월 무진.
136) 『태종실록』 권27, 태종 14년 2월 경술.
137) 『세종실록』 권9, 세종 2년 9월 병인.

조종조 이래로 보충대법은 군액을 증가시키기를 위한 것이 아니라 사족의 자손이 (천한) 어머니의 신분을 따라 천인이 됨을 막아 종량하는 길을 넓히려는 것이니 이는 국가에서 그 아버지를 우대하는 것일 따름이다. 양민의 자식이 어찌 사족 양반과 더불어 그 자손을 종량시킬 수가 있겠는가?[138)

라 하고 있는 것을 보면 보충대를 설치한 근본 의도가 양인을 확보하기 위한 것이 아니라 사족의 천첩 자손을 구제하기 위한 것이었음을 알 수 있다. 이듬 해 11월 특진관 李陸이 "보충대는 곧 사족의 자손이다."[139) 고 한 말은 바로 이러한 사정을 말해주는 것이라 하겠다. 이로서 볼 때 보충군을 설치하게 된 것은 바로 사족의 천첩자손을 종량시키기 위한 것이었으며 따라서 조선 초기의 신분구조를 살펴보면 각품 대소인원을 주축으로 하는 사족이 상부에 존재하고 그 아래에 일반양인이 있으며 하부에 천인이 존재하는 계층구조를 보인다고 할 수 있을 것이다. 각품 대소인원을 주축으로 하는 사족이 바로 양반이기 때문에,[140) 결국 조선 초기의 신분계층은 양반, 양인, 천인의 셋으로 크게 나뉘어져 있었다고 할 것이다.


## 6. 맺음말


이상에서 조선 초기 보충군의 입속 규정과 입역, 거관, 한품수직 등을 살펴보았다.

---

138) 『성종실록』 권258, 성종 22년 10월 임신. '李克墩成健權健議 自朝宗朝 補充隊 之法 非欲增益軍額 盖以閔士族子孫 從母賤役 故立此法 以開從良之路 是則國 家優待其父而已 良民之子 豈得與士族班 而亦良其子孫乎……'
139) 『성종실록』 권271, 성종 23년 11월 을해.
140) 사족이 조선 초기에 지배신분층인 양반을 지칭하고 있는 것은 이성무 교수가 밝힌 바 있다(이성무, 『조선초기양반연구』, 일조각, 1980, 15~17쪽).

보충군에는 각품 대소인원의 천첩자손과 칭간칭척자, 물문시비자, 양천적불명자, 한전소량미필자 등이 입속할 수 있었으나, 이들 가운데 각품 대소인원자손을 제외하고는 1434년(세종 16) 이후에는 입속할 수 없었다. 한편 양인과 공사천과의 교가소생은 1434년 양천교가가 금지된 후 이 이전에 종량된 자에 한하여 세조 때에 일시적으로 보충군에 입속된 일이 있었고, 성종대에 몇 차례 무음사족에 대한 배려에서 이들의 보충군 입속이 실시된 일이 있었으나 이들은 영속보충대로서 대소인원의 천첩자손과는 크게 차별 대우를 받았다. 이것을 제외하고는 양인과 공사비와의 교가소생은 보충군에 입속되지 못하였으며 각품 대소인원의 천첩자손만이 보충군에 입속할 수 있었다.

보충군의 입역조건에 있어서는 각품 대소인원의 자손은 입역기간, 입역처, 거관 등에 있어서 다른 보충군보다 유리하였으며, 다른 보충군은 잡색보충군으로서 주로 천역에 종사하였음은 물론 자자손손 역을 계승하는 영속보충대로서 거관할 수도 없었다. 따라서 이들이 보충군역을 마치고 거관하여 출사하는데 있어서도 대소인원의 자손만이 한품수직의 규정에 따라 잡직이긴 하지만 입사가 보장되고 있었다.

이들의 한품서용은 태종 대에는 한품의 제한만 있었지 수직관사에 대한 규제는 없었으나 1446년(세종 28)부터는 잡직에만 서용되도록 제한되었다. 그 반면에 서용의 범위도 고려조의 관품만을 가진 자의 소생이 제외되는 대신 조선에서 실직을 역임한 자는 그 자손까지 보충군 입속 거관 후 한품서용될 수 있도록 확대되었다. 이러한 조처는 세종 대에 들어와 사족중심의 신분의식이 강화되면서 나타난 현상으로 보충군 입속 규정의 강화와 궤를 같이하여 이루어지고 있었다.

이상의 여러 사실을 종합하여 볼 때 조선 초기의 신분구조는 각품 대소인원과 양인, 천인으로 크게 나뉘어져 있었다 할 것이다. 각품 대소인원에는 품계를 가진 전현직 관리뿐만 아니라 문무과출신, 생원, 진사,

녹사, 유음자손 등이 포함되고 있었다. 유음자손에는 공신과 2품 이상의 고관을 역임한 자의 자, 손, 서, 제, 질, 원종공신의 자, 손, 실직 3품관의 자, 손, 이조, 병조, 도총부, 사헌부, 홍문관의 관직을 거친 자의 자, 부장, 선전관을 거친 자의 자 등이 포함되므로 각품 대소인원의 범위가 대단히 광범위하였음을 알 수 있다. 이 범위에는 그 당시 지배층 사족 대부분이 포함되었던 것으로 이해된다.

물론 이 당시에 무음사족도 존재하였다. 그러나 무음사족의 천첩자손을 구제하기 위하여 양인과 공사비와의 교가소생을 보충군에 입속시키려는 논의에 나타난 바와 같이 조선 초기의 위정자들이 무음사족까지를 고려의 대상에 넣고 있었던 것을 보면 사족이 하나의 우월한 신분집단으로 인식되고 있었음은 틀림없는 사실이라 하겠다.

따라서 조선 초기의 신분구조는 각품 대소인원의 자손을 주축으로하는 사족이 지배신분으로서 형성되어 있고 그 아래에 양인, 천인이 존재하고 있었다고 할 수 있다. 여기서 사족이 바로 양반에 해당하는 것이므로 결국 조선 초기의 신분구조는 양반, 양인, 천인의 셋으로 계층지워져 있었다 할 것이다.

# II. 조선 전기 재지사족의 재산 형성과 분재

## 1. 머리말

영암 구림은 이미 고려 시대 이래 영암의 문화적 중심지로 도선과 같은 인물을 배출했을 뿐 아니라 조선 중기에 조직된 鳩林洞契의 존재로 일찍부터 학계의 주목을 받아 온 지역이다.[1] 구림동계는 1565년(명종 30)에 朴奎精이 주동이 되어 창설하였다.[2]

여기에서는 구림동계를 창설한 박규정의 가계와 관련된 분재기를 분석하여 조선 전기 재지사족의 재산 형성 과정과 분재 관행을 살펴보고 이어서 이를 통하여 구림동계가 창설된 배경을 밝혀 보려한다. 이 분재기는 박규정의 조부 朴成乾의 처 난포 박씨가 여섯 자녀에게 재산을 나누어주면서 작성한 것으로 허여문기의 형식으로 되어 있다. 박성건은 영암 구림에 들어온 함양 박씨의 입향조이기 때문에 이 분재기는 함양 박씨가 영암에 들어온 당대에 작성된 것이다. 따라서 이 분재기는 영암의 함양 박씨가 이곳에 정착하게된 경제적 배경과 아울러 구림동계를 조직한 배경까지도 살펴볼 수 있는 중요한 자료인 것이다.

이 분재기는 난포 박씨가 여섯 남매에게 재산을 나누어주면서 작성

---

1) 구림동계에 대해서는 다음 논고가 참고가 된다.
   최재율, 「한국농촌의 향약계 연구-구림 대동계의 연구를 중심으로-」, 『전남대논문집』 19, 1973; 이종휘, 『조선조에 실시된 구림 대동계의 성격 연구』, 원광대 석사학위논문, 1984; 이해준, 「조신후기 영암지방 동계의 성립배경과 성격」, 『전남사학』2, 1988; 최재율, 「구림향약의 형성과 현존형태」, 『한일농어촌의 사회학적 이해』, 유풍출판사, 1991.
2) 최재율, 앞의 글 참조.

한 분재기와 이를 근거로 영암관에 입안을 신청한 소지 및 입안을 발급 받는 과정에서 행해진 재주, 증인, 필집 등 관련 당사자의 公緘과 招辭, 그리고 영암관에서 발급한 입안이 연결되어 있는 점련문서로 되어 있다. 문서의 크기는 세로 62cm의 폭에 분재기 부분이 230cm, 공함과 조목이 143cm, 입안이 152cm 이상의 크기이다.3) 분재기는 1509년(중종 4) 2월 16일에 작성되었으며, 공함과 조목은 같은 해 3월 초 3일에, 그리고 입안은 이틀 후인 같은 해 3월 초 5일에 발급되었다. 분재부터 입안의 발급까지 약 20일이 소요된 셈이다.

박성건의 자녀들은 분재 사실을 관으로부터 확인받기 위하여 입안을 신청하면서 이들 분재된 재산이 박성건 부부의 재산임을 입증하는 관련 문서를 영암관에 제출하였는데, 입안에는 그 내용이 실려 있다. 이들 문서는 분재기가 허여문서로 되어 있어 관으로부터 입안을 발급받기 위하여 영암관에 증거자료로 제출한 것이었다. 그 내용을 분석하면 박성건의 재산이 어떻게 증식되었나를 파악할 수 있다.

몇 건의 관련 문서가 제출되었었는지는 입안의 후반부가 잘려나가 확인할 길이 없으나, 현재의 분재기 상에서는 7건이 확인된다. 이들 문서의 상한은 1415년(태종 15)으로 박성건의 외할아버지가 박성건의 어머니에게 노비를 분재해주면서 작성한 허여문기이고, 하한은 1469년(예종 1)에 박성건의 異姓三寸叔母 박씨가 박성건에게 노비를 분재해주면서 작성한 허여문기이다. 그 하한은 더 내려갈 것으로 보이나, 현재의 문서 상태에서 확인할 수 있는 것은 7건이 전부이다. 그렇다 하더라도 이를 통하여 박성건의 재산이 증식되어 가는 과정을 밝히는 데는 큰 어려움이 없을 것이다.

---

3) 입안의 후반부가 잘려나가 정확한 길이는 알 수가 없다. 이 문서는 현재 전남 영암군 군서면 동구림리 97번지에 살고 있는 박찬우씨가 소장하고 있다. 이 문서를 열람하고 촬영을 허락한 박찬우씨에게 지면을 빌어서 감사의 마음을 전한다.

이 장에서는 이 자료를 바탕으로 함양 박씨가 영암 구림에 들어온 과정과, 가문의 지위를 다져 가는 과정, 그리고 분재 내용을 살펴 조선 초기의 재지사족의 존재형태를 고찰하려고 한다.

## 2. 가문과 자료

영암 구림에 세거하는 함양 박씨는 五恨公派로 불린다. 오한은 입향조인 박성건의 호이다.[4] 『함양박씨세보』[5]에 의하면, 그의 선조는 고려 때에 禮部尙書를 지낸 朴善으로, 박성건은 그의 10대손이 된다. 함양 박씨 오한공파가 전라도에 거주하게 된 것은 박성건의 부친 朴彦이 금성에 이거하면서 부터였다. 朴彦은 『함양박씨세보』에는 문과에 급제하여 공조판서와 승성원 도승지를 지냈는데, 어떤 사건에 연루되어 외직인 만호로 보임되면서 금성으로 이거한 것으로 기록되어 있다.[6] 그러나 분재기에는 '前萬戶'라고 기록되어 있어 그가 만호를 지낸 것은 확실하다.

---

4) 박성건이 오한이라고 자호한 것에 대하여 『五恨先生遺稿』에는 다음과 같이 기록되어 있다. '不得父母俱存爲一恨, 仰愧於天俯怍於人爲二恨, 不得英材敎育爲三恨, 海棠無香爲四恨, 淵明之子不能詩爲五恨.'

5) 함양박씨 오한공파의 족보는 1789년(정조 13)에 발간된 기유보, 1831년(순조 31)에 발간된 신묘보, 1895년(고종 32)에 발간된 을미보, 1934년에 발간된 갑술보, 1960년에 발간된 경술보, 1984년에 발간된 갑자보 등 모두 6차례 발간되었다. 본고에서는 1934년에 간행된 갑술보를 주로 이용하고 1984년에 간행된 갑자보를 참고로 하였다.

6) 『함양박씨세보』(갑술보). 그가 문과에 급제하여 도승지를 역임했다는 족보의 기록은 어디에도 믿을만한 자료가 없다. 『문과방목』에서도 그의 입격 사실은 확인되지 않는다. 또 중앙에서 도승지까지 지낸 인물이 외직으로 군직인 만호로 좌천되었다는 것은 있을 수 없는 일이나. 함양 박씨 분재기에는 박언을 前萬戶로 표기하고 있어, 그가 만호를 지낸 것만은 분명하다. 한편 박언의 묘가 나주군 영산면 가야산 기동에 있는 것으로 기록되어 있는 것으로 보아 박언이 금성에 거주했던 것은 분명하다.

이 가문은 이후 박언의 아들인 박성건이 다시 영암 구림으로 이거하였다. 빅성긴이 영암 구림으로 이거한 것은 먼저 이곳에 들어와 정착한 蘭浦朴氏와 혼인한 것이 계기가 되었던 것으로 보인다.[7] 박성건의 처는 난포 박씨로 박진명의 딸이었다.

난포 박씨가 영암에 정착한 것은 박성건의 처조부인 朴彬 때였던 것으로 보인다. 그것은 박성건의 아들 朴權의 친구인 李適이 쓴 「間竹亭記」에 "朴侯(朴權-필자 주)가 '이 곳은 우리 外舅 朴彬께서 처음으로 살기 시작한 곳으로 선군께서 이를 이었다'고 하였다."[8]고 한 말로 미루어 알 수 있다.

박빈이 구림에 정착한 것은 조선 초기였을 것으로 보인다. 그것은 "난포현은 경상도 남해현에 속하였는데, 왜구의 침입으로 인물이 모두 흩어지고 단지 토지만 남았다."[9]는 세종 때의 기록을 통하여 짐작할 수 있다. 난포 박씨는 원래 경상도 남해현의 속현인 난포현에 살고 있다가 고려 말 조선 초기에 왜구의 피해로 폐현이 되면서 영암에 들어와 정착한 것이 아닌가 생각된다.

또 박성건의 어머니, 즉 박언의 처는 영암박씨였는데,[10] 분재기의 기

---

7) 박명희, 「문헌의 기록범위와 자료의 활용 가능성-영암 구림 함양박씨 오한공파 문헌을 중심으로-」, 『지방사와 지방문화』 4권 2호, 135쪽 참조.
8) 『五恨公遺事』「間竹亭記」. '一日吾友朴侯 而經手簡抵余日 吾先人弊廬在靈岩治西二十里許… 神僧道詵之舊址也 吾舅朴君彬始卜築于玆 先君繼之仍家焉.' 한편 1565년에 林浩가 쓴 「鳩林洞中修契序」에도 '外先祖朴公彬 始卜居于此'하였다고 적고 있다. 임호는 선산 임씨로 역시 난포 박씨의 외손이었다.(최재율, 「구림대동계의 창설과 역사」, 『한일농어촌의 사회학적 이해』 참조). 『鳩林洞中修契序』 '外先祖朴公彬始卜居于此 因地之 靈有傑之作日 昭格令朴公諱成乾 日珍原縣監諱地蕃 日淸安縣監諱地昌 用開業焉.' 박빈은 박성건의 외조부이고, 박지번과 박지창은 박빈의 손자이며, 박성건의 처 난포 박씨의 동생제다. 또 이 글을 쓴 임호는 박지창의 손녀서인 임구령의 아들이다.
9) 『세종실록』 권150, 「지리지」 慶尙道 昆南縣. '蘭浦縣 本內浦縣 平山縣 本西平山 右二縣 皆海島 新羅改今名爲南海領縣 高麗因之 因倭人物俱亡 但有土地耳.'
10) 『함양박씨세보』 참조.

록에 따르면 그녀의 아버지는 戶長正朝를 지냈다.[11] 호장정조는 조정에 나아가 임금을 배알한 사람으로 호장 중에서도 가장 상급의 호장이었다.[12] 이로 미루어 보면 박언의 처부는 영암의 상급 향리였음을 알 수 있다.[13] 이렇게 보면 함양 박씨는 박언 대에 영암의 토착 향리로 재지적 기반이 확고한 영암박씨와 혼인하면서 이 지방과 처음 인연을 맺고 이어서 이 지방에 먼저 들어와 정착한 난포 박씨와 혼인하면서 영암 구림에 정착하였던 것으로 보인다.

함양 박씨는 이러한 혼인관계를 통하여 처가로부터 상당한 재산을 분배받아 경제적인 발판을 마련할 수 있었던 것으로 보인다. 분재기에는 박성건의 어머니가 친정아버지인 호장정조로부터 재산을 분배받은 것과 함께 박성건이 異姓三寸叔母와 同姓三寸叔母로부터 상당한 재산을 물려받고 있는 것이 확인된다. 여기서 이성삼촌숙모와 동성삼촌숙모는 각각 어머니의 자매와 아버지의 자매를 지칭한 것이다.[14]

이와 같이 함양 박씨는 영암박씨, 난포 박씨와 혼인을 맺고 이들로부터 상당한 재산을 분배받아 이를 발판으로 이 지방으로 移居하여 정착한 것으로 보인다. 이로써 보면 적어도 박성건의 아버지인 박언 대에

---

11) '永樂十三年乙未六月十日 財主(缺落)前戶長正朝朴 着名證筆具成置 (子)息等亦中奴婢許與內 長女子衿.' 여기서 장녀자가 바로 박언의 처이다.
12) 허흥식, 『고려사회사연구』, 아세아문화사, 1981, 242쪽.
13) 영암박씨는 영암의 토성 가운데 하나였다. 『세종실록』 권151, 「지리지」 전라도 영암 토성 참조.
14) 동성삼촌숙모가 아버지의 자매인 것은 同姓三寸叔母夫라는 표현으로 미루어 알 수 있다. 이 말은 동성삼촌숙모의 남편을 가리키는데, 이를 합리적으로 해석하면 동성삼촌숙모는 결국 나와 성이 같은 숙모, 즉 고모가 된다. 또 이성삼촌숙모는 나와 성이 다른 삼촌숙모로 외삼촌의 부인과 이모가 이에 해당하며, 외삼촌이나 이모는 어머니와 성이 같아야 한다. 그런데 이 문서에 나오는 異姓三寸叔母故多慶浦萬戶李繼德妻朴氏에서는 이성삼촌숙모박씨가 어머니와 성이 같으므로 이성삼촌숙모는 어머니의 자매인 이모가 될 수밖에 없다. 노명호 교수에 의하면 조선 전기까지는 고모나 이모를 흔히 이렇게 불렀다고 한다.

나주에, 다시 박성건 대에 영암에 정착했던 것으로 보인다.[15]

난포 박씨는 이 당시 영암 지역에서 확고한 기반을 확립하고 있었던 것으로 보인다. 그것은 앞에서 언급한 구림동계를 창설하는데 주동적 역할을 했던 성씨들이 모두 난포 박씨와 혼인관계를 통하여 영암에 정착한 것으로 미루어 알 수 있다.[16] 박성건의 부인인 난포 박씨의 남자 형제들이 모두 상당한 實職에 있었던 것에서도 이 가문이 상당한 기반을 가지고 있었음을 짐작할 수 있다. 난포 박씨에게는 남자 형제로 地蕃과 地昌이 있었는데, 분재기를 작성할 당시 모두 證保로 참여하였다. 그들의 관직은 각각 靑山縣監과 典涓司 直長이었다. 이러한 가문을 배경으로 하여 난포 박씨는 많은 재산을 소유하고 있었는데, 이 집안과 박성건이 통혼함으로써 함양 박씨도 영암에서 재지적인 기반을 확립할 수 있었을 것이다.

함양 박씨와 인척관계가 확인되는 인물로는 이밖에 多慶浦 萬戶를 지낸 李繼德과 全道가 분재기에 등장한다. 이계덕은 분재기에 의하면 異姓三寸叔母 박씨 즉, 어머니의 자매와 결혼한 사이였다.[17] 이계덕은 강진에서 가장 세력이 강한 토호 중의 한 사람으로, 도강현과 탐진현을 합하여 강진현을 설치하고 병영을 강진으로 옮긴 이후 읍의 치소를 옮기는 문제로 1451년(문종 1)에 강진현인 79명이 연명으로 狀告를 올릴 때 이를 주도한 인물이었다.[18]

全道는 분재기에 "同姓三寸叔母夫"로 되어 있어, 박성건의 고모부였음을 알 수 있다. 동성삼촌숙모가 아버지의 자매를 가리킨다함은 전술

---

15) 『함양박씨세보』에 의하면 박언의 묘소는 나주 영산포 가야산에 있고, 박성건 부부의 묘소는 영암 삼호면에 있는 것으로 되어 있는데, 이것도 이들의 거주지와 무관하지 않을 것이다.
16) 최재율, 앞의 논문 참조.
17) 박씨 분재기에는 '異姓三寸叔母 故多慶浦 萬戶 李繼德妻 朴氏'로 기재되어 있다.
18) 『문종실록』 권1, 문종 1년 11월 신유.

한 바 있다. 전도는 사료 상에서 그 이름을 확인할 수는 없었으나, 그
역시 영암 지역의 유력한 가문 출신이었을 것으로 보인다. 조선 초기까
지도 영암에는 4개의 속현과 2개의 향, 4개의 소, 그리고 4개의 부곡이
있었는데, 『세종실록』「지리지」에는 이 가운데 4 곳에서 전씨가 제일
먼저 기록되어 있다.[19] 이로써 보면 전도는 이 당시 영암의 속현이나
부곡 등에서 상당한 재지적 기반을 갖고 있었던 것이 아닌가 생각된다.

　이상에서 살핀 분재기에 기재되어 있는 내용과 『함양박씨세보』를 중
심으로 박성건의 가계와 통혼관계를 표시하면 다음 〈표 1〉과 같다.

### 〈표 1〉 함양 박씨의 통혼관계

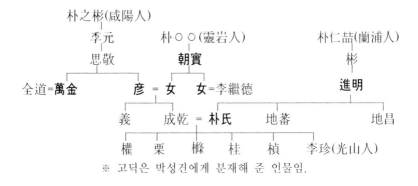

※ 고덕은 박성건에게 분재해 준 인물임.

　박성건은 1453년(단종 1)에 진사시에 합격하여 樂安과 茂長 훈도를
거쳐 1472년(성종 3)에 춘당대시 문과 병과 5등으로 급제하였다.[20] 그는
장수현감을 마지막으로 관직에서 은퇴하여 영암 구림에서 여생을 보냈
다.[21] 금성교수를 지냈을 때 그가 지었다는 금성별곡은 국문학상에서
주목받고 있는 작품의 하나이다.[22]

---

19)『세종실록』권150,「지리지」영암군 성씨 참조.
20)『국조방목』참조.
21)『함양박씨가장』「오한선생삼세행장」참조.
22) 금성별곡에 대해서는 다음 논고가 참고 된다.

박성건은 5남 1녀를 두었는데, 큰 아들 權이 1486년에 생원시에 합격하고 이어 1492년에 식년 문과에 급제하였다. 그는 正言으로 재직 중 무오사화에 피화되어 함경도 吉州로 유배되었다가 갑자사화 때에는 해남으로 이배되었다. 이 가문에서는 박성건과 권 부자가 연속으로 문과에 합격한 이후 많은 자손들이 생원·진사시에 합격함으로써 가문의 문지를 굳혔다. 박성건의 손자 가운데서는 다음 〈표 2〉에 나타난 바와 같이 둘째 栗의 아들 文精과 셋째 㯖의 아들 奎精이 생원시에 합격하였으며, 文精의 아들 安世와 규정의 손자 而厚가 사마시에 합격하였다.[23] 이와 같이 박성건의 집안에서는 그와 그 아들이 연달아 문과에 합격하였을 뿐 아니라, 사마시에도 4명을 합격시킴으로써 가문의 지위를 확고히 할 수 있었다. 이후에도 박성건의 자손 중에서 학문을 닦아 생원·진사시에 합격한 자가 많이 나왔으며, 임진왜란 때에는 많은 자손들이 의병에 가담하여 가문의 지위를 높였다. 이것이 바로 박성건의 후손들이 영암 지방에서 대표적인 재지양반으로서의 지위를 굳건하게 유지했던 배경이었다.

〈표 2〉 박성건 가문의 문과와 사마시 합격자(고딕 : 문과, 이탤릭 : 소과)

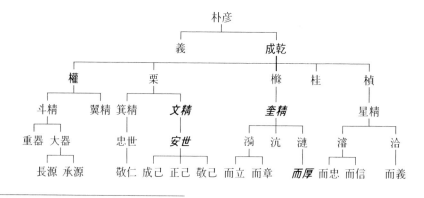

李相寶, 「박성건의 금성별곡 연구」, 『명지대 논문집』 8집.

23) 『사마방목』(CD) 참조.

이러한 가문의 배경에서 박규정은 이미 1536년에 구림 동장으로써 인척관계에 있던 선산 임씨, 연주 현씨 등 이 지방의 유력한 가문과 함께 구림동계를 조직하여 향촌지배에 큰 관심을 갖고 있었다.[24]

함양 박씨들은 이러한 가문을 배경으로 竹亭書院을 건립하여 향촌사회의 주도권을 장악하여갔다. 죽정서원은 박성건이 관직에서 은퇴한 후 향리에 건립한 聞竹亭을 바탕으로 박성건의 후손들이 주축이 되어 건립하였다. 죽정서원은 1681년(숙종 7)에 건립되었는데, 박성건과 권, 규정 3인과 이만성을 배향하였다.[25] 이와 같이 영암의 함양 박씨들은 입향조인 박성건과 그의 아들과 손자를 모시는 죽정서원을 건립함으로써 영암에서 일류의 양반으로서의 지위를 인정받았으며, 이를 바탕으로 더욱 향촌사회 지배권을 확실히 장악하였다.

## 3. 분재기의 내용 검토

분재기에는 화회문기, 별급문기, 허여문기 등이 있다. 이들 분재기는 일반적으로 序와 本文, 署名의 세 부분으로 되어 있다. 서에는 분재기가 작성된 날자와 분재 사유, 부모의 유언, 자식들이 지켜야할 도리, 분재의 원칙 등이 기재되어 있으며, 본문에는 구체적으로 각각의 상속인에게 주어지는 재산의 내역이 기록되어 있고, 서명은 문서의 끝 부분에 있는데, 재주와 분재에 참여한 당사자들이 이름을 적고 수결을 하였다. 庶孼들은 일반적으로 서명에 참여하지 못하였다.

분재기에 따라서는 부모와 선조의 제사를 지내는데 필요한 경비를 조달하기 위한 재산을 따로 떼어 奉祀條를 설정하는 경우도 있다. 전답

---

24) 구림대동계에 대해서는 최재율, 앞의 논문 참조.
25) 『典故大方』 권4, 「시원·사우」.

과 노비를 다른 분재기로 작성하는 경우도 있었는데, 함양 박씨의 분재기는 전답과 노비가 한 분새기에 같이 작성되어 있다.

화회문기는 재주인 부모가 사망한 후 일반적으로 삼년상을 마치고 자녀를 비롯한 상속인이 모두 모여 재산을 나누면서 작성하는 분재기이다. 허여문기는 재주가 생존해 있으면서 자녀를 비롯한 상속인들에게 재산을 나누어줄 때에 작성하며, 깃급문기(衿給文記)라고도 한다. 화회문기와 허여문기는 동일한 내용의 문서가 상속인의 수만큼 작성되며 재주 및 분재에 참여한 상속인, 그리고 문서를 작성한 사람, 증인 등의 서명이 있다.

별급문기는 재주가 특별한 사유가 있을 때, 자손이나 가까운 친척에게 재산의 일부를 특별히 주면서 작성하는 문서이다. 서에는 재산을 특별히 주는 이유가 기록되고 피상속인, 상속인 외에 증인과 문서 작성자의 서명이 필요하다. 별급문기는 재산의 일부만을 보여주는 것이어서 재주의 재산 규모를 파악하는데는 크게 도움이 되지 못하므로 허여문기, 화회문기에 비하면 자료적 가치는 낮다.

일반적으로 분재기에 분재의 대상으로 기재되는 재산은 농지와 노비가 대부분이다. 때로는 여기에 가옥과 垈地가 추가 기재되어 있는 경우도 있다. 박성건 처 난포 박씨의 분재기에는 노비와 농지가 같이 분재되고 있다. 농지는 모두 논이었으며, 같은 지역에 있는 논을 상속인들이 나누어 상속하는 경우 면적을 마지기로 표시하였으나, 한 지역에 있는 논을 한 사람이 상속받는 경우에는 그 논이 위치하는 장소나 경작하는 사람의 이름만 기록되어 있을 뿐 면적은 표시되어 있지 않다.

이 분재기에는 承重條로 노비 3명과 논 약간을 따로 장자에게 분급하고 이어서 장자를 포함한 여섯 남매에게 노비와 전답을 비교적 고르게 나누어주고 있다. 이들 각 자녀들에게 분재된 재산을 노비와 논으로 나누어 고찰해 보기로 하자.

먼저 노비를 살펴보면 〈표 3〉에 보이는 바와 같이, 자료의 훼손이 심하여 정확히 계산할 수는 없지만 확인된 수만으로도 192명 이상의 노비가 분재되고 있어서 지방 양반으로는 꽤 많은 수의 노비를 소유하고 있었던 셈이다. 문서의 훼손된 부분에도 상당한 수의 노비가 기재되어 있는데, 이들까지 감안한다면 대략 200명 이상의 노비를 소유하고 있었던 셈이다.

이들 노비 가운데 3명을 따로 승중조로 하여 장자에게 주고 나머지 노비를 6명의 자녀에게 비교적 고르게 나누어주고 있다. 문서의 결락이 심하여 정확히는 알 수 없으나, 현재 상태에서 확인할 수 있는 각 자녀에게 분재된 노비의 수는 장자가 37명으로 가장 많고 딸에게는 가장 적은 21명이 분재되고 있어 차이가 있다. 그러한 중에도 대체로 30명 내외의 노비가 비교적 고르게 분재되고 있어 이 당시의 관행이었던 평균분재의 원칙이 비교적 잘 지켜지고 있었다할 것이다.

노비의 기재는 각각의 노비에는 이름, 부모 등의 출생관계와 나이 및 생년이 干支로 기록되어 있다. 매득노비에는 매득한 사실이 추가로 기재되어 있다. 부모는 어머니의 이름이 기록된 경우가 많으며, 아버지의 이름이 기록된 경우에는 그 어머니가 양녀인 경우 예외없이 幷産이 첨가되어 '奴○○良妻○○幷産'과 같은 형식으로 기재되어 있다. 조선 전기의 노비의 신분과 소유권이 從母法과 一賤則賤의 원칙에 의하여 결정되었기 때문이었다.

분재기에서 노비는 거주지에 따라 재주와 같은 군현에 살고 있는 재지노비와 다른 군현에 살고 있는 외방노비로 나누어 기재되는 것이 상례인데,[26) 이 분재기에는 이러한 구분이 없이 거주지의 기재가 생략되어 있다. 모든 노비가 재지노비였기 때문이었을 것이다. 이들은 영암 그 중에서도 구림과 그 주변 지역에 거주하고 있었던 것으로 생각된다. 재지양반층은 외방노비를 많이 소유하고 있지 못한 것이 이 시기의 일반적인 현상이었음을 여기서도 확인할 수 있다.

### 〈표 3〉 자녀별 노비의 분재 내용(승중조 3명 별도)

| 노비 \ 자녀 | 장자 권 | 2자 율 | 3자 조 | 4자 계 | 5 딸 | 6자 정 | 계 |
|---|---|---|---|---|---|---|---|
| 노 | 16 | 16 | 13 | 17 | 12 | 12 | 86 |
| 비 | 15 | 11 | 13 | 6 | 7 | 11 | 63 |
| 미상 | 6 | 6 | 7 | 6 | 8 | 7 | 40 |
| 계 | 37 | 33 | 33 | 29 | 27 | 30 | 189 |

이 분재기에는 매득노비 및 그 자녀들이 모두 8명 기재되어 있다. 다음은 분재기에서 매득노비와 그 소생을 발췌한 것이다.

① 崔潭處買得 奴禾三 年陸拾
　奴禾三貳所生婢紫桃年參拾捌壬辰
　奴禾三參所生婢銀今年參拾(缺落)
② 崔潭處買得 奴禾仇知良妻每邑德并産 壹所生 婢(缺落)
　同奴良妻每邑德并産貳所生奴訥同年參拾貳戊戌
　參所生婢禾今年參拾庚子
　肆所生奴禾干年貳拾柒
③ 崔潭處買得婢德只所生婢德今 年二 戊子生

이들은 모두 1467년(세조 13) 3월 15일 財主 學生 崔潭으로부터 박성건이 매득한 노비와 그 소생들로,[27] ①은 노 화삼과 그의 두 딸 ②는

---

26) 이영훈, 「고문서를 통해본 조선전기 노비의 경제적 성격」, 『한국사학』 9 참조.
27) '成化三年丁亥三月十五日 財主學生崔 着名署證筆具成置 前茂長訓導朴成乾 處
　明文內 母邊婢卜德矣第三所生奴禾三年卅三(缺)丑生 同婢矣第四所生奴禾仇知年

노 화구지의 자녀들, 그리고 ③은 비 덕지의 소생으로 이들이 분재기 상에서 매득노비의 자녀로 기록되고 있는 것이다.

이와 같이 이 분재기에는 매입한 노비와 그 자녀들이 기재되어 있다. 이 가문에서 노비의 매득은 1467년에 박성건이 최담으로부터 매득한 것이 유일하여 재산 증식에 그리 큰 역할을 한 것으로 보이지는 않는다. 이와 같이 매득노비를 구분하여 표기한 것도 노비 소유권의 귀속을 명확하게 하기 위한 것이다.

난포 박씨 분재기에 기재되어 있는 노비 가운데 매득노비를 제외한 노비는 모두 박성건이 부모나 처가 또는 가까운 친척으로부터 분재받은 노비와 그 자손이었다. 이들 노비는 누구에게서 분재받았는가에 따라 父邊傳來, 母邊傳來, 家翁父邊傳來, 家翁母邊傳來, 家翁邊傳來, 家翁三寸叔母朴氏妻傳得, 二寸叔母朴氏妻傳得, 同姓三寸叔母夫處傳得 등으로 기재되어 있다. 이들을 분재유형별로 예시하면 다음과 같다.

① 父邊傳來 奴(缺落)仇知良妻公非幷産柒所生婢(缺落)
② 母邊傳來 婢德今貳所生奴銀同年拾玖辛亥
③ 家翁父邊傳來 婢四節壹所生奴粉山良妻鶴非幷産參所生婢大德年貳拾捌(缺落)
④ 家翁母邊傳來 奴承(缺落)
⑤ 家翁邊傳來 奴孟山年陸(缺落)
⑥ 三寸叔母朴氏處 傳得婢孝養壹所生奴自蔡年貳拾壹己酉
⑦ 家翁三寸叔母朴氏處傳得奴召只壹所生婢閑非年參拾捌壬辰
⑧ 同姓三寸叔母夫全道 處傳得婢花非矣第四所生奴鄭仇知年五乙酉)
⑨ (缺落)傳來奴 指南年肆拾肆丙戌

①의 부변전래노비는 재주인 박성건 처의 아버지쪽에서 전래된 노비였으며, ②의 모변전래노비는 재주의 어머니 쪽에서 전래된 노비였다.

_____

十六壬申等乙放賣是如施行 成火三年四月初五日康津縣斜出文記是齊.'

또 ③과 ④는 박성건이 그의 아버지와 어머니로부터 분재받은 것이었으며, ⑤ 역시 박성건이 싱속받은 재산을 의미한다. ⑥, ⑦, ⑧은 박성건이 아버지의 자매나 어머니의 자매로부터 상속받은 재산을 의미한다. ⑨의 경우는 앞부분이 결락되어 누구로부터 전래되었는지 잘 알 수 없는 경우이다.

누구로부터 전래 또는 전득되었다는 所從來의 표기는 그 노비가 처음 기재될 때만 적용되었으며, 두 번째부터는 생략되었다. 예컨대 ⑤의 家翁邊傳來 奴孟山年陸(缺落)의 경우 次子 桂의 衿에 기재된 그의 딸은 '奴孟山伍所生婢宋今年貳拾貳'로만 기재되어 맹산이 가옹전래노인 사실이 생략되어 있다. 그러나 처음 기재되는 경우에는 누구로부터 전래되었는지를 반드시 밝히고 있다.

위에 제시된 노비들이 구체적으로 언제 누구로부터 박성건에게 전래되었는지를 살펴보면 먼저 ②의 母邊傳來 婢 德今(奴 銀同의 어머니)은 1469년(예종 1)에 박성건의 처부가 그의 큰 딸인 박성건의 처에게 별급해 준 것으로 박성건의 처부의 처부로부터 전래된 것이었다.[28] 바꿔 말하면 박성건 처의 외가로부터 전득된 것으로 어머니 쪽으로 전래된 것이었다. 또 ⑤의 가옹변전래노 孟山은 1457년(세조 3)에 박언의 처 박씨 즉 박성건의 어머니가 낙안교도였던 박성건에게 허여한 노비 중의 하나였다.[29] ⑥의 삼촌숙모박씨와 ⑦의 가옹삼촌숙모박씨는 동일인으로 보인다. 그것은 ⑥의 三寸叔母朴氏妻 傳得 婢 孝養과 ⑦의 家翁三寸叔母

---

[28] '成化五年八月十一日 財主父前別侍衛朴着名署證筆具成置 長女子(衿) 茂長訓導 朴成乾妻亦中文記內 孝道論功 妻父邊奴鄭金良妻欣非幷産奴欣金年 三丁亥 崔潭 處買得婢德只所生婢德今年二戊子生等 旣別給是如施行 成化己丑八月.'

[29] '天順元年丁丑十二月初五日 財主母前萬戶朴彦妻妻朴氏 圖署證筆具成置 子樂安敎 導朴成乾亦中 許(與)內 母邊婢佐伊三所生奴今音三年卄一丁巳 奴今音勿良妻小 斤幷産四所生奴孟山年十三乙丑是如施行他奴婢幷付白文是齊.'

朴氏處 傳得奴 召只가 모두 1469년에 三寸叔母 朴氏가 재주로서 무장훈 도 박성건에게 허여한 노비 중의 일부였기 때문이다.[30] ⑨는 앞 부분이 결락되어 누구로부터 전래되었는지 명확하지 않으나, 이들도 누군가로 부터 전래되었음은 분명하다.

지금까지 살펴본 바와 같이 박성건이 소유하고 있던 노비는 부모나 처가 또는 아버지와 어머니의 형제 등 가까운 친족으로부터 상속받은 노비와 매득한 노비 그리고 이들 노비의 소생으로 이루어져 있었다. 박 성건이 소유한 노비 가운데 다수를 차지하는 것은 상속받은 노비와 노 비의 자손으로 신분세습에 따라 노비가 된 자들이었다. 처음에는 상속 받은 노비가 상대적으로 많았다면 시간이 지날수록 신분세습노비가 많 아졌을 것으로 보인다.

박성건이 소유한 노비 중에서 상속받은 노비 가운데는 처가나 어머 니의 친정 쪽에서 전래된 것이 많았다. 이는 박성건의 아버지를 비롯한 함양 박씨들이 상대적으로 경제력이 우월한 집안과 통혼하였음을 말해 준다. 박성건 가문이 상대적으로 경제력이 우세한 집안과 통혼할 수 있 었던 것은 문과 합격과 출사가 큰 영향을 끼쳤을 것이다. 앞에서도 언 급한 바와 같이 박성건의 아버지는 만호를 지냈으며, 박성건은 문과에 합격한 후 장수현감을 지냈다.

박성건이 소유한 노비 중에는 노와 양녀 사이에서 출생한 노비가 다 수 있었다. 이들은 앞에서 언급한 바와 같이 일반적으로 并産이라고 기

---

30) '成化五年己丑三月初四日 財主異姓三寸叔母 故多慶浦萬戶李繼德妻朴氏 圖署證
筆具成置 前茂長訓導朴成乾處成文內 孝道論功 同姓三寸叔母夫全道處傳得 婢花
非矣第四所生奴鄭仇知年五乙酉 右全道妻萬金(處)傳得 婢孝道矣第三所生婢夫斤
珠年七癸未等乙加給 婢梅花孝道孝養奴召只等段 墳廟都修僧齋室定体爲計爲於
他處傳持爲計爲等如兩以難斷改詳量決定次以節區處不冬爲去乎 乃終區處隅無去
等 自亦並只後所生并以執持使用亦施行 成火五年己丑四月日康津縣斜出文記是齊.'

재되어 있다. 이들은 전체 노비 192명 가운데 68명에 이르고 있어 약 35%를 점하고 있다. 그런데 이 분재기에는 노소생으로 어머니가 기재되어 있지 않은 자들이 29명이 있다. 예컨대 '奴貴山陸所生婢元非年拾陸甲寅'과 같이 기재되어 있는 자들이다. 이들에게는 어머니가 기재되어 있지 않기 때문에 幷産이라는 표기도 되어 있지 않다. 이들은 아버지는 분명하지만 어머니의 신분이 명확하지 않았기 때문에 어머니를 기재하지 않았으며, 따라서 '良妻○○幷産'이란 표기 없이 '奴○○所生'이라고만 표기한 것으로 생각된다. 따라서 이들까지 포함하면 아버지의 신분을 따라 노비가 된 자는 97명으로 노비 전체의 절반을 상회한다. 이와 같은 현상은 노비 소유주들이 노비를 효과적으로 증식하기 위하여 노와 양녀와의 결혼을 강요하였기 때문이었을 것이다. 이렇게 본다면 비의 대부분도 양인 남자와 결혼하도록 강요당했을 가능성이 아주 높다.

앞에서 살펴본 바와 같이 박성건이 소유한 노비의 수가 늘어난 가장 큰 요인이 노비의 소생, 즉 출산에 의한 것이었는데, 그 중에서도 노비와 양인 사이의 소생이 절대적으로 많았을 것으로 보인다. 이들 노비들은 그 대부분이 박성건의 농지에서 농사일에 종사하였던 것으로 생각된다.

다음에 분재기에서 노비와 함께 중요한 재산이었던 농지에 대해 살펴보자. 농지는 논 중심으로 소유하고 있었다. 밭은 분재기 상에는 전혀 나타나지 않는다. 아마 박성건이 거주하고 있던 구림 지역이 영산강 지류인 구림천변에 위치하고 있어서 논이 많았던 것이 가장 큰 이유이겠으나, 양반들이 생산성이 높은 논을 선호했던 것도 그 이유 중의 하나가 아니었을까 생각된다. 분재기에는 모두 16곳의 논이 6남매에게 분재되고 있는데, 그 면적은 정확히 알 수가 없다. 다음 〈표 4〉는 이 분재기에 기재된 6남매에게 분재된 농지를 발췌한 것이다.

## 〈표 4〉 농지 분재상황

| 자녀 | 농지 |
|------|------|
| 1자 권 | 小星(缺落) (缺落)下邊捌斗落只 (承重條 小星上邊 欣同畓) |
| 2자 율 | 姜春畓全數 卞德畓(缺落)(缺落)玖斗落只 |
| 3자 조 | (缺落)畓全數 坪里畓全數 郡內虫介畓中玖斗落只 蟲本畓拾斗落只 |
| 4자 계 | 郡(缺落)敎畓拾斗落只 高岳山下邊畓柒斗落只 |
| 5 딸 | 石隅畓全數 得中畓全數 李化上畓全數 加亭子畓全數<br>郡內高岳山畓玖斗落只 長敖畓玖斗落只 |
| 6자 정 | 郡內高岳山中央畓陸斗落只 甘金畓伍斗落只 龍頭畓全數 都倉畓全數 |

〈표 4〉에 보이는 바와 같이 난포 박씨 분재기에 기재된 농지는 ① 지명(장소)+답, ② 인명+답의 두 가지 방식으로 기재되고 있다. 예컨대 郡內高岳山畓 全數, 坪里畓 全數, 石隅畓 全數, 加亭子畓 全數, 龍頭畓 全數, 都倉畓 全數 등은 지명(장소)+답의 예이며, 卞德畓(缺落), 欣同畓 (缺落), 姜春畓 全數, 郡內虫介畓中 玖斗落只, (缺)得中畓 全數, 李化上 畓 全數, 長敖畓 玖斗落只, 甘金畓 伍斗落只 등은 인명+답의 예이다. 小 星畓, 蟲本畓 拾斗落只 등은 어느 쪽인지 분간하기 어렵다.

난포 박씨가 자녀들에게 분재해준 농지는 전부 논이었다. 면적은 마지기를 단위로 하고 있으나, 한 곳의 농지를 한 사람에게 통째로 주는 경우 全數로 표기한 것이 많아 총 소유 면적은 정확히 알 수가 없다. 그러나 마지기로 기재된 농지만도 82마지기에 달하고 있어 그의 소유 농지가 대단히 많았음을 알 수 있다. 斗落只는 대체로 한 지역에 있는 농지를 몇 사람에게 나누어주는 경우에 표시되어 있다. 全數로 표기된 농지는 모두 12곳에 이르고 있다. 마지기로 표시된 농지의 경우 한 곳의 면적이 인명+답으로 표시된 것은 가장 작은 것이 5마지기, 넓은 것이 10마지기에 이르고 있는데, 대체로 9마지기 정도의 크기였다. 또 장소+답으로 표시된 것은 가장 작은 것이 10마지기, 넓은 것이 21마지기에 이르고 있다. 이러한 섬을 감안하여 數로 표시된 농지의 한 곳의 대략적인 면적을 10마지기 정도로만 계산하여도 박성건이 소유하고 있던 전체 농지의 규모는 적어도 200마지기를 밑돌지는 않았을 것이다.

이들 농지도 노비와 마찬가지로 6남매에게 고르게 분재되었을 것이다. 장자에게는 본인의 분재 몫과는 별도로 승중조의 재산을 설정하여 주고 있다.

농지가 위치한 지명(장소)을 확인하여 박성건이 소유하고 있던 농지의 분포상황을 살펴보면 박성건의 소유지는 영암 구림지역에 집중적으로 분포되어 있다. 지명은 마을이나 들이나 산 이름 등으로 기재되어 있는 경우가 많아 그 정확한 위치를 확인하기가 상당히 힘들지만 현지조사와 조선 후기에 간행된 『호주총수』와 읍지류 등의 고문헌 자료를 통하여 어느 정도는 확인이 가능하다.

농지의 분포가 영암 구림에 집중되어 있었던 것과 외방노비가 존재하지 않았던 것을 관련하여 생각해보면 이들 농지의 경작 노동력의 일부가 바로 이들 노비였을 것으로 보인다. 박성건은 이들 농지를 일부는 노비 노동력을 이용하여 직영하고, 일부는 작인에게 병작시켰을 것이다. 그가 소유한 많은 노비들이 직영지 경영에 투입되었을 것이며, 노비 가운데 일부와 일반 양인 농민들이 병작 농민으로 그의 논을 경작하였을 것이다. 그의 분재기에 나타난 농지 가운데 지명(장소)+답의 형식으로 기재된 농지는 아마도 직영지였을 가능성이 크며, 인명+답의 형식으로 기재된 농지는 병작지였을 가능성이 크다. 인명+답의 형식으로 기재된 농지를 병작지로 보는 것은 여기에 기재되어 있는 인명이 그 농지의 작인으로 보이기 때문이다.[31] 이렇게 본다면 박성건의 전체 농지 중에서 대략 절반 정도는 직영지이고, 나머지 절반 정도는 병작지였다고 생각된다. 이 직영지의 경작에 필요한 노동력은 그가 소유한 다수의 노비들이었을 것이다.

박성건과 같은 16세기 재지 양반층은 이렇게 하여 확립된 재지적 기반 위에서 농촌사회의 안정을 위한 방안을 강구하였을 것이다. 구림동계는 이러한 과정에서 그 방안의 하나로 설립되었던 것이다.

## 4. 박성건가의 재산 형성 과정

박성건 처 난포 박씨가 자녀들에게 분재해준 재산이 어떻게 형성되었는가를 밝힐 자료는 앞에서 언급한 바와 같이 입안에 그 내용이 소개되어 있는 것 외에는 없다. 입안에 소개된 내용을 통하여 살펴보면 박성건 부처의 재산형성 요인으로는 상속이 가장 절대적인 비중을 차지하고 있었다. 박성건이 상속받은 재산이 얼마나 되는 지는 정확히 알 수 없지만, 그는 아버지 박언과 어머니 영암박씨 그리고 동성삼촌숙모와 이성삼촌숙모로부터 많은 재산을 상속받았다. 상속받은 재산 외에 물론 박성건 자신이 사들인 재산도 있었다. 이 가운데 박성건 자신이 당대에 사 모은 재산은 몇 명의 노비 외에는 분재기 상에서는 확인할 길이 없으나, 상속받은 재산에 대해서는 이 분재기의 입안의 앞부분에 실려 있는 7건의 문서 내용을 검토하면 어느 정도 확인이 가능하다. 이들 문서의 목록과 재주 및 피상속인, 그리고 분재 내용을 정리하면 다음의 〈표 5〉와 같다.

---

31) 이영훈, 앞의 논문 참조.

## 〈표 5〉 입안 문서의 내용

| 번호 | 연대 | 구분 | 재주 | 상속인 | 분재재산 | 비고 |
|------|------|------|------|--------|----------|------|
| 1 | 1415 | 허여 | 朴彦妻父 | 朴彦妻 | 노비 등 | 영암관 斜出 |
| 2 | 1457 | 허여 | 朴彦妻朴氏 | 朴成乾 | 노비 등 | 白文 |
| 3 | 1429 | 허여 | 朴彦 | 朴成乾 | 노비 등 | 長興都會 考準 |
| 4 | 1467 | 매매 | 崔潭 | 朴成乾 | 노비 등 | 영암관 斜出 |
| 5 | 1468 | 상송 | 元 朴成乾 | 雙同生兄朴義 | 노비 등 | 나주관 立案 |
| 6 | 1469 | 별급 | 숙모박씨 | 박성건 | 노비 등 | 강진관 斜出 |
| 7 | 1469 | 별급 | 박성건처부 | 박성건처 | 노비 등 | 후반부 缺落 |

〈표 5〉에 나타난 바와 같이 박성건 처 난포 박씨 분재기의 입안을 발급받는 과정에서 관에 제출된 문서는 영암과 강진 그리고 나주관에서 斜出 또는 立案이 발급된 것이었다. 이것은 이들 문서에 기재되어 있는 노비를 비롯한 재산이 이들 지역에 소재하고 있었음을 알려주는 것이다. 후반부가 훼손되어 斜出 또는 立案 여부를 알 수 없는 7번 문서의 경우도 영암관 斜出文書였을 것으로 보인다. 박성건의 친가와 처가에서 작성한 문서이기 때문이다. 3번 문서를 장흥도회에서 考準한 것은 이 당시 장흥이 강진을 관할하는 계수관이었기 때문이다. 계수관은 인재의 천거, 군기의 제조, 군장의 점검, 도량형의 점검, 습업 생도의 천거, 군사의 조련, 노비 소송, 호구의 성급 등의 기능을 수행하였다.[32] 이렇게 본다면 박성건의 재산은 거주지인 영암과 그 이웃인 강진과 나주에 주로 분포되었을 것으로 보인다.

이들 문서의 내용을 좀 더 자세히 살펴보기로 하자. 1번 문서는 1415년(태종 15)에 재주인 전 戶長正朝 박모가 장녀 등에게 婢 佐伊 등을 허여한 것을 知靈岩郡事가 확인해 준 문서이다.[33] 이 문서에 나오는 재주

---

32) 이존희, 『조선시대의 지방행정제도연구』, 일지사, 1990 참조.

33) '永樂十三年乙未六月十日財主(□)平前戶長正朝朴着名證筆具成置(子)息等亦中奴婢許與內 長女子衿 奴吾丁(결락)流頭幷産長所生婢佐伊年十四壬午是如 施行他衿

는 박언의 장인이었고, 상속인은 박언의 처, 즉 박성건의 어머니였다. 위 글의 장녀자가 바로 그녀이다. 그것은 2번 문서에 기재된 바와 같이 비 좌이의 삼소생 奴 今音三을 박언의 처 박씨가 母邊傳來婢로 박성건에게 허여하고 있는 것에서 확인된다. 박언의 처가 친정에서 분재받은 재산을 모변전래재산으로 다시 아들에게 나누어주고 있는 것이다. 호장 정조는 재지향리 가운데 최상층에 해당하여 이 시기에는 이족과 사족이 통혼을 통하여 연결되고 있음을 확인할 수 있다. 이때 얼마나 많은 노비와 전답이 분재되었는지는 모르지만 함양 박씨가 영암으로 들어오게 된 동기가 될 정도로 많은 재산이었을 것이다.

2번 문서는 1457년(세조 3)에 재주 전만호 박언의 처 박씨가 자신이 친정에서 분재받은 비 좌이의 삼소생 노 금음삼과 노 今音勿의 양처수생 노 孟山 등을 당시 낙안 교도로 있던 박성건에게 허여하면서 작성한 허여문기이다.[34]

3번 문서는 1429년(세종 11)에 전만호인 재주 박씨가 아들 孟冬에게 父邊으로 전래된 비 사절 등을 허여한 문서로 장흥도회에서 이를 증명해준 문서이다.[35] 여기서 재주인 전만호 박씨는 박성건의 아버지 박언이었으며, 맹동은 박성건의 兒名이었을 것으로 보인다. 그것은 우선 이때 재주의 관직이 전만호로 박언과 같으며, 맹동에게 분재된 비 사절이 박성건의 모 박씨의 분재 시에는 가옹변전래비 즉, 박성건의 아버지 쪽에서 전래되어 온 비로 기록되어 있고, 그 소생들이 박성건의 아들과

---

他奴婢并付永樂十三年乙未七月十八日 知靈岩郡事斜出文記是齊.'

34) '天順元年丁丑十二月初五日財主母前萬戶朴彦妻朴氏圖署證筆具成置子樂安敎導朴成乾亦中許與內母邊婢佐伊三所生奴今音三年卄一丁巳奴今音勿良妻小斤并産四所生奴孟山年十三乙丑是如施行他奴婢并付白文是齊.'

35) '宣德四年己酉七月初二日財主父前萬戶朴着名署證筆具成置子息等亦中奴婢許與內子孟冬衿父邊奴梁金後妻良女召史并産婢四節年二戊申是如施行他衿奴婢并付長興都會考准白文是齊.'

딸에게 다시 분재되고 있기 때문이다.36) 박성건이 그의 아버지로부터 분재받았기 때문에 家翁邊傳來라고 기록하였던 것이다.

4번 문서는 1467년(세조 13)에 박성건이 강진에 살고 있는 학생 최모로부터 노 禾三과 노 禾仇知 등을 매득하면서 작성한 매매명문의 내용을 강진현에서 증명해준 것이다.37) 이 당시 박성건은 茂長訓導로 있었다. 이 때부터 본격적으로 노비를 비롯한 재산을 매입을 통하여 증식하고 있었던 것으로 보인다.

5번 문서는 1468년(세조 14)에 박성건이 노비의 소유를 둘러싸고 벌어진 동생형 朴義 등과의 소송에서 승소하면서 나주관에서 발급받은 決訟立案이다.38) 이 때 취득한 노비는 奴 訥金이었다. 이 때 박성건과 상송한 동생형 박의는『함양박씨세보』에는 등재되어 있지 않다.39) 나주관에서 소송을 담당한 것으로 보아 아버지의 재산 가운데 소유가 불명확한 노비를 두고 형과의 사이에 분쟁이 있었던 것으로 보인다. 이 당시에는 형제 사이에 노비 분쟁이 자주 일어나고 있었다.

---

36) 박성건 처 박씨 분재기에서 婢 四節과 그 소생들의 기재와 분재상항은 다음과 같다.

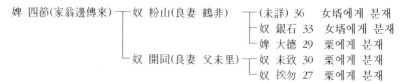

37) '成化三年乙亥二月十五日 財主學生崔着名署證筆具成置 前茂長訓導 朴成乾處明文內 母邊婢卜德矣第三所生奴禾三年卄三丑生 同婢矣第四所生奴禾仇知年十六壬申等乙放賣是如施行 成化三年四月初五日 康津縣斜出文記是齊.'

38) '成化四年二月卄日朴成乾亦 雙同生兄朴義等果 羅州官相訟得決立案內 奴訥金年二十四是如 施行立案是齊.'

39) 최근에 발간된 족보에는 박성건의 형으로 朴成霖이 등재되어 있으나, 이전에 발간된 족보에는 기재되어 있지 않았다. 만약 박성림이 박의라고 한다면 그 사이 수차례 발간된 족보에는 아무런 기록이 없다가 1984년에 발간된 갑자보에서 갑자기 추가된 이유가 잘 납득이 되지 않는다.

6번 문서는 1469년(예종 1)에 이성삼촌숙모인 多慶浦萬戶 李繼德의 처 박씨가 박성건에게 奴 鄭仇知와 婢 夫斤珠 등을 별급하면서 작성한 명문의 내용을 강진현에서 증명하면서 작성해 준 것이다.[40] 이를 통하여 박성건은 부계 친척으로부터 뿐만이 아니라 모계의 친척으로부터도 재산을 상속받고 있었음을 확인할 수 있다.

7번 문서는 1469년(예종 1)에 妻父인 前 別侍衛 난포 박씨가 장녀인 박성건의 처에게 妻父邊 奴 欣金과 매득비 德只의 소생 婢 德수 2명을 별급하면서 작성해준 문서이다.[41] 이 문서는 처변 재산을 언급한 것으로 노비 2명만이 별급되고 있고 그이상은 나타나지 않는다. 그러나 처변 재산은 이밖에도 많이 있었을 것으로 보인다. 그것은 이 문서가 별급해준 재산만을 언급하고 있어, 이밖에 분재받은 재산은 따로 언급되고 있었을 것이기 때문이다. 아마도 처부나 처모로부터 처변으로 분재된 재산은 별도의 문서로 작성되어 있었을 터인데, 본 분재기 상에서는 7번 다음의 후반부에 기록되어 있을 관련 내용이 잘려나가 이를 확인할수 없을 뿐인 것으로 생각된다. 이렇게 단언할 수 있는 것은 뒤에 살펴볼 바와 같이 본 분재기 상의 분재 내용 중에 家翁父邊傳來와 家翁母邊傳來 재산과는 구별하여 父邊傳來와 母邊傳來로 표기된 재산이 따로 있

---

40) '成化五年己丑三月初四日 財主異姓三寸叔母 故多慶浦萬戶李繼德妻朴氏 圖署證筆具成置 前茂長訓導朴成乾處成文內 孝道論功 同姓三寸叔母夫全道處傳得 婢花非矣第四所生奴鄭仇知年五乙酉 右全道妻萬金(處)傳得 婢孝道矣第三所生婢夫斤珠年七癸未等乙加給 婢梅花孝道孝養奴召只等段 墳廟看修僧齋室定体爲計爲於他處傳持爲計爲等如 兩以難斷改詳量決定次以 節區處不冬爲去乎 乃終區處隅無去等 自亦並只後所生并以 執持使用亦施行 成化五年己丑四月日康津縣斜出文記是齊.'

41) '成化五年八月十一日財主父前別侍衛朴 着名署證筆具成置 長女子(前)茂長訓導朴成乾妻亦中文記內 孝道論功 妻父邊奴鄭金良妻欣非并産 奴欣金年三丁亥 崔潭處買得婢德只所生婢德今年二戊子生等 旣別給是如 施行 成化己丑八月 (以下 缺落).'

기 때문이다.[42] 가옹부변전래나 가옹모변전래 재산은 박성건의 아버지와 어머니쪽에서 박성건에게 전래된 재산을 말하며, 가옹의 표기 없이 부변전래와 모변전래로 표기된 재산은 이 분재기를 작성한 본인, 즉 박성건 처 난포 박씨의 아버지와 어머니 쪽에서 박성건 처에게 전래된 재산을 가리킨 것이 틀림없기 때문이다.

이상에서 살핀 7건의 문서 외에 더 많은 문서가 제시되었을 것으로 보이나, 문서의 말미가 잘려나가 더 이상의 내용은 고찰할 길이 없다. 지금까지 살펴본 바와 같이 박성건의 재산은 매득을 통한 증식도 있었지만 대부분이 상속받은 것이었다.

이 가문에서 노비의 매득은 1467년에 박성건이 최담으로부터 매득한 것이 유일하여 재산 증식에 그리 큰 역할을 한 것으로 보이지는 않는다. 이와 같이 매득노비를 구분하여 표기한 것도 노비 소유권의 귀속을 명확하게 하기 위한 것이다.

이렇게 본다면 박성건 처 분재기를 통해서 볼 때 박성건의 재산 형성 과정에서는 본가에서의 분재도 있었지만 외가와 처가에서의 분재가 중요한 형성 요인이었으며, 매득은 그리 큰 요인이 못 되었다 할 것이다.

---

42) 가옹부변전래와 가옹모전전래로 기재된 재산과 부변전래와 모변전래로 기재된 재산을 예시하면 다음과 같다.
　'父邊傳來 奴(缺落)仇知良妻公非并産柒所生婢(缺落).'
　'母邊傳來 婢德今貳所生奴銀同年拾玖辛亥.'
　'家翁父邊傳來 婢四節壹所生奴粉山良妻鶴非并産參所生婢大德年貳拾捌(缺落).'
　'家翁母邊傳來 奴承(缺落).'

## 5. 맺음말

함양 박씨 오한공파 집안에 전해오는 분재기는 朴成乾의 처 난포 박씨가 6자녀에게 재산을 나누어주면서 작성한 것으로, 함양 박씨가 영암 구림에 정착하게 된 경제적 배경과 아울러 구림동계를 조직한 배경까지도 살펴볼 수 있는 중요한 자료이다.

함양 박씨 오한공파가 전라도에 거주하게 된 것은 만호였던 박언이 금성에 이거하면서 부터였으며, 박성건 대에 다시 영암 구림리로 이거하였다. 영암으로 이거한 이후 함양 박씨는 강진과 영암의 토호세력과 통혼하면서 가문의 지위를 굳혔고 이들 가문과 함께 구림동계를 조직하여 향촌의 주도권을 장악하였다

함양 박씨는 박성건이 문과에 급제한 후 아들 權이 문과에 합격한 것을 비롯하여 4대 내에 문과에 2명, 생원·진사시에 4명을 합격시킴으로써 가문의 지위를 확고히 다졌다. 또 임진왜란 때에는 많은 자손들이 의병에 가담하여 가문의 지위를 높였으며, 竹亭書院을 건립하여 향촌사회의 주도권을 장악하여갔다. 죽정서원에는 박성건과 권, 규정 등 함양 박씨 3인을 배향함으로써 함양 박씨가 영암에서 일류의 양반으로서의 지위를 인정받았다. 그리고 이를 바탕으로 더욱 향촌사회 지배권을 확실히 장악할 수 있었다. 이것이 바로 영암의 함양 박씨가 오랜 기간 동안 영암 지방에서 대표적인 재지양반으로서의 지위를 굳건하게 유지할 수 있었던 배경이었다.

1509년에 작성된 박성건 처 난포 박씨 분재기에는 200명 내외의 노비와 200마지기 이상의 전답이 기재되어 있다. 이들 재산 가운데 대부분은 상속받은 것이었으며, 상속은 친가보다는 처가나 어머니의 친정 쪽에서 더 많이 받았다. 이는 박성건이 상대적으로 경제력이 우월한 집안

과 통혼하였음을 말해주는 것이다. 박성건이 상대적으로 경제력이 우세한 집안과 통혼할 수 있었던 것은 문과 합격과 출사가 큰 영향을 끼쳤을 것이다.

박성건이 소유하고 있던 노비와 농지는 영암 구림 지역에 집중적으로 분포되어 있었는데, 이로 미루어 보면 농지의 경작 노동력의 일부가 바로 이들 노비였을 것으로 보인다. 박성건은 이들 농지를 일부는 노비 노동력을 이용하여 직영하고, 일부는 작인에게 병작시켰을 것이다.

박성건과 같은 16세기 재지 양반층은 이러한 재지적 기반 위에서 그들 중심으로 농촌사회를 안정시키기 위한 방안을 강구하였다. 구림동계는 그 방안의 하나로 설립되었다.

# Ⅲ. 17세기 담양의 향회와 향소

## 1. 머리말

조선 후기 향촌 사회의 권력 구조의 변동을 밝히기 위해서는 실제 지방 사회를 통치하는 수령과 그의 행정을 보좌하는 향리뿐만 아니라 지방 세력에 대한 연구가 절대적으로 필요하다. 이러한 필요에 따라 지방 세력에 대한 연구가 향촌 사회의 권력 구조의 변동을 중심으로 향촌 사회의 조직 및 향권의 동향과 관련하여 연구되어져 왔다. 지금까지의 향촌 사회 권력 구조 변동의 방향에 대해서는 크게 두 가지로 그 견해가 대립되어 왔다. 왜란을 겪고 난 후 17세기에 들어와 향촌 사회의 중심 세력인 재지 사족의 성격에 질적인 변화가 서서히 나타나기 시작하여 18세기 이후에는 종래와 같은 지배권을 완전히 상실했다는 견해[1]와 양반사족 중심의 지배 체제가 오히려 강화되어 19세기까지 유지되었다는 견해[2]가 그것이다.

전자의 견해에 의하면 재지 사족들은 조선 전기 이래 자신들만의 명부인 향안(향적)을 만들고, 그들이 중심이 되어 유향소를 조직하였으며, 향안에 등재된 인물들이 향회를 구성하여 향권을 장악하고 있었는데, 임진왜란을 계기로 17세기에 들어와 경재소가 혁파되면서 사족지배 세력이 약화되었으며 또 유향소의 좌수는 수령에게서 차첩을 받는 수령의 보좌역의 지위로 격하되었고 이를 계기로 향촌 사회의 세력 관계에 변

---

1) 이 견해에는 조선 후기를 연구하는 대부분의 학자가 동의하고 있다. 한상권, 「조선후기 향촌 사회와 향촌 사회 조직 연구 현황」, 『한국중세사회 해체기의 제문제(下)』, 1987 참조.
2) 이 견해의 대표적인 논고로는 송준호, 『조선사회사연구』(일조각, 1987)가 있다.

화가 오면서 재지사족 중심의 지배권이 약화되기 시작하여 18세기에 들어와 무너졌다고 한다.[3]

후자의 견해는 이와는 달리 "왜란이나 호란은 조선의 양반제를 강화시키는 작용을 하였고, 일반적으로 양반제 붕괴의 시기로 설명되고 있는 18 · 19세기가 사실상 그 전성기였으며, 조선 왕조가 500년이란 장수를 비교적 안정된 분위기 속에서 누릴 수 있었던 이유의 하나도 향촌 사회의 그러한 안정성과 지속성에 있었다."[4]고 파악하고 있다. 또 경재소 혁파에 대해서도 '재지 사족이 중앙의 간섭에서 벗어나 독자적인 향촌 지배를 가능하게 해준 계기'로 파악하여 이로 인하여 사족 지배 세력이 강화되고 있었다고 이해하고 있다.[5]

향촌 사회의 구성과 지배 세력에 대한 연구는 주로 향안(향적), 향규, 향약을 중심으로 이루어지고 있는데 그 주된 대상 지역은 대부분 경상도에 치우치고 있다. 이러한 상황에서 이 장에서는 17세기 전라도에 있어서 향촌 사회의 조직과 지배 세력의 성격을 알아보기 위하여 담양 향교에 소장되어 있는 『향적』과 고문서를 분석하려 한다. 결국 이 장의 목적은 17세기 담양 『향적』의 입록 기준과 『향적』에 입록된 향원의 성격 및 향원과 향회, 향회와 향소와의 관계를 살펴 왜란 이후 17세기 향촌 사회의 지배 세력의 성격을 검토하려는 것이다.

---

3) 김용덕, 『향청연구』, 한국연구원, 1978.
4) 송준호, 「남원 지방을 예로 하여 본 조선시대 향촌사회의 구조와 성격」, 『조선시대사연구』, 286~287쪽.
5) 송준호, 「조선의 양반제를 어떻게 이해할 것인가?」 위의 책, 160쪽; 정진영, 「조선전기 안동부 재지사족의 향촌지배」, 『대구사학』 27, 1985, 27~31쪽; 이수건, 「朝鮮前期 地方行政制度의 性格」, 『第7回 東洋學學術會議講演抄』, 1977 참조.

## 2. 담양의 향회와 향소 관련 자료

조선 시대의 담양도호부는 전라도의 중앙부에 위치하여 동으로는 옥과현, 동북으로는 순창군, 서로는 장성도호부, 남으로는 창평현, 광주목과 인접하고 있었다. 지금까지의 조사 연구에 의하면 담양에 인접한 이들 장성, 순창, 광주, 남원, 창평 등지에서는 조선 후기의 향안과 향규 등이 존재했었음이 밝혀지고 있어서[6] 담양에서도 이러한 지방사 관련 자료가 발견될 소지가 다분히 있다.

담양향교 누상고에는 향적류와 향회 및 향소 관련 자료가 다수 소장되어 있는데, 이를 향적류와 향회 및 향소 관련 고문서로 나누어 정리한 것이 〈표 1〉이다.

향적으로는 1646년에 등서된 『구향적』을 비롯하여 1653년에 작성된 『향적초책』, 1653~1654년에 걸쳐서 작성된 『향적』, 1711년에 작성된 『선원록』의 4책이 있다. 이 가운데 『선원록』은 향원으로 사망한 사람만을 사망 순서에 따라 입록한 것이다.

담양에서 향적이 언제부터 작성되기 시작하였는지는 정확히 알 수 없지만 적어도 16세기 중반 경에는 존재하고 있었음이 허균의 『惺翁識小錄』에서 확인된다.[7] 그러나 이 향적은 임진왜란의 병화로 소실되어 현전하지 않으며 현전하는 향적은 임진왜란 직후에 재작성된 것이다.

담양에 현전하는 가장 오래된 향적은 〈표 1〉의 a에 나타난 바와 같이

---

6) 김용덕, 『향청연구』에서 장성, 순창의 향규가 소개된 바 있으며, 김호일, 「조선 후기 향안에 대한 일 고찰」, 『한국사학』 9, 1987에서 남원의 향안이 분석되었다. 광주의 경우는 구체적으로 향규나 향안이 발견되지는 않았으나 『광주읍지』나 『訥齋續集』, 『秀巖誌』 등에 그 단편적인 모습이 언급되어 있다.
창평의 경우는 현재 창평향교에 『鄕中立規』가 소장되어 있다. 『향중입규』는 구규 25조, 신규 22조, 향임차지 17조로 되어 있는데, 그 내용은 대체로 향적의 작성, 향임의 천망, 하리의 단속, 향회의 운영 등에 관한 것이다.
7) 許筠, 『惺翁識小錄』 中. '宋公潭陽人 其外家自南原來 而無顯官 故公不得參鄕案.'

『구향적』이다. 이 『구향적』이 처음 작성되기 시작한 것은 왜란 직후인 1596년경이었던 것으로 보인다. 임란 이후 담양의 향적복구에 대하여 『담양향교지』에

> 병란을 자주 당하여 기록이 다 타버려 창안 연대를 정확히 알 수는 없지만 전해지는 말로는 淸溪 金應會가 향중의 여러 인사와 상의하여 처음 9姓案을 만들고 그 후에 개안하여 18姓案이 되었으며 갑오년에 다시 개안하여 150명의 안이 되었다.[8]

라 되어 있어 왜란 직후에 김응회(1555~1597)를 중심으로 향적 복구가 이루어졌음을 알 수 있다.

김응회는 언양인으로 그의 처남인 金德齡과 함께 임란 창의에 참여하였다가 1597년 정유재란 때에 순절한 인물이다.[9] 『구향적』에는 이 김응회를 비롯하여 1600년 이전에 생존했던 인물이 상당수 입록되어 있다. 이로써 볼 때 왜란 이후 담양의 향적 복구는 김응회가 순절하기 직전인 1597년경에 이루어졌음을 알 수 있다.

현전하는 『구향적』은 1646년에 수정되었는데 여기에 입록되어 있는 인물을 살펴보면 앞의 김응회와 같이 1600년 이전의 생존인물부터 1646년에 생존한 인물까지 모두 31개 姓에서 239명에 이르고 있다. 이들 가운데 34명은 1653~1654년에 작성된 『향적』에 다시 입록되고 있어서 『구향적』이 수차례에 걸쳐서 작성된 향적을 합록한 것임을 알 수 있다. 담양에서 향적 입록은 기존 향적에 새로운 입록 대상자를 추록하는 것이 아니라 작성 당시에 생존해 있는 인물을 대상으로 신안을 만들었기 때문에 『구향적』에 입록된 인물이 8년 후에 작성된 『향적』에 다시 입록될 수 있었던 것이다.

---

8) 『潭陽鄕校誌』 潭陽鄕座目條.
9) 『彦陽金氏族譜』 권1, 淸溪公行狀.

## 〈표 1〉담양향교 소장 향적류와 고문서

a. 향적류

| 향 적 명 | 입록연대 | 입록인원 | 비고 |
|---|---|---|---|
| 구 향 적 | 1597(?)~1646 | 239 | 1646년 수정 |
| 향 적 | 1653~1654 | 166(향선생 4, 삼향 126, 이향 36) | 1710년 등서 |
| 향적초책 | 1653 | 113(삼향 92, 이향 21) | 향적의 초안 |
| 선 원 록 | ?~1711 | 454 | 1711년 작성 |

b. 향회 및 향소 관련 고문서

| 번호 | 종류 | 연대 | 내 용 | 번호 | 종류 | 연대 | 내 용 |
|---|---|---|---|---|---|---|---|
| 1 | 통문 | 1649 | 사우건립 | 21 | 서목 | 1661 | 향사당 이건 문제 |
| 2 | 통문 | 1652 | 부정좌수 (쇄마목 남용)처벌 | 22 | 서목 | 1662 | 가서원 폐단 |
| 3 | 통문 | 〃 | 〃 | 23 | 단자 | 1666 | 향적입록 |
| 4 | 통문 | 〃 | 선정비 건립 | 24 | 단자 | 1711 | 향적입록 |
| 5 | 통문 | 1661 | 하리 작폐 징치 | 25 | 단자 | 〃 | 삼향단자 |
| 6 | 통문 | 〃 | 부정 면약정 처벌 | 26 | 단자 | 1713 | 향회불참 |
| 7 | 통문 | 〃 | 선정비 건립 문제 | 27 | 단자 | 〃 | 향회불참 |
| 8 | 통문 | 〃 | 향회·향강 문제 | 28 | 완의 | 1652 | 駄價 문제 |
| 9 | 통문 | 1662 | 전세수납 조창 변경 | 29 | 완의 | 〃 | 향임천망 |
| 10 | 통문 | 〃 | 紙貢 변동 | 30 | 완의 | 1659 | 향원 凌侮人 처벌 |
| 11 | 통문 | 〃 | 전세문제,하리작폐 | 31 | 완의 | 1666 | 공물 |
| 12 | 통문 | 1664 | 조적 문제 | 32 | 완의 | 〃 | 향적수정 |
| 13 | 통문 | 1665 | 부정 향리 처벌 | 33 | 완의 | 〃 | 향적입록 |
| 14 | 통문 | 1666 | 대동세 변동 문제 | 34 | 완의 | 1677 | 향적수정 |
| 15 | 통문 | 〃 | 부역 변통 문제 | 35 | 완의 | 1711 | 선원록수정 |
| 16 | 통문 | 〃 | 향적 수정 문제 | 36 | 상서 | 1642 | 공물 복마폐 |
| 17 | 통문 | 〃 | 복호 문제 | 37 | 상서 | 1663 | 대동법 반대 |
| 18 | 통문 | 1677 | 향적수정, 향회소집 | 38 | 문보 | 1661 | 향청이설(입안附) |
| 19 | 통문 | 1710 | 향적 수정 문제 | 39 | 분정기 | 1662 | 향청성조도감 |
| 20 | 품목 | 1653(?) | 진폐 | | | | |

『향적초책』은 1653년에 향적을 작성하기 위하여 기초 자료로 작성한

초안이었다. 여기에는 모두 21姓에서 113명이 3향 92명, 2향 21명으로 구분되어 입록되어 있다.

『향적』은 1710년에 향회에서 향적을 다시 작성하기로 결정하고[10] 1653년과 1654년의 『향적초책』에 입록된 인물을 연령순으로 합록하여 정서한 것이다.[11] 여기에는『향적』작성 당시의 主論之員으로 향선생 4명(1653년 3명, 1654년 1명)이 처음에 입록되어 있고 이어서 27姓 162 명이 3향 126명, 2향 36명으로 나누어 입록되어 있다. 이것을 『향적초책』과 비교하여 살펴보면『향적초책』에 입록되어 있는 인물 가운데『향적』에 누락된 인물은 한명도 없으며『향적』에는『향적초책』에 입록되어 있지 않은 인물 31명이 추가되어 있다. 이들은 1654년의 초책에 입록되어 있는 인물이었던 것으로 보인다. 이『향적』이 앞에 인용한『담양향교지』에 언급된 '갑오년에 다시 개안하여 150명의 안이 되었다.'는 갑오적인 것으로 생각된다.

『선원록』은 1711년(숙종 37)에 작성된 것으로 1710년에 향적과 선원록을 수정하기로 한 향회의 결정에 따라[12] 작성된 것이다. 여기에는 이전의 향적에 올라있던 향원 가운데 사망한 인물들이 사망 순서에 따라 모두 33姓 454명이 등재되어 있다.

한편 담양향교 누상고에는 앞에서 소개한 향적류와 함께 『향적봉심유사기』22책이 소장되어 있는데, 이것은 향적을 수정한 뒤 또는 봉안된 향적을 열람할 때 참여한 인원을 기록한 것이다. 이들 자료에 의하

---

10) 1710년의 「庚寅通文」(자료 19)에 '吾鄕久無鄕籍 又無仙員錄修正之擧 以之而鄕綱頹弛 以之而名分壞亂 每念此事 孰不慨然哉 玆故 乃於春初 舊鄕籍改修之後 因揭執任之名 於風憲堂壁上'이라 되어 있어 이때 향적의 수정이 있었음을 알 수 있다.

11) 『향적』의 서두에 '癸巳甲午鄕籍草 至庚寅十二月日 從齒序合而正書'라 되어 있어 이것이 계사년(1653)과 갑오년(1654)의 『향적초책』을 경인년(1710)에 합록하여 정서한 것임을 알 수 있다.

12) 위와 같음.

면 향적봉심에는 향로, 향장, 향집강, 직월, 직일, 쇄소, 개금, 봉안, 해
승, 결승, 환안, 쇄금, 사서, 曹司 등의 집사로 40여 명의 향원이 참여하
여 『향적』의 열람에는 엄격한 통제가 있었음을 알 수 있는데, 이것은
향적을 불태우는 등 훼손을 막기 위함이었다.[13] 현재 담양향교에 보관
된 『향적봉심유사기』는 대부분 18~19세기에 작성된 것들이어서 『향적』
수정이 종식된 이후에도 향원들 사이에 『향적』이 대단히 중요시되고 있
었음을 알 수 있다. 참고로 1832년의 『향적봉심유사기』를 제시하면 다
음과 같다.

## 「임진 4월 26일 향적봉심집사기」

| | | | | | |
|---|---|---|---|---|---|
| 향로 | 李龜善 | 全州人 | 解繩 | 宋士黙 | 洪州人 |
| 향장 | 羅漢璿 | 錦城人 | | 俀手洙 | 慶州人 |
| 향집깅 | 金永根 | 光山人 | | 李根漢 | 全義人 |
| | 李圭聃 | 慶州人 | | 李在玉 | 原州人 |
| 直月 | 宋在鎬 | 洪州人 | | 李應斗 | 全州人 |
| 直日 | 羅東運 | 錦城人 | 結繩 | 李繼善 | 全州人 |
| 灑掃 | 李圭敦 | 慶州人 | | 宋海模 | 新平人 |
| | 尹邦鉉 | 南原人 | | 宋圭鎭 | 洪州人 |
| | 宋永琔 | 新平人 | | 呂圭源 | 咸陽人 |
| 開金 | 南啓俊 | 宜寧人 | | 李相應 | 原州人 |
| | 呂圭相 | 咸陽人 | 還安 | 尹斗鉉 | 南原人 |
| | 李在莢 | 原州人 | | 南啓容 | 宜寧人 |
| 奉安 | 金炳禮 | 彦陽人 | | 權東洙 | 安東人 |
| | 呂渭泳 | 咸陽人 | | 李相櫓 | 興陽人 |
| | 金在源 | 光山人 | 鎭金 | 金永宰 | 光山人 |
| | 宋時模 | 新平人 | 司書 | 李承彦 | 全州人 |
| | 權泳柱 | 安東人 | | 李鍾惠 | 慶州人 |
| | 李丁櫓 | 興陽人 | 曹司 | 李圭鶴 | 慶州人 |
| 解繩 | 金泳淳 | 光山人 | | | |

---

13) 1667년의 「丁巳鄕中完議」(자료 34)에 '曾有使氣焚籍之事……今此修籍之後 或有
踵前焚籍之員 則傳至子孫 永勿許籍事'라 되어 있는 것을 보면 향적을 불태워
버리는 일이 가끔 있었음을 알 수 있다.

향회 및 향소 관련 고문서는 〈표 1〉의 b에 나타난 바와 같이 통문 19
건, 서목 3건, 난사 5건, 완의 8건, 상서 2건, 문보 1건, 분정기 1건으로
모두 39건에 이른다. 이들 고문서는 1649년을 상한으로 하여 대부분 17
세기 중반에 작성된 것들이며, 18세기 초에 작성된 것은 5건에 불과하
다. 따라서 이들 자료를 통하여 17세기 담양의 향회와 향소의 운영 실
태를 살펴볼 수 있을 것이다.

이들 고문서를 내용별로 살펴보면 향적 수정 및 향적 입록, 향회 개
최, 향강 유지 등 향회와 관련된 문서 14건, 향임 천망, 향청 개축, 향소
가서원의 폐단 등 향소와 관련된 문서 5건, 전세, 대동쇄마가 등 부세
운영에 관한 문서 14건, 부정을 저지른 서원이나 하리 징치에 관한 문
서 3건, 先儒의 사우 건립이나 선정비 건립에 관한 문서 3건으로 향촌
사회의 향강을 유지하고 부세의 운영을 공평히 하며 하리 작폐를 근절
시키려고 한 향촌사회 사족들의 관심사가 집약적으로 나타나 있다. 특
히 향회나 향청 관계 자료에는 향회와 향소 운영의 실체를 살펴볼 수
있는 내용이 있어 이들 자료를 중심으로 17세기 담양의 향회와 향소의
실제 운영 실태를 살피는 데 별 무리가 없을 것이다.


## 3. 담양의 『향적』을 통해 본 향원

### 1) 『향적』의 입록 기준

향적(향안)은 흔히 말해지는 대로 한 고을의 거성씨족을 망라한 사족
안으로 재지 사족의 권위의 상징이었으며, 향촌사회에서 사족 중심의
지배 체제를 유지하는 중추적 역할을 수행하였다.

향적(향안)에 올라있는 향원[14]들은 향회를 열어 향론을 주도하고 그

---

14) 향적에 입록된 사족을 흔히 향원이라 칭하고 있다.

들 중에서 향임을 뽑아 향청을 장악하여 그들의 의사를 지방 사회 통치에 반영하였다. 따라서 향적(향안)은 지방 사회에서 사족의 이해를 대변하는 것으로 일향 사족의 공론에 의하여 작성되고 있었다.[15]

이와 같이 향적(향안)이 향촌 사회에서 중요한 기능을 수행하고 있었으며, 사족의 이해를 대변하는 명부였기 때문에 그 입록이 대단히 폐쇄적이어서 일정한 자격을 갖춘 양반만이 입록될 수 있었다. 磻溪 柳馨遠이 "향적에는 오직 양반만이 올라 갈 수 있으며 나머지 사람들은 비록 학행과 재력이 갖추어져 있고 또 과거에 합격하여 관력을 지냈다 하더라도 향안에 참여하는 것이 허락되지 않았다."[16]고 말하고 있어 양반만이 향안에 입록될 수 있었으며, 신분적으로 하자가 있는 경우는 학행이나 科宦이 아무리 뛰어나다 할지라도 향적 입록이 불가능하였음을 알려주고 있다. 여기에서 우리는 향적 입록에 요구되는 어떤 요건이나 기준이 있었음을 알 수 있다.

그러면 구체적으로 향적 입록 기준은 무엇이었는가? 향적 입록의 구체적인 자격 기준은 일반적으로 「향규」나 「완의」, 「입의」의 형식으로 규정되는데 이를 통하여 볼 때 향적 입록에는 일반적으로 3향이 갖추어질 것이 요구되었다.[17] 3향이란 부·모·처족을 말하는 것으로[18] 부, 외조, 처부가 모두 향적에 올라있는 사족만이 향적 입록이 가능하였다.

---

『咸興新舊鄕憲目』「留鄕所規」. '鄕外之人乘間冒參鄕任者 掌議有司齊會鄕員 告官駁遞 許入人幷罰.'

『장성향교지』「鄕憲」. '鄕員犯義侵禮 有不孝不悌 家行悖惡 及爭訟鬪閱 造言誣毀 譏侮善良 陷害同類者 一鄕共攻之 甚者黜鄕.'

15) 김인걸, 「조선후기 향안의 성격 변화와 재지 사족」, 『金哲埈博士 華甲紀念史學論叢』, 1983, 528~529쪽; 신정희, 「향안연구」, 『대구사학』 26, 1987, 199~206쪽.

16) 柳馨遠, 『반계수록』 권9, 「敎選之制」上 향약사목.

17) 김용덕, 「향규연구」, 『한국사연구』 54, 40~43쪽; 신정희, 앞의 논문, 16~23쪽.

18) 「李楫陳情訴冤單子」(자료 23). '鄕中鄕籍之法 父母妻三鄕書于籍 不幸早死未參之員 則追書於玄員錄亦有規例.' 이 단자는 이집이 향적 입록에서 누락되자, 그 부당함을 향중열위에게 호소하는 단자이다.

따라서 향적에 오른 자들은 부, 조, 증조 외에 외가와 처족도 사족 신분
으로서 이들이 서로 혼인 관계로 맺어지고 있었기 때문에 3향의 조건을
갖추는 것은 그리 어려운 일이 아니었을 것이다. 이 3향의 조건은 16세
기 까지는 엄격히 지켜졌으나 17세기 중엽에는 약간 완화되어 2향의 경
우도 향적 입록이 가능하였다. 그러나 이 경우는 향원의 엄격한 심사를
거쳐서 제한적으로 운용되었다.[19]

향적에 오르기 위해서는 신분적으로 3향의 조건이 갖추어진 자라 하
더라도 개인적으로 허물이 없어야 가능하였다. 예컨대 "3향을 갖추고
하자가 없는 자는 直書한다."[20]라 한 것이나, "悖行 失德한 자는 문벌이
비록 참여할만하다 허더라도 입록을 불허할 일"[21]이라 한 규정을 보면
신분적으로 3향의 조건이 갖추어진 자라 하더라도 개인적으로 흠이 있
는 경우에는 입록이 불가능하였음을 알 수 있다.

담양의 경우도 예외는 아니었다. 담양의 향적 입록이 폐쇄적이었던
것은 宋純의 향적 입록 과정에서 여실히 드러나고 있다. 송순은 담양인
으로 과거에 합격하여 대사헌을 지냈지만 그의 외가가 남원에서 왔고
또 현관이 없었기 때문에 3향을 갖추지 못하여 입록되지 못하였는데 대
사헌으로서 성묘하려 내려왔을 때 향회가 열린다는 말을 듣고 향로들에
게 주찬을 성대히 준비하여 주연을 베풀고 나서야 입록될 수 있었다.[22]
송순이 향적 입록을 허가받고 향회에 참석했을 때 현직 대사헌인 그의

---

19) 김인걸, 앞의 논문, 529~530쪽 및 김용덕, 앞의 논문, 41~43쪽 참조.
20) 성주탁, 「회덕향약고」, 『백제문화』 9, 1978, 「懷德鄕案附錄」.
21) 『密陽鄕案』 「鄕憲節目」.
22) 許筠, 『惺翁識小錄』 中. '宋公潭陽人 其外家自南原來而無顯官 故公不得參鄕案
公方以大司憲 乞暇省墓 聞一鄕大會于鄕廳 卽盛備酒饌數十昪運鄕廳 先使相厚者
先槊于鄕老曰 都憲委盛饌 欲饋一鄕老宿 却之不恭 鄕老咸曰 可受矣 卽陳而饋
一老曰 不可不令主人 來與合坐 曰然 使人請之 辭不至 强而後來 環視左右 有老
儒曾任訓導者 與公同庚而長 呬坐其下 酒酣諸老曰 都憲旣參此會 不可不書 取鄕
案 書其名.'

좌차가 훈도를 지낸 노유의 다음에 정해질 정도로 16세기의 담양의 향적 입록은 폐쇄적이었다. 이로써 볼 때 적어도 16세기 중반까지는 담양의 향적 입록은 3향이 갖추어지지 않은 경우 거의 불가능하였음을 알 수 있다.

3향을 원칙으로 한 향적 입록 기준은 17세기에 들어와서 약간 완화되어 2향의 경우도 향원의 심사를 거쳐 입록될 수 있었다. 1653~1654년 사이에 작성된 『향적』에 입록된 향원의 경우 3향이 전체 166명 중 130명으로 절대 다수를 차지하고 있지만 2향도 36명이나 입록되고 있어 16세기에 비하여 입록 기준이 다소 완화되었음을 알 수 있다. 그러나 2향의 향적 입록에는 향원들에 의한 엄격한 심사가 필요하였다. 예컨대 1677년의 경우 「완의」에

3향에서 2향까지는 입록을 허가하나, 그 중 1향이 이상이 있어 애석한 향원은 가부를 물어 입록시킨다.[23)]

라고 규정되어 있어 2향의 경우 심사를 거쳐 입록하도록 되어 있었음을 알 수 있다. 이러한 조건이 갖추어지지 않는 경우는 생원·진사시에 합격한 인물도 향적 입록이 이루어지지 못하였다. 영조 때에 작성된 담양의 생원·진사시 합격자 명부인 『청금록』[24)]에 올라 있는 인물 가운데 17세기에 생존했던 인물로 『구향적』, 『향적』, 『선원록』에 입록되어 있지 않은 사람이 있었다. 陳義集(1586년생, 1616년 생원시 합격), 陳敬集

---

23) 「丁巳鄕中完議」(자료 34). 이 향중완의는 1677년에 향회를 열어 향적 수정을 결의하고 향적 수정에 필요한 사항을 조문화한 것이다.
24) 이 『청금록』은 표제만으로는 향교의 동재유생명부인 청금록과 같으나, 그 등재 인물이 명종대의 송순으로부터 1762년(영조 38) 무오식년 진사시에 합격한 우만적에 이르기까지 담양 출신의 생원·진사시 합격자 32명만을 싣고 있어 향교 유생안인 청금록과는 구별된다. 여기에 등재된 인물은 1880년에 작성된 『司馬諸名錄』에 그대로 실려 있다. 이 책들은 담양향교에 소장되어 있다.

(1616년 진사시 합격), 庾長卿(1615년 진사시 합격), 禹萬績(1640년생, 1678년 진사시 합격)이 그들이다. 이들은 생원·진사시 합격자임에도 불구하고 향적 입록이 이루어지지 않았다. 이들의 향적 입록이 이루어지지 못한 것은 아마도 3향이나 2향의 조건을 갖추지 못한 것이 그 원인이었던 것 같다. 진씨의 경우 담양 향적 입록은 『향적』에 1명이 등재되어 있는데 우씨는 1명도 입록자가 없었다. 이것은 이들 가문이 원래 향적에 입록될 수 없었기 때문이었던 것으로 보인다. 이와 같이 17세기에 있어서도 담양의 향적 입록은 상당히 폐쇄적이었다.

3향을 위주로 하는 향적 입록 규정은 18세기에 들어와 2향까지도 심사없이 입록될 수 있도록 완화되었다. 그러나 단향의 경우는 역시 철저히 배제되었다. 1711년의 경우 「완의」에

1. 먼저 3향을 앞에 쓰고, 다음에 2향을 기록할 일.
2. 단향은 절대 거론하지 말 일.[25]

이라 되어 있어 3향과 2향은 바로 입록되었음을 알 수 있다.

3향이나 2향을 갖춘 향원이라 하더라도 다른 고을에서 이거해온 경우는 수세대가 지나 세거가 인정된 자에 한하여 공론 즉 향원의 심사를 거쳐서 입록이 결정되었다.[26] 또 실질적으로 3향을 갖춘 자라 하더라도 3향 중의 1원이 일찍 죽어 향적 입록이 안되어 있는 경우에는 그 아들 또한 향적 입록이 이루어지지 못하였다. 1666년 李楫의 「訴冤單子」에 의하면

---

25) 「辛卯完議」(자료 35). 이 완의는 1711년 4월 향회를 열어 선원록의 수정을 결의하고 향회에서 결정된 사항을 조문화한 것으로 모두 8개조로 되어 있다. 말미에 향노 3명, 향장 5명, 향유사 2명, 별유사 5명의 수결이 있다.
26) 위와 같음. '一. 自他官來寓累代 因居之員 一從公論 先書三鄕 次書二鄕事.'

향적을 작성하는 법은 부·모·처의 3향을 향적에 기록하는데, 불행이 일찍 죽어 향적에 입록되지 못한 사람은 『현원록』에 추서하는 규례가 있습니다. 저의 돌아가신 아버님은 25세로 세상을 떠나 이미 3향이 세상을 떠난 까닭으로 저는 향적에 이름을 올리지 못하고 있습니다.[27]

라 하고 있다. 이에 의하면 李楫은 실질적으로 3향이 모두 향원이었음에도 불구하고 아버지 忠敏이 일찍이 사망하여 기존의 향적에 입록되지 못한 까닭에 본인도 역시 향적 입록이 이루어지지 못하였음을 알 수 있다. 이집의 삼촌인 李忠男과 李忠文이 향적에 입록되어 이미 향임을 역임하고 있었는데도[28] 그의 향적 입록이 좌절되었던 것은 그의 아버지가 일찍 죽어 향적에 입록되지 못한 향원(早死未參之員)이어서 3향을 갖추지 못하였기 때문이었다.[29] 그러나 일찍 죽어 향적에 입록되지 못한 향원은 향직 수정 시에 추록되었던 것으로 보인다. 위 이충민의 경우 『구향적』에 입록되어 있으며, 또 1711년의 「鄕中完議」에도

이전 향적을 작성할 때 일찍 또는 장가들기 전에 세상을 떠나 입록되지 못한 향원은 구례에 따라 3향을 앞에 쓰고 다음에 2향을 쓸 일.[30]

이라 되어 있어 3향이나 2향의 조건이 갖추어졌으나 아직 향적 입록이 이루어지지 않은 향원들의 향적 입록을 결정하고 이것이 구례에 따른 것임을 밝히고 있다.

그러나 3향이나 2향의 조건이 갖추어졌다 하여 무조건 향적 입록이 이루어졌던 것은 아니었다. '행동거지가 패악하여 향원을 능멸한 자 및

---

27) 주 18)과 같음.
28) 위와 같음. '三寸忠男忠文 早參鄕籍 已經鄕任 而亡父同胎同生 身後身前 姓名泯滅.'
29) 李楫은 『鄕籍』, 『仙員錄』에 그의 이름이 확인되지 않고 있어 끝내 鄕籍入錄이 좌절되었던 것으로 보인다.
30) 주 25)와 같음.

그 자손'31)과 '향적을 불사른 자 및 그 자손'32)은 영구히 향적 입록을 불허하였다.

이상에서 살펴본 바와 같이 17세기 담양에 있어서 향적 입록의 기준 즉 향원의 자격은 3향과 2향의 요건을 갖춘 자에게만 한정되어 있었으며, 2향의 경우에는 공론 즉 향원의 심사가 뒤따를 정도로 신분적 제약이 상당히 심하게 작용하고 있었다. 이것은 물론 16세기보다는 어느 정도 완화된 것이었으나, 아직도 향촌 사회에서 신분적 폐쇄성이 그만큼 강하게 작용하고 있었음을 말해주는 것이다.

## 2) 담양 『향적』의 분석에 나타난 향원

앞에서 살펴본 바와 같이 담양 『향적』의 입록 기준은 17세기에도 상당히 폐쇄적이어서 신분적으로 하자가 없는 사족만이 입록될 수 있었다. 따라서 17세기에 작성된 『구향적』과 『향적』에 입록된 향원은 17세기 담양의 대표적인 양반 가문 출신에 한정되었다 할 것이다. 이와 같은 관점에서 17세기 담양의 유력 사족 가문을 알아보기 위하여 『구향적』과 『향적』에 입록되어 있는 향원을 가문별로 정리하여 〈표 2〉를 작성하였다.

〈표 2〉에 나타난 바와 같이 『구향적』에는 31가문에서 239명의 향원이 입록되어 있는데 이들 가운데 85%에 해당하는 202명이 14가문 출신이며, 51%에 해당하는 122명이 5가문 출신이다. 이 가운데 가장 많은 향원을 입록시킨 광산 김씨는 전체의 18%에 해당하는 41명에 이르고 있다.

15명 이상의 향원을 입록시킨 광산 김씨, 전주 이씨, 홍주 송씨, 언양 김씨, 원주 이씨의 다섯 가문에서 향적 입록자를 다수 배출한 것은 이

---

31) 「丁巳鄕中完議」(자료 34). '日後 或有行己悖妄慢侮鄕員 則這這超出後 至其子孫 永勿許籍事.'
32) 위와 같음, '一. 今此修籍之後 或有踵前焚籍之員 則傳至子孫 永勿許籍事.'

들 가문이 임란 직후 향적 복구를 주도한 가문인 데다가 씨족적 배경도 튼튼했기 때문이었던 것 같다. 예컨대 광산 김씨의 경우 최조 입록자인 金百鉐(1544~1612)은 그의 생존 연대로 보아 향적 복구에 참여했던 인물임이 틀림없다. 그의 아버지 金廣은 1569년에 별감을 지냈으며,[33] 『구향적』 입록자 중의 한 사람인 金存敬(1569~1631)은 문과에 합격하여 감사를 지냈다.[34] 이 가문은 최조 입록자인 金百鉐의 고조 金處謙 대에 담양에 이거하였다.[35]

전주 이씨도 광산 김씨와 같이 향적 복구에 참여한 가문이었던 것 같다. 즉 『구향적』에 입록되어 있는 李珏(1548년생)과 李瑜(1554년생), 李玲(1555년생)이 사촌간으로[36] 이들의 출생년도로 미루어 볼 때 향적 복구에 참여했음이 확실하며, 이각의 아버지 李良秀가 1573년에 좌수를 역임하고 있어[37] 임란 전에 향적에 올랐음이 분명하다. 이 가문은 양녕대군의 증손인 李緖가 담양에 이주한 이후 그의 손자대부터 『구향적』에 입록되었다. 이 가문은 왕족이었기 때문에 타가문에 비하여 빨리 향적 입록이 이루어졌던 것으로 보인다.

홍주 송씨의 경우는 『구향적』 입록자 중의 한 사람인 宋遵이 1573년에 좌수를 지낸 宋庭秀[38]의 조카였던 것으로 보아[39] 이 역시 향적 복구 때부터 입록된 가문임에 틀림없다. 이 가문은 세종 대에 세자별시위를 지낸 宋杯이 처가가 있는 담양에 이주한 이후[40] 증손대에 2명의 문과

---

33) 柳希春, 『眉巖日記草』 기사(1569) 10월 14일(권 2, 132쪽).
34) 『국조방목』 선조 기해 별시방 및 『광산김씨족보』 참조.
35) 『광산김씨족보』 참조.
36) 『전주이씨파보』(讓寧大君派) 참조.
37) 『미암일기초』 계유(1573) 10월 23일. '潭陽留鄕所報稟來 乃座首簡滿差定事也 李樞 李良秀 丁摯入望 以樞曾與校生相激 事體未穩 故以良秀差定.'(권4, 149쪽)
38) 위의 책, 계유 8월 15일. '又聞座首宋君直(庭秀의 字) 簡滿在十月.'
39) 『홍주송씨세보』 권1 참조.
40) 위와 같음.

합격자를 배출하고 있으며,[41] 현손대에 『구향적』에 입록되었다.

### 〈표 2〉 담양의 『구향적』, 『향적』의 가문별 인록향원수

| 성 | 본관 | 구향적 | 향적 | 계 | 성 | 본관 | 구향적 | 향적 | 계 |
|----|------|--------|------|-----|----|------|--------|------|-----|
| 權 | 安東 | 9 | 5(1) | 14(1) | 吳 | 羅州 | 3 | 4(1) | 7(1) |
| 景 | 柴山 | 1 | | 1 | 柳 | 善山 | 4 | | 4 |
| 高 | 濟州 | | 2 | 2 | 尹 | 南原 | 12 | 6(1) | 18(1) |
| 金 | 光山 | 41 | 14(4) | 55(4) | 李 | 慶州 | 3 | 4(1) | 7(1) |
| | 彦陽 | 16 | 7(1) | 23(1) | | 尙州 | 2 | 2 | 4 |
| | 未詳 | | 2 | 2 | | 原州 | 15 | 10(4) | 25(4) |
| 羅 | 錦城 | 8 | 10(2) | 18(2) | | 全義 | 7 | 3 | 10 |
| 南 | 宜寧 | 2 | 2 | 4 | | 全州 | 30 | 20(3) | 50(3) |
| 盧 | 光山 | 1 | 2 | 3 | | 咸平 | 10 | 13(4) | 23(4) |
| 朴 | 咸陽 | 1 | 4(1) | 5(1) | | 興陽 | 10 | 6(2) | 16(2) |
| 裵 | 達城 | 1 | 1 | 2 | | 未詳 | 2 | 2(1) | 4(1) |
| 方 | 南陽 | | 1 | 1 | 全 | 天安 | 1 | | 1 |
| 薛 | 玉川 | 1 | | 1 | 鄭 | 草溪 | 7 | 6(1) | 13(1) |
| 宋 | 新平 | 10 | 11(1) | 21(1) | 趙 | 玉川 | 1 | | 1 |
| | 洪州 | 20 | 20(3) | 40(3) | 陳 | 羅州 | | 1 | 1 |
| | 陜川 | 1 | 1(1) | 2(1) | 蔡 | 平康 | 4 | | 4 |
| 安 | 竹山 | 2 | 2 | 4 | 崔 | 海州 | 4 | 1 | 5 |
| 梁 | 南原 | 3 | | 3 | | | | | |
| 呂 | 咸陽 | 7 | 4 | 11(2) | 계 | | 239 | 166(34) | 405(34) |

※ ( ) 안은 중복되는 수임.

언양 김씨는 임란 직후 향적 복구를 주도한 金應會[42]와 그의 사촌 金應祥, 金應佑[43]가 『구향적』에 입록된 이후 그들의 자손이 계속 입록되

---

41) 문과합격자는 宋庭篁과 宋庭筍으로 중종 병진방(1556)과 무오방(1558)에 각각 합격하였다.(『국조방목』 참조)
42) 주 8) 참조.
43) 『彦陽金氏族譜』 권1 참조. 金應祥은 별감을 지냈다.(『미암일기초』 기사(1569)

었다. 이 가문도 김응회의 5대조인 金孟甫가 담양에 이거한 후 5대 후에 『구향적』에 입록되었다.

원주 이씨도 최초 입록자인 李允權, 李允機, 李允楨 형제가 1570년에 별감을 지낸 李思卿[44]의 아들이었던 것[45]으로 보아, 역시 향적 복구에 참여한 가문이었던 것으로 보인다. 이 가문이 담양에 정착한 것은 성종대에 상호군이었던 李種毫가 처가가 있는 담양에 들어와 살면서 시작되었는데 이 가문도 입향조로부터 5대 후에 『구향적』에 입록되었다.

이렇게 볼 때 『구향적』에 입록자를 다수 낸 가문은 16세기에 향임을 맡은 가문이어서 모두 향적을 주도한 가문이었던 것으로 보인다. 이들 가문은 또 임란 직후 향적 복구에 참여하였는데, 향적 복구에 참여한 인물은 대체로 입향조로부터 5세대 정도 지난 자들이었다.

우리는 또 〈표 2〉에서 향원을 배출한 가문에 남양의 토성이 하나도 끼어있지 않음을 볼 수 있다. 이것은 17세기 담양의 향론을 주도한 사족이 모두 타관에서 이주해온 성관 출신으로 구성되었음을 의미한다.

다른 고을에서 이주해온 성관 출신의 향적 입록은 일반적으로 입향조로부터 수세대가 지난 후에야 가능하였다.[46] 그렇다고 모든 가문 출신의 향원이 다 그러했던 것은 아니다. 가문의 활동에 따라서는 1~2대 후에 바로 입록될 수도 있었다. 금성 나씨의 경우는 입향조인 羅德用이 처가를 따라 담양에 이주한 뒤 그 아들대에 羅茂松, 羅茂春, 羅茂桂 형제[47]가 『구향적』에 입록되었으며, 신산 류씨는 眉巖 柳希春이 역시 처가가 있는 담양에 들어와 살기 시작한 뒤 그의 손자인 柳光先, 柳光延

---

10월 18일).

44) 『미암일기초』 경오(1570) 11월 29일(권 2, 441쪽). '別監李思卿亦來謁.'

45) 『원주이씨세보』 권1.

46) 다른 고을에서 이거해온 사족의 향적 입록에 대하여 1711년의 「완의」(자료 35)에 '一. 自他官來寓累代因居之員 一從公論 先書三鄉 次書二鄉事.'라 되어 있어 수 세대가 지난 후에야 가능하였음을 알 수 있다.

47) 『금성나씨대동보』 卷2, 懺派 참조. 나덕용의 처부는 宋庭筍이었다.

형제가 『구향적』에 입록되었다.[48]

이들 가문의 향적 입록이 입향조의 아들이나 손자대에 이루어질 수 있었던 것은 금성 나씨의 경우 입향조 羅德用의 아들 羅茂松, 羅茂春 형제와 羅茂春의 子 羅緯文이 연이어 문과에 합격하여[49] 文名을 날렸기 때문이며, 선산 류씨는 입향조 류희춘이 우의정을 지낸 가문이었기 때문이었다.

다음으로 『향적』에 등재된 향원의 가문별 등재 인원을 살펴보면 전체 27가문 166명 가운데 전주 이씨와 홍주 송씨가 각각 20명(12%)으로 가장 많다. 또 상위 11가문의 입록자가 123명으로 74%를 점하며, 상위 5가문의 입록자는 78명으로 47%를 점하고 있다. 11명 이상을 입록시킨 상위 5가문은 전주 이씨, 광산 김씨, 함평 이씨, 신평 송씨로 이것을 『구향적』과 비교하면 함평 이씨와 신평 송씨의 부상이 눈에 띈다.

함평 이씨는 『구향적』에 10명이 입록되어 있어 7위를 차지한 가문이었는데 이 가문도 왜란 직후 향적 복구에 참여했던 가문의 하나였던 것으로 보인다. 이 가문 최초 입록자인 李壽慶이 정유재란 때에 왜적에게 살해되었으며,[50] 그의 父 李邦柱가 유희춘의 질녀서였던 것으로 미루어 보아[51] 임란 전에도 당당한 사족이었음을 알 수 있다.

---

48) 『선산유씨세보』 卷1, 류희춘의 처부는 宋駿(洪州人)이었다.
49) 『국조방목』 참조. 나무송은 광해 을묘방(1615), 나무춘은 광해 임자방(1612), 나위문은 인조 임오방(1642)에 등재되어 있다.
50) 『함평이씨족보』 卷2.
51) 『홍주송씨세보』 및 『함평이씨족보』 참조. 참고로 이들의 관계를 표시하면 다음과 같다.

```
         ┌─ 子                 女                 ┌─ 子
宋駿 ─────┤   庭秀  ─────  李邦柱  ─────────────┤   李壽慶
         │   女                                  │   子
         └─ 柳希春                               └─ 李壽昌
```

신평 송씨의 경우는 宋純이 이미 임란 전에 향적에 입록되고 있었으므로 역시 향적 복구에도 참여하였을 것으로 보인다.[52]

전반적으로 『향적』과 『구향적』을 비교해 보면 『구향적』에서 상위 9위 이내에 들었던 가문들이 『향적』에서도 모두 10위 이내에 들어있어 향적 복구에 참여하여 『구향적』에 많은 입록자를 낸 가문 출신이 『향적』에서도 입록자의 대부분을 차지하고 있다.

한편 『구향적』에 향원을 입록시킨 31가문 가운데 7가문이 『향적』에 향원을 입록시키지 못하는 대신에 3가문이 새로 향원을 입록시키고 있다. 『향적』에 향원을 입록시키지 못한 가문의 『구향적』 입록 인원을 살펴보면 1명만을 입록시키고 있는 가문이 4, 3명을 입록시킨 가문이 1, 4명을 입록시킨 가문이 2로 나타난다. 이들 가문이 탈락한 것은 담양에 거주하는 이들 가문의 씨족 인구가 적었을 뿐만 아니라 사족으로서의 지위도 튼튼하지 못하였기 때문이었던 것 같다.[53] 『향적』에 비로소 입록자를 낸 가문 역시 씨족 인구도 적고 가문의 사족적 위치도 결코 높은 편은 아니었으나, 2향의 입록이 허용되면서 향원을 입록시킬 수 있게 된 것으로 보인다.[54]

담양의 향원을 배출한 가문은 서로 혼인 관계를 통하여 긴밀하게 연결되어 있었다. 〈표 3〉에 나타난 바에 의하면 홍주 송씨의 혼인 상대로 전주 이씨, 흥양 이씨, 광산 김씨, 전의 이씨, 선산 류씨, 함평 이씨, 신평 송씨, 경주 이씨, 함양 여씨, 금성 나씨 등 담양의 유력한 가문이 거의 다 망라되어 있다.[55] 이와 같이 담양의 사족 가문들은 서로 혼인 관

---

52) 신평 송씨도 임란 전에 향임을 맡았던 가문이다. 宋海寧이 기미(1569) 10월 18일에 별감이었음이 보인다.(『미암일기초』卷2, 135쪽)

53) 『구향적』에 입록자를 냈으나 『향적』에 입록자를 내지 못한 가문은 다음과 같다. ( ) 안은 『舊鄕籍』에 입록된 향원 수. 柴山景氏(1), 玉川薛氏(1), 天安全氏(1), 玉川趙氏(1), 南原梁氏(3), 善山柳氏(4), 平康蔡氏(4).

54) 『鄕籍』에 처음으로 입록자를 낸 가문은 다음과 같다. ( ) 안은 입록자 수. 濟州高氏(2), 南陽方氏(1), 羅州陳氏(1).

계를 통하여 긴밀히 연결되어 공동체적인 유대 관계를 맺고 일치단결하여 계속적으로 향촌 사회의 주도권을 장악할 수 있었던 것이다.

이들 향원을 배출한 가문들은 담양의 향론뿐 아니라 문화, 교육까지도 지배하고 이끌어 왔으며 이를 통하여 담양 지방에서 영향력을 행사하였다. 먼저 문과 합격자를 살펴보면 〈표 4〉에 나타난 바와 같이 16세기 이후 문과 합격자 17명 모두가 향원을 배출한 가문출신이었다. 이들을 가문별로 살펴보면 신평 송씨, 홍주 송씨, 금성 나씨가 3명씩으로 가장 많고, 함평 이씨가 2명, 나머지 6개 가문에서 1명씩 배출하였다. 이들 문과 합격자 가운데 『구향적』이나 『향적』에 입록된 인물은 6명(1명은 중복)인데, 『향적』 작성 당시 생존했던 인물은 모두 향선생이었다.

한편 담양에 건립된 서원이나 사우에 배향된 인물을 살펴보면 향원을 배출한 가문 출신이 독점하고 있다. 선조 40년(1607)에 건립되어 현종 10년(1669)에 사액된 義巖書院은 류희춘을 주향으로 하고 있으며,[56] 숙종 32년(1704)에 건립된 龜山書院은 신평 송씨 2명(宋希璟, 宋純), 홍주 송씨 1명(宋庭筍), 광산 김씨 2명(金彦勗, 金大器), 언양 김씨 1명(金應會), 금성 나씨 1명(羅茂春)과 담양부사를 지낸 李安訥을 배향하고 있어서[57] 타관 출신인 이안눌을 제외하고는 모두 향원을 배출한 가문 출신이었다.

---

55) 단성현에서도 이와 비슷한 경향이 있었다고 한다.(川島藤也, 「『丹城鄕案』에 대하여」, 『청계사학』 4, 1987, 198~199쪽)
56) 『전고대방』 卷4, 「서원사우록」 전라도 담양.
57) 위와 같음.

<표 4> 가문별 문과 합격자(『국조방목』에 의함)

| 합격자수 / 가문 | 문과 합격자 | | | | | 비 고 |
|---|---|---|---|---|---|---|
| | 16세기 | 17세기 | 18세기 | 19세기 | 계 | |
| 신평송 | 1 | | 2 | | 3 | |
| 홍주송 | 2 | 1 | | | 3 | 『향적』1 |
| 금성나 | | 3 | | | 3 | 『구향적』2, 『향적』2(1) |
| 함평이 | 1 | 1 | | | 2 | 『향적』1 |
| 선산유 | 1 | | | | 1 | |
| 광산김 | | 1 | | | 1 | 『향적』1 |
| 남원윤 | | 1 | | | 1 | |
| 옥천조 | | | 1 | | 1 | |
| 전주이 | | | 1 | | 1 | |
| 함양여 | | | | 1 | 1 | |
| 계 | 5 | 7 | 4 | 1 | 17 | |

향촌 사회에서 양반 사속늘의 상학이나 교유처토서 문화직으로 중요한 역할을 했던 누정의 경우에 있어서도 조사된 담양의 누정 18개소를 소유한 가문별로 살펴보면 신평 송씨 3, 원주 이씨 2, 선산 류씨 2, 경주이씨 2, 광산 김씨 2, 언양 김씨 1, 전주 이씨 1, 평강 채씨 1, 합천 송씨 1, 미상(김씨) 3개소로 거의 모든 누정이 향원을 배출한 가문의 소유로 되어 있다.[58] 이와 같이 담양의 지방 문화와 교육을 담당한 핵심적인 인물들은 이들 향원들이었다.

## 4. 향원·향회와 향소의 관계

### 1) 향원과 향회

향적에 입록된 향원들은 향촌 사회에서 사족 중심의 지배 체제를 유

---

58) 김동수, 「전남지역의 누정조사 연구(1)」 『호남문화연구』 14, 1985, 326~411쪽 참조.

지하기 위하여 일향 지배를 실현하고 있었다. 향원들은 향회를 통하여 향적 수정이나 향원의 자격을 심사하여 향적에 입록할 것인지의 여부를 결정하고, 향임을 천망하며, 사족 중심의 향촌 지배 질서에 벗어나는 각종 행동을 규제하기 위한 각종 규제 조항을 마련하였는데 이것이 이른바 향규, 입의, 완의, 약속이라고 불리는 향원의 자치 규약이다.[59] 그 내용은 대체로 사족의 결속을 도모하고 아전과 백성의 지배를 실현하며 부역 체제를 공평히 유지하는 등 일향내의 거의 모든 일에 관한 것이 망라되어 있다.

향회에는 향론을 주도하는 임원으로 향집강이 두어졌는데, 이들은 대체로 향선생, 향로, 향장, 향유사 등으로 불리었다. 이들은 향적 수정, 향회의 권점, 향임의 천망 등 향론을 결정하는데 중요한 역할을 하였다.[60] 이들 향집강에는 일반적으로 연령 제한이 있어서 향로는 70세 이상, 향장은 60세 이상, 향유사는 60세 이하의 향원 중에서 명망이나 덕망이 있는 자를 향회에서 선임하도록 되어 있었다.[61]

담양의 향회에도 향론을 주도하는 임원이 선임되어 있었다. 담양 향회의 임원은 다음 〈표 5〉에 나타난 바와 같이 시기적으로 약간의 차이는 있으나 향선생, 향로, 향장, 향유사, 별유사로 구성되어 있었다. 먼저 향선생에 대하여 살펴보면 이들은 다른 임원과는 달리 연령과는 크게 관련이 없었던 것으로 보인다. 예컨대 『향적』에 향선생으로 기재된 나

---

59) 향규에 대해서는 다음 논고가 참고 된다.
田川孝三,「李朝の鄕規について」,『朝鮮學報』 76·78·81, 1975·1976; 김용덕,
「향규연구」,『한국사연구』 54, 1986.
60) 김인걸,「조선후기 향안의 성격 변화와 재지사족」, 533~535쪽.
61) 『龍城誌』 約束條目. '七十以上爲鄕老 六十以上爲鄕長 六十以下爲鄕有司.'
『淳化誌』 鄕有司節目. '鄕先生一人 鄕老三人 七十以上 有德望者爲之 鄕長二人
六十以上 有德望者爲之 鄕有司二人六十以下 地望最優者爲之.'
『光州邑誌』 鄕綱. '擇士大夫之有位望者 置鄕先生一員 鄕老鄕長有司名六員
名以鄕執綱.'

무송(1577~1653), 나위문(1602~1653), 이익신(1602~?), 송두문(1601~?)의 경우 향선생일 때의 연령이 각각 76세, 51세, 51세, 52세여서 나무송만이 70세 이상으로 향로와 같았다. 이로써 보면 향선생은 연령과는 무관하였음을 알 수 있다. 그러나 이들은 모두 문과에 합격하여 도사, 박사, 현감 등의 실직을 역임하였으며, 모두가 향원을 많이 배출한 가문 출신이었다.

향로, 향장, 향유사의 수는 시기적으로 다소 차이가 있었던 것 같다. 〈표 5〉에 의하면 1667년의 경우 향로, 향장, 향유사가 모두 5명씩인 데 비하여 1710년에는 각각 2명, 3명, 2명, 1711年에는 3명, 5명, 2명으로 되어 있다. 이로써 보면 17세기에는 5명씩이었던 것 같다. 이들 가운데 『향적』에 입록되어 있는 자들은 모두 3향이었다.

〈표 5〉 담양의 향집강

| 출전<br>임원 | 「완의」<br>(1652) | 『향적』<br>(1653) | 『향적』<br>(1654) | 「완의」<br>(1667) | 『향적』<br>(1710) | 『선원록』<br>「완의」<br>(1711) |
|---|---|---|---|---|---|---|
| 鄕先生 | 1 | 3 | 1 | | | |
| 鄕 老 | 5 | | | 5 | 2 | 3 |
| 鄕 長 | | | | 5 | 3 | 5 |
| 鄕有事 | | | | 5 | 2 | 2 |
| 別有事 | | | | 15 | 6 | 16 |

향로 이하 향집강에 의하여 주도되는 향회는 담양에서 구체적으로 어떠한 기능을 수행하였는가? 17세기 담양 향회의 기능을 통문, 완의 등의 고문서에 나타난 내용을 분석하여 살펴보기로 하자.

향회의 일차적 기능은 향론을 통일하고 향강을 유지하는 것이었다. 따라서 향론이 분열되거나, 향강이 해이해지면 향회를 열어 이를 수습하려 하였다. 1661년의 「통문」에 향중에 기강이 퇴폐한 것은 기강을 진작시킬 사람이 없기 때문이다. 몇 해 전에 여러 향원들이 통문을 발하여 향회를 열고 향로, 향장, 향유사를 세워 향강을 정돈하려 한 것은 우연한 일이 아니었는데 끝내 고처지지 않고 날이 갈수록 향강의 해이가 심해저 다시 향회를 열어 이를 의논하려 한다.[62]

고 하여 해이해진 향강을 바로잡기 위하여 향회를 소집하고 있는 것을 볼 수 있다. 또 1666년에는 향적 수정에 대하여 향중의 논의가 일치되지 않자 향회를 소집하여 향론의 수습을 기도하고 있으며,[63] 1710년에도 향강의 퇴이를 향적과 선원록의 수정을 통하여 수습하려고 향회를 소집하였다.[64] 이와 같이 향강이 해이하거나 향론이 분열되었을 경우 향회를 열어 향론을 수습하였다.

향론의 수습은 앞에서 살펴본 바와 같이 일반적으로 향적 수정의 형태로 구현되었다. 따라서 향적의 수정이나 재작성도 향회에서 결정되었다. 다음의 완의에는 이러한 사실이 잘 나타나 있다.

① 향적이 오랫 동안 폐지되어 체면이 극히 한심하여 금월 3일에 구향적을 수정하기로 하였다.[65]
② 향적이 있는데 그 규례가 폐해진 지 오래되어 지금까지 수정되고 있지 않으

---

62) 「辛丑通文」(자료 8). '文爲惟我鄕中 紀綱頹廢者 盖綠振起之無其人也 曾於年前 鄕中諸員 通文鄕會 設立鄕老鄕長鄕有司 以爲整頓鄕綱之地 非偶然也 而偶然也 而因循玩揭 事竟未就 鄕綱之解弛 愈往愈甚 豈非可嘆者乎 伏願僉尊 今月二十 五日 設行鄕會 更爲議處 而此外亦多議定之事 更須惕念無致遲延幸甚.'

63) 「丙午通文」(자료 16). '右通文 惟我鄕中 論議不一 未定鄕籍久矣 今始發論 重修 合籍 此是盛擧 豈不義哉 然而昨日完議時 其中不可者 有草案 雖先生所爲而 重 修之日 亦不可無鄕先生 旣云合籍 而草案中 或有應參而不書之員 其於生等之抑 有少憾矣 伏願僉尊更請鄕先生 特出別有司 然後修正鄕籍幸甚.'

64) 「庚寅通文」(자료 19). '右通文爲……竊惟吾鄕久無鄕籍 又無仙員錄修正之擧 以 之而鄕綱頹弛 以之而名分壞亂 每念此事 孰不慨然哉……惟願僉尊 同聲發論 更 定別有司 以爲濟事之地.'

65) 「丙午鄕中完議」(자료 32). '右完議爲惟齊會鄕中 鄕籍久廢 其爲體面 極爲寒心 今月三日 修正舊籍事完議.'

니, 어찌 통탄할 일이 아니겠는가? 이제 노소가 함께 모여 향로, 향유사, 별
유사를 정하여 향적을 수정하기로 하였다.[66]

③ 선원록을 수정하는 일은 옛 규례가 있지만 우리 고을에는 이것이 폐지된 지가
오래되어 이를 개탄하지 않는 이가 없었던 차에 수정하기로 합의하였다.[67]

위에 제시한 예는 각각 1666년, 1667년, 1711년의 향회에서 향적 수정
을 결정하고 합의된 사항을 문서로 작성한 향중완의의 일부이다. 이와
같이 향적 수정도 향회에서 결정되었다.

향회는 또 향임 천망권을 갖고 있었다. 향임은 향적 입록자, 즉 향원
만이 될 수 있었는데 향회가 이의 천망권을 행사하여 향소에 대한 인사
권을 장악함으로써 향소 지배의 중요한 발판을 마련하고 있었던 것이
다.[68] 향임의 임명은 경재소가 혁파되기 전까지는 유향소에서 적격자 2
~3명을 경재소에 망보하면 경재소가 망보된 사람 중에서 차정 임명하
고 있었는데,[69] 경재소 혁파 후에는 수령의 차첩을 받아 임명되었다.[70]
그러나 향임의 천망은 향중 공론에 따라 향회에서 이루어지고 있었다.
예컨대 1652년의 「향중완의」에

향소는 일향의 집강이 공론을 채택하여 천거하는데 근래에는 향강이 부진하여
(향소의) 천망이 한두 사람의 사사로운 뜻에 따라 이루어지고 있어서 이로 말미암
아 향풍이 크게 무너졌다. 이후부터는 이전의 향규에 따라 향회에서 천망한다.[71]

---

66) 「丁巳鄕中完議」(자료 34). '右完文爲 鄕之有籍 古有其規而久廢有年 迄未修整
豈不痛心哉 今者老少合集 分定鄕老長有司及別有司 以爲修正之地.'
67) 「辛卯完議」(자료 35). '右完議爲修正仙員錄 盖古規 而吾鄕之廢此已久 孰不慨然
於斯哉 玆乃合議修正.'
68) 한상권, 「16·17세기 향약의 기구와 성격」, 『震檀學報』 58, 1984, 31~33쪽 참조.
69) 『미암일기초』 계유(1573) 8월 15일(권4, P68). '潭陽留鄕所望報 以李良秀爲座
首.'; 같은 책, 계유(1573) 10월 23일(권4, P149). '潭陽留鄕所報稟來 乃座首箇滿
差定事也, 李樞李良秀丁摯入望 以樞曾與校生相激 事體未穩 故以良秀差定.'
70) 김용덕, 『향청연구』, 135~136쪽.
71) 「壬辰鄕中完議」(자료 29). '右完議爲 鄕所乃一鄕執綱 不可不採擇公論以居之 而

고 되어 있어, 담양에 있어서도 향소, 즉 향임의 천망이 향회에서 이루어지고 있었음을 알 수 있다.[72]

　향회에서는 또 향임이나 향집강을 능욕하는 상한을 치죄하기도 하였다. 1659년의 「완의」에는 향집강이 착서한 통문을 돌리려고 온 풍헌을 능욕한 자를 집강으로 하여금 적발하여 다음 향회에서 중벌로 다스릴 것을 결의하고 있다.[73] 또 1711년의 완의에는 향적 수정 후 향집강이나 별유사를 능욕하는 자가 있으면 유사가 발문 통고하여 향회를 소집하여 관에 고하여 징치하도록 규정되어 있었다.[74] 이로써 보면 향임과 향집강은 그들을 능욕한 자들을 향회를 열어 치죄할 정도로 존중되고 있었음을 알 수 있다.

　향회에서는 또 예속을 바르게 하고 유교적 덕행을 장려하여 사족 중심의 가치관을 향촌 사회에 심는 데 앞장서기도 하였다. 1649년 尹璴 등 39명의 향원이 향청에 보낸 통문에는 행실이 탁월하여 일향의 흠앙을 받는 명현인 송순 등을 모실 사우를 건립할 것을 일향에 통고하여 협력 영건하도록 요청하고, 이것이 사림의 공론이라고 밝히고 있다.[75]

---

近來鄕綱不振 薦生之際 一二人之循私 墮鄕落風 莫此爲甚 自今以後 依前鄕規 鄕會薦望.'

72) 장성의 경우에도 '鄕所者 所以耳目官家 憚壓下吏 則關係不輕 而近來偏護私黨 專不擇人 故官家亦知其然 而不使鄕執綱擬望……自今以後 鄕執綱切勿循私獨擅 一從公議 極擇有地勢幹局之人擬望.'(『長城鄕校誌』 「一鄕契約文」)이라 되어 있어 공의에 따라 즉 향회에서 천망하도록 되어 있었다.
　　창평縣에 있어서도 '鄕任薦望……自今專委於鄕有司 各薦三人 以其薦紙 遍受圈點於鄕員 然後觀點多寡 更相評議以定取捨 誤薦者直月及一鄕駁)'(『鄕中立規』)이라 되어 있어 향원의 권점에 의하여 향임의 천망이 이루어지고 있었다.

73) 「己亥鄕中完議」(자료 30). '右完議爲 風憲乃一鄕尊重處 而鄕執綱 着署回文 轉到大谷 不知何許人 妄自題送凌侮之中 事極悖戾 而今日鄕會 不能摘發 執綱窮尋的知 他日鄕會時 從公論重罰幸甚.'

74) 「辛卯完議」(자료 35). '一. 修正後 執綱別有司中 或有見辱之員 則鄕有司發文通告 使之一齊聚會 以爲告官懲治事.'

75) 「己丑通文」(자료 1). '吾鄕有三先生前後並出 其操行之卓然 在人耳目……同志之人欲立祠宇 永以祀之 卽日齊會 已爲完定矣 此是士林之公論 而亦一鄕之所共慕

1652년 전 정랑 羅茂松과 전 도사 羅緯文이 향청에 보낸 통문에는 선정을 베풀고 교체되어 갈리는 수령의 선정비를 건립하기 위하여 출문할 것을 요청하고 있으며,76) 1661의 통문에도 향중의 의논이 엇갈리는 입비 문제를 향중에서 상의하여 결정할 것을 향원들에게 통유하고 있다.77) 이 때 입비의 내용이 무엇인지 명확하지는 않지만 효행이나 정려 등 예속을 밝히고 유교적 덕목을 기리는 일을 논의·결정하였다.

향원들의 공통된 이해에 저촉된 행위를 하거나 사족으로서 바람직하지 못한 행위를 한 자들은 향회에서 규제·징치되었다. 1652년 향원 宋貞吉 등 11명이 향청에 보낸 통문에는 민결에서 거두어들인 刷馬木 40여필을 남용한 좌수 尹鋼의 징치를 위하여 향회를 소집하고 있으며,78) 전 현감 宋斗文, 향로 金起南, 첨지 金勉 등 향원 9명이 향청에 보낸 통문에노 尹鋼의 문제를 논의하기 위하여 향집강에게 일향에 회문하여 향회를 소집할 것을 요구하고 향회에는 무단으로 불참하는 일이 없도록 통유하라 하고 있다.79) 또 1661년 李萱 등 집강 3명이 출문한 통문에는 비변사에 보낼 쌀을 마련하면서 향회의 결정에 의하지 않고 빙공영사하여 미포를 남징한 면약정을 징치하기 위하여 향회를 열어 후일의 폐단

<hr>

故兹敢通論 伏願僉尊持此事意 通告一鄕 協力同濟 以助祠宇營建之役幸甚.'
76) 「壬辰通文」(자료 4). '右通文爲 當此大無之日 一府之民 特蒙城主善政 幸而蘇息……須速出文 竪立善政碑宜當.'
77) 「辛丑通文」(자료 7). '右通文爲通論事……以立碑 鄕議不均 事與鄕中 有相議完定事 伏願僉尊須知此意如何幸甚.'
78) 「壬辰通文」(자료 2). '右通文爲大同與刷馬木 乃萬民之結所捧之木也……今者尹鋼濫冒鄕所之首任 恣行無忌 濫用官家之物 如用己物 如用己物 兩使捉致之日 任意擅用 猶以不足 各面二疋式 別定收合……伏願僉尊 備持此意 通告鄕中 來月二日 諸會于鄕射堂.'
79) 「壬辰通文」(자료 3). '頃者前座首尹鋼 被捉於巡營也 大同民結之布二十餘疋 該以人情之費 公然私用……伏願執綱僉尊 通論一鄕 勿論儒品 以來初七日 會于鄕廳 齊出官前 痛懲弊習 而近來鄕綱不振 旣靡成習 凡鄕會之日 無故不參事甚未便 幸一一齊會 則非但此也 且多相議處置 去瘼革弊之事……惕念齊會事 備納通瑜幸甚.'

을 근절할 것을 통고하고 있다.[80] 이와 같이 같은 사족이라 하더라도 공통의 이해에 저촉된 행위를 한 자는 향회에서 규세를 받았다. 이때의 규제대상은 좌수, 풍헌, 약정 등 주로 향임층이었다.

이서층의 작폐나 비리 행위도 향회의 규제 대상이었다. 이서층은 수령을 보좌하는 행정 실무자로서 부세의 운영 과정에서 민간에게 작폐하고, 관부를 기만하며, 품관에게 제대로 예의를 갖추지 않는 등의 폐단을 자주 일으키고 있었다. 이러한 이서층의 작폐를 규제하고 감독하는 일차적인 책임은 향소에 있었기 때문에 이서층의 비위를 제대로 규제하지 못한 향소는 책임을 면치 못했다. 1661년 宋時鳳 등 향원 6명이 출문한 통문에는 촌간에서 하리의 작폐를 금단하지 못한 향소의 교체를 향원들에게 회문하고 있다.[81] 1662년 金履四 등 향원 24명이 출문한 통문에는 전결에 부세와 요역을 부과하면서 농간을 부려 사욕을 채우려고 한 書員 鄭允, 全漢信 등을 중법으로 다스려 징치해 줄 것을 수령에게 고하도록 향원들에게 회문하고 있다.[82] 이 통문에 "하리배의 간악한 습속은 그 유래가 오래되긴 하였으나 오늘과 같이 극에 달한 일은 일찍이 없었다. 지금 만약 이를 징치하지 않으면 장래의 폐해가 이루 말할 수 없을 것이다."[83]라 하고 있어 하리의 작폐는 그 연원이 오래 되었을 뿐만 아

---

80) 「辛丑通文」(자료 6). '備邊司納米備納之事 曾無故規 而一時卒收 則所當通議一鄕 衆論統同 然後共濟非晩……事若急遽 則難發一一通告於一鄕 爲先通知者 非鄕執綱乎……而至於各面約正 憑公營私 多有濫收米布者 今不論罰 則日後之弊 有不可無者 矣等忝在執綱之列 不容含黙於其間 故敢此通告 今日齊會時 完定鄕會之日 還懲施罰 以杜後日之弊幸甚.'

81) 「辛丑通文」(자료 5). '下吏之作弊於村間者 不止一事 而未知其時次知鄕所 知之而不能禁耶 知而不禁與不能省察 皆非風憲執綱之道 旣不能任其責 而安坐不避 則亦似關於廉恥 伏願僉尊詳量焉.'

82) 「壬寅通文」(자료 11). '今者 大谷書員鄭允者 貪昏無比 務爲肥己之謀 鳩虛罔减實 只備卜結之數 其間或有彼此疊錄者 或有陳灾混用者 未聞有一夫平準的實者……伏願僉尊 通文開坼後 趁卽入告于城主前 鄭允及全漢信等 重法繩之 一以徵奸細之罪.'

83) 위와 같음. '下吏之奸習 其來有舊 而未有如今日之劇者 事迹敗露 難用掩滯 今若

니라 규제하기도 힘든 향촌 사회의 고질이었음을 알 수 있다. 또 1665 년 李振原 등 향원 34명이 출문한 통문에는 대동사목의 내용을 민간에 제대로 알리지 않고 쌀로 거둘 때 농간을 부린 대동색리 金德顯의 치죄 를 수령에게 품고할 것을 향원들에게 회문하고 있다.[84]

지금까지 살펴본 바와 같이 이서층의 작폐는 수취 체제의 운용과 관 련하여 나타나고 있다. 그러나 이서층은 수령에게 예속되어 있었기 때 문에 향원들이 향회에서 직접 징치할 수는 없었고 향원이 모여 수령에 게 그 치죄를 품고하는 길 밖에 없었다.

부세와 요역을 공정히 부과하는 것은 향원뿐 아니라 일반 민인을 포 함한 향촌 사회의 안정을 유지하는 데 대단히 중요한 문제였다. 따라서 향원들은 이 문제에 깊은 관심을 갖고 있어서 부세의 공정한 운영은 향 회에서 수시로 논의 되있디. 1661년이 통문에 비변사에 보낼 쌀을 마련 하는 문제에 대하여 "이는 옛 향규에 없는 일이므로 일시에 갑자기 거 두려면 마땅히 일향에 통고, 의논하여 중론이 한결같은 연후에 실시해 야 한다."[85]라 한 것에서 그것을 알 수 있다.

효종년간에 이 지역에 실시된 대동법[86]은 부세의 대상을 호에서 전결 로 바꾼 것이었기 때문에 담세자 뿐만 아니라 군현 사이에도 이해의 대 립이 날카롭게 되었고,[87] 또 이것은 결과적으로 향촌 사회의 지배 세력 인 향원들의 이해에 직결되어 향원들은 집단적으로 이에 반대하기도 하

---

怠而不治則將來之害 殆不慘其優矣.'

84) 「乙巳通文」(자료 13). '大同色吏金德顯 姦猾無比 一邑大小之人 皆知其鬥臆頃者 朝廷大同事目 有米布便民之事 而么小吏 蔽閣事目 全不通諭於民間 及其作米之 際 民草不稱冤……先爲遞改後 大同查刷事 告于城主前 明正其罪 以快一鄕之意 幸甚.'

85) 주 77)과 같음.

86) 이에 대해서는 한영국, 「호남에 실시된 대동법(상)」, 『역사학보』 15, 1961 참조.

87) 『현종개수실록』 卷9, 현종 4년 10월 임인 全羅道儒生裵紀等上疏 참조. 배기(1613~ ?)는 담양 출신으로 1652년 진사시에 합격하였고 『향적』에 입록되어 있다.

였다. 담양의 경우 1663년에는 金成九, 裵紀 등 향원 58명이 연명으로 대동법의 실시를 반대하고 있으며,[88] 1665년에는 대동법의 변통을 관에 진달하기 위하여 향원들을 소집하는 통문을 각 면에 돌리기도 하였다.[89]

이밖에 향원들은 역리, 속오군, 조군에게 복호의 특전을 지급하는 문제,[90] 수령이 교체되어 돌아갈 때의 쇄마가 문제 등을 논의하기 위해 향회를 소집하였다.[91] 향원들은 또 전세 수납처의 변경,[92] 조적제의 개선, 공물 복마폐의 개선[93] 등에도 관심을 갖고 있었다. 1645~1646년 사이에 작성된 것으로 보이는 「陳弊稟目」[94]에는 이 당시 향원들이 제일 크게 관심을 갖고 있던 담양의 시폐가 무엇인지 잘 나타나 있다. 여기에 나타난 시폐는 ① 관청에 납부하는 각종 물품 ② 전세 ③ 북벌군의 군자로 쓸 베 ④ 상납하는 종이 ⑤ 궁궐 신축 시 재목 운반비 ⑥ 광해군 때의 부세 가운데 아직 거두지 못한 물품 ⑦ 관청에 납부하는 물품의 납기일 변통의 7가지로 모두가 부세의 운용과 관련되는 내용들이다.

향원들은 여러 고을이 이해를 같이하는 문제에 대해서는 일향의 향회에서 뿐만 아니라 열읍통문으로 그들의 의사를 집단적으로 결집하여 관철시키려 하였다. 예컨대 1666년 경대동의 변통을 전라감영에 공동으로 건의하기 위하여 진안 등 14 고을이 연대하여 올린 「列邑通文」[95]이

---

88) 「化民金成九等上書」(자료 37). 이 상서의 내용은 주 87)의 배기 등의 상소와 거의 일치한다.
89) 「丙午通文」(자료 14). '右文爲京大同設立之後 民人之苦 有甚於倒懸 日有月矣……伏願僉尊勿論儒品 來十五日 一齊來會于官門 陳達城主前 以爲變通之擧.'
90) 「丙午通文」(자료 17) 참조.
91) 주 75), 76), 77) 참조.
92) 「壬寅通文」(자료 9). '田稅之輸納 而凡我七邑之距法聖 俱是六七日程息……榮山倉復設之期 其在今日 則此政吾儕逾願之秋也.'
93) 「化民尹興宰等上書」(자료 36) 참조.
94) 이 문서는 품관 李瑜를 비롯하여 향원 25명이 '潭陽都護府使沈'에게 올린 것인데, 이 때의 심부사는 1645년 윤 6월에 체개된 沈儁였다.
95) 「列邑通文」(자료 14). 이 「列邑通文」에 참여한 군현은 진안, 용담, 무주, 금산, 진산, 고산, 전주, 김제, 금구, 태인, 정읍, 고창, 장성, 담양의 14고을이었다.

그러한 예이다.

앞에서 살펴본 바와 같이 향회의 기능이 다양하고 중요했기 때문에 향회에는 향원이면 누구나 참여해야 할 의무가 있었다. 따라서 향회 참석이 어려운 향원은 불참단자를 향집강에게 제출하여 허가를 받아야 했다. 다음은 불참단자의 예이다.

> ① 저는 늙은데다가 근래에는 정신까지 흐리고 이에 더하여 감기까지 걸려서 여러 날을 신음하고 있어서 이번 향회에는 참석할 수 없으니, 양해하여주시기를 바랍니다.[96]

> ② 저는 병으로 오늘 향회에 참석할 수 없으니, 양해하여 주시기 바랍니다.[97]

위 ①의 단자를 제출한 李慶後는 1710년과 1711년의 향적수정 시에 향로였으며, ②의 羅再興 역시 1710년과 1711년에 향장으로 향적 수정에 참여하였다. 이와 같이 향로, 향장을 지낸 향원들도 향회에 불참할 때에는 단자를 제출한 연후에야 향회에 불참할 수 있었다.

## 2) 향회와 향소의 관계

앞에서 살펴본 바와 같이 향회의 기능은 향적 수정, 향임 천망을 비롯하여 하리 작폐의 징치와 부세 운영에 이르기까지 실로 다양하였다. 이러한 향회의 다양한 기능은 향회 자체나 향회의 운영 기구라 할 수 있는 향집강에 의하여 수행되기도 하였으나 이민을 규찰, 검속하고, 서원, 서리, 관속 등의 민간에서의 작폐와 품관에 대한 능욕 등을 치죄하

---

96) 「李慶後單子」(1713년, 자료 26). '生老昏近來益甚 加以虛寒 伸吟累日 今此鄕會 末有吾參 伏願僉尊恕量幸甚.'
97) 「羅再興單子」(1713년 자료 27). '今日有鄕會云 而生等俱有病故 未能進參 伏願僉 尊恕量幸甚.'

는 기능은 향소를 통하여 수행되었다. 이들 향회의 결정 사항을 집행하고 향회를 운영하는데 필요한 제반 잡무를 처리할 기구가 필요하였는데, 이러한 향회의 업무는 향소를 통하여 집행되었다.[98]

향회와 향소의 관계는 향회의 구성원인 향원 즉 향적 입록자 만이 향소의 임원인 좌수, 별감과 같은 향임에 취임할 수 있도록 되어 있었던 데에서 긴밀할 수밖에 없었다.[99] 담양의 경우 향원, 향회와 향소의 관계가 어떠했는지를 구체적으로 살펴보자.

담양에서도 좌수, 별감 등의 향임은 향원만이 취임할 수 있었다. 16~17세기에 담양의 향임을 역임한 인물을 조사하여 〈표 6〉을 작성하였다. 〈표 6〉에 좌수로 나타난 인물은 모두 8명이다. 이들을 출신 가문별로 나누어 살펴보면 전주 이씨와 홍주 송씨가 각 2명, 해주 최씨, 광산 김씨, 흥양 이씨, 남원 윤씨가 각 1명씩으로 대체로 향적 입록자를 많이 낸 유력한 가문에서 좌수를 배출하고 있다.

별감을 살펴보면 이들은 모두 16세기 인물만 확인되는데, 초계 정씨 4명, 평강 채씨 3명, 전주 이씨 2명, 광산 김씨 2명, 나주 진씨, 천안 전씨, 신평 송씨, 원주 이씨, 전의 이씨, 언양 김씨, 홍주 송씨, 남원 윤씨, 선산 류씨, 정씨(본관 미상) 각 1명으로 대체로 향적 입록자를 다수 배출한 가문 출신이 많지만 그렇지 못한 가문 출신도 4가문에서 6명에 이른다. 이들 가문의 향적 입록 상황을 살펴보면 평강 채씨는 『구향적』에만 4명, 나주 진씨는 『향적』에만 1명, 천안 전씨는 『구향적』에만 1명 입록되어 있으며, 정씨는 한명도 없다. 이로써 보면 정씨는 16세기 까지는 향원을 배출하였으나, 17세기에 들어와서는 탈락된 것으로 보인다.

한편 17세기 자료에 향임으로만 표기된 자들을 살펴보면, 이들이 좌수와 별감 중 어느 직책을 수행했었는지는 알 수 없으나, 초계 정씨 2

---

98) 한상권, 앞의 논문, 33쪽.
99) 김인걸, 「조선후기 향안의 성격변화와 재지사족」, 528~529쪽 참조.

명, 신평 송씨 3명, 광산 김씨 4명으로 16세기와 큰 차이 없이 향원을 다수 배출한 가문 출신이 대부분이다. 17세기에 향임을 역임한 인물들은 모두 『구향적』이나 『향적』에 입록되어 있으며,[100] 『향적』에 입록되어 있는 인물은 모두가 3향이었다.

〈표 6〉에서 16세기와 17세기에 걸쳐 계속하여 좌수나 별감 등 향임을 배출한 가문은 홍주 송씨, 광산 김씨, 신평 송씨, 남원 윤씨, 초계 정씨의 6가문이다. 이들은 『구향적』과 『향적』에 많은 향원을 입록시킨 가문들이다.[101]

이들 가문 출신 향임들의 관계를 살펴보자. 홍주 송씨의 경우에는 16세기와 17세기에 계속하여 좌수를 배출하였는데 16세기에 좌수였던 송정수는 별감에서 좌수로 천전하였다. 1662년에 좌수직에 있던 송혜길은 송정수의 형인 송정언의 증손이었다.[102] 송혜길은 『향적』과 『향적초책』에 3향으로 기재되어 있으며 1667년에는 鄕老였음이 확인되고 있어[103] 향임에서 향집강이 된 인물이다. 이로써 보면 17세기 후반기까지도 유력한 사족들이 향임을 기피하지만은 않았던 것으로 보인다.

---

100) 宋翼命은 『仙員錄』에 입록되어 있다.
101) 이들 가문에서 『구향적』과 『향적』에 입록된 향원 수는 다음과 같다. (  ) 안은 순위. 광산 김씨 55명(1), 전주 이씨 50명(2), 홍주 송씨 40명(3), 신평 송씨 21명(7), 남원 윤씨 18명(8), 초계 정씨 12명(12).
102) 『홍주송씨세보』 권1 참조.
103) 「丁巳鄕中完議」(자료 34).

<표 6> 16〜17세기 담양의 향임

| 향임 | 성명 | 본관 | 연대 | 전거 | 비고 |
|---|---|---|---|---|---|
| 좌수 | 崔希尹 | 해주 | 1568~1569 | 『미암일기초』 | |
| 좌수 | 李鵬壽 | 전주 | 1570 | 『미암일기초』 | |
| 좌수 | 金守約 | 광산 | 1571 | 『미암일기초』 | |
| 좌수 | 宋廷秀 | 홍주 | 1573 | 『미암일기초』 | |
| 좌수 | 李良秀 | 전주 | 1573 | 『미암일기초』 | |
| 좌수 | 李 衡 | 흥양 | 1575~1577 | 『미암일기초』 | |
| 좌수 | 尹 鋼 | 남원 | 1652 | 통문 | 『구향적』, 자료 2 |
| 좌수 | 宋惠吉 | 홍주 | 1662 | 鄕廳成造都監 | 『향적』, 자료 39 |
| 별감 | 鄭振文 | 초계 | 1568 | 『미암일기초』 | |
| 별감 | 陳景發 | 나주 | 1568, 1569 | 『미암일기초』 | |
| 별감 | 全漢承 | 천안 | 1569 | 『미암일기초』 | |
| 별감 | 宋廷秀 | 홍주 | 〃 | 『미암일기초』 | 좌수로 천전 |
| 별감 | 金 宏 | 광산 | 〃 | 『미암일기초』 | |
| 별감 | 李福覃 | 전주 | 〃 | 『미암일기초』 | |
| 별감 | 宋海寧 | 신평 | 〃 | 『미암일기초』 | |
| 별감 | 金應祥 | 언양 | 〃 | 『미암일기초』 | 『구향적』 |
| 별감 | 李思卿 | 원주 | 1570 | 『미암일기초』 | |
| 별감 | 李貞壽 | 전주 | 〃 | 『미암일기초』 | |
| 별감 | 柳光貞 | 선산 | 1571 | 『미암일기초』 | |
| 별감 | 鄭振商 | 초계 | 1572 | 『미암일기초』 | |
| 별감 | 蔡元端 | 평강 | 〃 | 『미암일기초』 | |
| 별감 | 蔡 深 | 평강 | 〃 | 『미암일기초』 | 蔡元端 子, 鄭振商으로 교체 |
| 별감 | 鄭振武 | 초계 | 〃 | 『미암일기초』 | |
| 별감 | 李 艤 | 전의 | 1574 | 『미암일기초』 | 鄭振武, 蔡深으로 교체 |
| 별감 | 尹克己 | 남원 | 〃 | 『미암일기초』 | |
| 별감 | 丁 摯 | 미상 | 〃 | 『미암일기초』 | |
| 별감 | 蔡 洵 | 평강 | 1575 | 『미암일기초』 | |
| 별감 | 鄭振豪 | 초계 | 1575, 1576 | 『미암일기초』 | |
| 별감 | 金光澤 | 광산 | 1575, 1576 | 『미암일기초』 | |
| 향임 | 鄭漢俶 | 초계 | 1650 | 『儒案』 | 『鄕籍』 |
| 향임 | 鄭漢信 | 초계 | 〃 | 『儒案』 | 『舊鄕籍』 |
| 향임 | 宋鳴久 | 신평 | 〃 | 『儒案』 | 『舊鄕籍』, 『鄕籍』 |
| 향임 | 金聲振 | 광산 | 1657 | 『儒案』 | 『鄕籍』 |
| 향임 | 金成九 | 광산 | 〃 | 『儒案』 | 『舊鄕籍』 |
| 향임 | 金時燦 | 광산 | 1662 | 『追錄別額』 | 『鄕籍』 |
| 향임 | 宋翼命 | 신평 | 〃 | 『追錄別額』 | 『仙員錄』 |
| 향임 | 宋文翼 | 신평 | 〃 | 『追錄別額』 | 『鄕籍』 |
| 향임 | 金履益 | 광산 | 1681 | 『赴擧案』 | 『仙員錄』 |
| 품관 | 李 瑜 | 전주 | 1645 | 「陳弊稟目」 | 『舊鄕籍』, 자료20 |

전주 이씨의 경우도 홍주 송씨와 비슷한 양상을 보이고 있다. 즉 1573년에 좌수였던 이양수가 17세기에 품관으로 확인된 이유의 백부여서[104] 17세기에도 여전히 향품으로 존재하고 있었음이 확인된다. 또 17세기 향임으로 확인된 초계 정씨는 16세기에 향임을 지낸 가문이었으며, 광산 김씨의 경우도 예외는 아니었다. 즉 1662년에 향임으로 확인된 金時燦과 1681년에 향임이었던 金履益은 16세기에 별감을 지낸 金廣의 직계 후손이었으며, 1657년에 향임으로 나타난 金聲振은 金廣의 弟 金慶의 증손이었다.[105]

신평 송씨의 경우는 같은 宋希璟의 후손이지만 16세기에 별감이었던 宋海寧과 17세기에 향임으로 확인된 宋鳴久, 宋翼命 사이에 직접적인 혈연관계는 확인되지 않는다. 그러나 宋鳴久와 宋翼命이 부자 사이여서[106] 향임직에 어느 정도의 세습성이 있지 않았나 생각된다.

이상에서 살펴본 바와 같이 16세기에서 17세기에 걸쳐서 계속하여 향임을 배출한 가문은 대체로 향원을 다수 배출한 담양의 유력한 사족이었다. 따라서 16세기와 마찬가지로 17세기 후반에까지도 담양의 향임직은 유력한 사족 가문의 영향력 아래에 놓여 있었다고 생각된다.[107]

---

104) 이양수와 이유와의 혈연관계는 다음과 같다.(『전주이씨파보(양녕대군파)』 참조)

李緒 ┬ 良秀
     └ 貞秀 ─ 瑜

105) 이들의 혈연관계는 다음과 같다.(『광산김씨족보』 권4, 상)

金松命 ┬ 廣 ─ 百鈐 ┬ 汝揖 ─ 時炫 ─ 履益
       │            └ 興省 ─ 時燦
       └ 慶 ─ 百鋑 ── 瀟 ── 聲振

106) 『신평송씨족보』 권1
107) 지금까지의 연구에 의하면 왜란 이후 경재소의 혁파와 영장사목의 반포 이후 유력 사족들이 향임을 기피하여 향임의 지위가 저락되었다고 하였다.(김용덕, 『향청연구』, 34~47쪽 및 한상권, 앞의 논문, 50~51쪽 참조)

담양에서 좌수, 별감 등 향임의 천망은 향회에서 이루어지고 있어서 1652년의 「향중완의」에 "앞의 향규에 따라 향회에서 천망"할 것이 다시 확인되었다 함은 전술한 바 있다.[108] 이로써 보면 향임의 향회 천망은 이전부터 행해져온 규례였음을 알 수 있다. 물론 향회에서의 향임의 천망이 곧바로 향임의 선임을 의미하는 것은 아니었다. 원래 향임의 천망은 향회에서 행하더라도 그 최종 임명권은 경재소에 있었는데 경재소가 혁파된 뒤 그 권한이 수령에게 귀속되어 있었기 때문이다.[109] 그러나 실제에 있어서는 향원들이 향회에서 적임자를 천망하면 수령은 천거된 인물 중에서 차정하였기 때문에,[110] 향원에 의하여 선임되는 것이나 다름이 없었다.

좌수는 官家의 亞官 또는 관가의 이목지임으로,[111] 수령에게 풍헌이나 면주인을 천망할 뿐만 아니라,[112] 별감과 더불어 6방의 이속을 장악하고 있었기 때문에[113] 향회는 결국 향임의 천망을 통하여 일향의 운영에 깊이 간여할 수 있었다.

앞에서 언급한 바와 같이 향임이 향회에서 천망되었기 때문에 향임에게 결격 사유가 있거나 부정이 발각되면 향원들은 향회를 열어 수령에게 이의 교체와 처벌을 요구할 수 있었다. 예컨대 1652년 시임 좌수로서 刷馬木 40여 필을 남용한 尹鑼의 작폐를 관에 발고하기 위하여 향

---

108) 주 71) 참조. 依前鄕規 鄕會薦望
109) 주 59) 참조.
110) 서울대 도서관에 소장되어 있는 고문서(문서번호 69588)에는 '鄕有司爲望報事 鄕所改差 代以可合人 後錄牒報爲臥乎所'라 하고서 3명을 천망하자, 使道가 '末望出帖向事'라 題音하고 있다.
111) 「等狀」(서울대 고문서. 229393). '只許別監 不許座首者 不可以常漢置官家 耳目之任 而爲一鄕領袖也……所謂座首 雖云鄕黨之任 卽朝家之留官 官家之亞官也.'
112) 「望記」(서울대 고문서. 121270)에는 辛酉年 正月에 座首 蔡某가 각면의 풍헌과 주인을 관에 추천하고 있다.
113) 『朝鮮民政資料』『治郡要決』. '座首掌吏房兵房之務 上別監掌戶禮房之務 次別監掌工刑房之務 皆眼同檢察.'

회를 소집하고 있는 것과 같은 예114)가 그것이다. 그러나 향회의 향소 징치는 향회에서 직접 행사할 수 없었고 수령에게 발고하는데 그치고 있어 한계가 있었다.

향회에서 향소의 임원인 향임을 향원 중에서 천망했다는 사실은 향임의 임면권이 형식적으로는 수령에게 있을지라도 실질적으로는 향회에서 향소를 통제하였음을 의미한다. 향회와 향소는 이와 같은 관계에 있었기 때문에 향회는 향소의 운영에 간여할 수 있었다.

향소는 향회의 업무를 집행·처리하는 장소임과 동시에 향회의 잡무를 처리하는 기구이기도 하였다. 즉 향로, 향장, 향유사 등 향집강이 향소에 모여 향중공사를 논의하고 있으며,115) 향집강의 명단이 향소에 게시되어 있었다.116) 또 앞에서 살펴본 바와 같이 향적 수정의 실무 작업도 향소에서 수행되었고, 모든 향회도 향청에서 열렸으며, 향회 취회를 알리는 통문도 향청을 통하여 향원들에게 회문되었다. 예컨대 1662년 시임 좌수 尹鋼의 刷馬木 남용 문제를 논의하기 위하여 향회를 소집하면서 宋貞吉 등 향원 11명이 향청에 보낸 통문에는 "여러분들이 이러한 뜻을 가지고 향중에 통고하여 다음 달 2일에 향사당에서 일제히 모이기를 바랍니다."117)이라 되어 있어 향청을 통하여 향회 취회의 통지가 향원들에게 회문되었으며, 향회가 향청에서 열렸음을 알 수 있다.118)

---

114) 주 78), 79) 참조
115) 「丁巳通文」(자료 18). '僉尊通告于鄕老鄕長及鄕有司 以爲今月二十日齊會鄕廳 議處之地幸甚.'
116) 「庚寅通文」(자료 19). '春初舊鄕籍改修之後 因揭執任之名於風憲堂壁上.'
117) 「壬辰通文」(자료 2). '伏願僉尊備持此意 通告鄕中 來月二日 諸會于鄕射堂.'
118) 순창의 경우에도 '凡有一鄕大事 鄕有司發文 送于鄕廳 以爲鄕會 而鄕廳依其文面 告各坊事.'(『淳化誌』「鄕有司節目」)라 되어 있으며, 장성의 경우에도 '凡公事時 尊者一人 長者三人 鄕先生 鄕有司團聚完議 議定然後 令曹司通告于左右鄕員.'(『長城鄕校誌』「鄕憲」)라 되어 있어 향청에서 향원에게 회문하는 것은 어느 지역이나 공통적이었던 것 같다.
　　담양의 경우 향회 취회를 알리는 통문 외에도 완의를 비롯한 거의 모든 문서 이밖에 관에 보고하거나 건의할 향중사도 향청을 통하여 수령에게 전달되었다. 따라서 향회는 향소를 통하여 비로소 吏民糾檢과 향리·서원·관속 등의 민간에서의 작폐를 징치하고 품관에 대한 능욕을 치죄하는 등 향회의 기능을 원활히 수행하여 일향 지배를 실현할 수 있었다.

이와 같이 향청이 향회를 개최하고 향회의 제반 업무를 처리하는 장소이자 기구였기 때문에 향회 구성원인 향원들은 향청의 건립과 운영에 깊이 참여하였다. 1662년에 향청을 이건한 일이 있었는데,[119] 이때 향청 이건을 감독한 임원들은 모두 향임과 향원이었다.[120] 즉 향청성조도감 4명 중 1명은 시임 좌수였고, 벌목감관 2명 중 1명은 시임 별감이었으며, 나머지 인물들도 모두 『구향적』이나 『향적』에 입록되어 있는 향원이었다. 이와 같이 향청 이건 시에 시임 좌수, 별감과 함께 향원이 같이 참여한 것은 향회에서 향소의 운영에 깊이 간여했기 때문이었을 것이다.

이상에서 살펴본 바와 같이 17세기 담양의 향소는 유력 사족 가문 출신들이 장악하고 있었으며, 따라서 향회와의 관계도 긴밀하였음을 알 수 있다.


## 5. 맺음말

이상에서 17세기 담양의 향원, 향회와 향소와의 관계를 살펴보았다. 담양에서 향적의 작성은 다른 지역과 마찬가지로 향회에서 공론에 의하여 결정되었다. 입록 기준은 대단히 엄격하여 16세기에는 3향이 거의

---

가 향청에 수문되고 있다.
119) 이때 향청은 '數三年來 偶然起禍 鄕任之人 相繼死亡 故棄置鄕廳 移住他所者 二年.'(「文報」 자료 38)인 실정이었다.
120) 「壬寅七月二十七日鄕廳成造都監分定記」(자료 39). '都監 南振寧 金珥英 宋惠吉 金璿 伐木監官 金聲振 李時謙 座首 宋惠吉 鄕中 李垣 李格.'

절대적으로 필요한 조건이었는데, 17세기에 들어와 약간 완화되어 2향의 경우도 향원의 심사를 거쳐 입록될 수 있었다.

향적에 많은 인원을 입록시킨 가문은 대체로 담양에 입거한지가 4~5대 이상 경과한 세거가문이어서 씨족적 기반이 튼튼했을 뿐만 아니라 임란 직후에 향적 복구에 참여한 가문이었다. 『구향적』에 15명 이상의 향원을 입록시킨 가문은 광산 김씨, 전주 이씨, 언양 김씨 원주 이씨의 다섯인데, 이들은 모두 입향조가 조선 초기에 담양에 들어와 세거한 가문이었다.

한편 『향적』에 11명 이상의 향원을 입록시킨 가문은 전주 이씨, 홍주 송씨, 광산 김씨, 함평 이씨, 신평 송씨의 다섯이다. 이 가운데 함평 이씨와 신평 송씨도 조선 전기에 담양에 입거하여 임란 직후 향적 복구에 참여한 가문으로 『구향적』에 10명씩을 입록시켜 7위에 있었다. 전반적으로 입록 인원수에 있어서 『구향적』에서 9위 이내에 든 가문은 『향적』에서도 모두 10위 이내에 들어 있었으며, 『구향적』에 입록자를 낸 31가문 가운데 7가문이 『향적』에 입록자를 내지 못하는 대신 3가문이 새로 입록자를 내고 있어서 17세기 담양의 향촌 사회가 상당히 안정되어 있었음을 알 수 있다.

『구향적』이나 『향적』에 많은 인원을 입록시킨 유력한 가문은 서로 혼인으로 연결되어 통혼권을 형성하고 있었으며, 문과 합격자는 물론이고 서원의 배향 인물과 사족들의 강학지소이며 교유처이기도 한 누정도 독점하고 있었다.

향적에 입록된 향원들은 일향의 지배를 실현하는 기구로 향회를 구성하고 있었다. 향회에서는 향적 수정, 향임 천망 외에 향임이나 향집강을 능욕, 모욕하는 상한을 징치하기도 하고, 향원의 공통된 이해에 저촉된 행위를 한 자나 사족으로서 바람직하지 못한 행위를 한 자를 징벌하고 이서층의 작폐를 규제하기도 했다. 향원들은 또 부세의 공정한 운영에도 관심을 가지고 있었으며 대동법의 실시에 반대하기도 하였다.

향회에는 主論之員으로 향선생을 비롯하여 향로, 향장, 향유사 등의 향집강이 있었던 데다가 이들을 향회에서 천망하고 있어서 서로 밀접할 수밖에 없었다. 또 향회는 향소를 통하여 향회 운영에 필요한 제반업무를 처리하고 있었다.

담양에서 16세기에서 17세기에 걸쳐 계속적으로 향임을 배출한 가문은 광산 김씨, 전주 이씨, 홍주 송씨, 남원 윤씨, 초계 정씨의 다섯인데 이들 가문은 대체로 향적 입록자를 다수 배출한 가문이었다. 또 17세기에 향임으로 확인된 자들은 모두 『구향적』이나 『향적』에 입록되어 있었으며, 『향적』 입록자는 모두 3향이었던 것으로 보아 17세기에도 유력한 가문에서 향임을 맡고 있었던 것으로 보인다.

결국 17세기 담양의 향촌 사회는 상당히 안정되어 있었으며, 유력한 사족 가문이 중심이 되어 지방 지배를 실현하고 있었다고 할 것이다.

# Ⅳ. 雪齋書院의 고문서 자료와 양반

## 1. 머리말

조선 초기 『경국대전』이 편찬되기 이전의 사료는 그 이후에 비하여 극히 제한적이어서 양적으로 적을 뿐 아니라 내용도 빈약한 편이다. 『조선왕조실록』을 비롯한 연대기 자료도 내용이 소략하여 조선 건국 초기에 시행되었거나 실시되었던 제도나 관직 같은 경우는 관직명이나 실체가 명확하지 않은 경우가 상당하다. 고문서 자료는 이러한 자료의 공백을 일부 보충해 줄 수 있다. 그러나 현재 이 시기의 고문서 자료는 그렇게 많은 편이 아니다.

이러한 중에 최근에 나주시 노안면 영평리에 있는 설재서원의 누상고에 소장되어 있는 조선 초기에 발급된 고문서가 발견되었다. 이 글은 이들 고문서 자료를 바탕으로 조선 초기의 관직체계를 고찰하고, 아울러서 이들 고문서를 발급 받은 주인공을 중심으로 나주 정씨 가문을 살펴볼 것이다.

## 2. 설재서원 소장의 고문서 자료

설재서원은 1688년(숙종 14)에 고려후기의 권신 文靖公 鄭可臣을 배향하는 사우로 나주시 金鞍洞에 창건되었다.[1] 이어서 1693년(숙종 19)

---

1) 『書院可攷』. 그러나 『雪齋書院誌』와 『전고대방』에는 1693년(숙종 19)에 창건된 것으로 되어 있어 자료에 따라 약간의 차이가 있다. 설재는 정가신의 호이다.

에 정가신의 5세손인 景武公 鄭軾이 추배되었으며,[2] 1723년(경종 3)에 영안촌으로 이건하고 정식의 후손인 鄭諶과 申檣[3]을 추배하였다.[4] 설재서원은 이후 1868년(고종 5)에 대원군의 서원철폐령에 따라 훼철되었다가, 해방 뒤인 1953년에 복설되었다. 이때 鄭詳, 鄭如麟, 鄭瀾을 추배하고, 1988년에 다시 鄭初, 鄭訥이 추배되어 모두 9위가 배향되어 있다.[5] 신장 한 사람을 제외하면 모두가 정가신의 직계 후손들이어서 설재서원은 조선 후기의 전형적인 문중사우라 할 것이다.

이렇게 보면, 이들 설재서원에 배향된 인물 가운데 대원군이 서원을 훼철하기 이전에 배향한 인물은 정가신과 정식, 정심, 신장의 4인에 불과하다. 정가신은 잘 알다시피 고려 후기 원간섭기에 크게 활약한 인물이다. 그는 『고려사』의 기록에 따르면, 향공진사 松壽의 아들로 상경한 후 태부 소경 安弘祐의 딸과 혼인하였다. 1259년(고려 고종46)에 문과에 급제한 후 보문각 대제를 거쳐 세자를 모시고 원에 다녀온 뒤 1278년(충렬왕 4)에 설치된 정방의 필도치를 비롯하여 여러 요직을 두루 역임하였다. 원에 여러 번 왕래하면서 원으로부터 한림학사 가의대부의 관작을 제수받기도 하였으며, 첨의찬성사를 거쳐 첨의중찬에 올랐다. 벽상삼한삼중대광수사공에 봉해졌고 후에 충선왕의 묘에 배향되었으며,[6] 『세종실록지리지』와 『신증동국여지승람』의 전라도 나주목 인물조에 올랐다.[7] 그의 자는 獻之, 初名은 興이었으며, 호를 雪齋라 하였다. 설재

---

2) 『설재서원지』 「景武公永慕亭鄭先生行錄」 및 『나주정씨족보(을미보)』 권1, 鄭軾 行錄.
3) 申檣은 기록에 따라서는 申檣으로도 기록되어 있다. 어느 기록이 정확한 지는 확인할 길이 없지만 대부분의 기록이 申檣으로 되어 있어 이 글에서는 申檣을 따른다.
4) 『설재서원지』 「서원이건상량문」 및 『나주정씨족보』(을미보, 1955) 권1, 「서원이 건상량문」.
5) 설재서원의 연혁에 대해서는 『전남의 서원·사우』 II (목포대학교 박물관, 1989)를 참조하였다.
6) 『고려사』 열전 권 18, 정가신전.

서원은 바로 그의 호를 따서 지은 이름이다.

정식은 정가신의 5세손으로 그의 아버지는 鄭自新이었다. 그는 1407년(태종 7)에 태어나 25세 때인 1432년(세종 14)에 문과에 급제한 이후 요직을 두루 거쳤다. 1446년(세종 28) 昭憲王后 상을 당했을 때에는 국장도감 판관이 되어 일을 잘 처리하여 세종의 인정을 받았다. 의정부 검상과 사인을 거쳐 지사간원사가 되었으며, 승정원 동부승지, 우부승지를 거쳐 함길도관찰사가 되어 야인을 정벌하는데 공을 세워 자헌대부로 초자되었다. 세조의 찬탈을 도와 좌익원종공신 3등에 봉해졌으며[8] 사후 景武라는 시호을 받았고,[9] 정가신과 함께 『신증동국여지승람』 전라도 나주목 인물조에 올랐다. 설재서원에 소장되어 있는 고문서의 대부분은 정식에게 발급된 것이다.

설재서원에 배향된 인물 가운데 타성을 가진 유일한 인물이 신장은 고령인으로, 참판 申包翅의 아들이다. 그는 1402년(태종 2)에 문과에 급제한 뒤 성균관 사예를 거쳐, 집현전 부제학, 공조참판을 지냈다.[10] 신장은 정자신의 아버지 鄭有의 사위로 정자신과는 처남 남매 사이였다. 그가 1430년(세종 12)에 정가신의 행장을 쓴 것은[11] 바로 이 때문이었을 것이다. 그가 설재서원에 추배된 것도 이러한 인연과 무관하지 않을 것이다. 신장은 생몰 연대와 활동시기가 정자신과 비슷하였다.[12] 신숙주가 바로 그의 아들이다.

---

7) 『세종실록』 권154, 전라도 나주목 인물 및 『신증동국여지승람』 전라도 나주목 인물.
8) 「李禛佐翼原從功臣錄券」, 『조선전기고문서집성』 원문 115쪽.
9) 『세조실록』 권41, 세조 13년 3월 을해.
10) 『세종실록』 권59, 세종 15년 2월 임진 신장졸기.
11) 『나주정씨족보』 권1, 「행장」.
12) 신장은 1381년생으로 1388년생인 정자신보다 7년 연상이었다. 신장은 1433년(세종 15)에 54세의 나이로 죽었다.(『세종실록』 권59, 세종 2년 8월 임진 신장졸기 참조)

정심은 정식의 4세손으로 1552년(명종 9)에 진사시에 합격하고, 1568년(선조 1)에 증광시에 급제하였다.[13] 훈도를 시작으로 여러 관직을 거쳐 호조정랑을 끝으로 향리에 은퇴하여 있는 중에 임진왜란이 일어나자, 의병에 가담하였다.[14]

설재서원에 배향되어 있는 인물을 중심으로 『고려사』 정가신열전, 『문과방목』 및 『나주정씨족보』를 참고로 하여 가계도를 작성한 것이 다음의 〈표 1〉이다.

## 나주 정씨 가계도

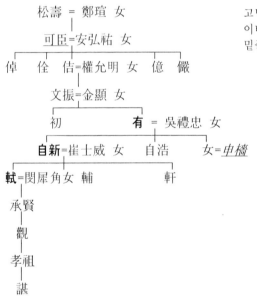

고딕 : 고문서가 남겨져 있는 인물
이태릭체 : 설재서원에 배향된 인물
밑줄 친 인물 : 문과 합격자

설재서원에 소장되어 있는 고문서 자료는 배향 인물 가운데 한 사람인 정식과 그 아버지 정자신 및 할아버지 정유에게 발급된 것들이다.

---

13) 『문과방목』 선조 무진방.
14) 『전남의 서원·사우』 및 『나주정씨족보』 권2.

시기적으로는 1402년(태종 2)에 발급된 정유의 왕지에서 1465년(세조 11)에 정식에게 발급된 교지에 이르기까지 63년 사이에 발급된 것으로, 고신 9점, 유서 3점, 녹패 1점 등 모두 13점에 이른다. 이들을 표로 제시하면 다음 〈표 2〉와 같다.

### 〈표 2〉 설재서원 소장 고문서의 종류와 내용

| 번호 | 연도 | 종류 | 수급자 | 내 용 |
|---|---|---|---|---|
| 1 | 1402(태종 2) | [王旨] | [鄭有] | 通訓大夫[知成川郡事兼安州道左[翼兵]馬團練使勸農管學使 |
| 2 | 1435(세종 17) | 王[旨] | 鄭自新 | 威勇將軍左軍護軍 |
| 3 | 1444(세종 26) | 諭書 | 鄭軾 | 都巡察使從事官 母病으로 上京 諭示 |
| 4 | 1449(세종 31) | 教旨 | 鄭軾 | 朝奉大夫守議政府舍人直寶文閣知製敎 |
| 5 | 1450(문종 즉) | 諭書 | 鄭軾 | 平安咸吉道都體察使從事官 母病으로 上京 諭示 |
| 6 | 1455(세조 즉) | 敎旨 | 鄭軾 | 中訓大夫行知寶城郡事兼勸農兵馬團練副使 |
| 7 | 1455(세종 즉) | 敎旨 | 鄭軾 | 中訓大夫知行寶城郡事兼勸農副使興陽鎭左翼兵馬團練副使 |
| 8 | 1458(세조 4) | 敎旨 | 鄭軾 | 通政大夫承政院右副承旨經筵叅贊官寶文閣直提學知製兼判軍資監事知戶曹事敎 |
| 9 | 1459(세조 5) | 敎旨 | 鄭軾 | 通政大夫承政院右副承旨經筵叅贊官脩文殿直提學知製敎充春秋館編修官兼判司宰監事知禮曹事 |
| 10 | 1459(세조 5) | 諭書 | 鄭軾 | 咸吉道觀察使 多捉松骨 褒賞 |
| 11 | 1461(세조 7) | 敎旨 | 鄭軾 | 資憲大夫判漢城府事 |
| 12 | 1463(세조 9) | 祿牌 | 鄭軾 | 資憲大夫知中樞院事慶尙道左道兵馬都節制使知招討營田使祿三科 290石 給京倉[朴(押)] |
| 13 | 1465(세조 11) | 敎旨 | 鄭軾 | 資憲大夫知中樞院事 |

〈표 2〉에 나타난 바와 같이 설재서원에 소장되어 있는 고문서는 정가신의 후손인 정유, 정자신, 정식 3대에 걸쳐 발급받은 것으로 시기적

으로는 태종 때부터 세조 때에 걸치는 것으로 조선 초기의 고문서로는 상당히 희귀하고 귀중한 자료라 할 것이다.

## 3. 고문서의 내용 검토

설재서원에 소장되어 있는 나주 정씨 고문서의 대부분은 상태가 비교적 괜찮아 판독하는데 큰 어려움이 없으나, 그 중 일부는 훼손이 심하여 해독하는데 상당한 곤란을 겪었다. 따라서 고문서의 내용을 파악하기 위해서는 고문서 가운데 판독이 어렵거나 훼손된 글자를 판독·추정할 필요가 있다. 따라서 여기서는 먼저 고문서의 내용을 파악하기에 앞서 판독이 어렵거나 훼손된 글자를 추정하고 그 근거를 설명하려 한다. 추정한 글자는 [ ]에 묶어 이를 표시하였다.

문서의 일부가 훼손되어 판독에 어려움을 겪은 고문서는 위 〈표 2〉의 1번, 2번, 12번 고문서이다.〈부록 사진 참조〉. 1번과 2번 문서는 고신으로 2건 모두 조선 초기에 유행했던 송설체의 초서로 작성되어 있다.[15] 이들 문서는 문서의 일부가 훼손되어 개별적으로는 연대나 수급자를 알기 어렵게 되어 있다.

먼저 위 〈표 2〉의 1번 고문서는 훼손이 심하고 관직도 복잡하여 판독이 쉽지가 않다. 이를 현재 상태에서 읽을 수 있는 글자만 먼저 행수별로 나누어 살펴보면 1행은 전혀 알 수가 없으며, 몇 자가 쓰여 있었는지도 알 수가 없다. 2행은 '□□爲通訓大夫□'로, 3행은 '□□郡事兼安州道左'로, 4행은 '□□馬團練事勸農'으로, 5행은 '□學使者'로, 6행은 '洪武三十五年十二月二十七日'로 읽을 수 있다. 이렇게 읽고 보면 이 문서는 문서에서 제일 중요하다고 할 수 있는 문서의 수급자가 쓰인 곳이 훼손

---

15) 조선 초기의 초서 고신이 송설체로 쓰인 데 대해서는 심영환, 「조선초기 초서 고신 연구」, 『고문서 연구』 24, 2004 참조.

되어 이 상태로는 누구에게 발급되었는지 조차도 알 수 없지만, 홍무 35년에 누군가를 '通訓大夫□□□郡事安州道左□□□馬團練使勸農□學使'로 임명하는 고신인 것 한 가지는 분명하다.

1번 문서에서는 우선 발급 연대를 나타내는 홍무 35년부터 문제가 된다. 홍무는 명나라 태조의 연호로 31년까지 밖에 없었기 때문이다. 그리고 이 문서가 누구에게 발급되었고, 어느 지방의 지방관으로 임명되었으며, 정확한 명칭은 어떠하였는지도 현재 상태로는 명확하게 드러나지 않는다. 다음에 이를 차례로 밝혀보기로 하자. 이 가운데서 우선 글자가 완벽하게 남아 있어 쉽게 파악할 수 있는 발급 연대를 먼저 알아보고 이어서 행별로 나누어 훼손된 글자를 추정해 보기로 하겠다.

발급 연대를 나타내는 洪武 三十五年에서 洪武는 명나라 태조의 연호로 31년까지 밖에 없었다함은 전술한 바다 따라서 홍무 35년은 역사상에 없다. 명나라 초기의 연호는 홍무가 31년, 이어서 建文이 4년, 그리고 永樂으로 계승되었기 때문에 정상적으로는 홍무 35년은 있을 수가 없는 것이다. 그러나 이 문서에는 분명히 홍무 35년이라고 기록되어 있다. 이 문제는 태종 2년(1402) 10월의 기록에 "다시 홍무의 연호를 쓰고 35년이라 칭하였다."[16]는 기사가 나오는 것으로 보아 조선에서 실제로 쓰였던 것을 알 수 있다. 이는 명나라 황제위 계승과 관련된 것으로 1402년(건문 4) 명나라에서 成祖가 惠帝를 몰아내고 즉위한 직후 조선에 사신을 보내어 "혜제의 연호인 건문을 폐지하고 그 해에는 건문이라는 연호 대신 태조의 연호인 홍무를 계속 사용하고, 다음해부터는 영락이라는 연호를 쓰기로 한 결정을 통보하여옴에 따라[17] 이때부터 건문 4년 대신 홍무 35년이라는 연호를 사용하였던 것이다.[18] 성조는 혜제의

---

16) 『태종실록』권4, 태종 2년 10월 계해.
17) 『태종실록』권4, 태종 2년 10월 임술.
18) 실제로 홍무 35년에 발급된 고문서는 또 하나가 더 있다. 昌寧府院君 成石璘에게 발급된 왕지가 그러하다. 성석린 왕지는 홍무 35년 11월 18일 발급된 것

숙부로 조카를 몰아내고 그해 6월에 즉위한 후 원년부터 영락이라는 연호를 사용하도록 결정하고 그 결정을 조선에 통보하여 조선에서도 그대로 따랐던 것이다. 이렇게 보면 홍무 35년은 실제로 조선에서도 사용되었고, 1번의 고문서는 이러한 사실을 확인해주는 고문서인 것이다.

다음 훼손된 글자를 추정해보면 1행이 [王旨]임은 고문서에 조금이라도 관심이 있는 사람이면 누구라도 금방 알 수 있다. 이 문서가 누군가를 관직에 임명하는 고신 문서였음은 앞에서 이미 확인한 바 있다. 고신은 당상관을 임명할 때와 당하관을 임명할 때 그 양식이 달랐는데, 4품 이상의 관원을 임명할 때는 국초부터 1435년(세종 17) 9월 3일 이전까지는 왕지가 사용되었고, 그 이후에는 교지가 사용되었으므로19), 1행의 글자는 [王旨]가 확실하다. 위 문서를 받은 주인공의 관품이 정 3품인 통훈대부였기 때문이다.

2행에서는 이 문서의 수급자를 나타내는 글자와 마지막 글자가 훼손되어 있다. 이 문서의 수급자가 누구였는지는 이 문서의 내용이 완전히 파악되어야 밝힐 수 있을 것이다. 따라서 이 문제는 이 문서의 내용을 파악한 후에 검토하기로 하자. 2행의 마지막 글자와 3행의 처음 두 글자는 뒤에 이어지는 郡事와 합하여 '[知□□]郡事'로 읽어야 무리가 없으며, 4행은 3행의 뒷부분 '兼安州道左'와 연관하여 '[翼兵]馬團練使'로 읽으면 전혀 무리가 없다. 또 5행의 첫 자는 管자로 읽을 수 있어, 5행은 전체적으로 '管學使者'로 읽힌다. 조선초기에는 지방관에 병마단련사에 더하여 '管學使'의 직함이 추가되는 일이 있었는데, 이러한 구체적인 사례를 보여주는 왕지가 발견된 것은 이것이 처음이 아닌가 생각된다.

───────────────

으로 정자신 왕지보다 약 1달 정도 앞에 발급되었다. 성석린 왕지는 전북 진안군 동향면 대량동 옥천사 어서각에 보관되어 있다. 『조선전기 고문서집성』에 원문 사진과 정서본이 실려 있다.

19) 정구복, 「조선초기의 고신(사령장) 검토」, 『고문서연구』 9·10 합집, 55쪽 주 3), 1996.

지방관의 직함에 '管學'의 직책을 겸대하도록 하는 일이 흔치는 않았지만 1424년(세종 6)까지는 평안도와 함경도 수령들은 관학의 직함을 겸대하고 있었다. 1424년 7월 이조에서 "각도의 수령들이 다만 권농·병마만을 겸임하고 학교를 관리한다는 管學 두 글자는 없는데, 2품 이상의 외관과 鎭을 겸한 수령, 그리고 함경도와 평안도의 지방관들은 勸農·兵馬와 함께 '管學'의 직함도 겸대하고 있어 칭호가 같지 아니하여 불편하오니, 지금부터 외방 수령은 다만 권농과 병마만을 겸대하고 관학 두 글자는 사용하지 말게 하소서"[20] 하고 아뢴 것을 세종이 따르고 있는 것을 보면 이때까지는 지방 수령 가운데 2품 이상이나 鎭을 겸한 수령, 그리고 함경도와 평안도의 지방관들은 관학을 겸대하고 있었음이 확실하다. 따라서 지방관의 관학 겸대가 폐지된 세종 6년 이전에 평안도 어느 고을의 知郡事로 임명된 이 문서의 수급자가 '安州道左翼兵馬團練使勸農管學使'의 직함을 가지고 있었음은 의심할 여지가 없다.

지방관의 관학 직함 겸대 문제는 이보다 먼저 1410년(태종 10)에 좌사간대부 柳伯淳 등이 올린 시무 7조 상소에서도 거론되었다. 이 때 유백순 등이 학교를 진흥시키는 시책의 일환으로 "수령으로 하여금 관학의 직함을 띠게 하자."[21]고 건의하였던 것이다. 이때의 건의는 그 당시까지 관학의 직함을 겸대하고 있지 않은 함경도와 평안도를 제외한 다른 도의 군현 수령들에게도 관학의 직함을 겸대하도록 하자는 것이었다. 이것이 계기가 되어 평안도와 함경도를 제외한 지방의 2품관과 진을 겸한 수령의 관학 겸대가 결정되었던 것으로 보인다. 지금까지 고찰한 바를 정리하면 1번 문서에 기재된 관직의 정확한 명칭은 '通訓大夫知□□郡事兼安州道左[翼]兵[馬]團練使勸農管學使'가 된다.

그러면 知□□郡事에서 □□은 어느 지역이었는지 알아보자. 결론부

---

20) 『세종실록』 권25, 세종 6년 7월 신묘.
21) 『태종실록』 권20, 태종 10년 10월 임술.

터 말하면 □□은 成川으로 추정된다. 그것은 '知□□郡事'에 이어서 '安州道左[翼]兵[馬]團練使'가 나오기 때문이다. 여기서 안주도는 이 당시 평안도의 軍翼道 편제의 하나로, 知□□郡事가 안주도좌익병마단련사를 겸하고 있었음을 알려주고 있다. 군익도 체제란 각도의 국방체제를 몇 개의 군익도로 설정하고, 각 군익도는 다시 중익, 좌익, 우익으로 편성하였던 조선 초기 진관체제가 갖추어지기 이전의 방위체제로,[22] 1424(세종 6)의 기록에 의하면 평안도는 평양도, 안주도, 의주도, 삭주도, 강계도의 5 군익도로 편제되어 있었는데, 안주도 좌익에는 성천과 殷山, 陽德의 3 고을이 소속되어 있었다.[23] 군익도의 각 익에는 각기 병마단련사와 부사, 판관이 있었는데, 병마단련사는 3품 관원이, 부사는 4품 관원이, 판관은 5~6품 관원이 맡도록 되어 있었다.[24] 한편, 이 문서가 발급될 당시 안주도 좌익에 속한 3 군현 수령의 관품을 살펴보면, 성천만이 3품관인 지군사였고, 나머지 은산과 양덕은 감무가 파견되어 있었다.[25] 따라서 안주도좌익병마단련사는 지성천군사일 수밖에 없다. 그런데 이 문서의 수급자는 정 3품인 통훈대부의 품계를 가지고 '지□□군사안주도좌익병마단련사'에 임명되고 있다. 이러한 점을 고려하면 지□□군사는 곧 지성천군사가 틀림없다.

마지막으로 이 문서를 발급받은 수급자가 누구였는지를 알아보자. 이 문서의 수급자는 나주 정씨 정가신의 후손으로, 이 문서가 발급될 당시

---

22) 군익도 체제에 대해서는 육군본부편, 『한국군제사-근세조선 전기편-』, 240쪽 참조.

23) 『세종실록』 권24, 세종 6년 6월 병진.

24) 『세종실록』 권154, 「지리지」 평안도 중화군 참조.

25) 『세종실록』 권154, 「지리지」에 의하면 성천은 고려 후기에 지군사로 된 후 조선 초기까지 그대로 계속되다가, 1415년(태종 15)에 도호부사로 승격되었으며, 은산은 1391년(공양왕 3)에 감무가 파견된 후, 조선에 들어와 1415년에 현감으로 승격하였다. 또 양덕은 1396년(태조 5)에 陽岩鎭과 樹德鎭을 합하여 양덕현으로 개편한 후 감무를 파견하였다가 1413년(태종 13)에 현감으로 승격하였다.

생존해 있었으며, 지성천군사를 역임한 인물 가운데 한 사람이지 않으면 안 된다. 이 문서의 수급자를 정가신의 후손으로 한정하는 것은 이 문서가 나주 정씨의 문중 사우에 소장되어 있는 고문서 중의 하나로 나주 정씨 조상들과 직접 관련이 있는 문서이기 때문이다. 이 문서는 앞에서 살펴본 바와 같이 1402년에 발급되었으므로, 이 문서를 발급받은 사람도 1402년에는 생존해 있어야 한다. 『나주정씨족보』에서 1402년에 생존해 있던 인물 가운데 이러한 조건에 맞는 사람을 찾아보면, 정자신과 그 아버지 鄭有가 찾아진다. 『나주정씨족보』에 의하면 정유는 기해생으로 1359년(공민왕 8)에 태어나 이 문서가 발급될 당시에는 42세였으며, 정자신은 홍무 무진생으로 1388년(우왕 14)에 태어나 이 문서가 발급된 1402년에는 겨우 15세에 불과한 소년이었다. 또 관력을 살펴보면 정유는 통정대부의 품계까지 올랐으며, 지성천군사를 비롯하여 여러 지방의 수령을 역임하였다.[26] 그러나 정자신은 위용장군을 거쳐 보공장군에까지 올라 서반 품계로 일관하고 있어, 동반직인 통훈대부의 품계를 띠고 있는 이 문서의 주인공일 가능성은 거의 없다.[27] 이런 점으로 미루어 보아 이 문서를 발급받은 주인공은 정유가 틀림없다. 특히 그가 知成川郡事를 지낸 것이 결정적인 증거라 할 것이다.

여기서 한 가지 문제가 되는 것은 정유의 품계가 『나주정씨족보』에는 통정대부로 1번 문서의 통훈대부보다 한 단계 높게 나타나는 점인데, 이것은 크게 문제될 것이 없을 것이다. 한 단계의 품계 정도는 그 사이 얼마든지 올라갈 수 있었을 것이기 때문이다.

2번 문서는 1번 문서보다는 비교적 상태가 좋은 편이나 마지막 행의 발급연월일을 나타내는 연호 부분이 훼손되어 있어 발급일자를 확인하기가 쉽지 않다. 이를 행별로 살펴보면 1행은 '王□'로, 2행은 '鄭自新爲

---

26) 『나주정씨족보』 권2, 鄭有 '通政大夫知成川郡事 歷守永川陝川三岐等'이라 있다.
27) 문서 2번 및 『나주정씨족보』 권2, 정자신.

威'로, 3행은 '勇將軍左軍'으로, 4행은 '護軍者'로, 5행은 '□□十年六月卄九日'로 읽힌다. 이렇게 읽고 보면 이 문서의 내용은 □□ 10년 6월 29일에 정자신을 위용장군 좌군호군으로 임명하는 고신 왕지임을 알 수 있다. 위용장군은 서반 정 4품의 품계로 조선 초기 『경국대전』 이전에 사용되다가 『경국대전』에서 진위장군으로 개칭되었으며, '좌군 호군'은 삼군부 가운데 좌군의 호군을 가리킨다. 호군은 서반 정 4품직이었으므로[28] 위용장군의 품계와 상응한다.

연대기 사료에서 좌군 호군의 용례는 찾을 수 없지만 이와 유사한 중군 호군의 용례는 확인된다. 사저에서부터 태종의 신변 보호를 전담하면서 그 공으로 좌명원종공신 1등에 봉해진 田興[29]이 1410년(태종 10)에 동북면에 파견되어 북벌하는 장수들을 犒饋할 때 그는 중군 호군에 있었다.[30]

이 문서에서 훼손된 글자를 추정해보면, 1행의 王자 다음의 글자가 [旨]자임은 자명한 사실이고, 5행의 □□은 발급연월일 가운데 발급한 해를 알려주는 연호인 것은 누구나 알 수 있으나, 이 문서 만으로는 어느 해인지 알 수 없다. 그러나 이 문제는 정자신의 관력을 살펴보면 추정이 가능하다. 정자신은 『나주정씨족보』에 의하면 1388년(우왕 14)에 출생하여 1440년(세종 22)에 사망하였다.[31] 한편, 정자신의 관력을 『조선왕조실록』에서 살펴보면, 그는 1427년(세종 9)에 평안도 경력을 지냈으며[32], 4년 후인 동왕 13년에는 춘천부사를 역임한 것[33]이 확인된다. 따라서 정자신이 관직에 있을 때는 세종 10년~20년을 전후한 시기임에

28) 『경국대전』 권 4 「병전」 경관직, 오위.
29) 안승준, 「논산시 성동면 우곤리의 남양전씨와 소장 고문서」, 『고문서연구』 14, 1998, 125쪽.
30) 『태종실록』 권19, 태종 10년 3월 정묘.
31) 『나주정씨족보』(을미보) 및 『세조실록』 권41, 세조 13년 3월 정해.
32) 『세종실록』 권35, 세종 9년 정월 경술 및 권 37, 동년 7월 을묘.
33) 『세종실록』 권51, 세종 13년 2월 갑술 및 임술.

틀림없다. 이러한 사실과 5행에서 남아 있는 글자를 종합하여 고려하면 발급한 해를 정확히 추정할 수 있다. 현재 5행에서 남아 있는 글자는 둘째 자에서 우변에 세로로 길게 그은 획과 셋째 자 이하 즉 '十年六月 廿六日이'다〈사진 2 참조〉. 둘째 자의 우변에 세로로 길게 그어진 획은 초서체 '德'자의 오른 쪽 변으로 판별되는 바, 이 시기에 '德'자가 들어가는 연호는 宣德 밖에 없으므로, 이를 종합하면 5행은 '宣德十年六月廿六日'로 읽을 수 있다. 선덕 10년은 1435년(세종 17)에 해당한다.[34]

정자신은 정가신의 5세손으로 여말선초의 격변기에 무신으로 관계에 진출하여 그 당시 정치적 변혁에 나름대로 적응하면서 출세의 길을 걸었던 것으로 보인다. 그것은 정자신의 통혼관계를 통하여 확인할 수 있다.『나주정씨족보』에 의하면 정자신의 처부는 崔士威였는데, 최사위는 전주인으로 개국원종공신이었다.[35] 신장이 정자신의 매부였음은 전술한 바다. 또 그의 아들 정식의 장인은 閔犀角이었는데,[36] 민서각은 좌명원종공신이었다.[37] 또 최사위의 다른 사위로 崔自濱이 있었는데, 그는 1460년(세조 6) 춘당대시에 급제하였다.[38] 정자신과 정식이 비록 원종공신이기는 하지만 이러한 가문들과 통혼이 가능했던 것은 이 당시 나주정씨 가문의 사회적 지위도 이들과 서로 비슷하였기 때문이었을 것이

---

34) 『나주정씨족보』의 정자신항에 '保功將軍 侍衛司大護軍 歷守陵城光陽興德仁川利川春川樂安等邑'이라 기재되어 있어 이를 뒷받침해주고 있다. 보공장군은 종 3품으로 위용장군 바로 위의 품계여서 그 사이 한 단계 승진했음을 알 수 있다.

35) 『張寬開國原從功臣錄券』에 '卿 최사위'로 등재되어 있다. 정구복 외,『조선전기 고문서집성-15세기편-, 국사편찬위원회, 1997, 99쪽.『장관개국원종공신녹권』에 대해서는 박천식,『조선건국공신의 연구』, 전남대 박사학위논문, 1985 참조.

36) 『나주정씨족보』(을미보) 권 1, 한편 동방미디어의『CD롬 국조방목』에는 정식의 처 부를 閔犀角으로 기록하고 있는데, 이는 잘못이다.『국보방목』「세종임자방」(국회도서관, 1971 영인본)에는 閔犀角으로 되어 있다.

37) 『李衡佐命原從功臣錄券』에 '典農判官 閔犀角'으로 기재되어 있다. 정구복 외, 『조선전기 고문서집성』, 144쪽.

38) 『국조방목』세조 경진방.

다. 이러한 가문의 지위는 고려 후기 정가신 대에 비하여 훨씬 못 미치는 것이었지만, 이러한 가문의 지위를 바탕으로 정자신과 정식의 관직 생활이 가능하였던 것으로 보인다.

12번 문서는 2행과 4행, 6행의 하단이 일부 훼손되기는 하였으나, 전반적으로 내용을 파악하는 데는 크게 문제가 없어 '資憲大夫知中樞院事慶尙左道兵馬都節制使知招討營田使' 정식에게 그해의 녹을 京倉에서 지급한다는 내용의 祿牌임을 알 수 있다. 다만 발급자를 나타내는 6행 '推忠佐翼功臣崇政大夫吏曹判書世子左賓客延城君□□'에서 □□의 부분을 추정하기가 어렵다.[39] 그러나 이 문제는 여기에 기재되어 있는 이조판서 연성군이 누구인지를 밝히면 해결된다. 조선 초기에 연성군에 봉해진 사람은 金輅와 朴元亨 2명이 있었는데, 김로는 1416년(태종 16)에 사망하였으므로,[40] 관련이 없다. 박원형은 이 문서가 발급될 당시인 세조 9년 정월에 이조판서의 자리에 있었음이 확인되며,[41] 또한 연성군에 봉해졌던 사실도 확인된다.[42] 이로써 보면 마지막 행의 두 글자는 '朴'자와 '押'자임이 분명하다.

설재서원에 보관되어 있는 나주 정씨 고문서 13건을 발급받은 인물은 정유, 정자신, 정식 3인이다. 이들은 정유가 정식의 조부, 정자신이 정유의 부여서 모두 동일 가계에 속하는 인물이었다. 이들 문서를 관련된 인물로 나누어 살펴보면 정유와 정자신의 고신이 각 1건씩이고 나머지 11건은 모두 정식과 관련된 고문서이다.

---

39) 훼손된 부분에 몇 자가 있었는지는 현재의 문서 상태로는 알 수 없으나, 조선 초기에 발급된 녹패의 일반적인 기재 양식으로 미루어 보면 두 글자였을 것으로 추정된다. 1394년(태조 3)에 발급된 都膺祿牌의 경우에 훼손된 부분에 해당하는 자리에 발급 관원의 姓과 押이 있었다.(『조선전기 고문서집성』 81쪽 참조)

40) 『태종실록』 권32, 태종 16년 10월 경오.

41) 『세조실록』 권30, 세조 9년 정월 계묘.

42) 같은 책, 권40, 세조 12년 10월 정사.

정식은 정자신의 아들로 1407년에 태어나, 1432년에 문과에 급제한 후 요직을 역임하였고, 세조의 찬탈을 도와 좌익원종공신 3등에 봉해졌으며, 그의 처부인 민서각이 좌명원종공신이었다 함은 전술한 바다. 그의 관력이 이렇게 화려했기 때문에 그와 관련된 고문서도 그만큼 많았을 것이나 현재 전하는 것은 11건에 불과하다. 이를 종류별로 나누어 보면 교지 7건, 유서 3건, 녹패 1건이다. 문서 상태는 약간씩 훼손된 부분이 있으나, 전반적으로 판독에는 지장이 없는 상태다. 교지는 모두 송설체의 초서로, 나머지 문서는 모두 해서로 작성되었다.

교지는 1449년(세종 31)에 정식을 조봉대부수의정부사인직보문각지제교(4번 문서)로 임명하는 것에서부터 1465년(세조 11) 자헌대부지중추원사(13번 문서)에 임명하는 것까지 모두 고신 교지이다. 교지 가운데 특기할 것은 6번과 7번이다. 2건 모두 1455년(세조 즉위년)에 발급된 것으로, 정식을 '中訓大夫行知寶城郡事'로 임명하는 내용이나 겸직하는 관직이 달라지고 있다. 세조 즉위 직후에 발급된 6번 문서에서는 겸직이 '勸農兵馬團鍊副使'로 되어 있으나, 6달 후에 발급된 7번 문서에서는 '勸農副使興陽鎭左翼兵馬團鍊副使'로 바뀌고 있어, 세조 즉위 후 바로 전라도 지방의 군사편제에 변화가 있었음을 알려주고 있다.

유서 중 2건(3번, 5번)은 도체찰사종사관으로 지방에 내려가 있는 정식에게 어머니의 병환 사실을 알리고 올라와 만나보도록 유시하는 내용의 것이며, 나머지 1건(10번)은 1459년(세조 5)에 함경도관찰사로 나가 있는 정식이 송골매를 많이 잡아 바친 공을 치하하여 세조가 內官 李存을 내려보내 연회를 베풀어주고 옷 한 벌을 하사하는 내용이다. 이때의 사실은 『세조실록』에도 기록되어 있다.[43] 정식의 아버지 정자신도 춘천부사로 재임 중에 海東靑을 잡아 올린 공로로 세종으로부터 옷 1벌을 하사받은 일이 있어서[44] 부자가 모두 매를 잡아 왕으로부터 옷을 하사

---

43) 『세조실록』 권17, 세조 5년 9월 정미.

받은 기록을 가지고 있다.

녹패는 1463년(세조 9)에 '資憲大夫知中樞院事慶尙左道兵馬都節制使 知招討營田使' 정식에게 그해의 녹을 京倉에서 지급한다는 내용이었음 은 전술한 바다. 이 때 정식은 제 3과에 해당되어 290석의 녹을 지급받 았다. 이 밖의 정식 관련 고문서는 모두 교지로 상태가 비교적 좋은 편 이기 때문에 일일이 따로 설명하지 않는다.


## 4. 맺음말


지금까지 설재서원에 소장되어 있는 13건의 고문서에 대해서 검토하 였다. 설재서원 소장 고문서는 정유와 정자신의 고신 왕지가 각각 1건, 그리고 정식의 고문서 11건이다. 정식의 고문서는 고신 교지 7건, 유서 3건, 녹패 1건으로 전반적으로 고신이 압도적으로 많아 타 가문의 고문 서 소장 경향과 크게 다르지 않다.

1번 문서는 1402년에 정유를 '通訓大夫[知成川郡事兼安州道左[翼兵]馬 團練使勸農[管]學使'로 임명하는 내용의 고신 문서이다. 이 문서에서는 지성천군사가 권농·병마단련과 함께 관학의 직함을 겸대하고 있는 것 이 눈에 띤다. 조선 초기에 지방관들이 권농과 함께 병마단련의 직함을 겸대하고 있는 문서는 있었지만, 관학을 겸대하고 있는 문서는 지금까 지 발견된 것 가운데 이것이 처음이 아닌가 생각된다. 이러한 면에서 이 문서의 가치는 그만큼 높다고 할 것이다.

2번 문서는 1435년에 정자신을 위용장군좌군호군으로 임명하는 내용 의 고신 문서이다. 위용장군은 『경국대전』에서는 진위장군으로 바뀌었 으므로 이 문서는 그 이전의 상황을 알려주는 문서이다.

---

44)『세종실록』권51, 세종 13년 2월 갑술 및 임술.

3번부터 14번까지는 정식과 관련된 문서이다. 정식은 정 2품인 자헌대부에까지 올랐으며, 판한성부사, 지중추원사 등의 화려한 관직을 거쳐 사후에는 경무라는 시호를 받았고, 『신증동국여지승람』의 인물조에 등재되는 영광을 누린 인물이어서 선대에 비하여 많은 고문서를 남겼던 것으로 보인다.

나주 정씨는 고려 후기에는 정가신이 세자를 배행하여 원에 다녀오는 등 친원파로 활약하여 그 당시 최고관직인 첨의중찬에까지 올랐으며, 이러한 명성으로 『세종실록지리지』 인물조에 오른 인물이었다. 그러나 그 후손에 이르러서는 별 활약이 없었으나, 조선 초기 정유, 정자신, 정식의 3대에 걸쳐 개국공신, 좌명공신에 봉해진 인물의 자녀들과 혼인을 통하여, 세조 대에 이르러서는 정식이 세조의 찬탈 행위에 가담하여 좌리원종공신에 책봉되면서 가문의 문지를 굳건히 다져갔던 것으로 보인다.

부록으로 설재서원 소장 고문서의 원본 사진과 함께 이를 정서하여 같이 싣는다.

# 부록 : 설재서원 소장 나주 정씨 고문서

정서하는 과정에서 훼손된 부분에 대한 표시는 다음과 같은 원칙에 따랐다.

① 글자 수를 알 수 있는 경우 : □ □

② 글자 수를 알 수 없는 경우 : ⊂ ⊃

③ 앞부분이 훼손된 경우 : ⊃

④ 뒷부분이 훼손된 경우 : ⊂

⑤ 훼손되었으나 추정이 가능한 글자 : [ ]

## 1번 고문서

王旨

　[鄭有] 爲通訓大夫[知]

　[成川] 郡事兼安州道左

　[翼兵] 馬團練使勸農

　[管] 學使者

洪武三十五年十二月卄七日

## 2번 고문서

王[旨] 사진 2

　鄭自新爲威

　勇將軍左軍

　護軍者

[宣德]十年六月卄九日

## 3번 고문서

諭都巡察使從事官鄭軾爾

母得病斯速上來相見故諭

正統九年三月十九日

## 4번 고문서

敎旨

鄭軾爲朝奉大[夫]

守議政府舍人直寶

文閣知製敎者

正統十四年十二月卄六日

## 5번 고문서

諭平安咸吉道都體察使從

事官鄭軾爾母得病上

來相見故諭

景泰元年九月初二日

## 6번 고문서

敎旨

鄭軾爲中訓大

夫行知寶城郡

事兼勸農兵

馬團練副使者

景泰六年閏六月二十三日

## 7번 고문서

教旨

　鄭軾爲中訓大夫[行]

　知寶城郡事兼[勸]

　農副使興陽鎭左[翼]

　兵馬團練副使者

景泰六年十二月初四日

## 8번 고문서

教旨

　鄭軾爲通政大夫承政]

　院右副承旨經筵叅]

　贊官寶文閣直提[學]

　知製敎兼判軍資

　監事知戶曹事者

天順二年十月初四日

## 9번 고문서

教旨

　鄭軾爲通政大夫承政

　院右承旨經筵叅贊官

　修文殿直提學知製敎

　充春秋館編修官兼判

　司宰監事知禮曹事者

天順三年二月二十五日

## 10번 고문서

諭咸吉道都觀察使鄭軾草未

　枯時多捉朱骨無如今年尤

　見卿用心之功也玆特命內

　官李存賜宴及衣一襲卿知

　予意故諭

　天順三年九月二十八日

## 11번 고문서

教旨

　鄭軾爲資憲人

　夫判漢城府事者

天順五年七月十九日

## 12번 고문서

　奉

教資憲大夫知中樞院事慶尙道左

道兵馬都節制使

知招討營田事鄭軾

今癸未年祿第三科貳佰玖拾石給

京倉[者]

天順七年正月 日

推忠佐翼功臣崇政大夫吏曹判書世子左賓客延城君朴[押]

13번 고문서

教旨

　鄭軾爲資憲大夫

　知中樞院事者

成化元年七月二十七日

# V. 조선 후기 筆巖書院의 경제기반과 재정

## 1. 머리말

필암서원은 호남에서 문묘에 배향된 유일한 인물인 河西 金麟厚를 모신 서원으로 1590년(선조 23)에 문인들에 의하여 건립되어 1662년(현종 3)에 사액된 호남의 대표적인 서원의 하나이다. 이 필암서원은 1868년(고종 5) 대원군에 의하여 서원철폐령이 선포되어 전국적으로 47개소의 서원만을 남겨놓고 대대적인 서원 철폐가 단행될 때 전남지역에서 褒忠祠와 함께 철폐되지 않았는데, 포충사가 사우였음을 감안하면 필암서원은 전남지역에서 철폐되지 않은 유일한 서원이라 하겠다.[1]

조선 후기의 서원은 지방 사류들의 근거지로 붕당정치를 오랫동안 가능하게 한 당쟁의 소굴로 여겨져 왔다. 지방 사류들이 붕당과 연결되어 지속적으로 활동하는 데는 서원이 중요한 발판이 되었다. 지방 사림들은 그들 상호간의 이익과 보호 및 중앙 집권층과의 연계를 위하여 향약, 향청, 문중계 및 서원을 건립하여 이를 바탕으로 그들의 결합을 공고히 하고 있었다. 특히 향청이 수령권 하에 예속된 후에는 서원의 사림세력 결집력은 더욱 강력하게 되었다. 그러므로 이 시기 사림층의 동향을 파악하기 위해서는 서원에 대한 연구가 절실히 필요하다. 이러한 필요에 의하여 서원에 대한 연구가 활발하였던 것은 지극히 당연한 일이라 하겠다.[2]

---

1) 필암 서원에 대한 연구로는 다음 논문이 참고가 된다.
　송정현, 「필암서원 연구」, 『역사학연구』 10, 전남대 사학회, 1981.
2) 서원에 대한 논고로는 다음과 같은 것들이 참고가 된다.
　유홍렬, 「조선에 있어서 서원의 성립」, 『청구학총』 29・30, 1937・1939; 민병하,

그러한 중에도 서원의 경제 기반에 대해서는 별로 괄목한 만한 연구
가 나오지 않았다. 그것은 아마도 서원의 구체적인 경제적 실상을 밝혀
줄 자료들이 많지 않았던 데서 기인한 것이라 생각된다.[3]

이러한 현실에서 본고에서는 필암서원에 소장되어 있는 고문서 자료
를 토대로 조선 후기 서원의 경제기반을 살펴보려 한다. 조선 시대 서
원의 경제 기반으로는 서원전과 노비가 대표적인 것으로 들어지고 있
다. 그러나 필암서원 소장의 고문서에는 이밖에도 서원의 속촌이나 서
원 보노, 유생들로부터 여러 명목의 잡세를 거두어들이고 있는 것을 볼
수 있다. 이로 미루어 보아 서원의 경제기반은 단순히 서원전과 서원노
비라고만 말 할 수 없을 것으로 보인다.

서원전과 서원 노비가 조선 후기 서원의 중요한 경제기반이었다는
견해에 의문을 품은 윤희면 교수는 이 밖에 액외원생과 원보, 그리고
서원의 속촌도 그에 못지않게 중요한 서원의 경제기반이었음을 밝힌 바
있다.[4]

이 장에서는 먼저 필암서원에 소장되어 있는 고문서 자료를 살펴보

「조선시대의 서원정책고」, 『대동문화연구』 15, 1970; 「조선 서원의 경제구조」,
『대동문화연구』 5, 1968; 최원규, 「조선후기 서원전의 구조와 경영」, 『손보기박
사정년국사학논총』, 1988; 정만조, 「17~18세기 서원·사우에 대한 시론」, 『한국
사론』 2, 1975; 「조선후기의 대서원 시책과 영조 17년의 사원훼철」, 『한국학논
총』 9, 1984; 「조선후기 서원의 정치·사회적 역할」, 『한국학보』 10, 1989; 최완
기, 「조선서원 일고-성립과 발달을 중심으로-」, 『역사교육』 18, 1975; 김동
수, 「16~17세기 호남사림의 존재형태에 대한 일고-특히 정개청의 문인집단과
자산서원의 치폐사건을 중심으로-」, 『역사학연구』 7, 1977; 윤희면, 「백운동
서원의 설립과 풍기사림」, 『진단학보』 49, 1980; 「조선후기 서원의 경제 기반」,
『동아연구』 2, 1983; 渡部學, 『近代朝鮮教育史研究』, 雄山閣, 1969; 정순목, 『한
국서원교육제도연구』, 영남대 출판부, 1977.
3) 조선후기 서원의 경제기반에 대한 논고로는 다음과 같은 것들이 있다.
   민병하, 「조선 서원의 경제기반」, 『대동문화연구』 5, 1968; 윤희면, 「조선후기 서
   원의 경제기반」, 『동아연구』 2, 1983; 손숙경, 「조선후기 경주 용산서원의 경제
   기반과 지역민 지배」, 『고문서연구』 5, 1994.
4) 윤희면, 「조선후기 서원의 경제 기반」 참조.

고 이를 토대로 하여 조선 후기 필암서원의 경제 기반을 서원전, 서원 노비, 원보, 그리고 서원속촌 등으로 나누어 고찰하려고 한다.

## 2. 필암서원 소장 고문서 개황

필암서원에는 현재 64매의 고문서가 소장되어 있는데 이것들은 필암 서원에 소장되어 있는 서책 14점과 함께 일괄하여 보물 587호로 지정되 어 있다.

필암서원 소장 고문서 자료에 대해서는 기왕에 몇 차례 소개된 바가 있다. 즉 이들 고문서는 『필암서원지』에 실려 소개된 이후,[5] 1984년에 전남대학교 박물관에서 이를 활자화하여 소개한 바 있으며,[6] 1994년에 는 안승준씨가 『노비보』를 학계에 소개하고 이에 대하여 해제를 한 바 있다.[7] 그러나 이들 기존의 고문서를 자료로 소개한 것들에는 상당한 오류가 발견되고 있다. 먼저 『필암서원지』에 실려 있는 자료는 문서의 원형을 잃고 있으며, 전남대학교 박물관에서 펴낸 『고문서』에는 일부 자료의 작성 연대가 잘못 파악되고 있는 것이 있다. 또 안승준씨의 해 제는 필암서원 소장의 여러 고문서 중에서도 『노비보』에 한정된 단편적 인 것이었으며, 그것조차도 자료의 상태에 대하여 오류를 범하고 있는 점이 발견되고 있다. 이러한 상황에서 필암서원에 소장되어 있는 고문 서 자료에 대한 기왕의 소개에서 범한 오류를 시정하여 이를 좀 더 정

---

5) 『필암서원지』 권3, 「散文」에 고문서가 모두 실려 있으며, 『노비보』는 권 11에 실려 있다. 그러나 『필암서원지』에 실려 있는 이들 고문서는 대부분 원형과 상당히 다른 모습으로 변형되어 있다. 예컨대 『노비보』의 경우 원본은 6단으 로 되어 있는데, 『필암시원지』에는 5단으로 줄여 실려 있으며, 이마저도 마지 막 장은 원본에 없는 내용이 덧붙여져 있다.
6) 『古文書』 2책, 전남대 박물관, 1984
7) 안승준, 「1745·6년에 작성된 筆巖書院의 奴婢譜」, 『古文書研究』 4, 1993.

확히 소개할 필요가 있다.

여기에서 소개할 필암서원 소장 고문서는 〈표 1〉에 나타난 바와 같이 일반 고문서 65매[8]와 『노비전답안』을 비롯한 재산관련 고문서 4책 등 모두 69건이다. (유생안은 분석 대상에서 제외하였음.)

현재 보관되어 있는 필암서원의 고문서를 작성된 시기별로 살펴보면 〈표 1〉에 나타난 바와 같이 숙종 때에 작성된 것 1건, 영조 대에 작성된 것 1건, 순조~철종 연간에 작성된 것 4건 등 6건을 제외하면 모두가 고종 이후 한말에 작성된 것들이다. 고종 이전에 작성된 자료는 모두 6건에 불과한데 이 중에서 4건이 재산관련 고문서이다. 따라서 필암서원에 소장되어 있는 고문서 자료는 재산관련 고문서를 제외하고는 대부분 대원군의 서원철폐령 이후에 작성된 것으로 서원 철폐령 이후 철폐 대상에서 제외된 서원의 운영 면모를 보여주는 자료들이다.

이들 고문서를 종류별로 대별해보면 품목이 모두 34건으로 가장 많고, 다음으로 첩정이 14건, 소지류가 10건, 그 외에 완문 2건, 훈령 1건이다.

이들 고문서는 대부분이 서원에서 지방관에게 어떠한 사실을 보고하거나, 처리를 부탁한 내용이거나 지방관이 서원에 어떠한 일의 처리를 지시하거나 서원의 청원에 대하여 이를 허락하는 내용의 것이 많다. 이와 같이 필암서원에 현재 소장되어 있는 고문서에는 지방 관청과 수시로 주고받는 문서가 대부분이다. 이로써 보면 서원이 관권과 얼마나 밀착되어 운영되고 있었나를 잘 알 수 있다. 다음에 이들 고문서의 내용을 일반 고문서와 재산관련 고문서로 나누어 살펴보기로 하겠다.

---

8) 현재 필암서원에 소장되어 있는 일반 고문서는 64매이다. 이 중 한 매의 고문서에 두 개의 稟目이 기록되어 있어 본고에서는 65매로 계산하였다.

〈표 1〉 필암서원 소장 고문서의 종류별 시대별 건수

| 양식 / 연대 | 일 반 문 서 | | | | | | 재 산 문 서 | | | | 계 |
|---|---|---|---|---|---|---|---|---|---|---|---|
| | 첩문 | 첩정 | 완문 | 소지류 | 품목 | 훈령 | 노비전답안 | 노비보 | 원적 | 노비안 | |
| 숙 종 1675 ~ 1720 | | | | | | | 1 | | | | 1 |
| 경종 ~ 정조 1721 ~ 1800 | | | | | | | | 1 | | | 1 |
| 순조 ~ 철종 1801 ~ 1863 | 1 | | 1 | | | | | | 1 | 1 | 4 |
| 고 종 1864 ~ 1896 | 1 | 5 | 1 | 1 | 1 | | | | | | 9 |
| 대 한 제 국 1897 ~ 1909 | | 9 | 2 | 9 | 33 | 1 | | | | | 54 |
| 계 | 2 | 14 | 4 | 10 | 34 | 1 | 1 | 1 | 1 | 1 | 69 |

## 1) 일반 고문서

필암서원에 소장되어 있는 일반 고문서는 첩문, 첩정, 완문, 소지류, 품목, 훈령 등이 있다. 서원에 내려진 첩문은 일반적으로 勿侵, 또는 훈령 등을 내릴 때 사용한다. 필암서원에 보관된 첩문은 장성도호부사가 1853년에 내린 것과 1893년에 내린 것이다. 1853년에 내린 것은 철종이 福酒村을 혁파하라는 전교를 내림에 따라 이를 필암서원에 알리기 위한 것이었다. 1893년에 내린 첩문은 내시노비 혁파 후 서원의 노비안을 兩 식년마다 한 번씩 작성하여 보고하게 되어 있던 것을 식년마다 작성하여 보고하도록 지시하는 내용이다.

첩정에는 노비안을 수정하여 보고하거나, 향사 때에 제관을 차출해 줄 것을 청하는 내용의 것을 비롯하여 서원전이나 垈結의 면세나 서원 속촌의 잡역의 면제를 청하거나 도조의 수납을 거부하는 작인이나 말음 을 징치해달라는 등 관의 도움을 청하는 내용이 많다. 이 밖에 다른 고을의 도조를 이속 받거나 다른 고을에 있는 전답을 장성으로 옮겨 사들이는 일을 승인해 달라는 내용의 것도 있다.

완문은 호포법 실시 이후 保奴錢의 징수가 어렵게 되자 호포전의 일부를 春享의 비용으로 題給해준다는 내용의 것, 享祀 時 도로의 치수를 필암, 중동, 장자의 삼촌에 담당하도록 하라는 내용의 것, 그리고 결가 3결을 서원에 획급한다는 내용의 것이었다.

필암서원에 소장되어 있는 소지류에는 소지와 등장, 상서, 단자 등이 있다. 그 내용은 서원전을 경작하는 작인들이 홍수로 실농하게 되자 서원전의 면세를 요청하는 것이 많으며, 객사를 중수할 때 속촌에 잡역을 면제해 달라는 내용의 것과 장의의 교체를 허락해달라는 내용의 것, 서원을 수리하면서 도내의 여러 고을에 부조를 청하도록 논보해달라는 내용의 것도 있다.

품목은 서원이나 향교에서 상관이나 해당 지방관에게 보고하거나 어떠한 사안에 대하여 처리를 품의하는 문서인데, 필암서원에는 이러한 성격의 품목이 모두 34건 소장되어 있다. 그 모두가 고종대 이후의 것이며, 그 중에서도 1건을 제외하고는 대한제국기의 것이어서 사료로서의 가치는 떨어지나 이 당시 서원과 지방관과의 관계를 살펴볼 수 있는 문서임에는 틀림없다. 필암서원에 소장되어 있는 품목에는 도조의 납부를 거부하는 작인을 조처해 달라는 내용의 것, 직무를 소홀히 하는 말음의 교체를 승인해달라는 내용의 것, 서원 부근에 투장한 분묘를 이장하게 해달라는 내용의 것, 서원 속촌의 잡역을 면제해달라는 내용의 것, 제향시 제관 차출에 관한 것, 장성부사나 전라도관찰사에게 長貳나 興學長의 직임을 맡아달라고 청하는 것, 제향 시 불참제관을 보고하는 내용의 것, 고창에 있는 서원답의 도조를 이관받도록 고창관의 협조를 구해달라는 내용의 것, 서원 유사의 교체에 관한 내용의 것, 서원전의 復結과 대결의 면세를 요청하는 내용의 것 등이 있다. 이 중에서도 도조에 관한 것과 서원 속촌의 면역에 관한 내용의 것이 가장 많다. 이러한 내용은 품목 외에 첩정이나 완문 등의 고문서에도 자주 언급되고 있었다. 그것은 아마도 도조와 서원 속촌이 서원의 재정과 깊은 관계가 있었기 때문이었을 것이다. 훈령의 내용 역시 서원전의 복결에 관한 것이었다.

이러한 고문서의 내용 중에서 특기할 것 중의 하나는 본손 즉 장성에서는 양반으로 행세하는 김인후의 후손인 울산 김씨 중에서도 서원의 운영에 비협조적인 사람들이 있었다는 사실이다. 서원전을 경작하는 작인들 중에 김인후의 후손이 있었는데, 이 작인은 자신이 김인후의 후손임을 빙자하여 도조를 스스로 다른 작인에 비하여 훨씬 헐하게 작정하였을 뿐 아니라 이것마저도 납부를 거부하여 서원의 경제 사정을 어렵게 하고 있었는데, 서원에서는 이들을 징치하는데 관의 힘을 빌어서야만 징치할 수 있었다.[9] 조선 후기 농촌사회에서 양반 작인의 존재 자체는 이상할 것이 없는 일이지만 서원에 모셔져 있는 김인후의 직계 후손이 서원답의 도조를 내지 않으려 하고 있는 것을 보면 이 시기에 와서는 서원의 사회적 영향력이나 후손들의 爲先意識이 많이 엷어졌던 것으로 보인다.

김인후의 후손이 서원의 일에 비협조적이었던 사례는 이 밖에도 또 있다. 1900년 8월에 필암서원에서 장성군수에게 올린 품목에 의하면 본손인 金鴻洙라는 사람이 지난 해 겨울 어느 날 밤에 서원의 案山에 그의 아버지의 묘를 투장한 일이 있었다. 이 묘자리는 이미 역시 본손인

---

9) '筆巖書院執綱爲稟報事 院畓九斗落只 在於西二麥洞 而以賭租言之 可捧六石而本
　孫自定 元定四石耕作矣 且四斗落只 在於邑東月坪 而以賭租言之 可捧二石 而本
　孫自定 元定十五斗耕作 則院仜之力 未能移畊作 且未能破元定 盖年有久矣 玆敢
　緣由稟報 特爲處分爲臥乎事 右文報于 搢紳城主
　(題音) 院畓所重 顧何如也 況其本孫 尤有自別者乎 依原賭施行是矣 如有
　　　惰頑 而罔念爲先尊賢之道 一向愆賭之弊 當有嚴處事 搢紳官(押)'.

金堯弘이란 사람이 묘를 썼다가 유림들의 반대로 파낸 바로 그 자리였다. 김홍수에게도 유림과 본손들이 수차례 타이르면서 이장할 것을 요구했으나, 이를 거부하고 서원 뒷산에 있는 金輔煥의 할머니 묘와 서원의 外案山에 있는 林鍾益의 어머니의 묘는 파내라 하지 않고 자기의 아버지 묘만 파내라고 하느냐고 하면서 버티고 있었다. 일이 여기에 이르자 필암서원에서는 이를 해결해 달라는 내용의 품목을 장성군수에게 올리기에 이르렀다.[10] 이 품목을 접한 장성군수는 호장과 형리로 하여금 사실여부를 조사하여 도면을 그리고 거리를 실측하여 보고하도록 한 뒤 이를 바탕으로 김홍수의 아버지의 묘를 파내도록 지시하였다. 여기에서도 김인후의 후손들이 서원에 대하여 별로 협조적이지 않았음을 볼 수 있다.

## 2) 재산 관련 문서

필암서원의 재산관련 문서는 양적으로는 얼마 되지 않지만 자료로서의 가치는 대단히 높다. 그것은 먼저 이들 자료의 작성 연대가 조선 후기 17세기 후반과 18세기 중반 그리고 19세기에 걸쳐 있기 때문에 조선 후기 전시기를 비교하여 시대적 변화상을 살펴볼 수 있는 잇점이 있다. 또 그 내용에 있어서는 조선 후기 서원의 일반적인 재산인 서원전은 물론이고 노비, 보노, 서재 유생으로부터 거두어들인 물품의 내역이 기록

10) '筆巖書院爲稟報事 本院案千步之間 本孫金鴻洙 昨冬良 乘夜偸葬而 此地則 前日 其族金堯弘 因儒論 已掘之地也 際茲祭享 儒林與本孫 累次曉喻 以移葬之意則 金鴻洙益爲抗拒曰 院後山 金輔煥祖山與 外案山 林鍾益母山 何不堀去之論而 惟獨吾之親山乎云云 不可自何措處故 茲敢緣由仰稟
右稟報于 搢紳閣下

庚申 八月 二十八日
(題音) 此果院案當禁之地 雖無識之類 不敢犯葬 況此本孫乎 聞甚驚悶 摘奸以來是矣 金民之祖母山 林民之母山 并爲圖尺以來事
行官'.

되어 있어 서원 경제의 구체적인 재정 상황을 살펴볼 수 있다. 이와 관련하여 또 하나 주목되는 것은 서원의 수입과 지출을 기록한 장부가 같이 있다는 점이다. 이들 자료는 분석의 여하에 따라서는 필암서원의 재정 상태를 잘 알아 볼 수 있는 자료인 것이다.

다음에서 이들 자료의 내용을 좀 더 구체적으로 알아보기로 하자.

먼저 『奴婢田畓案』은 표지에 『筆巖書院成册』이라는 책명과 함께 『노비전답안』이라는 부제가 붙어 있다. 이 문서는 재임이 바뀌면서 서원의 재산을 인계인수하면서 작성한 것이어서 이 당시 서원의 경제 및 재정 상태를 잘 알 수 있다.

이 문서에는 「奴婢秩」, 「保奴秩」, 「田畓秩」, 「穀物捧上秩」, 「己未用下秩」이 차례로 기록되어 있고 마지막에 庚申 二月 初五日이라고 작성 연월일이 기록되어 있으며, 이어서 신구 재임의 수결이 있다.

이 『노비전답안』의 작성 연대로 기록되어 있는 경신년은 1680년(숙종 6)으로 확인되었다. 그것은 이 『노비전답안』에 실제 살아 사역되고 있는 것으로 실려 있는 노비 가운데 27명이 다음에 소개할 1745년에 작성된 것으로 확인된 『노비보』의 6단 가운데 1단이나 2단에 실려 있고 이들 중 대부분이 이미 죽은 노비로 등재되어 있기 때문이다. 1745년에 이미 죽고 없는 노비가 살아 있으면서 사역되고 있는 연대의 경신년은 이보다 앞선 간지의 경신년 즉 1680년일 수밖에 없는 것이다.[11]

다음으로 『奴婢譜』는 현재 보관 상태가 양호하지 못하여 그 작성 연대에 대하여 약간의 혼란이 일어나고 있다. 이 『노비보』의 현재 보관 상태는 앞부분과 뒷부분이 결락되어 중간부분만 전해지고 있는데, 작성 연대를 밝혀주는 연대는 문서의 중간부분에 '乙丑 正月 二十五日'이라고만 되어 있다. 1984년에 전남대학교 박물관에서 이 『노비보』를 활자화

---

11) 안승준씨도 이 『노비전답안』의 작성 연대를 『노비보』보다 약 65~6년 앞선 것으로 추정하고 있다.(안승준, 앞의 글 참조)

하여 간행하면서 작성 연대를 고종 연간의 을축년으로 단정한 바 있으며, 최근에 안승준씨는 이 문서에 기록된 주기를 분석하여 1745년과 1746년 양년 사이에 작성되었다고 주장한 바 있다.[12] 그러나 이 『노비보』는 두 해에 걸쳐서 작성된 것이 아니라 1745년(영조 10)에 처음 단권으로 작성되어 그 후 수시로 변동 상황이 추가 기입된 것이다.

이 『노비보』를 처음 작성한 을축년이 1745년인 것은 다음과 같은 사실에서 알 수 있다. 이 『노비보』에는 노비를 방매하거나 방량하면서 그 사유를 기입해 두고 있는데, 그 중 몇 곳에는 관인이 날인되어 있다. 이 관인은 이외에도 『노비보』의 노비 이름 곳곳에 날인되어 있는데 관인이 날인되어 있는 노비는 이 『노비보』가 작성될 당시에 생존했던 노비들이었다. 여기에서 관인이 날인된 노비의 방매나 방량 사유도 『노비보』가 처음 작성될 당시에 기입되었음을 알 수 있다. 따라서 관인이 날인된 방매나 방량 사유의 기록은 이 『노비보』가 처음 작성된 시점보다 앞선 시기의 사실을 기록한 것이어서 이를 검토하면 이 『노비보』가 작성된 연대를 알 수가 있다. 관인이 날인된 노비의 방량이나 방매 사유는 다음과 같다.

> ① 을묘년 봄에 서원의 채무가 많아 일귀와 그의 소생을 아울러 광주의 유생 李薰에게 팔았다.[13]
> ② 갑자년 봄에 문루를 중수할 때 영원히 속량하였다.[14]

위에서 ①의 을묘년에는 필암서원의 개축이나 증축 등과 관련된 구체적 사실이 기입되어 되어 있지 않아 이 내용만으로는 이때의 을묘년

---

12) 전남대학교 박물관, 『고문서』 2책, 1984; 안승준, 앞의 글.
13) 위 책, 121쪽. '奴貴尙年辛亥 乙卯春 院債許多之致 一貴及後所生幷以 光州儒學 李薰處 放賣.'
14) 같은 책, 122쪽. '奴衣食 年乙巳 甲子春 門樓重修時 永爲贖給.'

이 어느 해인지 알 수 없다. 그러나 ②의 갑자년의 경우에는 문루를 중수하면서 속량했다는 구체적 사실이 기록되어 있다. 여기에서 문루 중수가 언제 있었는지를 확인할 수만 있다면 이『노비보』의 처음 작성 연대를 추정할 수 있다.『필암서원지』에 의하면 필암서원의 문루인 廓然樓를 중수한 것은 1744년(영조 20)이었는데 이 해의 간지가 갑자년이었다. 여기에서 이『노비보』가 작성된 을축년은 문루가 중수된 다음 해인 1745년(영조 21)임을 알 수 있다.

처음『노비보』가 작성된 이후에 방매되거나 방량되어 그 사유를 써넣은 곳에 관인이 날인되어 있지 않은 경우에는 그 사유를『필암서원지』에 기록되어 있는 연혁의 내용과 비교해 보면 이『노비보』가 처음 작성된 연대가 1745년 을축년임을 확인할 수 있다. 노비의 방매나 방량 사유에 관인이 날인되지 않은 것 가운데 필암서원의 증개축과 관련된 구체적인 사유와 간지가 기록되어 있어『필암서원지』에서 그 연대를 확인할 수 있는 것은 다음과 같다.

③ 임신년 봄에 문루를 중창할 때 재곡이 부족하여 향중완의에 따라 착서한 후 속량을 허락하였다.[15]
④ 임신년 봄에 문루를 중창할 때 이 노 1명을 생전에 방역하고 돈 40량을 받아 썼다.[16]
⑤ 기묘년 여름에 동서재를 중수할 때 향중 완의에 따라 방량하였다.[17]
⑥ 갑신년 정월 초 4일 문루를 단청할 때 향중 완의에 따라 각각 착서후 여러 집강 또한 착서하고 원비 가지덕의 몸과 동비 일소생비 원필과 이소생 노원재 삼소생 노금련 4구를 영원히 방속하였으므로 효주한다.[18]

---

15) 같은 책, 112쪽. '奴 日先 年癸巳 壬申春 門樓重創時 以財谷不足 故鄕中完議 着署後 許贖.'
16) 같은 책, 122쪽. '奴春山 壬申春 門樓重創時 此奴一身 限生前放役 而錢四十 兩捧用.'
17) 같은 책, 118쪽. '奴 貴世 年丙申 乙卯夏 東西齋重修時 鄕中完議 放良.'
18) 같은 책, 125쪽. '婢(加之德 年乙巳 放良 甲申正月月初四日 門樓丹靑時 鄕中完

위의 기록 내용을 『필암서원지』와 대조해 보면 ③과 ④는 임신년인 1752년(영조 28)에 廓然樓를 중건한 사실과, ⑤는 기묘년인 1759년(영조 35)에 동재와 서재를 중수한 사실과, ⑥은 갑신년인 1764년(영조 40)에 문루를 단청한 사실과 정확히 일치한다.

이 문서의 기재 양식은 다음과 같다. 이 『노비보』는 앞부분이 결락되어 있는 가운데 매득노비와 속공노비가 기록되어 있고 이어서 문서가 끝남을 알리는 際라는 글자 다음에 노비의 총계에 해당하는 생존 노비수, 도망 노비수, 속공 노비수가 기록되어 있고 다음에 '乙丑 正月 二十五日'이라는 작성 일자를 쓰고 이어서 장성도호부사의 押이 있다. 그리고 다시 노비보가 이어지고 있다. 이 『노비보』를 전남대학교 박물관에서 활자화 하면서 그 순서가 잘못되었다 하여 '乙丑…'이라는 작성 연대를 표시하는 간지가 있는 면 이후를 처음으로 하고 앞부분부터 '을축…'이라고 기록되어 있는 부분까지를 뒤로 하여 그 순서를 바로 잡은 바 있었는데, 현재의 문서의 상태를 토대로 하여 여기에 '丙寅生産花名參拾壹口內…'라는 기록이 있는 면을 마지막 면으로 첨부하고 이를 근거로 이 『노비보』가 1745년(을축년)과 1746년(병인년) 양년분이라는 주장도 있다. 그러나 이 『노비보』는 1745년에 처음 작성된 단 권이다.

이 『노비보』를 1745년에 처음 작성된 단일 문서로 보는 이유는 다음과 같다.

첫째, 노비문서는 일반적으로 소유주가 노비를 정확히 파악하고 이들이 어떻게 하여 자기 소유의 노비가 되었는가를 밝히기 위하여 작성한다. 공노비의 경우 노비의 등재 순서는 통상 전래노비, 매득노비, 속공노비의 순서로 작성하고 마지막에 생존노비, 매득노비, 도망노비 등의 총계를 기록한다. 그런데 이 『노비보』의 경우 현재 보존 상태는 앞에 서

---

議後 各各着署 諸執綱 亦爲着署 院婢加之德身果 一所生婢元必果 二所生奴元才三所生奴今連四口乙 永爲放贖 故爻之.'

술한 바와 같이 매득노비와 속공노비가 앞부분에 실려 있고 생존노비수, 매득노비수, 속공노비수의 통계와 함께 통상 문서의 마지막을 표시하는 際자와 지방관의 압이 있은 다음 또 다시 이어서 문서가 계속되어 전래노비가 실려 있다. 이『노비보』를 하나의 문서로 본다면 당연히 그 순서는 전래노비, 매득노비, 속공노비 그리고 총계와 지방관의 수결의 순서로 바로 잡아야 할 것이다. 이렇게 순서를 바로잡고 보면 이『노비보』는 부분적으로 결락이 있기는 하지만 하나의 문서로 손색이 없게 된다.

둘째, 이『노비보』는 한 번 작성된 뒤에 그 내용이 그대로 전해진 것이 아니라 수시로 그 변동 상황을 추가로 기입해 넣고 있다. 추가 기입내용은 장성도호부사의 수결이 있는 앞부분은 물론이고 그 뒷부분도 마찬가지이다. 이 문서가 을축년과 이어서 다음 해인 병인년에 각각 똑같은 노비를 대상으로 작성되었다면 그 내용은 병인년에 새로 파악된 노비를 제외하고는 동일했을 것이므로 추가 기입은 병인년에 작성된『노비보』에만 하였을 것이다. 그러나 이 문서에는 위에 설명한 바와 같이 모두에 다 되어있다. 일부에서 을축년(1745)에 작성되었다고 파악한 부분에는 1749년생부터 1774년까지가 추가로 기재되어 있고, 병인년(1746)에 작성되었다고 파악한 부분에는 1746년생부터 시작하여 1802년의 방량 사실까지가 추가로 기재되어 있다. 이로써 보더라도 이 문서는 단일 문서임을 알 수 있다.

셋째, 이『노비보』에는 모든 면마다 처음 작성 당시 생존하고 있는 노비의 이름과 방매나 방량 사유가 기록된 부분에 관인이 찍혀있다. 그러나 '병인년생산화명…'의 기록이 있는 마지막 장에는 관인이 하나도 찍혀 있시 않으며, 글자의 체도 완전히 다르다. 뿐만 아니라 종이의 상태도 전혀 다르며 그 양식도 6단으로 나뉘어 노비가 기재되어 있는 앞면과 달리 5단으로 나뉘어 노비가 기재되어 있다. 더욱이 결정적인 것은 '병인년 생산화명…'의 기록이 있는 면에 실려 있는 노비의 이름이 앞면에 그대로 실려 있다는 사실이다. 예컨대 奴 哲奉과 그 후손 5명은 기재 내용 그대로 바로 앞면에 실려 있으며, 婢 時德과 그 후손들 역시 『노비보』 중간에 婢 愛上—딸 婢 望終—딸 婢 德今— 딸 婢 時德으로 연결되어 그대로 실려 있다. 이들 역시 앞면에서는 문서 작성 당시 생존해 있던 노비 이름에는 관인이 찍혀 있다. 이로써 보면 "병인년생산 화명…"의 기록이 있는 마지막 면은 원래의 『노비보』가 아니라 후에 누군가에 의하여 첨가된 것임이 분명하다. 결국 병인년에 작성했다는 근거가 되는 마지막 면은 원문서가 아니라 후에 누군가에 의하여 작성되어 첨부된 것이다.[19] 이로써 본다면 병인년 작성의 근거는 아무데도 없는 셈이다.

결국 이 『노비보』는 1745(을축년)에 처음 작성된 후 해마다 새로 태어난 노비나 죽은 노비 또는 방량했거나 방매한 노비, 도망한 노비 등의 변동 상황을 기입하면서 전해져 내려왔다. 이 문서에 마지막 주기는 1802년까지 이루어지고 있었다.

다음 『筆巖書院院籍』은 「立議」, 「節目」 다음에 「書冊秩」, 「祭器秩」, 「冊板秩」, 「畓秩」, 「田秩」, 「院底家垈秩」, 「奴秩」, 「婢秩」, 「逃奴秩」, 「逃婢秩」이 기록되어 있어 1680년에 작성된 『필암서원성책』과 아주 흡사하다. 이로써 보면 이 자료로도 집강이 교체되면서 작성한 자료인 전장기로 보인다. 실제로 절목에는 '집강이 체이된 후 신구집강이 함께 모여 전해주고 받는 일'이라는 구절이 있어 이를 뒷받침해주고 있다. 이 자료의 작성 연대는 1802년이었다.

이 자료에는 또 복호 3결의 수입, 면세전의 규모, 서재 원생의 소납전, 보노의 소납전 등이 기록되어 있어 『필암서원성책』과 함께 필암서원의 경제 기반이나 재정 상태를 연구하는데 상당히 중요한 자료이다.

---

19) 필자가 필암서원을 방문하여 이 『노비보』를 확인해 본 바에 의하면 '병인년 생산화명 …'의 기록이 있는 마지막 면은 현재의 『노비보』에는 없었다.

이 문서의 「답질」과 「전질」에는 논과 밭의 면적이 마지기로 표시되어 있고 각각의 필지에 도지의 액수가 함께 기록되어 있다. 전체 전답은 논이 121말 2되지기와 25負 2束, 밭이 34말 4되지기가 기재되어 있다.

이 당시 필암서원 전답의 도지액은 대단히 낮게 책정되어 있었다. 이렇게 도지액이 낮게 책정되어 있는 것은 이들 전답 가운데에는 서원의 고직이나 노비 등이 경작하고 있는 토지는 물론이고, 노비의 소유지로 記上하기로 한 토지도 있었으며, 또한 수재를 입어 제대로 도지를 거두지 못할 전답이 많았던 데에서 기인한 것이었다.

「노비질」에는 노 15명과 비 13명이 기록되어 있으며, 「도노질」과 「도비질」에는 노 26명과 비 23명이 기록되어 있다.

『노비안』은 작성연대가 간지로 丙午라고만 기록되어 있어 정확히 알 수는 없으나 전체적인 기재 내용으로 보아 1846년(헌종 12)에 작성된 것으로 보인다. 이렇게 보는 이유는 여기에 입록된 사람들의 거주지가 모두 기록되어 있는데 이들 지명이 1914년의 행정구역 개편 전의 사실과 크게 다르지 않으며, 문서의 말미에 장성도호부사의 押이 있기 때문이다. 이것을 종합하여 판단하면 이『노비안』의 작성 연대로는 1846년(병오년) 외에는 적당하지 않다. 갑오개혁 이후에는 장성도호부사가 아니라 장성군수이기 때문이다.

이『노비안』은 사실은 노비안이 아니라 保奴案이다. 이 문서를 보노안으로 보는 이유는 다음과 같다.

첫째, 이『노비안』에는 노 30명만이 기록되어 있다. 이 문서가 노비안이라면 노만 기록되어 있을 수는 없고 비 또한 마땅히 기록되어 있어야 한다. 또 노 30명도 이것이 보노안임을 말해주는 것이다. 조선 후기에 사액서원은 보노를 30명씩 인정해주고 이들로부터 일정의 신공을 받아 서원의 경비에 보태게 하였던 것이다.

둘째, 이『노비안』에 올라 있는 노들은 모두 성이 기록되어 있다. 주지하다시피 우리나라의 노비들은 일반적으로 성을 사용할 수가 없었다. 그러나 이 문서에 기재된 사람들은 모두 성이 기록되어 있다. 이로써 보면 이들은 모두 양인 신분으로 보노로 책정된 사람들임을 알 수 있다.

셋째, 이 문서에 기록된 사람들은 모두 거주지가 실려 있는데 한결같이 필암서원 부근 마을에 사는 사람들은 없다. 만약 이것이 노비안이라면 필암서원 부근에 사는 사람들이 훨씬 많았을 것이다. 이로써 보면 이 『노비안』은 보노안이었음을 알 수 있다.

이밖에 『서재유생안』도 직접적인 재산관련 고문서는 아니지만 서원의 재정을 연구하는데 중요한 문서이다. 필암서원의 『서재유생안』은 작성연대를 '丙午 十一月 日'이라고만 기록하고 있어 그 정확한 연대는 확실히 알 수 없지만 그들의 거주지로 기록된 지명을 근거로 추정해보면 1846년(헌종 12)에 작성된 것으로 생각된다. 이 『서재유생안』에는 30명의 유생이 실려 있는데, 이들의 신분은 모두 유학이었다. 이들 가운데 8명이 각종 사유로 탈이 생겨 이름이 지워졌다. 그 사유는 다른 지방으로 이사하여 탈한 사람 2명, 서재 유생이 될 것을 완강히 거부하여 관에 보고한 뒤 다른 양정으로 충원되고 탈한 사람 1명, 양반 신분임이 밝혀져 탈한 사람 1명, 나이가 들어 역이 면제되어 탈한 사람 1명, 군교가 되어 탈한 사람 1명, 향소의 임원이 되어 탈한 사람 1명, 사망하여 탈한 사람 1명 등이었다. 여기에서 서재 유생의 신분은 그들이 일반적으로 유학을 칭하고 있지만 양반의 하층 내지는 양인의 상층에 해당하는 사람들임을 알 수 있다.

이상에서 필암서원에 소장되어 있는 고문서와 재산관련 문서를 일괄하여 살펴보았다. 이를 토대로 필암서원의 경제적 기반을 살펴보기로 하자.

## 3. 서원전의 규모와 변동

조선 후기 서원의 경제기반으로 중요한 것은 서원전이었다. 조선 후기의 서원전은 국가 지급지, 서원 매득지, 원납전, 조세지급지 등으로 구성되어 있었다. 국가 지급지는 속공전이나 둔전, 적몰전, 相訟田 등을 서원에 지급한 것이고, 서원 매득지는 서원이 자체의 재력으로 매입한 토지이다. 조세지급지는 국가에서 寺社位田 등의 수세권을 서원에 지급하거나 서원전에 면세의 특권을 부여한 것이다. 면세의 특권은 사액서원에 한하여 3결의 토지에 주어졌다.[20] 이러한 토지 가운데 서원 자체에서 매입한 토지가 가장 많아 서원전의 주류를 이루고 있었다. 또한 서원과 관련된 사족들이 시납한 원납전도 무시하지 못할 정도였다.

필암서원의 서원전이 어떻게 마련되었는지 알려주는 자료는 거의 없으나 필암서원이 호남에서는 유일한 문묘 배향 인물의 서원이었기 때문에 상당한 정도의 토지를 소유하고 있었음은 의심의 여지가 없을 것이다. 필암서원이 소유한 토지도 다른 서원과 마찬가지로 서원 매득지가 주였을 것이며, 사족들이 시납한 원납전도 적지 않았을 것이다. 그러나 현재의 자료로는 이러한 사실을 확인할 길은 없다. 특이한 예로는 서원의 노비를 방매하여 전답을 사들인 경우도 있었다. 필암서원 『노비보』에 의하면 奴 國才에 대하여 "계미년 겨울에 향중 완의에 따라 방량하고 그 대가로 논을 사두었다."[21]는 주기에서 그것을 알 수 있다. 이때의 계미년은 1763년으로 이 당시 국재는 선운사에 승려로 있었다.

필암서원이 소유한 서원전의 규모는 1680년(숙종 6)에 작성된 『노비전답안』에 기록된 것이 논 55말 2되지기, 밭 26말 2되지기로 모두 81 말 4되지기였다. 이 가운데 밭에는 사우 터로 대전 3마지기와 강당 터로

---

20) 『속대전』 권2, 「호전」.
21) 『노비보』 17면. '奴 國才 癸未冬鄕中完議放良買取畓庫.'

대전 3마지기, 고사 터로 대전 2마지기, 원노비들이 거주하는 집터로 대전 8마지기가 포함되어 있었다.

다음 1802년의 경우, 『필암서원원적』에 실려 있는 전답은 논이 5섬 14말 5되지기, 밭이 1섬 14말 9되지기로 합계 7섬 9말 4되지기에 달하고 있어 전체적으로 1802년의 필암서원의 전답은 1680년에 비하여 크게 늘어났음을 볼 수 있다. 즉 1680년의 경우 논 55말 2되지기, 밭 26말 2되지기에 불과하였던데 비하면, 1802년에는 밭은 약간 늘어났으나, 논은 거의 5배로 늘어났다. 이것은 논의 생산성이 높기 때문에 서원에서 재정기반을 안정적으로 확보하기 위하여 밭보다는 논의 증식에 힘쓴 결과였을 것이다. 앞에서 언급한 바 있는 노비를 방매하여 전답을 사들인 것도 이 사이에 있었던 일이었으며, 이때도 밭이 아니라 논을 사들였다.

필암서원의 전답은 다른 서원과 마찬가지로 대체로 필암서원 부근에 집중되어 있었다. 1802년의 경우 필암서원의 전답이 소재한 지역과 면적을 표로 나타내면 〈표 2〉와 같다.

〈표 2〉에 나타난 바와 같이 1802년 필암서원의 전답은 영광에 있는 2마지기를 제외하고는 모두 필암서원이 있는 장성에 집중되어 있었으며, 그것도 院底를 비롯한 서원 부근에 집중되어 있었다. 〈표 2〉에는 나타나지 않았지만 후술하는 바와 같이 필암서원의 전답은 1900년대에는 이웃 군현인 고창 황산에도 있었다. 이러한 사실을 감안하여도 조선 후기 필암서원의 전답은 대부분이 필암서원이 소재하고 있는 장성에 집중되고 있었음을 확인할 수 있다. 이와 같이 필암서원의 전답이 서원이 소재하고 있는 부근에 집중되어 있는 것은 이들 전답의 관리를 효과적으로하여 서원 재정에 결정적인 역할을 하는 도조의 수납을 원활히 하기 위함이었다.

〈표 2〉 1802년 필암서원 전답의 소재지와 면적

(단위: 마지기)

| 지역＼전답 | 고서원평 | 해촌평 | 남일평 | 남이평 | 서일평 | 서삼평 | 중동평 | 읍서동암 | 원저 | 영광평 | 계 | 비고 |
|---|---|---|---|---|---|---|---|---|---|---|---|---|
| 전 | | | | | 30.9 | 4 | | | 17.5 | | 34.9 | 院底 제외 |
| 답 | 23.3 | 42.2 | 11 | 6 | 14 | 9 | 3 | 4 | | 2 | 114.5 | |
| 계 | 23.3 | 42.2 | 11 | 6 | 44.9 | 13 | 3 | 4 | 17.5 | 2 | 149.4 | |

그러면 서원에서는 이들 토지를 어떻게 경작하였을까? 조선 후기의 서원전은 일반적으로 지주전호제에 의하여 경작되었다. 필암서원의 전답도 지주전호제로 경작되었다. 필암서원 전답의 작인은 노비를 비롯한 서원송속인은 물론이고 양인이니 심지어는 양반까지도 있었다.

〈표 3〉 필암서원 종속인들이 경작하는 토지와 도지액

| 작인 | 경작면적 | 도지액 | 비고 |
|---|---|---|---|
| 汗丈 | 3마지기 | 3섬 15말 | |
| 庫直 | 1말 5되지기 | 1섬 10말 | 평균도지액    1섬 2말 5되 |
| 殿直 | 1말 5되지기 | 1섬 10말 | |
| 계 | 6마지기 | 6섬 15말 | |

이들 작인 가운데 노비를 비롯한 서원 종속인이 경작하는 토지는 아주 적었다. 서원 종속인이 경작하는 토지는 1802년의 경우 汗丈仕乃[22]로 논 3마지기, 庫直仕乃로 논 1말 5되지기, 殿直仕乃로 논 1말 5되지기

---

22) 仕乃가 구체적으로 무엇을 의미하는 지는 잘 알 수 없으나 경사사가 사적으로 갈아먹는 토지를 의미하는 것으로 보인다. 『덕양원지』에도 서원 종속인이 사적으로 갈아먹는 토지에 대하여 沙乃로 주기하고 있다.(최원규, 앞 논문 602쪽 참조)

가 기록되어 있어 전체 논 5섬 14말 5되지기와 밭 1섬 14말 9되지기 가운데 논 6마지기만이 이들에 의하여 경작되었던 것으로 나타나고 있다. 이들 서원 종속인들이 경작하는 토지에 대해서도 필암서원에서는 도지를 수취하고 있었다. 이들이 경작하는 토지와 도지액은 위 〈표 3〉에 나타난 바와 같다.

서원 종속인이 아닌 노비들도 서원전을 경작하고 있었다. 예컨대 고종 38년(1901) 서일면 다산촌에 사는 민인들이 수재를 입어 수확을 할 수 없는 논에 관에서 결세를 부과하려 하자 이에 대항하여 징납을 면제해 주도록 요구하는 소지를 올린 바가 있었다.[23] 이 논은 서원전이었는데, 면세전이 아니었기 때문에 관에서 결세를 부과하였고, 이 결세는 작인들이 부담하게 되어 있었던 것으로 보인다. 이 소장에 참여한 인사와 경작 면적은 〈표 4〉와 같다.

〈표 4〉 1901년 소지에 나타난 작인과 경작 면적

| 이 름 | 면적 | 이 름 | 면적 |
|---|---|---|---|
| 巡 德 | 15負 | 海 今 | 9負 |
| 九 月 | 10負 | 卞 音 童 | 6負 |

---

23) 필암서원 소장 고문서 「소지」. '西一茶山民人等
右謹陳所志矣段 矣等之所農 加耕田畓 在於南三面古乃坪 而去月潦水沒爲川破 是乎所 今於該書員 依前例 執總是乎則 無地之加耕 何以徵納聊生乎 緣由後錄仰訴爲去乎 參商敎是後 特爲嚴題于該書員 後錄加耕結 頉下之地 千萬伏祝 行下向敎是事
城主 處分
　　　　　　　　　　　　　　　　辛丑 八月 日
　後
巡德　十五負
海今　　九負
九月　　十負
卞音童　六負.'

위 〈표 4〉에 나타난 바와 같이 이때의 작인들은 이름만 기록되어 있고 성은 기록되어 있지 않다. 조선 시대에 성이 없이 이름만 기록된 인물은 특별한 경우를 제외하고는 노비였다. 따라서 이때의 작인들이 노비 신분이었음은 분명하다 하겠다. 다만 이때는 이미 노비제도가 폐지된 후여서 이들을 노비 신분이라고 보기에는 곤란한 측면도 없지 않으나 이 당시 노비제도가 폐지되었다 하여도 아직 이들이 일반 양인과 같은 대우를 받지 못하고 있었던 현실을 고려하면 이들이 서원노비 출신으로 이전부터 경작해오던 서원전을 계속 경작해오고 있는 존재로 볼수도 있을 것이다.

다음 일반 양인 작인의 존재는 1901년(광무 5)과 그 이듬해에 연속적으로 수재를 입어 실농한 토지에 관에서 결세를 부과하려 하자 이의 부당함을 들어 관에 이의 면제를 요청하는 등장을 올린 미이들을 들 수 있다. 이들이 등장을 올린 내용은 앞에서 살펴 본 노비들이 관에 청원한 내용과 같으나, 그 주체와 대상 토지만이 다르다.[24] 이들이 등장을 올리고 또 그 등장이 필암서원에 보관되어 있는 이유는 이들 토지가 필암서원의 토지였으나 면세되지 않아 결세를 관에 납부하도록 되어 있었는데, 이 결세를 작인들이 관에 납부하도록 되어 있었기 때문이었을 것

---

24) 필암서원 소장 고문서 「等狀」.

'西一茶山民人等

右謹陳冤情事段 矣等所農畓數十石土 今番雨水 沒入川沙 全無望秋 勢將流離 餓莩之

境故 玆敢齊聲 仰訴爲去乎 參商敎是後 親審摘奸 使此幾死之氓 俾爲安堵之地 千萬

伏祝 行下向敎是事

城主 處分

　　辛丑 七月 日

(題辭) 摘奸後 報府措處 姑爲退待事 初九日.'

이 등장을 앞의 노비 등의 소지와 다른 것으로 보는 것은 수해를 입은 토지의 면적이 엄청나게 다를 뿐 아니라, 등장을 올린 날짜와 소를 올린 사람들이 다르기 때문이다. 이러한 내용의 등장이 필암서원에는 5매가 더 보관되어 있다.

이다. 이렇게 본다면 이들 작인들은 필암서원의 토지를 경작하는 일반 양인으로 볼 수 있을 것이다.

양반 작인의 존재는 本孫의 경우에서 확인할 수 있다. 본손이란 필암서원에 모셔져 있는 김인후의 후손을 말한다. 장성에서는 사족으로 행세하는 김인후의 후손들이 필암서원의 전답을 차경하고 있었던 것이다. 이들은 필암서원의 토지를 경작하고서도 본손임을 빌미로 제대로 도조를 바치지 않았을 뿐 아니라 도지액도 서원에서 결정한 것이 아니라 자기들이 정하고 있었다. 다음 기록에서 이를 확인할 수 있다.

> 필암서원 집강이 품보하는 일. 원답 9 마지기가 서이면 맥동에 있는 바, 도조로 말하면 6섬을 받을 수 있는데, 본손이 이를 스스로 4섬으로 정하여 경작하고 있다. 또 4 마지기가 읍의 동쪽 월평에 있는데, 도조로 말하면 2섬을 받을 수 있다. 이것도 본손이 15말로 정하여 경작하고 있다.[25]

위 기록에서 본손 즉 장성의 유력한 사족인 울산 김씨가 서원전을 경작하고 있었음을 확인할 수 있다. 조선 후기 일부 서원에서 작인들이 도조를 거납하는 상황에서 서원의 경제 기반을 안정시키기 위하여 서원을 건립한 문중에서 서원전을 경작하는 경우가 있었다. 이러할 때에는 도조를 적게 내거나 도조의 수납을 거부하지는 않았다. 그러나 필암서원의 서원전을 경작하는 본손의 경우는 이와는 달리 원래 정해진 도조를 무시하고 자기 멋대로 원정으로 도지를 낮추어 책정하였을 뿐 아니라 이것마저 내지 않아 필암서원의 집강이 관의 힘을 빌어서야 이를 받아낼 수 있을 정도였다. 본손이 도조를 제멋대로 정하여 낮게 책정하고 그 마저 제대로 납부하지 않자 필암서원의 집강은 이 전답의 작인을 교체하려 하면서 이를 관에 호소하였다. 이에 당시의 장성관은 "원답이 얼마나 소중한 것인가? 하물며 본손은 더욱 자별한 자가 아닌가? 원래

---

25) 필암서원 소장 고문서 「稟報」(庚子 閏八月 日).

정해진 도조대로 시행하고 만약 이를 따르지 않고 도조를 연체하는 자는 엄히 처벌하라."[26]고 지시하였다. 또 1909년(순종 2) 필암서원 집강 李鳳求와 朴來鉉이 도조의 납부를 거부하는 본손과 양반 작인의 교체를 요구하였을 때에도 관에서는 도조를 납부하지 않은 작인들을 잡아들여 도조를 받아들이고 이들을 재판에 회부하였다.[27]

도조의 수납은 원칙적으로 서원에서 직접 수행할 일이었으나, 조선 후기에 들어와 작인들이 도조 수납을 거부하거나 도조액을 낮추려는 등 항조가 심해지자 서원에서는 관의 힘을 빌려 작인을 통제하고 도조를 수납하는 일이 흔히 일어나고 있었는데, 이러한 일은 필암서원에서도 예외가 아니었던 것이다.

이러한 상황에서 본손이 아닌 양반들도 서원전을 경작하고서 도조를 납부하지 않으려 하고 있었다. 1909년(융희 3) 필암서원 집강이 장성군수에게 올린 품보에 "본손은 후예임을 빙자하고, 양반은 양반의 위세를 빙자하여 도조를 제때에 납부하지 않으며, 심지어는 이를 막는 자까지 있다."[28] 하고 있는데서 그것을 확인할 수 있다. 여기에서 양반들까지도 서원전을 경작하고 있었음은 확인된 셈이다.

필암서원에서는 서원전이 다른 고을에 있어 도조의 수납이 여의치 않을 경우 해당 토지를 팔고 관리가 쉬운 곳으로 이매하기도 하였는데 이 경우에도 관의 힘을 빌려 서원의 의지를 관철하고 있었다. 1900년(광무 4)에 작성된 품목에 의하면 필암서원이 있는 장성의 이웃 고을인 고창에 상당한 양의 필암서원의 전답이 있었다.[29] 이 당시 고창에 있던

---

26) 필암서원 소장 고문서 「稟報」(庚子 閏八月 日).
27) 필암서원 소장 고문서 「稟報」(己酉 二月 日).
28) 필암서원 소장 고문서 「稟報」(己酉 二月 日).
29) 필암서원 소장 고문서 「稟報」(辛丑 六月 二十六日),
  '右稟告事 本院畓土 在於高敞古沙面黃山村前而 所捧租中 幾石 春享時需用 餘在六石 今番秋享時 以酒粮米 需用矣 右租 日前 入於高敞官 執留中云….'

필암서원의 전답이 얼마였는지 정확히 알 수는 없지만 그 도조가 적어도 10여 섬이 넘었으며,[30] 또 고창답의 조를 거두어들이는 것이 여의치 않자 이를 장성 서삼면 硯村에 있는 租 31섬을 받을 수 있는 논으로 이매하려고 한 것으로 보아 상당히 컸을 것으로 보인다.[31] 이 토지는 타관에 있어 조의 수취가 여의치 못하여 방매하고 대신 장성의 토지를 이매하였다. 이와 같이 타관의 토지를 처분하고 서원이 소재하고 있는 고을의 토지를 매입한 것은 관의 힘을 빌려 도조를 용이하게 받아들일 수 있었기 때문이었다.

이들 타관에 있는 토지도 지주전호제에 의하여 경작되었는데, 그 관리를 위하여 필암서원에서는 마름을 두었다. 그러나 마름이 서원전의 관리나 도조의 수납을 서원의 뜻대로 잘 수행하면 별 문제가 없겠으나, 타관에 있는 마름들은 자기의 사리사욕을 채우기에 여념이 없어 서원의 뜻을 제대로 따르지 않는 경우가 많았다. 그리하여 필암서원에서는 서원의 뜻을 제대로 따르지 않는 타관의 마름을 관내 양반의 노로 교체하기도 하였다.[32]

그러나 이러한 마름의 교체만으로 작인을 제대로 통솔하여 도조를 서원에서 작정한 대로 받아들일 수는 없었다. 서원에서는 관의 협조 하

---

30) 위 자료에서 고창답의 조 가운데 幾石을 춘향시에 사용했고 추향시에 사용할 것이 6섬이라 한 것으로 보아 춘향시에 사용한 것도 적어도 6섬 이상이었을 것으로 보인다.

31) 필암서원 소장 고문서 「牒呈」(辛丑 六月 二十九日).
'筆巖書院 執綱爲文報事 本院 高敞所在畬土 賭租爲執留云 故日前 稟報移照于 高敞郡 矣 今見照覆 初不入於其中云 以此洞燭 而高敞租 欲爲移買 于本郡西三面硯村所在 韓富之租 而石數幷村民所食 合三十一石是乎㫆…'

32) 필암서원 소장 고문서 「稟報」(庚子 閏八月 二十日).
'筆巖書院 執綱爲稟報事 高敞黃山院土 舍音之不善 應已下燭矣 舍音移定于甑山 李奴之意 緣由稟告事…
(題音) 另擇勤幹 使之任事 無之享需葛藤之地事
二十六日.'

에서만 이러한 일들을 효과적으로 수행할 수 있었다. 앞에서 살펴 본 타관에 있는 서원전을 본관에 이매하는 경우를 비롯하여 마름을 교체할 때에는 물론이고 도조를 제대로 납부하지 않는 작인으로부터 도조를 징수하거나 작인을 교체하는 경우에도 관의 힘을 빌려야 했다. 도조의 납부를 거부하는 작인으로부터 관의 힘을 빌려 도조를 받아들이는 예로는 다음 기록을 참고할 수 있다.

본원의 도조를 이미 다 거두어 들었는데 유독 麥洞의 도조 1 섬 16 말만 납부하지 않고 있다. 원임의 힘으로는 추봉하기 어려워 이에 감히 우러러 호소하오니, 관에서 용맹한 장교를 별도로 파견하여 즉시 받아주시옵기를 바라나이다.[33]

위 사료는 1900년(광무 4) 도조를 수납할 때 다른 작인들은 모두 도소를 납부했는데 유독 맥동에서만 납부하지 않고 있었는데, 원임의 힘으로는 받아들일 수 없자 관에 협조를 요청하고 있는 사실을 보여주고 있다. 이러한 관의 협조로 도조의 수납을 거부하는 작인들로부터 필암서원은 도조를 받아들일 수 있었다. 다음 사료에는 이러한 사정이 잘 나타나 있다.

원답의 도조를 여러 해가 지나도 납부하지 않은 일로 (관청에서) 牌를 발하여 맥동의 金奴를 잡아들여 대령하자 30兩을 즉시 납부하고 나머지 34兩은 秋享 전에 납부하기로 했습니다.[34]

도조의 납부를 거부하던 작인이 관의 개입으로 이렇게 나오자 필암서원에서는 보다 손쉽게 도조를 받아들일 수 있었다.

이 밖에 서원의 안산에 투장하는 자들을 징치하는 데도 필암서원에

---

33) 필암서원 소장 고문서 「牒呈」(庚子 十二月 十日).
34) 필암서원 소장 고문서 「稟目」(庚子 七月 二十日).

서는 관의 도움을 받고 있었다. 사건의 발단은 이러 하였다. 1900년(광무 4)에 본손인 金鴻洙가 지난 겨울 어느 날 밤에 몰래 그익 아버지를 필암서원 앞의 안산에 투장하자, 장성의 유림과 본손들이 여러 차례 이장할 것을 요구하였으나, 김홍수가 이를 거부하였다. 이에 필암서원의 유생들이 이를 관에 호소하였다.[35] 이때에도 장성관에서는 도면을 그려 올리도록 하고 별도로 호장과 형리를 보내어 이를 살펴보게 한 후 김홍수로 하여금 그의 부친의 묘를 파내도록 한 바 있다.

이상에서 살펴본 바와 같이 조선 후기 필암서원은 서원을 운영하고 관리하는 데에 까지도 관의 도움이 없이는 불가능할 정도로 작인의 통제나 도조의 수납이 어려웠다.

그러면 필암서원에서 거두어들이는 도조는 얼마나 되었을까? 1680년의 경우 필암서원에서는 이들 토지에서 秋捧의 賭租로 논에서 벼 34섬 7말과 밭에서 콩 22말 1되를 거두어 들였다. 하봉의 도조가 누락되어 있어 전체 규모를 정확히 파악할 수는 없으나, 하봉의 도조가 주로 밭에서 거두어들이는 것이었는데, 밭에서도 추봉의 도조가 상당히 많이 걷히고 있는 것으로 보아 하봉 도조는 그 양이 그리 많지는 않았을 것으로 보인다. 추봉만을 대상으로 하면, 평균 도지액은 논이 마지기 당 12말 5되, 밭이 2말 정도로 상당히 헐하게 책정되어 있음을 알 수 있다. 다음 〈표 5〉는 이를 나타낸 것이다.

〈표 5〉 1680년 필암서원 전답의 秋捧 賭租

| 밭 | | | 논 | | |
|---|---|---|---|---|---|
| 면적 | 도지액 | 평균도지액 | 면적 | 도지액 | 평균도지액 |
| 26말2되 | 콩22말1되 | *2말 | 55말2되 | 벼34섬7말 | 12말5되 |

*밭의 평균도지액은 밭 총면적에서 각종 대지의 면적을 빼고 구한 것임.

---

35) 필암서원 소장 고문서 「稟報」(庚子 八月 二十八日).

다음 1802년의 전답의 도지액은 『필암서원 원적』에 의하면, 논의 도지가 모두 61섬 10말, 밭의 도지가 23말로 평균 도지액은 논이 마지기당 약 13말 8되,[36] 밭이 6되 6홉으로 역시 도지액이 대단히 헐하게 되어 있었다. 다음의 〈표 6〉은 이를 나타낸 것이다.

### 〈표 6〉1802년 필암서원 전답의 도지액

| 밭 | | | 논 | | |
|---|---|---|---|---|---|
| 면적 | 도지액 | 평균도지액 | 면적 | 도지액 | 평균도지액 |
| 34말 9되 | 23말 | 6되 6홉 | *96말 3되 | 61섬 10말 | 13말 8되 |

* 원노가 記上했거나 기상하기로 한 18말 2되지기는 제외하였음.

이렇게 도지액이 낮게 책정되어 있는 것은 아마도 이들 전답에는 서원의 고직이나 노비 등이 경작하고 있는 토지는 물론이고, 노비의 소유지로 기상하기로 한 토지도 있었으며, 또한 수재를 입어 제대로 도지를 거두지 못할 전답이 많았던 데에서 기인한 것으로 보인다. 그렇다고 하여도 이러한 도지액은 너무 낮은 것임에는 틀림없다. 이에 대하여 필암서원의 고문서에는 필암서원전의 도지액이 민간 지주지인 私畓에 비하여 삼분의 일 수준에 불과하여 대단히 낮게 책정되어 있음을 밝히고 있다.[37]

이 문서에는 노비가 기상했거나 기상하기로 되어 있는 전답에는 도지액이 기록되어 있지 않았다. 이러한 전답으로는 무술년에 得明이 기상한 논 14마지기와 丁才가 후일 기상하기로 하고 갈아먹는 논 4 말 2되지기가 있다. 또 이 문서에는 도지에 '川頃中年改正'이라는 주기가 달

---

36) 1802년 필암서원의 논 114말 5되지기 가운데 원노의 논으로 사후 기상했거나, 기상하기로 한 논 18말 2되지기를 제외하고 산출한 것임.
37) 필암서원 소장 고문서 「稟報」(己酉 二月 日).

려 있는 전답이 많이 눈에 띄는데 이러한 전답은 대체로 다른 전답에 비하여 도지액이 훨씬 낮게 책정되어 있다.

또한 1802년의 전답에는 근래에 도지액이 재책정되었음을 보여주는 주기가 자주 눈에 띈다. 다음 〈표 7〉은 도지액의 개정이 있었던 전답을 나타낸 것이다.

〈표 7〉 도지액의 개정이 있던 전답과 도지액

| 소재지 | 자호 | 면적 | 개정사유 | 개정된 도지액 |
|---|---|---|---|---|
| 古書院坪 | 草 | 1말 3되지기 | 川頉 | 1섬 5말 |
| | | 5마지기 | 〃 | 1섬 10말 |
| | | 2말 3되지기 | 〃 | 2섬 10말 |
| 海村坪 | 賴 | 2마지기 | 〃 | 1섬 |
| | 存 | 2마지기 | 〃 | 1섬 10말 |
| | 常 | 3마지기 | 〃 | 2섬 |
| | 欲 | 3마지기 | 〃 | 2섬 10말 |
| | 此 | 3마지기 | 〃 | 2섬 |
| | 身 | 2마지기 | 〃 | 1섬 10말 |
| | 靈 | 7마지기 | 沙頉 | 2섬 10말 |
| 南一坪 | 轉 | 4마지기 | 川頉 | 1섬 |
| | 從 | 5마지기 | 川沙頉 | 1섬 |
| 계 | | 39말 6되지기 | | 20섬 5말 |

〈표 7〉에 의하면 중간에 도지액의 재책정이 있는 토지의 도지액은 전체 평균보다 약 3말 8되 정도 헐한 것으로 나타난다. 〈표 7〉에서 이들 토지의 도지액이 재 책정된 이유가 川頉이나 沙頉 즉 수재를 입어 제대로 농사를 짓기가 어려웠기 때문이었음을 알 수 있는데, 서원에서는 이러한 토지에 대하여 그만큼 도지액을 낮추어주지 않을 수 없었을 것이다.

## 4. 서원노비의 규모와 변동

필암서원의 노비에 관한 자료는 3건이 소장되어 있다. 1680년에 작성된 『노비전답안』에 실려있는 「노비질」과 1745년에 작성된 『노비보』, 1802년에 작성된 『필암서원원적』에 실려있는 「노질」, 「비질」, 「도노질」, 「도비질」이 그것이다. 1680년에 작성된 『노비전답안』의 「노비질」에는 48명의 노비가 실려있다. 이 당시 필암서원에서 이들 노비를 신공 위주로 소유하고 있었는지 아니면 직접 사역을 위주로 소유하고 있었는지를 알아보기 위하여 노비의 신역부담형태를 사역형태에 따라 표로 정리하여 나타내면 다음 〈표 8〉과 같다.

〈표 8〉 1680년 필암서원 소유 노비의 신역부담형태

| 구분 | 老 | | | 壯 | | | | 弱 | 계 | 비고 |
|------|------|------|------|------|------|------|------|------|------|------|
| | 사환 | 신공 | 기타 | 사환 | 신공 | 빈잔 | 기타 | | | |
| 노 | 1 | | | 11 | | 3 | 3 | 6 | 24 | *식모 |
| 비 | | 1 | | *8 | 1 | 2 | 1 | 11 | 24 | 빈잔 중 4명 |
| 계 | 1 | 1 | | 19 | 1 | 5 | 4 | 17 | 48 | 속공 |

* 老, 壯, 弱의 구분은 『노비전답안』의 기재에 따른 것임.

〈표 8〉에 나타난 바와 같이 1680년 당시 필암서원에서는 모두 48명의 노비를 소유하고 있었는데 이들 가운데 사역이 가능한 노비인 壯奴婢가 모두 29명이었으며, 역의 부담이 없는 늙은 노비가 2명, 어린 노비가 17명이었다. 또 신역부담이 있는 장노비 29명 가운데 가난하고 의지할 곳이 없어 역을 부담할 수 없는 사람 5명을 제외하고 역의 부담 사실이 표시되지 않은 사람(〈표 8〉에 壯의 기타로 파악된 사람)은 4명으로 이들은 가난하고 의지할 곳 없는 비의 딸이거나 속공노비 중에서 담양 ㅁ作谷에 살고 있는 자, 홍덕에 살고 있으면서 신공을 바치는 老婢의 아들이었다.

이들을 제외하고서 장노비 가운데 역 부담이 표시되어 있지 않은 노비는 2명이다. 이들은 사환노나 식모비의 자녀였다. 장노비 29명 가운데 앞에서 언급한 바와 같은 직접 사역시킬 수 없는 부류 9명을 제외한 나머지 20명이 이 당시 필암서원에서 직접 부릴 수 있는 노비의 전부였다. 그러나 이들 가운데에도 필암서원에서 멀리 떨어져 살고 있어 직접 부릴 수 없는 자가 있었다. 흥덕에 사는 비가 바로 그로, 그녀는 필암서원에 신역을 제공하는 대신 신공을 바치고 있었다. 따라서 필암서원에서 직접 부릴 수 있는 노비는 장노비 19명에 불과하였다. 이들 노동력을 필암서원에 직접 제공하는 노비들은 노는 서원의 각종 잡역에 동원되었으며, 비는 식모로서 필암서원에 사역되고 있었다.

이 당시 필암서원은 이들 사역노비의 노동력만으로는 서원을 꾸려나가기에 부족하였던 것으로 보인다. 필암서원에서는 부족한 노동력을 늙은 노비 가운데 아직 노동력이 있는 자를 직접 동원하여 사역시킴으로써 보충하고 있었다. 〈표 8〉에서 老奴 가운데 사환으로 표시된 자가 여기에 해당된다. 이렇게 볼 때 1680년 당시 필암서원의 노비 소유는 서원에서 필요한 노동력을 제공받는 데에 있었다 할 것이다. 다시 말하면 노비로부터 신공을 수취하기보다는 신역을 제공받기 위하여 노비를 소유하고 있었다고 생각된다.

이들 필암서원에 직접 사역되는 노비들은 필암서원 부근에 살고 있었다. 이들의 거주지를 파악하여 표로 나타낸 것이 〈표 9〉이다. 〈표 9〉에 의하면 필암서원에 직접 노동력을 제공하는 노비의 대부분이 院下에 살고 있었음을 알 수 있다.

〈표 9〉 사환노와 식모비의 거주지

| 거주지 | 院下 | 岐山 | 黔正里 | 栗村 | 中登 | 夢洞 | 奄古加 | 계 |
|---|---|---|---|---|---|---|---|---|
| 사환노 | 6 | 2 | 1 | 1 | 1 | | 10 | 12 |
| 식모비 | 7 | | | | | 1 | | 8 |
| 계 | 13 | 2 | 1 | 1 | 1 | 1 | 1 | 20 |

조선 후기 노비 소유에서 직접 사역 대신에 신공을 바치는 노비는 이 당시 필암서원에는 2명에 불과하였다. 신공을 바치는 노비는 2명 모두 婢로 이 중 한 사람은 앞에서 설명한 바와 같이 壯婢로 영광에 살고 있어서 직접 사역시킬 수 없어 신공을 납부하고 있었다. 또 한 사람은 늙은 비로 파악되고 있으면서도 신공을 바치고 있었다. 이 늙은 비는 아들과 함께 흥덕에 살고 있었다. 이들이 낸 신공은 壯婢가 백미 4말, 老婢가 어물을 바치고 있었다. 여기에서도 이 당시 필암서원의 노비 소유가 신공 수납보다는 직접 서원을 운영하는데 필요한 노동력을 조달하는 데 더 큰 의미가 있었음을 보여주고 있다. 필암서원에서는 이들로 부터 거두어들인 신공을 祭享 시에 사용하였다.

1680년 당시 필암서원이 소유하고 있는 노비의 거주지는 다음 〈표 10〉에 나타난 바와 같이 남평, 광주, 영광, 흥덕, 담양 방작곡, 함평, 무장 등 7개 고을에 이르고 있었다. 신공을 바치는 비 2명과 역의 부담 여부가 기록되어 있지 않은 장노 1명과 장비 1명을 제외하고는 모두 가난하여 의지할 곳 없는 자이거나 그들의 자녀인 어린 노비였다.

〈표 10〉 1680년 노비의 거주지

| | 원하 | 기산 | 남평 | 광주 | 영광 | 검정리 | 율촌 | 중등 | 흥덕 | 몽동 | 방작곡 | 함평 | 무장 | 업고가 | 계 |
|---|---|---|---|---|---|---|---|---|---|---|---|---|---|---|---|
| 노 | 11 | 2 | 1 | | 1 | 1 | 1 | 1 | 1 | 1 | 1 | 1 | 1 | 1 | 24 |
| 비 | 14 | | | 1 | 3 | | | | 1 | 1 | 4 | | | | 24 |
| 계 | 25 | 2 | 1 | 1 | 4 | 1 | 1 | 1 | 2 | 2 | 5 | 1 | 1 | 1 | 48 |

이들 노비들이 어떻게 서원의 소유가 되었는가를 살펴보자. 노비의 소유는 일반적으로 이전부터 있던 노비의 자손 즉 전래노비를 기본으로 하여 여기에 다른 사람의 노비를 사들이거나 기증받는 외에 관아에 속공된 노비나 적몰노비를 이속받아 증가되고 있었다. 1680년 필암서원의 노비 소유가 어떠한 방법으로 이루어졌는가를 알아보기 위하여 〈표 11〉을 작성하였다. 〈표 11〉에 의하면 전체 48명의 노비 가운데 이전부터 소유하고 있던 노비의 소생이 38명으로 가장 많고, 다음으로 속공노비가 9명이었으며, 매득노비는 1명에 불과하다. 여기에서 필암서원의 노비는 극히 일부를 제외하고는 이전부터 소유하고 있던 노비의 자손들이 주축을 이루고 있다고 할 것이다. 이러한 경향은 다른 서원의 노비에 있어서도 마찬가지였다.

〈표 11〉 1680년 필암서원 소유 노비의 귀속 사유

| 노비 \ 구분 | 전래노비 | | | 매득<br>노비 | 속공<br>노비 | 계 |
|---|---|---|---|---|---|---|
| | 노x양녀 | 비소생 | 불명 | | | |
| 노 | 1 | 7 | 11 | | 5 | 24 |
| 비 | 2 | 8 | 9 | 1 | 4 | 24 |
| 계 | 3 | 15 | 20 | 1 | 9 | 48 |

이 가운데 속공노비는 이 당시 필암서원의 운영에 별로 도움이 되지는 못 하였다. 이들은 〈표 12〉에 나타난 바와 같이 가난하여 살아갈 방도가 없는 빈잔무뢰한 자들이 7명이나 되어 서원에 도움을 줄 수 있는 노비는 사환노 2명에 불과하였던 것이다. 가난하여 의지할 데가 없는 노비들은 담양, 함평, 무장 등 타관에 거주하고 있는 자들이었다. 이들 속공노비는 『노비보』에 의하면 담양 沈俊生이 소송에서 져서 속공한 노비 8명과 柳廷立으로부터 속공한 노비 1명이었다.[38] 심준생이 소송에서

져서 속공한 노비는 아마도 이들 노비가 심준생이 다른 사람과의 사이에 소유권 분쟁이 일어나 소송을 하게되었으나 양측 모두 자신의 노비임을 입증하지 못하여 속공하게 된 노비였을 것으로 보인다. 이들은 2명을 제외하고는 가난하고 의지할 곳 없는 자들이거나 그들의 자녀들이어서 서원에서는 이들로부터 신공을 받아들이거나 이들을 서원에서 집적 사역시키지도 못하고 있었다.

### 〈표 12〉 속공노비의 사역 형태와 거주지

| | 사환 | | 빈잔무뢰 | | | 계 | 비고 |
|---|---|---|---|---|---|---|---|
| | 岐山 | 奄古加 | 方作谷 | 咸平 | 茂長 | | |
| 노비 | 1 | 1 | 1 *4 | 1 | 1 | 5 *4 | *비 4명은 가난하고 의지할 곳 없는 비 莊春과 그녀의 소생임 |
| 계 | 1 | 1 | 5 | 1 | 1 | 9 | |

다음으로 이보다 65년이 지난 1745년 당시 필암서원의 노비 소유 경향이 어떻게 달라졌는가를 살펴보자. 이를 알아보기 위하여 먼저 『노비보』의 기재를 토대로 노비 현황을 파악하여 〈표 13〉을 작성하였다.

〈표 13〉에 의하면 『노비보』에 기재된 총노비수는 추록한 노비를 포함하여 모두 271명에 달하고 있다. 이 가운데서 1745년 이전에 출생하여 『노비보』가 처음 작성될 당시에 기재된 노비가 190명, 1746년 이후에 추록된 노비가 81명이었다.

---

38) 『노비보』의 屬公奴婢 중 婢 莊春 등에는 '沈俊生落訟屬公'이라 되어 있고, 應禮에는 '此則柳廷立屬公奴'라 주기되어 있다.

<표 13> 『노비보』에 기재된 노비 현황

| 구분 \ 노비 | 전래노비 | | 매득노비 | | 속공노비 | | 계 | | 고노비 | | 도망노비 | | 방매·방량 | | | 계 | | |
|---|---|---|---|---|---|---|---|---|---|---|---|---|---|---|---|---|---|---|
| | 원안 | 추록 | 원안 | 추록 | 원안 | 추록 | 원안 | 추록 | 원안 | 추록 | 원안 | 추록 | 원안 | 추록 | 미상 | 원안 | 추록 | 미상 |
| 노 | 78 | 44 | 5 | | | 5 | 88 | 44 | 12 | 7 | 3 | | 2 | 9 | 1 | 17 | 16 | 1 |
| 비 | 94 | 37 | 3 | | | 5 | 102 | 37 | 18 | 9 | 4 | | 1 | 7 | 1 | 23 | 16 | 1 |
| 계 | 172 | 81 | 8 | | | 10 | 190 | 81 | 30 | 16 | 7 | | 3 | 16 | 2 | 40 | 32 | 2 |

『노비보』가 작성될 당시에 기재된 노비 가운데는 이미 사망한 노비와 도망하거나 방량한 노비가 적지 않게 포함되어 있는데 이들을 제외한 나머지가 1745년 당시의 필암서원에서 실제로 소유하고 있던 노비였다. <표 14>는 『노비보』에 실려 있는 노비 가운데 이미 사망했거나 도망 또는 방량한 노비를 제외한 1745년 당시의 필암서원의 실제 노비소유 상황이다.

<표 14> 1745년 필암서원 노비 소유 상황

| 구분 \ 노비 | 전래노비 | 매득노비 | 속공노비 | 계 (1) | 고노비 | 도망노비 | 방량노비 | 계 (2) | 현존노비 (1-2) |
|---|---|---|---|---|---|---|---|---|---|
| 노 | 78 | 5 | 5 | 88 | 12 | 3 | 2 | 17 | 71 |
| 비 | 94 | 3 | 5 | 102 | 8 | 4 | 1 | 13 | 89 |
| 계 | 172 | 8 | 10 | 190 | 20 | 7 | 3 | 30 | 160 |

<표 14>에 의하면 1745년 필암서원의 노비는 전래노비 171명, 매득노비 8명, 속공노비 10명 중에서 이미 사망한 노비가 20명, 도망한 노비가 7명, 방량한 노비가 3명으로 30명이 현존하지 않아 현존노비는 160명에 이르고 있었다. 이들은 대부분 전래노비 즉 필암서원에서 이전부터 소유하고 있던 노비의 자손들이었다. 물론 『노비보』가 완전하지 못하여

훼손된 자료의 일부와 함께 누락되었을 가능성은 얼마든지 있다. 따라서 실제 노비수는 이보다 얼마쯤 많았을 것으로 보인다. 여하튼 이 자료를 토대로 보면 18세기 중반에는 17세기 후반에 비하여 필암서원의 노비수가 대폭 늘어나고 있음을 볼 수 있다.

다음으로 1802년에 작성된 『필암서원 원적』에 실려 있는 노비를 분석해 보기로 하자. 『필암서원 원적』에는 노비와 관련하여 두 항목이 설정되어 기술되어 있다. 「노질」, 「비질」과 「도노질」, 「도비질」이 그것이다. 「노질」에는 노 15명이, 「비질」에는 비 13명이 기록되어 있는데 이들 중 노 4명과 비 5명은 『노비보』에 추가로 입록되어 있는 자들이었다. 또한 「도노질」에는 노 26명이, 「도비질」에는 비 23명이 기록되어 있는데, 이들 중에서도 노 8명과 비 14명이 『노비보』에 추가로 입록되어 있는 자들이었다. 이 「도노질」과 「도비질」에 기록된 노비 중에는 『노비보』에 이미 필암서원에서 돈을 받고 속량시켰거나, 논을 사기 위하여 속량시킨 것으로 기록되어 있는 비까지 등재되어 있다.

전반적으로 1802년 필암서원이 소유하고 있는 노비의 수는 1745년에 비하여 대폭 줄어들고 있어 이 당시 노비수의 감소라는 일반적인 상황에서 서원도 예외일 수 없었던 사정을 잘 보여주고 있다.

지금까지 살펴본 바와 같이 필암서원의 노비는 1680년의 44명에서 1745년의 160명 이상, 1802년의 28명으로 17세기에서 18세기로 넘어오면서 대폭 늘어났다가, 19세기에 들어와 대폭 줄어들었음을 알 수 있다. 주지하다시피 18세기 후반 이후에는 노비 인구가 크게 줄어들었으며, 그 결과 국가에서는 국가 재정과 긴밀한 관계가 있는 內寺奴婢를 1801년에 혁파할 수밖에 없었던 것이다. 이러한 사회적 변화에서 필암서원도 예외적인 존재가 아니었음을 여기에서 다시 한 번 확인할 수 있다.

## 5. 서원촌과 보노

서원의 재정은 일반적으로 서원의 전답으로부터 거두어 들이는 도조와 노비신공 외에 서원의 속촌과 보노로부터 거두어 들이는 각종 수입 및 원생의 所納錢 등으로 충당되었다.[39] 필암서원도 예외가 아니어서 앞에서 살펴본 서원전과 노비 외에 서원촌과 보노, 그리고 원생에게 얼마씩의 부담을 지우고 있었다.

필암서원의 속촌으로는 筆巖, 中洞, 壯子의 三村이 설정되어 있었음이 고문서에서 확인된다.[40] 이들 삼촌은 필암서원에 주로 享祀 時에 治道의 일을 비롯하여 서원에서 필요한 각종 역을 맡아서 하는 대신[41] 다른 잡역세를 면제받고 있었다.

그러나 관에서는 서원의 속촌에 잡역세를 부과하려고 하여 서원과 갈등을 일으키고 있었다. 1902년(광무 6) 필암서원에서 장성관에 올린 牒呈에 의하면 필암서원의 속촌이 속해 있는 서일면의 면임이 例給租를 거두려 하자 필암서원의 집강이 이의 부당함을 호소하고 있다.[42] 이에 관에서는 서원촌의 잡역을 면제할 것을 다시 확인하는 완문을 발급하여

---

39) 윤희면, 「조선 후기 서원의 경제기반」, 『동아연구』 2, 1983.
40) 필암서원 소장 고문서 「牒呈」.
　　'筆巖書院執綱爲文報事…筆巖一村則　依完文善爲修治是乎乃　中洞壯子兩村不爲修治…'
41) 필암서원 소장 고문서 「完文」(壬辰; 1832년 八月 日).
　　'爲完文成給事…玆以仰稟目 今爲始 享祀時 沿道分定筆巖中洞壯子三村…'
　　필암서원 소장 고문서 「完文」(壬寅 正月 日).
　　'爲永久遵行事　卽接筆巖書院稟目內　以爲本院村民之於院中支供也　應役也　難以支保 故自朝家亦有減戶之典…'
　　필암서원 소장 고문서 「稟目」(癸卯; 1903년 9九月晦日).
　　'右稟告事… 院村本孫官戶十七戶全當　及諸般院役民戶之全當　莫此爲重焉…'
42) 필암서원 소장 고문서 「牒呈」(壬寅; 1902년 六月 日).
　　'筆巖書院執綱爲文報事…噫噫甲午間面任則　牟三石租三石謂以例給　而私懲於村中…'

주고 있다. 이러한 서원촌을 둘러싼 갈등은 수시로 일어나고 있었으나 필암서원에서는 그때마다 관에 품목을 올려 이의 부당함을 호소하여 이의 부과를 저지하고 있었다.

보노는 이미 1680년에 작성된 『전답노비안』의 「보노질」에 보노 41명이 실려 있는 것으로 보아 서원 설립 당시부터 존재하지 않았나 생각된다. 이 보노는 서원에서 모입한 사모속으로 서원에 일정한 경제적 부담을 하는 존재였다.[43] 서원의 보노는 1699년(숙종 25)까지는 규정이 없다가 이 해에 정액이 규정되어,[44] 이것이 『속대전』에 반영되어 법제화되어 사액서원 20명으로 규정되었다.[45] 그러나 안정복이 "서원에 소속된 보인은 30명으로 원에 따라 충정하여 완문을 성급하고 추수 후에 쌀 3말, 콩 1 말씩을 거둔다."[46]고 한 것으로 보아 그 이후 다시 30명으로 확대된 것으로 보이다. 서원 보노에 대한 정액이 규정된 이후 사액서원인 필암서원의 보노는 30명으로 규정되어 있었다.[47] 그러나 이러한 규정은 제대로 지켜지지 않았던 것으로 보인다. 앞의 1680년에 작성된 『노비전답안』의 「보노질」에 등재된 41명은 보노의 정액이 정해지기 이전의 숫자인 것이다.

보노의 신분은 일반적으로 노가 많았지만 반드시 노만으로 구성되지는 않았다. 그 중에는 양인도 포함되어 있었다. 1680년 당시 필암서원의 보노 41명 중에는 노가 압도적으로 많았지만 양인도 6명이나 있었다. 필암서원에서는 이들로 부터 봄과 가을에 각각 벼 1 말씩을 거두어 제향의 비용에 보태쓰고 있었다.

이 보노에 대하여 1802년에 작성된 『필암서원 원적』에는 "보노 30명

---

43) 윤희면, 앞의 논문, 56~58쪽.
44) 『비변사등록』 50책, 숙종 25년 윤 7월 17일.
45) 『속대전』 권3, 「예전」 금령.
46) 안정복, 『잡동산이』 서원약령.
47) 『필암서원지』 권3.

으로부터 봄가을로 한사람 당 쌀 3 말, 닭 2 마리, 참깨 6 되, 보리 6 되씩 거둔다."[48]고 되어 있어 그 사이 30명의 규정이 제대로 지켜지고 있음을 보여주고 있다. 1802년에는 1680년에 비하여 그 사이 보노의 수가 줄어든 대신 한 사람이 부담하는 양은 증가되고 있었음을 보여주고 있는 바, 이 규정은 『필암서원지』에 그대로 기록되어 있다.[49]

필암서원에 소장된 보노에 관한 자료로는 앞에서 소개한 바와 같이 표제가 『노비안』이라 되어 있는 것이 있는데, 이 자료가 1846년(헌종 12)에 작성된 것이라 함은 앞에서 언급한 바 있다.

필암서원에서는 이들 보노로부터 1680년에는 춘추로 한사람당 벼 1 말씩을 거두어 제향 때 사용하였으며, 1802년에는 봄가을로 한사람 당 쌀 3말와 닭 2마리, 참깨 6되, 보리 6되씩을 거두어 들였다. 1842년의 경우도 같았을 것으로 보인다. 이후 호포제가 실시될 때까지는 보노 30명에 대하여 한사람 당 돈 7전씩을 거두어들이고 있었다.[50]

필암서원의 경제 기반으로는 이밖에도 원생으로부터 거두어들이는 所納錢과 例扶錢이 있었다. 원생의 소납전은 1802년에 작성된 『필암서원 원적』에는 30명으로부터 봄가을로 한사람당 2 냥씩 거두어들이는 것으로 되어 있다. 여기서 소납전을 납부하는 원생은 양반으로 구성된 동재 유생이 아니라 양인으로 구성된 서재 유생을 말하는 것으로 보인다. 그것은 『필암서원지』에는 "동재유생은 정원이 없고, 서재유생은 30명이

---

48) 『필암서원 원적』 '保奴三十名 春秋等所納米每名三斗 鷄二首 眞荏六升 眞麥六升.'
49) 위와 같음.
50) 필암서원 소장 고문서 「完文」(壬午; 1882년 七月 日).
   '爲永久遵行事 本院之右保生卽例也 保奴三十名每名七錢式 收捧 以爲享需矣 近自戶布以後遺規蕩然 十無一二存焉 院中之貧殘已極無謂…至於今春儒論齊發 請於戶布中磨錢六十兩 以爲需用之意連狀不已…參酌兩間以二十一兩許施爲去乎 每年正月 當戶布錢出令時 右錢二十一兩 自都軍所收納院中 俾補春享時需用….'
   이 완문은 현재 필암서원 절목이라는 표제명으로 되어 있으나, 문서의 내용상 완문이므로 완문으로 바로 잡았다.

다."[51]라고 되어 있는 바 『필암서원 원적』에서 말하는 원생은 바로 이들을 가리키는 것으로 보이기 때문이다.

예부전은 필암서원 인근의 군현에서 관례에 따라 부조하는 부조금이었던 것으로 보인다. 1893년(고종 30) 필암서원 집강이 무장의 예부전을 납부할 기한이 여러 번 지나서도 납부하지 않으니 해당 색리 金永郁을 장교를 보내어 잡아들어 받아줄 것을 요청하는 첩정을 장성관에 올리자, 장성관이 "무장의 예부전은 차사원을 보내어 잡아들여 督捧하라"[52] 하고 있는 것에서 보면, 군현에서 해당 색리가 납부하도록 되어 있었던 것으로 보인다.

필암서원에서는 또 예외적으로 건물을 중수하거나 수리할 때에는 도내 유생으로부터 부조를 받거나 관의 도움을 받기도 하였다. 1887년(고종 24) 필암서원 원임 등이 장성관에 올린 첩정에 의하면 장성관내의 울산 김씨 문중의 일부가 필암서원의 중수를 칭탁하여 강제로 부담금을 배정하고 있었으며, 그 중 일부는 이미 300金을 서원을 중수하는 것으로 하여 거두어 들이고 있었다.[53] 이것은 물론 필암서원에서 직접 거두어들인 것은 아니지만, 중수가 있을 때는 이러한 일이 수시로 일어나고 있었기 때문에 가능한 일이었다고 생각된다.

중수시의 부조는 장성관내 뿐 아니라 전라도 도내 유생으로부터도 받았다. 1879년 필암서원 유생 朴崙陽 등이 전라감사에게 上書를 올려 필암서원의 賢宇를 비롯하여 淸節堂, 廓然樓, 敬藏閣 등이 비가 새고 낡아 修葺해야 하나 비용이 과다하여 대책이 서지 않자 감영에 청하여 도

---

51) 위와 같음. '東齋儒生 無定數 西齋儒生三十名.'
52) 필암서원 소장 고문서「牒呈」(癸巳; 1893년 九月初七日).
　　'筆巖書院執綱爲文報事　本院茂長例扶錢　屢次過限不納　該吏金永郁　發校杖(결락)…(題音)茂長例扶錢段　當發差捉致督捧是遣….'
53) 필암서원 소장 고문서「牒呈」(丁亥;1887년 十一月十四日).
　　'筆巖書院院任等爲文報事　乃在春間　於外東雀洞之金門　北一九海之金門　或有托院重修　勒排之廬…自春初雀洞之金　三百金以院重修樣　有捧標之事云….'

내 열읍에 예에 따라 부조를 청하도록 논보해 줄 것을 요청하고 있다. 이에 대하여 전라감사는 "공의에 따라 조처할 것"을 지시하고 있다.[54]

이상에서 조선 후기 필암서원의 경제기반을 살펴보았다. 이에 의하면 조선 후기 필암서원의 경제기반은 다른 서원과 마찬가지로 서원전, 노비, 보노, 원생의 소납전을 비롯하여 유생의 원납전, 관으로부터의 보조 등으로 이루어져 있었다. 그러면 이러한 경제기반을 가지고 있는 필암서원의 경제를 이끌어 가는데 어느 것의 비중이 컸는지, 그리고 이를 가지고 운영되는 필암서원의 재정상태는 어떠하였는지를 다음 절에서 살펴보기로 하겠다.

## 6. 필암서원의 재정 상태

앞에서 살펴본 바와 같이 조선 후기 필암서원의 경제기반은 서원전을 비롯하여 노비, 보노 등으로 구성되어 있었으며, 이밖에 원생으로부터 거두어들이는 소납전, 유생으로부터 거두어들이는 원납전, 인근 군현에서 도와주는 예부전 등이 항상적인 수입원이었다. 또한 서원의 건물을 중수하거나 보수하는 등으로 물력이 많이 소용되는 경우에는 군현이나 도내 열읍의 유생들로부터도 도움을 받았다.

그러면 이러한 경제기반으로부터 필암서원이 거두어 들이는 각종 수입은 얼마나 되었으며, 이것으로 필암서원에서는 어떻게 재정을 꾸려 나갔는지를 살펴보기로 하자.

먼저 1680년의 경우 필암서원의 수입은 서원전에서 거두어들이는 도

---

54) 필암서원 소장 고문서 「上書」(己卯; 1879년 正月 日).
　　'筆巖書院儒生朴崙陽等 謹齋沐上書 于縉紳閣下…賢宇與淸節堂 廓然樓 敬藏閣 擧皆雨漏 椽朽棟頹 時日危急 修葺無策…伏願垂察敎是後 修報之方 論報營門 道內列邑 依例請扶 以保本院仰蒙一新之地幸甚.'

조와 보노로부터 거두어들이는 보노전이 있었다. 이 중에서도 서원전에서 거두어들인 도조가 절대적인 비중을 차지하고 있었다. 『노비전답안』에 나타난 바에 의하면 이 해에 필암서원에서 거두어들인 賭租는 畓租가 벼 34섬 7말, 田租가 콩 22말 1되에 이르고 있었다. 이것은 이 전해인 기미년치의 도조를 이 해에 거두어들인 것이었다.

보노로부터 받아들이는 보노조는 한 사람 당 봄가을에 각 1말씩으로 되어 있었다. 이 당시 보노는 앞에서 살펴본 바와 같이 모두 41명이어서 이들로부터 받아들이는 조의 총액은 모두 82말이 되어야 했는데, 실제로 받아들인 것은 3섬 18말로 2명분이 부족하였다.[55] 그것은 아마도 보노 중 2명이 有故여서 이들로부터 조를 받아들이지 못하였기 때문으로 보인다. 이외에도 夏捧田租를 비롯한 다른 수입이 있었을 것으로 보이나 이에 대해서는 『노비전답안』의 「捧上秩」에는 기록되어 있지 않아 알 수가 없다.

다음 1802년의 수입을 『필암서원 원적』을 통하여 검토해보면, 먼저 전답조가 전조 23말, 답조 61섬 10말에 이르고 있다. 또 보노 30명으로부터 1명당 所納米 2말, 닭 2마리, 참깨 6되, 보리 6되와 원생 30명으로부터 1명당 소납전 2냥씩을 거두어들여 미 3섬, 닭 60마리, 참깨 18말, 보리 18말, 전 60냥이 더 있었다. 이 외에 복호 3결에 대한 수입으로 雜需米 2섬이 1802년 필암서원 수입의 전부였다. 『필암서원 원적』에는 나타나지 않지만, 앞에서 살펴본 바와 같이 이러한 수입 외에 때에 따라서는 유생의 원납전이나 인근 군현의 예부전이 더 있었을 것이며, 노비신공도 상당히 있었을 것이다. 특히 노비신공은 노비의 수가 적었을 1680년경에는 그 양이 극히 적었을 것이나, 노비보유수가 200명 정도에 육박하였을 1745년대에는 상당히 많았을 것으로 보인다.

---

55) 이 당시 1섬은 全石 20말 平石 15말이었는데, 이 문서에 기록된 단위는 모두 전석으로 되어 있다.

<표 15> 필암서원의 지출 내역(1679. 8~1680. 2)

(단위 : 섬-말-되-홉)

| 연 월 일 | 지 출 내 역 | 지출종류 | | | 비 고 |
|---|---|---|---|---|---|
| | | 米* | 租 | 太 | |
| 1679.8. 8 | 修理時 | 4-0-8 | 1-04-0-0 | | |
| | 秋享入齋時支供 犧價 | 14-0-0 | 5-00-0-0 | | 保租3석18두,<br>院租1석2두 |
| 9.10 | 講堂重修院會時 | 03-3-0 | 12-4-0 | 03-0-0 | 租는 糶價 |
| | 秋享時支供 牛價 | 4-03-1-0 | 3-06-0-0 | | 9승포 8필 값 |
| 10.11 | 齋任過年 糧米 | 03-4-0 | 08-0-0 | | 租는 糶價 |
| | 居接時 | | 1-00-0-0 | 01-0-0 | 租는 糶價 |
| 10.15 | 木手 赴役時 | 15-0-0 | | 02-0-0 | |
| 11. 2 | 齋任 過年 幹事時 | 08-6-0 | 17-0-0 | | 租는 糶價 |
| | 先生文集修正時 筆墨價 | | 13-0-0 | 02-0-0 | |
| | 治道 赴役時 | 04-0-0 | | | |
| 12.12 | 木手 會餉時 酒餅 | 05-8-0 | 07-3-0 | | 租는 糶價 |
| | 木手 手功價 | | 2-10-0-0 | 03-0-0 | |
| | 食母 針粧價 | | 2-00-0-0 | | |
| | 掌議遞任時 院會 | 01-8-5 | 07-3-0 | | 租는 糶價 |
| 1680.1. 6 | 鄕校移建通文院會時 | 02-1-7 | 13-0-0 | 8-5 | 租는 糶價 |
| 11 | 居接時 | | 10-9-0 | | 租는 糶價 |
| 2. 4 | 齋任遞任時 院會 | 9-8 | 05-6-0 | | 租는 糶價 |
| 계 | | 7-06-2-8 | 19-14-5-0 | 11-8-5 | |

* 米는 畓租 중 13섬 17말을 作米하여 110말 8되 3홉을 확보하여 사용함.

그러함에도 불구하고 1680년의 『노비전답안』과 1802년의 『필암서원
원적』에 이에 대한 언급이 없었던 것은 이 당시에는 노비의 대부분을
필암서원에서 직접 사환하고 있었기 때문이 아니었을까 생각된다.

어쨌든 필암서원에서는 이러한 정도의 수입으로 재정을 꾸려나갔다.
필암서원의 지출 상황은 1680년에 작성된 『노비전답안』에만 나타나는
데, 이를 토대로 1680년의 필암서원의 재정 상태를 살펴보면 그리 풍족
하지 않았음을 알 수 있다. 이 자료에 의하면 필암서원에서는 이 해에

받아들인 전답의 도조와 보노의 조로 한 해의 서원에 소용되는 각종 경비를 충당하고 있었다.

1680년에 작성된 『노비전답안』 「己未用下秩」에는 전해인 기미년 8월부터 이듬해인 경신년 2월까지 7개월 동안의 각종 지출 내용이 세세하게 기록되어 있는데, 이를 분석해 보면 그러한 사정을 잘 알 수 있다. 〈표 15〉는 이것을 알아보기 위하여 작성한 것이다.

〈표 15〉에 의하면 필암서원에서는 1679년 2월부터 이듬해 8월까지의 7개월 동안에 쌀 7섬 6말 2되 8홉과 벼 19섬 14말 5되, 콩 11말 8되 5홉을 지출하고 있었다. 〈표 15〉의 지출 내역은 7개월치 뿐이어서 1년간의 지출을 밝히기에는 어려움이 있다. 그러나 이를 근거로 1개월의 평균 지출량을 계산하고 다시 이를 토대로 1년치의 지출 예상량을 추산하면 대략 1년분의 지출량에 근접하리라 생각한다. 그것은 1679년 8월부터 1680년 2월까지 다달이 지출한 경비가 월별로 큰 차이를 보이지만, 秋享 시에 지출된 것을 제외하면 그리 많지 않으며, 1680년 3월부터 7월까지 사이에 지출이 예상되는 가장 큰 항목 역시 春享 시에 지출될 것으로 예상되어, 앞의 7개월분의 평균이 후의 5개월분의 평균과 크게 다르지 않을 것으로 생각되기 때문이다.

『노비전답안』의 「기미용하질」에 기록되어 있는 1679년 8월부터 1680년 2월 사이에 지출된 경비는 〈표 15〉에 나타난 바와 같이 쌀 7섬 6말 2되 8홉, 벼 19섬 14말 5되, 콩 11말 8되 5홉으로 대략 한 달에 쌀 1섬 1되, 벼 2섬 16말, 콩 1말 7되를 지출한 셈이었다. 따라서 1680년 2월부터 7월까지 5개월 사이에 소용되는 물량은 쌀 5섬 5되, 벼 14섬, 콩 8말 5되로 쌀 1섬과 벼 10섬 정도가 부족할 것으로 예상된다. 다음의 〈표 16〉는 이를 나타낸 것이다.

〈표 16〉월 평균 지출량과 보관량 및 1680년 2월~7월의 지출 예상량과 부족량

| 곡물<br>종류 | 시 지출량 | 월 평균 지출량 | 보 관 량 | 예상지출량 | 예상부족량 |
|---|---|---|---|---|---|
| 쌀 | 7섬 6말 3홉 | 1섬 1말 | 4말 4되 8홉 | 5섬 5말 | 1섬 5되 2홉 |
| 벼 | 19섬 14말 5홉 | 2섬 16말 | 4섬 13말 4되 | 14섬 | 9섬 6말 6되 |
| 콩 | 11말 7홉 | 1말 7되 | 10말 4되 | 8말 5되 | 1말 8되 남음 |

그런데 1680년 2월까지 지출하고 남은 물량은 쌀 4말 4되 8홉, 벼 4섬 13말 4되, 콩 10말 4되에 불과해 5개월 동안에 필요한 물량의 절반 정도에 불과한 실정이었다. 그러나 『노비전답안』의 「곡물봉상질」에 기록되지 않은 수입이 더 예상되므로 전체적으로는 그렇게 크게 부족하지는 않았으리라 생각된다. 「곡물봉상질」에 기록되지 않은 수입원으로는 앞의 경제 기반에서 살펴본 바와 같이 하곡도조와 원생 소납전, 노비신공, 예부전 등이 있다. 하곡도조는 밭이 대상이었기 때문에 많지는 않았을 것으로 보이며, 노비신공도 1680년의 경우는 앞에서 살펴본 바에 의하면 비 2명의 몫에 불과하여 거의 무시해도 좋을 정도였다. 그러나 원생 소납전은 시대가 뒤떨어지기는 하지만 1802년의 경우 60냥에 달하고 있어 1680년의 경우도 결코 적지 않았을 것으로 보인다.

전반적으로 보아 1680년 당시 필암서원의 재정 상태는 결코 여유 있는 모습은 아니었다. 따라서 필암서원에서는 경비 부족을 타개하기 위하여 앞에서 언급한 바와 같이 노비를 팔아 이를 재원으로 전답을 마련하기도 하고, '재력을 남용하지 말 것', '춘추 향사 시에 물력을 남용하지 말 것' 등을 강조하는 등의 자구 노력을 기울이고 있었다.

1802년의 『필암서원 원적』에 실려 있는 「절목」에는 이를 규정한 조목이 여럿 등장하고 있는데, 이것은 바로 필암서원의 경제기반을 공고히 하여 재정을 튼튼히 유지하려는 의도에서 마련된 것으로 생각된다. 여기에 실려 있는 내용은 "필암서원의 재력이 중년 이래로 탕진되어 여유

가 없으니 지금 이를 이정한 후 남용하지 말 것, 춘추 향사 시에 물력을 남용하지 말고, 원생의 소납전과 보노로부터 거두는 쌀 외에는 加用하지 말 것, 院中의 노비와 전답을 부득이 방매할 경우에는 집강들과 향원이 원회를 열어 의논한 후 장성관과 감사에게 보고하여 재가를 받은 후에 처리할 것, 원중 전답의 收稅는 이전과 같이 등한히 할 수 없으니 차후로는 색장이 친히 살펴보고 사실에 따라 할 것"[56] 등으로 재정을 충실히 하기 위한 조목이 대부분이었다. 이것은 그만큼 필암서원의 재정이 압박을 받고 있어서 이를 타개하기 위한 조처였던 것으로 생각된다.

## 7. 맺음말

지금까지 조선 후기 필암서원의 경제기반과 재정에 대하여 필암서원에 소장되어 있는 고문서를 중심으로 살펴보았다.

필암서원의 경제기반은 서원전과 노비 외에 속촌, 보노조, 원생 소납전 등으로 다른 서원과 크게 다를 바 없었다. 이밖에 서원을 중수하거나 수리하는 경우 관내 유생이나 도내 열읍의 부조를 받는 일이 있었다.

필암서원의 경제기반에서 가장 중요한 것은 전답으로 전답의 규모는 1680년의 경우 논 55말 2되지기, 밭 26말 2되지기로 모두 81말 4되지기에 달하였으며, 1802년의 경우는 논 61섬 10마지기, 밭 23마지기 합계

---

56) 필암서원 소장 고문서 『필암서원 원적』 「節目」.
'一. 本院財力 中年以來 蕩盡無餘 自今釐正後 不可濫用事.
一. 春秋享祀時 物力不可濫用 院生所納錢 保奴米外 勿爲加用事.
一. 院中奴婢田畓 不得已 放賣則 諸執綱及鄕員 院會詳議後 報于木官 稟于縉紳 受題後 處決事.
一. 院中田畓 餘存無多 不可如前等閒 此後則 色掌親審從實收稅事.'

62섬 13마지기로 대폭 증가하였다.

이들 전답은 지주전호제에 의하여 경작되고 있었는데, 작인은 노비와 같은 서원종속인은 물론이고 양인과 양반까지 다양하였다. 이들 전답으로부터 거두어들이는 도조는 1680년의 경우 秋捧으로 畓租가 34섬 7말, 田租가 콩 22말 1되였고, 1802년에는 답조가 61섬 10말, 전조가 23말이었다.

한편 노비의 규모는 1680년에는 48명이었던 것이, 1745년에는 160명 이상으로 대폭 늘어났으나, 다시 1802년에는 28명으로 대폭 줄어들고 있다. 또한 이때에는 현존노비보다 많은 49명의 노비가 도망하고 있었다. 이들의 신역부담 형태를 살펴보면 1680년의 경우 48명의 노비 가운데 늙은 노비나 어린 노비, 또는 지극히 가난하여 의지할 수 없는 빈잔무뢰한 노비를 제외하고 실제 부담을 지는 노비는 대부분이 신역을 제공하고 있었다. 이들은 20명 모두가 院下를 비롯한 서원부근에 거주하고 있었다. 반면에 신공을 납부하는 노비는 2명에 불과하였는데, 이들은 필암서원에서 비교적 멀리 떨어진 타관에 거주하고 있는 노비였다.

필암서원의 노비들은 전래노비, 속공노비, 매득노비의 3부류로 구성되었는데, 전래노비가 압도적으로 많았다.

필암서원의 속촌으로는 필암, 중동, 장자 3촌이 설정되어 있었는데, 이들은 享祀 시에 治道의 역을 담당하는 대신 관으로부터 잡역을 면제받고 있었다. 필암서원의 보노는 1680년의 경우 41명으로 필암서원에서는 이들로부터 각각 춘추로 벼 1말씩을 거두어 제향에 보탰다. 이들 중 6명은 양인이었으며 나머지는 모두 노였다. 이 보노는 『속대전』에서 정액화되어 20명으로 줄어들었는데, 다시 사액서원은 30명으로 증액되었다. 필암서원은 사액서원이었으므로 이후 30명으로 고정되어 1802년의 경우 이들로부터 춘추로 각각 쌀 2말, 닭 2마리, 참깨 6되, 보리 6되씩을 거두고 있었다. 그러나 대원군 집권 후 호포법이 실시되면서 이들의 부담은 7전씩으로 줄어들었다.

필암서원에서는 이밖에 서재원생으로부터도 所納錢을 받고 있었다. 서재원생이 내는 소납전은 1802년의 경우 한사람 당 2냥씩이었다.

필암서원에서는 이러한 경제기반을 바탕으로 재정을 꾸려가고 있었으나 그리 넉넉한 편은 아니었다. 1680년의 경우 필암서원의 수입은 秋捧의 畓租 34섬 7말과 田租 콩 22말, 그리고 保奴로부터 받아들인 3섬 18말이 전부였다. 이밖에 노비신공 2인분과 하봉의 전조 약간이 예상되나 이것은 거의 도움이 되지 않는다. 반면에 지출은 1679년 2월부터 이듬해 8월까지의 7개월 동안에만 쌀 7섬 6말 2되 8홉과 벼 19섬 13말 5되, 콩 11말 8되 5홉에 이르고 있어, 전반적으로 보아 1680년 당시 필암서원의 재정 상태는 결코 여유있는 모습은 아니었다. 따라서 필암서원에서는 경비 부족을 타개하기 위하여 여러 가지 대책을 강구하고 있었다.

# 제2부
# 노비의 존재형태와 사역 양상

# Ⅰ. 조선 초기의 공노비 노동력 동원체제

## 1. 머리말

조선왕조는 국가에서 필요한 노동력을 부역의 형태로 역부담 의무를 지고 있는 사람을 직접 징발하여 사역시켰다. 공노비 노동력의 동원에 있어서도 예외는 아니었다. 선상·입역제가 그것이다. 그렇다고 하여 모든 공노비가 다 선상·입역의 의무만을 지고 있는 것은 아니었다. 이들은 선상·입역하는 기간을 제외하고는 납공으로 그들의 의무를 대신하였다. 그러나 이들은 번차가 정해져 있어 언제라도 자기 차례가 되면 선상·입역해야 했기 때문에 기본적으로 국가에 대하여 노동력의 제공자로 존재하였다. 따라서 조선 전기에 있어서 공노비는 질적으로는 다르나 형태상에 있어서는 부병제 원칙 아래서 군역의 부담을 지고 있는 양인과 마찬가지로 신역의 제공자로 존재하였던 것이다.

이러한 선상·입역제를 내용으로 하는 공노비 노동력 동원 체제는 양인의 군역과 마찬가지로 대역의 과정을 거쳐서 16세기 말 경에 이르러서는 신포의 납부로 바뀌어갔다. 이러한 변화는 노비제가 유지되고 있던 사회경제구조의 변화와 궤를 같이하여 나타났다. 따라서 조선 초기 공노비 노동력 동원체제도 사회경제구조와 관련하여 고찰할 필요가 있다.

이와 같은 관점에서 이 장에서는 조선 초기 공노비 노동력 동원 체제를 사회경제구조와 관련지어 살펴보려 한다. 즉 선상·입역제의 정비과정과 운영 실태를 노비가호의 재생산 기반의 유지라는 측면을 고려하면서 고찰하고, 이어서 선상대립의 전개 양상과 그 배경, 선상대립의 주체와 대립인의 신분을 사회경제적 배경에 유념하면서 구체적으로 밝혀 보려한다.

조선 초기 공노비의 선상·입역제는 기존의 연구에서 어느 정도 밝혀졌으나,[1] 대부분의 연구가 제도의 구명에 치우치고 있어 선상·입역제 성립의 사회경제적 배경이나 노비가호의 재생산 기반의 보장이라는 측면에서 좀 더 구체적으로 조명될 필요가 있다. 또 선상대립에 대해서도 기존의 연구에서 일부 언급되고는 있으나[2] 대립 현상이 나타난 사실만을 지적하는데 그치고 있어 그 배경이나 양상들이 좀더 체계적으로 구명될 필요가 있다.

이 문제에 관심을 갖게 된 것은 조선 후기의 노비를 연구하면서 조선 후기에 공노비 노동력의 동원이 고립제로 이행되면서 선상·입역의 의무를 지고 있던 노비들이 신공납부의 의무만을 지고 있는 존재로 바뀌고 있었음을 밝힌 바 있는데,[3] 이 과정을 구체적으로 해명하기 위해서는 조선 전기 노비 노동력의 동원 체제를 살펴보는 것이 필요하다고 생각했기 때문이다.

이 글에서는 이 작업의 일환으로 우선 조선 초기에 국한시켜 공노비 노동력 동원 체제를 살펴보려 한다. 여기에서 다루는 시기는 대체로 조선왕조 성립부터 『경국대전』 체제가 완성되어 실시되는 성종대까지로 국한하였다.

---

1) 조선초기 공노비의 선상·입역제에 대하여 언급한 논고로는 다음과 같은 것들이 있다.
   周藤吉之, 「高麗末より朝鮮初期に至る奴婢の研究 一」, 『歷史學研究』 9-1, 1937; 김석형, 『朝鮮封建時代農民の階級構成』 日本 學習院 東洋文化研究所, 1959; 구병삭, 「조선법제사특수연구」, 『우석대 문리법경대논문집』1, 1967; 이재룡, 「조선전기 노비의 연구」, 『숭전대논문집』 3, 1971; 지승종, 「조선전기 공노비제도의 구조와 변화」, 『韓國學報』 32, 1982.
2) 선상대립에 대하여 언급한 논고는 다음과 같다.
   田川孝三, 『李朝貢納制の研究』, 日本 東洋文庫, 1964; 지승종, 위의 논문.
3) 전형택, 「조선후기 노비노동에 있어서 고립제의 전개」, 『변태섭박사화갑기념 사학논총』, 1985; 『조선후기 노비신분연구』, 일조각, 1989.

## 2. 선상·입역제의 성립과 그 운용

### 1) 선상·입역제의 정비과정

조선왕조에서 공노비의 노동력은 공노비를 각관사에 분급·소속시키고 이들을 번차에 따라 교대로 사역시키는 선상·입역제에 의하여 동원되었다.

각사에 소속된 노비는 그들의 소속된 시기에 따라 원속노비와 속공노비로 구성되어 있었다. 원속노비는 고려 시대부터 각관사에 소속되어 사역된 노비로 이들은 봉족을 지급받고 차례에 따라 교대로 입역하고 있었는데,[4] 그 규모는 대략 2만 명 내외였을 것으로 추정된다.[5]

속공노비는 조선 건국 후 국가에 몰수·속공된 뒤 각사에 분급된 노비었다. 속공노비의 분급은 조선 건국 초부터 수시로 이루어졌다. 조선왕조에서 최초의 속공노비는 1392년(태조 1)에 고려의 종친과 세족이 소유하고 있던 노비를 속공한 것이었다.[6] 이들이 속공되어 어느 관사에 분속되었는지는 알 수 없으나 차례에 따라 교대로 입역하는 원속노비와 달리 개개인이 모두 입역하는 가혹한 처지에 놓여 있었으며, 유고 시에는 본주가 대신 채워 넣도록 되어 있었다.[7] 속공노비의 대부분은 1406년(태종 6)에 속공된 혁거사사노비였다. 이들 혁거사사노비는 전농시에 소속되었다가 그 후 필요에 따라 각사에 분급되어 각사노비의 주류를 이루었다.

혁거사사노비의 각사 분급은 이들이 속공된 그 해에 바로 실시되기 시작하였다. 정액 외의 사사노비를 속공하여 전농시에 소속시켜 둔전에

---

4) 『세종실록』 권32, 세종 8년 4월 신묘.
5) 周藤吉之, 앞의 논문, 42쪽 및 지승종, 앞의 논문, 51쪽.
6) 『태조실록』 권1, 태조 원년 8월 기사.
7) 『태조실록』 권15, 정종 즉위년 9월 갑신.

사역시키도록 하면서 군기감에 4,000명 내자시와 내섬시에 각 2,000명, 예빈시와 복흥고에 각 3,000명씩을 정속시켜 차례에 따라 교대로 돌아가면서 입역하도록 조처하였던 것이다.[8] 그러나 다음 해에 바로 각사에 분속시켰던 노비 가운데 군기감에 소속된 4,000명을 제외하고는 각사 분속을 불허하여 외방노비를 모두 전농시에 환속시키고, 다만 개경과 한성 양도성에 거주하고 있는 경거노비만을 일이 많고 노비가 적은 경중 각사에 분급하여 사역하도록 조처하였다.[9] 또 1416년(태종 16)에는 전농시에 속해 있던 혁거사사노비의 일부를 형조·경승부·제용감·내자시·내섬시·예빈시에 분급하였다.[10]

혁거사사노비의 각사 분급은 세종 대에 들어와서도 실시되었다. 즉 1418년(세종 즉위)에 금천현과 과천현의 강변에 거주하고 있는 여러 관사의 노비를 水夫로 加定하는 대신 전농시에 속해 있던 혁거사사노비를 이들 여러 관사에 분급한 것[11]을 비롯하여, 1424년(세종 6)에 혁거사사노비 120명을 2명을 1호로 하여 동서학당에 30호씩 분급한 것[12] 등 필요할 때마다 수시로 행해졌다.

각사노비로 분급된 속공노비는 혁거사사노비가 가장 많았으나 범죄에 연루되어 관에 몰수된 노비도 있었다. 1426년(세종 8)에 병조참판 李蔵이 "각사의 원속노비는 봉족을 지급받고 윤차 입역하고 있는데, 범죄에 연좌되어 몰입되어 노비가 된 자들은 봉족도 없이 장번으로 입역하고 있어 고생이 막심하니 이들도 원속노비와 같이 번차로 나누어 교대로 입역케 하자."[13]고 진언하고 있는 것에 나타난 바와 같이 범죄에 연

---

8) 『태종실록』 권11, 태종 6년 4월 신유.
9) 『태종실록』 권13, 태종 7년 정월 정묘.
10) 『태종실록』 권32, 태종 16년 12월 신미.
11) 『세종실록』 권2, 세종 즉위년 11월 을사.
12) 『세종실록』 권24, 세종 6년 5월 계사.
13) 『세종실록』 권32, 세종 8년 4월 신묘.

좌되어 노비로 몰입된 자들도 각사에 분급되어 사역되고 있었다.

각사노비의 충원은 관노비나 다른 공노비의 이급으로도 이루어졌다. 1404년(태종 4)에 각도에 흩어져 살고 있는 각사·각관노비 가운데 15세 이상 50세 이하인 자를 火㷁軍에 加定한 것[14]을 비롯하여, 1414년(태종 14)에 제용감이 일은 많으나 노비가 대부분 외방에 살고 있어 사역할 노비가 부족하여 경중과 기내에 살고 있는 먹고 살만한 노비 50명을 정급해 준 것[15] 등이 그러한 예이다. 이러한 일은 세종 대 이후에도 필요할 때마다 수시로 실시되었다.[16]

조선 초기에 각사노비의 수가 정확히 얼마나 되었는지 잘 알 수는 없으나, 1439년(세종 21)에 124관사에서 소유하고 있는 노비가 추쇄한 노비가 21만 수천 명, 아직 추쇄하지 못한 노비가 2만 수천 명으로 모두 23만 수천 명을 상회하고 있었으며,[17] 1461년(세조 7)에는 114관사에서 20 수만 명을 소유하고 있었고,[18] 1484년(성종 15)에는 추쇄한 경·외노비가 모두 261,984명에 이르고 있어,[19] 조선 초기 각사노비는 대략 23만 ~27만 명 수준이었던 것으로 보인다.

각사노비를 동원·사역시키는 선상·입역제는 『경국대전』에 "경거노

---

14) 『태종실록』 권8, 태종 4년 8월 기사. 화통군은 군기감에 소속되어 있었는데 태종 16년 12월에 군기감 조역노로 개칭되었다.(『태종실록』 권32, 태종 16년 12월 신미)
15) 『태종실록』 권28, 태종 14년 9월 계유.
16) 이러한 예는 세종 원년(1419) 성균관에 100명의 노비를 정급한 것(『세종실록』 권5, 세종 원년 8월 경진)을 비롯하여, 같은 왕 16년(1434) 사역원에 경중·경기노비 200명을 지급한 것(『세종실록』 권64, 세종 16년 2월 계유), 성종 원년(1470) 노비가 없는 여러 관사에 외방의 노비안에 올라 있는 노비 가운데 서울에 살고 있는 자를 분급해 준 것(『성종실록』 권3, 성종 원년 2월 임술), 같은 왕 21년(1490) 예문관에 노비 18명을 가급해 준 것(『성종실록』 권245, 성종 21년 윤 9월 임오.) 등 아주 많았다.
17) 『세종실록』 권85, 세종 21년 5월 기미.
18) 『세조실록』 권24, 세조 7년 4월 임신.
19) 『성종실록』 권169, 성종 15년 8월 정사.

비는 2번으로 나누어 서로 교대로 입역하고, 외방에 거주하는 노비는 7
번으로 나누어 교대로 선상한다."[20]고 되어 있어 경거노비의 입역과 외
방노비의 선상으로 나뉘어 운영되고 있었던 것을 알 수 있다.

　각사노비의 선상·입역제가 처음부터 이와 같이 정비되었던 것은 아
니었다. 같은 경거노비라 하더라도 원속노비와 속공노비가 달랐으며,
외방노비의 경우에도 그들의 소속 관사의 형편에 따라 달랐다.

　선상·입역제가 『경국대전』의 규정과 같이 정비된 과정을 살펴보면,
먼저 속공노비의 경우 고려의 종실 및 거족으로부터 속공한 노비는
1398년(정종 즉위) 9월 이전까지는 개개인이 모두 입역하도록 되어 있
었으나, 이때부터 2명 중 1명이 입역하는 것으로 정해져[21] 2번으로 나
뉘어 입역하게 되었으며, 범죄에 연좌되어 몰관된 노비는 1426년(세종
8) 4월 이전까지는 장번 입역으로 되어 있었는데 이때에 원속노비와 같
이 교대로 입역하도록 조처되었다.[22] 이 당시 원속노비의 입역 번차가
몇 번으로 나뉘어져 있었는지는 잘 알 수 없으나, 이들이 봉족을 지급
받고 돌아가면서 입역하고 있었으며, 또 앞의 속공노비가 2명 중 1명씩
입역하도록 조처되었던 것으로 보아 이들도 2번으로 나누어 입역하였
던 것으로 보인다. 이들 원속노비와 속공노비는 대부분이 경거노비였기
때문에 경거노비의 입역 번차는 이때에 모두 2번으로 통일된 셈이다.

　이들 경거노비의 입역 번차는 1436년(세종 18) 9월에 2번으로 나뉘어
교대로 입역하는데서 3번으로 나뉘어 1번 쉬고 2번씩 입역하는 것으로
고쳐졌다.[23] 이와 같이 경거노비의 입역 번차가 바뀐 것은 외방노비의
선상이 고역이어서 그 수를 감하고 번차를 늘리는 대신 경거노비의 입
역을 늘렸기 때문이다. 이때의 입역기간은 1개월 단위여서 3번으로 나

---

20) 『경국대전』 권5, 「형전」 공천.
21) 주 7)과 같음.
22) 주 4)와 같음.
23) 『세종실록』 권74, 세종 18년 9월 을묘.

뉘어 2번씩 입역하는 경거 각사노비는 두 달 입역하고 한 달 쉬는 대단히 가혹한 처지였다. 이전에는 2번으로 나뉘어 한 달은 관사에 입역하고 한 달은 집에서 생업을 꾸려나갈 수 있었으나, 이제는 두 달 관사에 입역하고 한 달만 집에 있게 되어 이들이 관사의 사역에 분주하여 생계를 돌 볼 수 없어 생활이 점점 아주 어렵게 되었다.

이와 같이 경거노비의 입역 번차의 변경으로 경거노비의 생활이 점점 어렵게 되자, 번차를 2번으로 나눠 1번씩 입역하는 것에서 3번으로 고쳐 2번씩 입역하는 것으로 고친 지 36년만인 1472년(성종 3)에 이를 다시 2번으로 나누어 1번씩 입역하는 것으로 환원하자는 의견이 제기되었다.[24] 그러나 이 문제는 경거노비의 입역 번차를 줄이게 되면 외방노비의 선상수를 늘려야 했기 때문에 바로 결정되지 못하였다.

다음해 정월 대사간 成俔 등이 이 문제를 다시 거론하면서 외방의 선상노로 공신에게 지급되는 구사를 감하여 이들을 각사에 돌려보내 옛날 제도대로 경거노비의 입역을 2번으로 할 것을 제안하였다.[25] 이에 성종이 이 문제를 원상들에게 논의하도록 하였는데, 정인지·정창손 등이 "일이 많은 관사의 노는 번차를 나누어 입역함이 옳으며, 일이 적은 관사라 하더라도 근수노의 노고는 일이 많은 관사의 노와 다를 바 없으니 장례원에 있는 여분의 선상노로 각 관사의 부족한 노 227명을 보충하여 2번으로 나누어 입역시키는 것이 좋다."고 하였다. 또 신숙주·한명회 등도 "세종 말년에 상정한 이래 법령이 점차 엄밀해져서 여러 관사의 노비들이 생계를 이어갈 방도가 없고 관사의 일 또한 많아져 날로 조잔해지고 있어 선상노를 배로 늘린다 하더라도 그 폐를 구할 수 없게 되었으며, 또 관사의 일에는 많고 적음이 있지만 노비가 입역할 때의 고통에는 다름이 없으니 관사 업무의 많고 적음을 논하지 말고 2번으로

---

24) 『성종실록』 권24, 성종 3년 11월 병신.
25) 『성종실록』 권26, 성종 4년 정월 계묘.

나누어 입역시키는 것이 좋겠다."[26]는 의견을 개진하였다. 이러한 원상들의 의견에 따라 경거노비의 입역 번차는 다시 2번으로 환원되었다.

한편 외방노비의 선상 번차도 1425년(세종 7) 각사의 선상노비들이 고역을 견디지 못하여 실업, 유망하는 사태에 직면하여 그 대책으로 각도의 선상노비를 각사의 일의 많고 적음에 따라 수를 정하여 3번으로 나누어 번갈아 번상시켜 그들의 고통을 덜어주자는 안이 제기되어 그대로 실시되었던 것을 보면,[27] 이 무렵까지는 경거노비와 같이 2번이었던 것으로 보인다.

그러나 외방노비를 3번으로 나누어 번갈아 선상시키는 일은 실제로 제대로 지켜지지 않았다. 그것은 각사마다 노비 소유에 차이가 많았기 때문이다. 1439년(세종 21) 사간원의 상소에 의하면, 각사의 외방노비들이 노비를 많이 소유한 관사에서는 5~6년 또는 10년마다 선상하는 자가 있는가하면 노비를 적게 소유한 관사에서는 해마다 선상하는 실정이었으며,[28] 1454년(단종 2) 의정부의 계에 의하면, 노비가 많은 관사에서는 해마다 또는 1년 건너 한 번씩 번갈아 선상하는 실정이었다.[29] 이와 같이 외방 선상노비의 번상 번차가 관사에 따라 차이가 심하자, 정부에서는 이에서 오는 각사노비의 고혈 불균의 폐를 시정하기 위하여 충청·전라·경상·황해·강원도에 거주하는 노를 壯弱으로 구분하여 경중의 여러 관사에 균일하게 5년마다 한 번씩 번갈아 선상하도록 개정하였다.

이와 함께 선상 번차도 1461년(세조 7)에 3번에서 5번으로 개정하였

---

26) 『성종실록』 권28, 성종 4년 3월 정유.

27) 『세종실록』 권28, 세종 7년 6월 을묘. 이때 이것이 실시되었음은 '更議施行'이라 되어 있으며, 또 같은 해 9월 우의정 류관이 외방선상노로 지급되는 구사를 3번으로 나누어 돌려가며 부리고 있었던 것(『세종실록』 권29, 세종 7년 9월 계해)에서 알 수 있다.

28) 『세종실록』 권86, 세종 21년 9월 계해.

29) 『단종실록』 권12, 단종 2년 12월 기묘.

200  제2부 노비의 존재형태와 사역 양상

으며,[30] 다시 1473년(성종 4)경에 7번으로 고쳐졌다.[31] 이처럼 선상 번차를 늘린 것은 선상노의 고통을 덜어주기 위한 조처였다.

외방선상노비가 한번 복역하는 기간은 1416년(태종 16) 혁거사사노비의 분급으로 이루어진 군기감 화통군의 경우 1년씩 번갈아 입번하는 것으로[32] 되어 있어 이 무렵에는 1년이었던 것 같다. 그러나 다른 관사의 경우 세종 초반까지는 모든 노비가 1년씩 번갈아 입역하였던 것은 아니고 1년 또는 3개월 등으로 통일되어 있지 않았으나 1425년(세종 7)에 6개월로 통일되었다.[33]

이와 같이 외방노비의 선상 번차를 늘리고 또 한 번의 복역 기간을 6개월로 정한 것은 외방노비의 대부분이 농업을 생업으로 삼고 있었기 때문에 이들의 생활기반이 파괴되지 않도록 배려하고 또 상경 입역할 때 서울 생활의 어려움을 덜어주기 위한 것이었다.

조선 초기에 각사에 입역하고 있는 외방선상노비의 수가 구체적으로 얼마나 되었는지 정확히 알 수는 없으나, 1426년(세종 8) 일의 많고 적음에 따라 선상노를 조정한 관사에서만 인수부 등 11개 관사에서 900명이었던 것이 230명이 감해져 670명에 이르고 있다.[34] 위 11개 관사 이외의 각사에도 선상·입역노비가 있었고 또 이 무렵의 각사입역노비 가

---

30) 성종 3년(1472) 형조에서 "제사노비는 이미 『경국대전』의 규정에 따라 5번으로 나누어 돌려가며 입역하고 있다."(『성종실록』 권16, 성종 3년 3월 기미)라 한 것에서 '分五番 立役'의 규정이 세조 7년(1461)에 완성된 『신사대전』에서 법제화 되었음을 알 수 있다.

31) 성종 4년(1473)경에 선상 번차가 7번으로 고쳐졌던 것은, 이해 정월 외방의 선상노비와 경거노비의 입역번차 개정을 논의하는 자리에서 정창손, 조석문 등이 "경중 제사노비는 3번으로 나뉘어 1년에 8개월 입역하고 4개월 쉬는데, 외방의 선상노비는 7번으로 나누어 3년 6개월을 지나 입역하고 있다."(『성종실록』 권26, 성종 4년 정월 계묘)라 하고 있는 것에서 알 수 있다.

32) 주 10)과 같음.

33) 『세종실록』 권30, 세종 7년 11월 임자.

34) 『세종실록』 권34, 세종 8년 11월 갑오.

운데는 본래 외방에 거주하는 자인 선상노비가 열 명 중 여덟, 아홉 명[35])인 실정이었으므로, 11개 관사 외에도 많은 선상노비가 있었을 것이다. 또 1444년(세종 26)에는 각도에서 선상하여 번을 선 노의 수가 1,100명에 달하였는데,[36]) 그 후 계속 증가하여 1472년(성종 3)에는 여러 관사의 선상노가 4,200여 명에 이르고 있었다.[37])

한편 『경국대전』에 규정되어 있는 선상·입역노비는 궐내차비 390명, 각사의 차비노 2,416명, 근수노 1,480명 등 모두 4,286명에 이르고 있었다.[38]) 이들과는 별도로 전의감에 소속된 의녀 70명을 비롯하여, 女妓 150명, 연화대 10명의 비가 선상되었으며,[39]) 종친과 공신에게는 별도로 구사가 선상노로 지급되었다.[40])

이들이 모두 외방노비의 선상으로 충원된 것은 아니었다. 이들 가운데 궐내차비는 모두 2번으로 나누어 입역하는 경거노비로 충원되었으며, 각사의 차비노와 근수노는 경거노와 외방선상노가 입역하며 선상노가 부족한 경우 보충대로 충원하도록 되어 있었다. 따라서 『경국대전』에 규정되어 있는 선상·입역노비가 다 외방선상노비는 아니었지만, 각사입역노가 십중팔구 본래 외방에 거주하는 자였다고 한 것을 감안하면, 이들의 대부분은 외방선상노비로 충원되었을 것으로 생각된다. 『경국대전』에 규정된 각사의 차비노와 근수노 정액은 다시 『대전속록』에서 차비노 306명과 근수노 39명이 증액되었다.[41])

위에서 살펴본 바와 같이 외방선상노비의 수는 세종 대에서 성종 대에 이르는 사이에 계속 증가하였다. 그것은 관사가 신설되거나 기인역

---

35) 『세종실록』 권36, 세종 9년 6월 신미.
36) 『세종실록』 권105, 세종 26년 윤 7월 정해.
37) 『성종실록』 권16, 성종 3년 3월 기미.
38) 『경국대전』 권5, 「형전」 궐내차비 및 제사차비노근수노.
39) 같은 책, 권3, 「예전」 선상.
40) 같은 책, 권5, 「형전」 공천.
41) 『대전속록』 권5, 「형전」 공천.

의 일부가 각사노비로 대체되어 새로운 노비 노동력의 동원이 필요했기 때문이었다. 1445년(세종 27) 司䂂局을 설치하고 서원 2명과 사령 10명을 각사노비로 충원한 것이나,[42] 杠牌를 설치하고 노비 100명을 소속시킨 것[43] 등은 앞의 예이며, 『대전속록』에서 증액된 차비노와 근수노도 대부분 새로운 필요에 의하여 증액된 것이다.

기인역이 각사노비에게 전가된 것은 1402년(태종 2) 각전 사옹방에 소속되어 그릇을 관장하던 기인을 혁파하고 이를 창고·궁사·봉서국의 노로 대신하게 한 것이 그 시초였다.[44] 이때에 교체대상이 된 기인은 모두 궐내차비의 역을 담당하던 자들이었다. 이들을 노로 대체한 것은 기인들이 각전 사옹방의 그릇을 관리하다가 이를 잃어버리거나 파손하면 변상하게 되어 있어 이로 인하여 가난한 외방의 향리들이 파산하게 되어 그 폐가 적지 않았기 때문이었다. 이에 비하여 이 당시에 이미 궁사 창고의 노 일부가 궐내차비에 입역하고 있는 자들이 있었는데, 이들은 대체로 족류들이 같이 궐내차비가 되어 서로 도와 살아가고 있으므로 이러한 염려가 적었다.

그 후 1422년(세종 4)에는 기인들이 담당하고 있던 궐내차비 가운데 각전 방직과 각청 성상 및 각사의 성상 100명을 노로 대체하고, 기인들에게는 각전에 제공하는 나무와 선공감의 조역 및 궐내각처에 땔나무를 제공하는 역만을 맡겼다.[45] 이 조처로 종래 기인이 담당하던 궐내차비는 모두 노로 대체되어 각사노비의 입역으로 충당되었다.

위에서 기인들은 궐내차비뿐 아니라 각사의 성상의 임무도 맡고 있었음을 알 수 있다. 이와 같이 기인은 각사에도 입역하고 있었는데 이들 가운데 1422년(세종 4)에 각사노비로 교체된 성상을 제외한 나머지

---

42) 『세종실록』 권109, 세종 27년 9월 정유.
43) 『세종실록』 권116, 세종 29년 5월 신묘.
44) 『태종실록』 권1, 태종 원년 정월 갑술.
45) 『세종실록』 권15, 세종 4년 3월 기묘.

기인은 1456년(세조 2)에 각사노비로 대체되었다. 즉 이 해에 기인법을 혁파하고 선상노를 늘려 노 3명으로 기인 1명의 역을 대신하게 하였던 것이다.[46]

그러나 1469년(성종 즉위)까지도 사재감과 선공감에 입역하는 기인은 혁파되지 않고 있었다. 이 해에 기인을 다시 복구하는 것이 편리한지 여부를 논의하는 자리에서 원상 신숙주 등이 "사재감과 선공감은 노비가 적어 기인이 없으면 취사나 땔나무를 공급하는 일이 극히 어려우니 내년 이후에 대전에 따라 혁파하자."[47]고 건의하고 있는 것을 보면 기인의 역은 이때까지도 완전히 혁파되지 않았음을 알 수 있다.

선상·입역노비의 입역 의무 기간은 세종 전반까지는 15세에서 66세까지로 되어 있었다. 즉 1412년(태종 12)에 마련된 각사노비사의에 "66세 이상 15세 이하인 자는 사역하는 것을 불허한다."[48]고 되어 있으며, 1420년(세종 2) 예조에서 『원육전』과 『속육전』 내의 각년 판지를 들어 계한 것 중에 "각사노비는 남녀 모두 66세 이상 15세 이하인 자는 입역시키지 못 한다."[49]고 되어 있었다. 또 1427년(세종 9) 형조에서 "각사노비 가운데 65세 이상인 자를 면역시키자."고 하자, 세종이 "60세가 넘으면 제역함이 마땅하니 다시 논의하라"[50]고 한 것도 각사노비는 66세가 되어야 면역하도록 되어 있었기 때문이었다.

각사노비 66세 면역 규정은 그 후 1438년(세종 20) 이전에 60세로 낮추어졌다. 즉, 이해에 의정부에 내린 전지에 "공처노비는 60세가 되면 면역시키는 법령이 육전에 실려 있다."[51]고 되어 있는 것을 보면, 그 사

---

46) 『세조실록』 권3, 세조 2년 3월 정유.
47) 『성종실록』 권1, 성종 즉위년 11월 기미.
48) 『태종실록』 권24, 태종 12년 11월 갑신.
49) 『세종실록』 권10, 세종 2년 11월 신미.
50) 『세종실록』 권37, 세종 9년 7월 계축.
51) 『세종실록』 권80, 세종 20년 3월 임자.

이에 60세로 낮추어졌음을 알 수 있다. 이와 함께 종신토록 사역시키도록 되어있던 속공노비도 이때에 원속노비와 함께 60세에 면역하도록 되었다.

이상에서 살펴본 바와 같이 조선 초기 공노비 노동력 동원체제로 성립한 선상·입역제는 성종대를 전후하여 그 기본틀이 정비되어 이것이 『경국대전』에 반영되어 법제화되었다.

## 2) 선상·입역제의 운영실태

### (1) 선상·입역노비의 사역 양상

선상·입역노비는 각사에 분속되어 그들의 임무를 수행하였다. 이들의 임무는 1487년(성종 18) 대사간 金首孫 등이 "여러 관사를 설치하여 만사를 위임하고, 사령이 부족하여 노비를 두어 복역하게 했다."[52]고 한 말에 나타난 바와 같이 각사의 사령으로서 잡역이나 관원의 수발을 담당하는 것이었다. 이들은 맡은 바 임무에 따라 차비노와 근수노로 나누어졌다. 차비노는 각사 외에 궐내차비도 있었다.

궐내차비는 궐내의 각종 잡역을 담당하는 노비였다. 『경국대전』에서 이들이 맡고 있는 직역을 살펴보면 반감·별감·별사옹·성상 등 모두 16가지에 이르고 있었다. 이들은 별도로 노비가 분급되어 있는 것이 아니고 각사노비의 입역으로 운용되었다. 궐내차비에 각사노비가 입역하게 된 것은 앞 절에서 살펴본 바와 같이 궐내차비의 역을 담당하던 기인의 역이 혁파되면서부터였다.

궐내차비는 『경국대전』에 2번으로 나누어 교대로 입역하는 것으로 되어 있어 각사노비 중에서도 경거노비가 입역하였다. 2번으로 나누어 교대로 입역하는 노비는 경거노비였기 때문이다.

---

52) 『성종실록』 권199, 성종 18년 정월 갑자.

궐내차비는 궁궐에 입역하는 노비였기 때문에 각사에 입역하는 노비보다는 비교적 우대되어 체아직의 잡직을 받을 수 있었다. 『경국대전』에서 이들이 받을 수 있는 잡직을 살펴보면 반감은 사옹원에 소속되어 900일을 근무하면 근무일수를 채워 품계가 더해져 종6품까지 승진할 수 있었으며, 각색장은 역시 사옹원에 소속되어 근무일수 2,700일에 품계가 더해져 종8품까지 승진할 수 있었다. 또 별감은 액정서에 소속되어 근무일수 900일에 품계가 더해져 종7품에 이르러 거관할 수 있었다.[53] 반감이나 별감·각색장은 경거노로서 2번으로 나뉘어 6개월마다 교대로 입역하고 있어 입직하고 있는 일수만을 근무일수로 계산하였기 때문에 품계가 더해지는데 필요한 근무일수를 채우기 위해서는 반감과 별감은 5년, 각색장은 15년이 걸려 사실상 7품까지 승계를 기대할 수는 없었을 것이다. 이들은 7품에서 거관하면 다시 본역으로 환속되도록 되어 있었기 때문에 사실상 노비의 역에서 벗어날 수가 없었다.

궐내차비는 경제적인 면에서도 각사에 입역하는 노비보다 우대를 받았다. 즉 각사에 입역하는 노비는 봉족을 제대로 지급받지 못하는 경우에 한하여 삭료가 지급되었지만,[54] 궐내차비는 봉족지급여부와 관계없이 수시로 미포 등을 지급받았던 것이다.[55]

---

53) 『경국대전』권1, 「이전」잡직 사옹원 및 액정서.
54) 예컨대 "정역 1명에 봉족이 1명인 자는 삭료를 모두 받으며, 삭료가 없는 자에게는 봉족 2명을 지급한다."(『태종실록』권24, 태종 12년 11월 갑신)이라 한 것이나, "각사노비에게 봉족을 지급하지 않거나 삭료를 지급하지 않아 이로 인하여 유망하는 자가 많으니, 지금부터는 정역 1명에 봉족 1명과 삭료를 지급하고 삭료를 지급받지 못하는 자에게는 봉족 2명을 지급하도록 한다."(『세종실록』권10, 세종 2년 11월 신미)라 한 것에서 봉족 2명을 지급받지 못한 각사노비에게 삭료가 지급되었음을 알 수 있다.
55) 이러한 일은 1402년(태종 2)에 궐내차비에게 상오승포 3,600필을 분급한 것(『태종실록』권3, 태종 2년 5월 임인)을 비롯하여 1470년(성종 1)에 대왕대비전·왕대비전·대전에 입역하고 있는 궐내차비 105명에게 衣襨과 飯朔料를 지급한 것(『성종실록』권3, 성종 원년 2월 기묘) 등 수시로 실시되고 있었다.

이와 같이 궐내차비에게는 잡직이기는 하지만 체아직이 주어졌으며, 또 수시로 미포가 지급되고 있어 각사에 입역하는 노비에 비하여 우대되었기 때문에 각사노비들이 궐내차비로 투속하는 실정이었다. 1487년(성종 18)에 대사간 김수손 등이 각사노비가 줄어드는 폐단을 말하는 가운데 "한 사람이 별감·각색장·수복·수장 등 궐내차비에 속하게 되면 친지와 족류를 끌어들여 투속하기 때문에 남아있는 노비가 거의 없다."[56]고 한 것에서 각사노비들이 궐내차비로 다수 투속하고 있었음을 알 수 있다. 이에 따라 각사에서는 입역할 경거노비가 부족하게 되어 외방노비의 선상을 늘려야 했기 때문에 선상의 폐를 야기한 요인의 하나가 되었다.

다음으로 각사에 입역하는 노비의 임무를 살펴보자. 먼저 차비노는 각사에서 고직·방직·성상 등의 임무를 맡아 기물을 관리하고 있었다.[57] 이러한 일은 예전에 기인들이 담당하고 있었는데 기인역의 일부가 각사노비에게 전가됨에 따라 차비노에게 맡겨진 것이다. 조선 초기에 각사노비들이 관사의 재물을 훔치다 발각되어 치죄되는 일이 흔히 있었는데 이들은 대부분 고직노나 방직노였다.[58]

차비노는 또 관사의 성격에 따라 그 관사에 고유한 업무에 종사하였으며,[59] 공물을 수납하는 관사에서는 이 과정에서 대납이나 방납에 참여하기도 하였다.[60] 각사의 차비노는 이러한 업무 외에도 각사 관원의

---

56) 주 52) 참조.
57) 주 45) 참조.
58) 『세종실록』 권22, 세종 5년 11월 을유. 『성종실록』 권10, 성종 2년 6월 임자. 『성종실록』 권291, 성종 25년 6월 을해. 『성종실록』 권293, 성종 25년 8월 기묘. 『성종실록』 권294, 성종 25년 9월 정유 참조.
59) 예컨대 분예빈시의 노는 가축을 기르는 일에 동원되었으며,(『세종실록』 권39, 세종 10년 정월 기축), 제생원의 노는 약재의 종양과 채취에 시역되었다.(『세종실록』 권85, 세종 21년 4월 병오)
60) 단종실록』 권5, 단종 원년 정월 기묘. 『세조실록』 권17, 세조 5년 9월 병술. 『세조실록』 권45, 세조 14년 정월 계미. 『예종실록』 권6, 예종 원년 6월 신사.

공궤를 담당하여[61] 각사에서 점심을 마련해야 했기 때문에[62] 음식을 마련하는데 분주한 실정이었다.[63]

이와 같이 각사의 차비노들은 사역하는 곳이 많아 잠시도 휴식을 취할 시간이 없을 정도로 노고가 막심하였다. 1493년(성종 24) 예빈시의 경우 노비가 공궤해야 할 곳이 41개소나 되어 한정된 노비로 41개소의 역을 감당하기 어려워 부득이 3~4명을 2~3개소의 사역해야 할 곳에 묶어서 배정할 수밖에 없었는데, 이에 따라 노비들이 고역을 견디지 못하고 도망하는 자가 속출하여 그해에만 15명에 이르고 있었다.[64]

『경국대전』에 규정된 각사의 차비노 정액이 관사에 따라 큰 차이가 있음을 볼 수 있다. 이것은 위에서 살펴본 바와 같이 이들이 각사의 잡역을 담당하고 있었기 때문에 관사의 규모와 업무량에 따라 차등 있게 지급된 결과였을 것이다.

근수노는 각사의 잡역을 담당하는 차비노와는 달리 종친이나 각사 소속의 관원에게 배당되어 사노와 같이 사역되었다.[65] 이들은 관원의 출입 시에 수종하기도 하였는데, 궐내에 입직하는 대소인원을 수종하는 근수노에게는 信符가 지급되었다.[66]

이들은 또 관원의 지방 출장 시에 수행하여 수발을 담당하기도 했다. 1493년(성종 24) 봉상시 주부 盧瑻가 신주에 쓸 나무를 베는 敬差官이 되어 경상도에 내려갔을 때 봉상시의 노 古昷金이 바랑을 짊어지고 수행한 것[67] 같은 예가 그것이다.

---

『성종실록』 권9, 성종 2년 정월 신묘 참조.
61) 『성종실록』 권16, 성종 3년 3월 정유.
62) 『성종실록』 권4, 성종 원년 4월 무진.
63) 『성종실록』 권197, 성종 17년 11월 경신.
64) 『성종실록』 권277, 성종 24년 5월 경인.
65) 『성종실록』 권247, 성종 21년 11월 정유.
66) 『세종실록』 권18, 세종 4년 10월 을유.
67) 『성종실록』 권279, 성종 24년 6월 정묘.

근수노는 관원 개인에게 지급되었기 때문에 관원의 사노와 같이 취급되기도 하여 사역에 동원되는 일도 흔히 있었다. 1470년(성종 1) 동지중추부사 李坡의 근수노 2명이 이파의 집터를 고르기 위하여 땅을 파내다가 흙더미에 깔려 압사한 일[68]과 같은 것이 그러한 예이다. 이와 같이 근수노는 관원에게 지급되어 사노와 같이 사역되었기 때문에 이들의 역은 고될 수밖에 없었다. 1473년(성종 4) 원상 정인지, 정창손 등이 경중 각사노를 3번으로 나누어 교대로 근무하는 일이 편리한 지의 여부를 논의하는 자리에서 "일이 적은 관사라 하더라도 근수노의 노고는 일이 많은 관사와 다름이 없다."[69]고 한 말은 이러한 사정을 말해 주는 것에 다름 아니다.

각사에 분급된 근수노는 소속 관원의 관품 및 인원수에 비례하여 지급되고 있었다. 『경국대전』에 의하면 근수노의 정액은 다음 〈표 1〉에 나타난 바와 같이 문무관과 종친으로 나뉘어 관품에 따라 차등 있게 규정되어 있다. 이렇듯 근수노의 정액이 관원의 관품 및 관원수에 비례하여 정해졌기 때문에 각사 근수노의 수는 차이가 날 수밖에 없었다. 곧 관사에 따라 관원의 관품과 그 수가 크게 달랐기 때문이다.[70]

〈표 1〉 근수노 정액(『경국대전』 「형전」 공천에 의함)

| 구분\n관품 | 종친 | 문무관 | 구분\n관품 | 종친 | 문무관 |
|---|---|---|---|---|---|
| 1품 | 6 | 5 | 3품 당하관 | 3 | 2 |
| 2품 | 5 | 4 | 4품 | 2 | 1 |
| 3품 당상관 | 4 | 3 | 5품 ~ 6품 | 1 | 1 |

『경국대전』에 규정되어 있는 근수노 정액은 근수노가 관원의 사노와

---

68) 『성종실록』 권6, 성종 원년 6월 기유 및 경술.
69) 주 26)과 같음.
70) 지승종, 앞의 논문, 60쪽.

같이 사역되는 상황에서는 부족한 것으로 여겨졌다. 1493년(성종 24) 동지경연사 蔡壽가 "우리나라 관원의 근수노는 너무 적다."고 하자 특진관 유자광이 "대전에는 정1품의 근수노가 5명으로 되어 있는데 어찌 3공의 자리에 있으면서 5명만 거느릴 수 있겠는가?"[71]라고 말하고 있는데서 그 사정을 엿볼 수 있다.

이러한 현실에서 관사에 따라서는 차비노를 근수노로 사역시키는 현상까지 벌어졌다. 1439년(세종 21) 약재를 재배하고 채취하는 일을 맡고 있는 제생원의 차비노를 관원의 근수노로 사역시킨 것[72]이 그러한 예이다.

이들 근수노는 대부분 외방노의 선상으로 충원되고 있었는데,[73] 이들을 관원이 정액 외로 과다하게 거느리고 또 차비노까지 근수노로 사역시킴에 따라 외방선상노비의 수가 늘어나 선상의 폐를 가중시키는 요인이 되기도 하였다.

### (2) 선상 · 입역노비의 생계보호 대책

선상 · 입역제는 공노비의 노동력을 무상으로 강제 징발하는 것이었기 때문에 과도한 노동력 수탈로 노비 가호의 재생산 기반이 붕괴될 위험을 안고 있었다. 따라서 선상 · 입역제가 효율적으로 운영되기 위해서는 노비 가호의 재생산 기반이 위협을 받지 않는 범위 내에서 노동력 징발이 이루어질 필요가 있었다. 봉족 지급과 같은 것이 바로 이러한 필요에 따라 이루어진 것이었다.

선상 · 입역노비에 대한 봉족 지급이 체계적으로 규정된 것은 1412년(태종 12)의 일이었다. 이 규정에 따르면 정역 1명에 봉족 1명만 지급된 경우에는 삭료를 전액 지급하고, 삭료를 전혀 받지 못하는 자에게는 봉

---

71) 『성종실록』 권277, 성종 24년 5월 무자.
72) 『세종실록』 권85, 세종 21년 4월 병오.
73) 『세종실록』 권82, 세종 8년 5월 갑인.

족 2명을 지급하도록 되어 있었다.[74) 이 규정에 따라 봉족을 지급받게 된 선상·입역노비는 원속노비가 그 대상이었다. 1416년(태종 16)에는 속공노비에게도 원속노비의 예에 따라 봉족을 지급하였다.[75)

봉족은 원래 노로 지급하도록 되어 있었는데 선상의 의무가 있는 외방노비 가운데 부유한 자들이 서울에 사는 자와 서로 짜고 경거 입역노의 봉족이 되어 선상을 면제받고 가난한 노만이 선상되는 폐단이 발생하자, 1428년(세종 10)부터 경거 입역노의 봉족은 부모형제를 제외하고는 모두 비로 지급하도록 하였다.[76) 또 1472년(성종 3)에는 외방에서도 비는 여유가 있는 반면 노가 부족하여 선상노를 뽑아 올릴 때 다음 번에 선상해야 할 노까지 미리 당겨서 뽑아 올리는 폐단이 발생하자, 이를 해결하기 위하여 외방노로서 선상하여 서울에서 사역되고 있는 노의 봉족도 외방에 거주하는 비로 지급하도록 하였다.[77)

이러한 봉족 지급 조처만으로는 노동력 징발에 따르는 선상·입역노비 가호의 재생산 기반이 붕괴될 위험을 막을 수는 없었다. 선상·입역노비는 봉족에게서 입역 기간 중 면포 1필과 정포 1필씩만을 거둘 수 있을 뿐이어서,[78) 이것만으로는 선상·입역 기간의 경비에도 턱없이 모자랐기 때문이다. 따라서 정부에서는 봉족 지급 외에도 노비 가호의 생계유지 대책을 별도로 마련해 주지 않으면 안 되었다. 시정의 인정, 출산 휴가의 지급, 부모처자의 완취와 같은 것이 그러한 대책으로 실시되었다.

시정은 1413년(태종 13)에 처음 인정되었다. 이때의 규정에는 아들 3

---

74) 주 48)과 같음. 한편 『세종실록』 권10, 세종 2년 11월 신미에도 각사노비에게 봉족을 지급하도록 한 규정이 太宗 12년에 마련되었음을 밝히고 있다.
75) 『대종실록』 권31, 대종 16년 5월 신해.
76) 『세종실록』 권39, 세종 10년 정월 정해.
77) 주 37)과 같음.
78) 『경국대전』 권5, 「형전」 공천.

명 이상이 입역하거나 납공하는 노비의 경우 그의 나이가 이 당시 면역에 해당하는 66세에 이르지 못하였더라도 면역해 주며, 아들 5~6명 이상이 입역하거나 납공하는 늙고 병든 노비는 아들 가운데 1명을 면역해 주어 부모를 모시도록 되어 있었다.[79] 그러나 이 규정은 이미 입역하고 있는 노비 가운데 시정에 해당하는 자에게는 귀향하여 부모를 모시도록 하는 조처가 취해지지 않는 등 미비점이 많아 1432년(세종 14)에 이를 보완·개정하였다. 그 내용은 부모의 나이가 90세 이상이면 소생 모두를, 80세 이상이면 1명을 시정으로 인정하고, 외방노로 계모없이 10세 이하의 자식을 거느리고 있는 자와 70세 이상인 자의 독자, 그리고 70세 이하인 자라 하더라도 질병이 있는 자의 독자에 한해서는 선상·입역을 면제하여 시정으로 인정하도록 되어 있었다. 또 부모의 나이가 80세 이상인 자 가운데 人丁이 4명에 못 미치고 경작 토지가 4결에 이르지 못하는 자들은 모두 복호하여 주도록 되어 있었다.[80] 이와 같이 시정을 인정한 것은 그들의 생계를 안정시키려는 의도에서였다.

시정으로 인정되어 선상·입역이나 납공의 의무가 면제된 노비에게는 입안이 발급되어 이를 근거로 선상·입역이나 납공의 의무가 면제되었는데, 일단 입안을 발급받으면 그 후 사정이 변하여 시정 인정의 요건을 갖추지 못하여 선상·입역이나 납공의 의무를 져야 할 경우에도 계속하여 피역·한유하는 현상이 많이 나타났다. 이에 따라 1471년(성종 2)에는 입안을 3년마다 고쳐 발급하도록 개정하였다.[81]

출산 휴가의 규정은 세종 때에 처음 마련되었다. 원래 선상·입역제 실시 초기에는 출산한 비는 7일 후에 바로 입역하게 되어 있었는데, 이로 말미암아 갓난아이를 집에 두고 입역할 수밖에 없어 갓난아이를 상

---

79) 『태종실록』 권26, 태종 13년 12월 정사.
80) 『세종실록』 권58, 세종 14년 11월 정축.
81) 『성종실록』 권11, 성종 2년 9월 임오.

하게 하는 사태가 발생하자,[82] 이에 대한 대책으로 1426년(세종 8)에 출산한 비에게 휴가 100일을 주도록 조처하였다.[83] 또 1430년(세종 12)에는 해산이 임박하여 입역에 어려움을 겪는 비의 고통을 덜어주기 위해 산후 100일에 더하여 산전 1개월부터 역을 면제하도록 하였다.[84] 또 1434년(세종 16)에는 출산한 비의 간호를 위하여 그의 남편이 공노인 경우 그에게도 30일의 휴가를 주어 부부가 서로 도와 살아 갈 수 있도록 해주었다.[85] 이 출산한 비에 대한 휴가 지급 규정은 『경국대전』에 "입역하고 있는 비에게는 산전 한 달과 산후 50일의 휴가를 준다(남편에게는 산후 15일의 휴가를 준다.)"[86]고 되어 있어 그 사이 비는 50일, 남편은 15일씩 단축되었다.

각사노비 중에는 또 부모형제나 처자가 서로 다른 관사에 소속되어 신싱·입역함으로써 생계유지가 어려운 자들이 있었다. 정부에서는 이들에 대해서도 가능한 한 같은 관사에 소속시키거나 이들 중 일부의 선상·입역을 면제하여 이들의 생계를 안정시키려고 하였다.

부모형제나 처자가 서로 다른 관사에 소속되어 있는 현상은 태종 때에 혁거사사노비를 각사에 분급하면서 나타났다. 이후 이 때문에 서로 도와서 살아가기가 힘들어 생활에 어려움을 겪는 노비가 많이 나타나자, 1415년(태종 15)에 부모와 동복형제를 같은 관사에 함께 소속되게 하였다.[87] 또 1431년(세종 13)에는 여러 관사의 노비문적에 중첩 등록되어 있는 각사노비를 그 당시 입역하고 있는 관사의 문적에만 부모와 함께 등록하도록 하여 서로 도우면서 살아갈 수 있도록 해 주었다.[88]

---

82) 『세종실록』 권50, 세종 12년 10월 병술.
83) 『세종실록』 권32, 세종 8년 4월 경진.
84) 주 82) 및 『세종실록』 권50, 세종 12년 10월 임진.
85) 『세종실록』 권64, 세종 16년 4월 계유.
86) 『경국대전』 권5, 「형전」 공천.
87) 『태종실록』 권30, 태종 15년 10월 기축.
88) 『세종실록』 권52, 세종 13년 5월 신미.

이 당시 외방에 거주하고 있는 노비들은 고향에 살면서 힘써 농사를 지어도 생계를 유지하기가 어려운 자들이 많았는데, 이들이 선상노비로 선발되어 상경, 입역하는 경우에는 생업을 제대로 유지하기가 어려웠다. 이러한 현실에서 정부에서는 각사에 입역하는 노비의 8~9할에 이르는 외방거주 노비의 생계가 파괴되지 않도록 이들에게는 앞에서 살펴본 대책 외에 특별히 더 배려하고 있었다. 예컨대 이들에게 잡역을 면제해 준 것[89]을 비롯하여 지방 각 고을에서 선상노를 선발할 때 수령으로 하여금 전답의 유무와 재산의 빈부를 살펴 선상하도록 하여 가난한 노비의 선상을 막으려고 한 것,[90] 흉년이 들거나 가뭄이 계속되면 선상노를 방면한 것과 같은 것이 그것이다.

흉년이 들어 외방의 선상노를 방면하는 경우 실제 경작하는 전답이 1결 미만인 자를 대상으로 한 때도 있었으나,[91] 대체로 50부 미만인 자가 그 대상이었으며, 이들은 보리가 익을 때까지 역을 면제받았다.

가뭄이 심하여 외방의 선상노를 방면할 경우에는 실제 경작하는 전답의 규모와 관계없이 가뭄이 심한 지역에서 선상된 노비 전체가 해당되었다. 예컨대 1474년(성종 5)에 경기·강원·황해도에 가뭄이 심하여 이들 도내 각읍의 선상노 226명을 돌려보내 이에 대비토록 한 것[92]이 그러한 예이다. 이러한 조처는 모두 가난한 외방의 선상노의 생활기반이 파괴되는 것을 방지하여 그들의 생계를 보존하게 하려는 의도에서 실시되었다.

이상에서 살펴본 바와 같이 정부에서는 선상·입역제를 원활히 운영하고 또 이로 인하여 노비 가호의 생활기반이 붕괴되는 것을 막기 위하여 여러 가지 대책을 실시하였다. 그러나 이러한 조처는 후술하는 바와

---

89) 『세종실록』 권30, 세종 7년 11월 임진.
90) 『성종실록』 권222, 성종 19년 11월 경오.
91) 『세종실록』 권19, 세종 5년 2월 무오.
92) 『성종실록』 권45, 성종 5년 7월 기사.

같이 관리의 농간과 부유한 노비들의 모피로 제대로 실시되지 못하고 선상·입역제의 모순만 가중시켜 결국에는 대립의 현상을 초래하였다.

## 3. 선상제의 모순과 선상 대립의 전개

### 1) 선상제의 모순

앞에서 살펴 본 바와 같이 조선 초기 공노비 노동력의 동원은 선상· 입역제에 의하여 이루어졌다. 그러나 공노비의 선상·입역제는 그 자체 내의 모순과 운영과정에서 나타난 관리의 농간과 노비의 모피 등으로 이미 실시 초기부터 제대로 운영되지 못하고 있었다.

선상·입역제의 모순은 외방노비를 상경 입역시키는 선상제에서 집 중적으로 나타났다. 이 당시 외방에 거주하고 있는 노비의 대부분이 농 업을 생업으로 하여 살아가고 있었는데 선상으로 뽑히는 노는 그들 가 호의 중심이 되는 노동력이었기 때문에 이들이 선상노로 뽑혀 상경함으 로 인하여 그들 가호의 농업생산력의 유지에 크게 위협을 받고 있었다. 1425년(세종 7)에 마련된 선상노비의 폐단을 구제하는 조건에 "한 번의 선상 기간인 6개월 동안 집에서 떠나있게 되면 폐농하여 생업을 잃게 될 것은 가히 알 수 있는 일이다."[93]라고 되어 있는 것에서 보면, 한 번 의 선상만으로도 농사에 큰 타격을 받았음을 능히 짐작할 수 있다. 또 1427년(세종 9) 우사간 禹成範이,

> 백성은 정착하여 살아가지 않으면 생명을 부지할 수 없다. 지금 각사에 입역하
> 고 있는 노는 십중팔구 외방에 거주하고 있는 자들로 이들이 고향에서 처자와 더
> 불어 힘써 농사를 지어도 빚을 질 수밖에 없는데, 고향을 떠나 생업을 포기하고 서

---

93) 주 89)와 같음.

울에 올라와 사역에 잠시도 여가가 없게 되어서는 어찌 살아갈 수 있겠는가? 역은 무겁고 식량까지 모자라니 그 고통을 견디지 못하는 자가 많다.[94]

고 한 말에서도 외방노들이 선상으로 생업을 제대로 유지하지 못하고 있었음을 알 수 있다.

선상하여 입역하는 동안 연고가 없는 서울에서의 생활도 이들에게는 큰 고통이 아닐 수 없었다. 이들에게는 앞에서 살펴본 바와 같이 2명의 봉족을 지급한 것 외에는 따로 경제적인 반대급부가 없어서 선상기간 동안의 식량과 경비를 스스로 마련해야 한데다가 서울에 올라와서도 마땅한 거처가 없었기 때문이다. 1423년(세종 5) 예조판서 金汝知가

> 선상노비의 대부분이 가난한 자들이어서 상경, 입역할 때에 불과 몇 말의 식량만을 짊어지고 올라오기 때문에 열흘만 지나면 식량이 떨어져 추위와 굶주림을 견디지 못할 뿐만 아니라 서울에 올라와서 거처를 마련할 길이 없어 官廨에 의지하여 겨우 비바람을 피하고 있으며, 침구도 제대로 갖추지 못하고 취사도 어려운 형편이다.[95]

고, 한 말에서 그 사정을 잘 알 수 있다. 이러한 현실에서 정부에서는 외방선상노비의 고통을 덜어주기 위하여 서울에서 멀리 떨어진 지방에 살고 있는 노비의 선상을 금하고 6~7일정 이내에 거주하는 비교적 여유가 있는 노비 중에서 부모형제와 함께 살면서 서로 도울 수 있는 연소자를 선상하도록 조처하였으나 별효과를 거두지는 못하였다. 이러한 선상제의 모순은 다음에 살펴보는 바와 같이 선상대립이 일어나는 직접적인 배경이 되었다.

각사노비를 노비가 별도로 분급되어 있지 않은 관사나 직역에 옮겨

---

94) 주 35)와 같음.
95) 『세종실록』 권20, 세종 5년 5월 정미.

사역시키는 일도 선상제의 유지를 어렵게 한 요인의 하나로 작용하였다. 노비를 다른 관사나 직역으로 옮겨 사역시키는 일은 조선 초기부터 새로운 노동력의 수요가 있을 때마다 수시로 행해졌는데 이로 말미암아 선상노비의 부담은 더욱 가중되었으며 선상노비의 수도 크게 늘어났다.

각사노비를 다른 곳으로 옮겨 사역시키는 일은 노비가 부족한 다른 관사로 옮겨 사역시키는 경우도 있었지만, 앞 절에서 살펴 본 궐내차비를 비롯하여 의녀·장인·구사 등 노비가 별도로 분급되어 있지 않은 직역에서 주로 행해지고 있었다.

각사비를 의녀로 옮겨 입역시키기 시작한 것은 1418년(태종 18)의 일이었다. 이 당시 의녀가 7명에 불과한데다가 그나마 의녀로서 기술을 제대로 익힌 자는 겨우 5명뿐이어서 필요한 곳에 나누어 보내는데 절대적으로 부족히였기 때문이었다. 이에 따라 각사의 비 가운데 13세 이하인 자 10명을 뽑아 의녀로 보탰다.[96] 이 의녀는 그 후 『경국대전』에는 여러 고을의 관비 가운데 연소자를 3년마다 30명씩 선발하여 선상하도록 되어 있었는데 각사의 비도 선발될 수 있었다.[97]

각사노가 장인으로 옮겨 사역되기 시작한 것은 1425년(세종 75)에 부족한 여러 명색의 장인을 양인과 공·사천으로 채워 번을 나누어 입역시키도록 하면서부터였다.[98] 이때에 각사노 가운데 연소한 자를 금박장·연금장·나전장·필장·인장·홍혜장 등으로 정액 내에 수를 더하여 전습하도록 하였던 것이다. 장인에 입속하고 있는 각사노는 1426년(세종 8)에 310명에 이르고 있었는데, 이로 인하여 각사노가 부족하게 되고 또 공조 장인의 수가 정액을 초과하게 되어 이때부터 13세 이상 20세 미만인 자 100명만을 더하여 소속시키도록 하였다.[99] 1485년(성종

---

96) 『태종실록』 권35, 태종 18년 6월 경자.
97) 『경국대전』 권3, 「예전」 선상.
98) 『세종실록』 권28, 세종 7년 4월 정묘.
99) 『세종실록』 권31, 세종 8년 3월 무술.

16) 호조판서 李德良이 "외방의 신공을 거두는 노 300명을 선발하여 공
조의 여러 명목의 전습 장인으로 보충한 지기 이미 오래되었다."[100]하
고 있는 것을 보면, 이들은 모두 외방에 거주하는 노였으며, 그 수 또한
줄지 않았음을 알 수 있다.

각사노를 악공으로 입속시키는 일은 1430년(세종 12)부터 시작되었다.
봉상시 소윤 朴墉이 악공 139명을 각사노 가운데 연소자를 택하여 충원
할 것을 건의하자, 예조에서 공사비가 양인에게 시집가 낳은 소생으로
충원하자고 하여 그대로 결정되었던 것이다.[101] 이후 공천이 악공에 입
속하는 일이 많아 다투어 악공으로 투속하는[102] 실정이었으며, 『경국대
전』에는 그 수가 더욱 늘어 속악을 담당하는 악사 2명, 악공 518명, 가
동 10명 등 모두 530명이 공천으로 충원되도록 되어 있었다.[103]

구사도 각사노비를 옮겨 사역시키는 직종이었다. 구사에는 종친구사
와 공신구사가 있었다. 종친구사는 원래 각사노로 지급하도록 되어 있
었는데 1443년(세종 25)에 각사노 중에서도 외방선상노만으로 지급하도
록 고쳐졌다.[104] 그것은 각사노 가운데 서울 거주자는 적은데 종친수는
늘어나 서울에 살고 있는 노만으로는 다 지급할 수 없었기 때문이었다.
공신구사도 종친구사와 마찬가지로 각사노로 지급하도록 되어 있었는
데, 1470년(성종 1)에 서울 거주자를 그들이 원래 소속하고 있던 관사에
복귀시키고 대신 외방선상노로 충당하여 지급하였다.[105] 이와 같이 공
신구사를 외방선상노로 지급하도록 한 것도 서울 거주자만으로는 부족
하였기 때문이었다.

---

100) 『성종실록』 권174, 성종 16년 정월 계묘.
101) 『세종실록』 권49, 세종 12년 9월 기미 및 권 50, 세종 12년 11월 신축.
102) 『세종실록』 권101, 세종 25년 9월 정묘.
103) 『경국대전』 권3, 「예전」 아속악.
104) 『세종실록』 권102, 세종 25년 12월 갑진.
105) 『성종실록』 권3, 성종 원년 2월 신유.

구사는 이를 지급받은 사람이 생존해 있는 동안만 사역하고 그가 죽
으면 관에 반납하도록 되어 있었으나 구사를 지급받은 본인이 죽은 뒤
에도 그 자손이 계속 사역하여 사노와 같이 취급되고 있었다.[106] 구사
를 지급받은 자들이 종친이나 공신 등으로 대부분 당대의 세도가들인
데다가 노비의 입장에서도 각사에 입역하는 것보다는 구사의 역이 더
헐하여 계속 구사로 있으려 했기 때문이다.[107]

이와 같이 각사노를 선상시켜 구사로 지급하고 또 일단 구사로 지급
된 노들이 소속 관사로 제대로 복귀되지 않고 있었기 때문에 외방노의
선상이 가중될 수밖에 없었다. 각사노비는 이밖에도 양잠이나 둔전 경
작에 동원되거나 원각사 조라치로도 사역되고 있었다.

양잠에 각사노비를 동원한 것은 1416년(태종 16) 각도에 잠실도회를
개설하고 부근에 사는 각사노비와 혁거사사노비를 사역하면서부터였
다.[108] 각사노비를 둔전 경작에 동원한 일은 1409년(태종 9) 혁거사사노
비를 속공하고서 이들을 동원하여 호급둔전을 실시[109]한 이후 둔전이
설치 될 때마다 수시로 이루어졌다. 이렇듯 각사노비를 양잠이나 둔전
경작에 동원하면 이들의 선상을 면제해 주었다.[110] 원각사의 조라치도
외방선상노로 충원되었다.[111] 외방선상노를 원각사 조라치로 사역시킨

---

106) 『성종실록』 권3, 성종 원년 2월 기미.
107) 『성종실록』 권26, 성종 4년 정월 계묘.
108) 『태종실록』 권32, 태종 16년 6월 갑자.
109) 『태종실록』 권17, 태종 9년 정월 신유. 각사노비의 둔전경작 동원에 대해서는
　　 이경식, 「조선초기 둔전의 설치와 경영」, 『韓國史研究』 21·22, 1978, 105~
　　 110쪽 참조.
110) 세조 12년(1466) 강원도의 황무지를 개간하여 둔전을 설치하고 부근의 제사노
　　 와 당번 정병을 사역시키면서 이들의 번상을 면제해 준 것(『세조실록』 권39,
　　 세조 12년 8월 병진)이나, 다음해 밀양 수산세의 둔전경직에 부근에 사는 제
　　 사노 70명을 동원하여 사역시키고 번상을 면제해 준 것(『세조실록』 권41, 세
　　 조 13년 3월 경오)이 이러한 예다.
111) 『성종실록』 권157, 성종 14년 8월 갑자 및 권 191, 성종 17년 5월 경술.

것은 세조가 원각사를 원찰로 삼고 노비 30명을 특별히 하사하면서 그들이 죽으면 각사노로 충원하도록 했기 때문이었다.[112]

이처럼 각사노비를 다른 직역에 옮겨 사역시킴에 따라 남아있는 각사노비들은 더욱 무거운 부담을 질 수밖에 없었다. 각사노비를 다른 직역으로서 옮겨 사역시키는 실상을 1487년(성종 18) 장흥고 노비의 예를 들어 살펴보면, 115명의 노비 가운데 수복·각색장·별감 등 궐내차비로 10명, 구사로 6명, 장인·악공·가동·잠실 고직으로 43명, 조라치·잠모·방자로 10명 등 모두 69명이 다른 직역으로 옮겨 사역되고 있었으며, 이밖에 시정 6명, 도망 6명에 달하였다. 이에 더하여 도망하여 거지가 된 자가 10명이 또 있어 역을 담당할 수 있는 노비는 노 8∼9명, 비 10여 명에 불과하였다.[113]

이러한 현상은 각사노비가 옮겨가 사역되는 직역이 대체로 각사에 입역하는 것보다 헐한 역이었으며, 궐내차비와 같은 경우에는 잡직이기는 하지만 관직까지 보장되어 후술하는 바와 같이 각사노비들이 이러한 역에 투속하는 현상까지 빚어졌기 때문이다.

각사노비가 옮겨가 사역되는 직역이 서울에 근무하는 역인 경우에는 선상노비를 늘려 지급했으며, 지방에서 근무하는 역인 경우에는 서울로 선상하는 것을 면제하여 준데다가 이들 모두에게 봉족까지 각사노비로 지급했기 때문에 각사에 선상해야 할 대상자는 그만큼 줄어들게 마련이었다. 따라서 각사노비의 선상 번차는 그만큼 더 빨리 돌아오게 되어 선상의 폐를 가중시키고 있었다. 이러한 모순을 해결하기 위해서는 각사노비를 다른 직역으로 옮겨 사역시키지 못하게 하는 것이 가장 좋은 방도임을 정부에서도 알고 있었으나, 궐내차비를 비롯한 각종 직역을 없앨 수는 없었기 때문에 긴요하지 않은 자를 본래의 관사로 환속시키

---

112) 『성종실록』 권192, 성종 17년 6월 무술.
113) 주 52)와 같음.

는 조처 외에는 다른 방도가 없었다.[114]

외방노비의 선상제는 지금까지 살펴본 제도상의 모순뿐 아니라 이를 운영하는 과정에서 나타난 관리의 농간과 노비의 모피로 더욱 제대로 유지되기 힘들게 되었다. 관리의 농간은 선상노를 선발하는 과정에서 뇌물을 받고 부유한 노비들을 방면시키고 대신 뇌물을 줄 수 없는 가난한 노비들을 선상노로 선발하여 올려 보내는 방법으로 행해졌다. 이에 따라 가난한 자만이 선상되고 부자는 면제되는 현상이 초래되고 있었다. 이러한 관리의 농간은 주로 실제 지방에서 선상노 선발의 실무를 맡고 있던 향리들에 의하여 자행되었다. 1425년(세종 7)에 마련된 선상노비구폐조건에 "각사노비를 선상시킬 때 각 고을의 간악한 아전들이 농간을 부려 가난하고 나약한 자를 정역으로 삼고 부유하고 장실한 자를 봉족으로 삼아 이름과 실상이 서로 반대로 되고 있다."[115]라 되어 있는 것을 보면, 향리의 농간으로 부유한 노비가 봉족이 되어 선상을 면하고 가난한 노비들이 정역이 되어 선상하고 있었음을 알 수 있다. 이에 대한 대책으로 정부에서는 각도의 감사의 주관 하에 차사원으로 하여금 노비의 빈부와 입역의 선후를 살펴 선상노를 선발하도록 하여 향리의 농간을 막아보려 하였다.

그러나 이러한 조처에도 불구하고 가난한 자가 선상으로 뽑히고 부자는 면제되는 폐단은 사라지지 않았다. 그것은 선상노의 선발을 차사원이나 수령이 직접 하지 않고 향리에게 여전히 위임했기 때문이었다. 1444년(세종 26) 의정부에서

> 각도에서 선상노를 입번시킬 때 수령이나 도회소 차사원이 친히 집행하기를 꺼리고 향리에 위임하여 선상이 간악한 아전의 장악하는 바 되었다. 이를 틈타 간악한 아전들이 뇌물을 많이 받고 먼저 선상해야 할 자를 뒤로 돌리고 나중에 선상해

---

114) 위와 같음.
115) 주 89)와 같음.

야 할 자를 먼저 선상시켜 한 번도 상경하여 입역하지 않는 자도 있다. 이로 말미암아 부강한 자는 선상을 면하고 가난한 자는 해마다 번상하게 되어 원망하는 소리가 아주 심하다.[116]

고, 한 것에서 선상노의 선정이 여전히 향리 수중에 장악되고 있었으며, 이 과정에서 간악한 향리의 농간으로 부자는 빠지고 가난한 자들만이 선상노로 선발되는 현상이 확산되어 갔음을 알 수 있다. 이러한 현상이 계속되자 이번에는 정부에서 좀 더 구체적인 개선책을 마련하였다. 경중 각사의 외방노비안에 올라있는 노비의 이름 아래에 선상 여부와 정역, 봉족 여부를 분간하여 부표하고 한명이라도 선상하지 않는 자가 있는 데도 이미 선상했던 자를 다시 정역으로 삼아 선상시키거나 이전에 봉족이었던 자를 다시 봉족으로 삼는 일이 있을 때는 당해 각사에서 이를 자세히 조사하여 형조에 보고하고, 형조에서 다시 여러 고을에 이문하여 추핵하고 두목노와 담당 색리 및 해당 고을의 수령과 차사원 등을 부역불균율로 다스리도록 한 것이 그것이다.

이러한 개선책이 마련된 이후에도 향리들의 농간은 근절되지 않았다. 1470년(성종 1) 도승지 이극증이 "여러 고을에서 선상노비를 선발하고 신공을 거둘 때 수령이 친히 살피지 않고 이를 향리에게 위임하여 집행하게 하여 가난한 노비는 뇌물을 줄 수 없어 선상으로 정해지거나 신공을 징수 당하며, 부유한 노비는 뇌물을 주고 면하니 그 폐가 적지 않다."[117]라 하고 있는데서 그것을 알 수 있다.

부자는 선상을 면하고 가난한 노비만 선상으로 선발되는 '富者免 貧者選上'의 현상은 위에서 살펴본 바와 같이 간악한 향리의 농간도 있었지만 부유한 노비들이 이를 틈타 여러 가지로 모피함으로써 더욱 심화되었다. 1428년(세종 10) 황해감사가 "도내에서 서울 각사로 선상되는

---

116) 주 36)과 같음.
117) 『성종실록』 권2, 성종 원년 정월 기해.

선상노 가운데서 부유한 자들은 서울에 사는 노와 서로 짜고 그들의 봉족이 되어 항상 외방에 거주하나 빈한한 자들은 매번 번상하여 고생이 심하여 도산하고 있다."[118]고 한 말에 나타난 바와 같이 부유한 노비들은 자발적으로 경거 입역노의 봉족이 되어 선상을 피하고 있었다. 이 경우에도 뇌물이 제공되었을 것이다.

부유한 노비들은 경거 입역노의 봉족이 아니라도 선상노로 선발되어 각사에 입역하는 것보다 부담이 가벼운 역에 투속하여 선상·입역을 기피하고 있었다. 1448년(세종 20) 우찬성 김종서가 "각사의 창적 가운데 부유한 자들은 역이 가벼운 곳에 투속하고 빈한한 자들만이 고된 역을 맡아 밤낮으로 관가에서 사역하느라 자기 집의 생업을 돌볼 여가가 없어 스스로 보존할 수 없게 되었다."[119]고 부유한 노비들이 선상·입역을 피하여 가벼운 역에 투속하는 현상이 널리 일어나고 있음을 지적한 바 있다.

노비들이 투속하는 가벼운 역에는 궐내차비·공장·잠모·악공 등이 있었다. 1488년(성종 19) 사은사 成健이 "각사의 노비가 날로 줄어들고 있는데 이것은 대개 노비들이 원 소속 관사의 고된 역을 꺼려 갖가지로 빠져나갈 길을 궁리하여 다른 관사의 장인이나 궐내차비로 투속하기 때문이다. 이에 따라 원 소속 관사에 입역하는 자가 거의 없는 지경에 이르렀다."[120]고 한 말이나, 1443년(세종 25) 의정부에서 "공천들이 다투어 악공으로 투속하여 원래의 역을 피하려는 자들이 파다하다."[121]고 한 말에서 각사의 노비들이 궐내차비나 공장·악공으로 투속하여 원 소속 관사의 역을 피하고 있었음을 알 수 있다.

각사노비가 잠모로 투속한 예로는 예빈시의 비 夫今을 들 수 있다.

---

118) 주 76)과 같음.
119) 『세종실록』 권120, 세종 30년 5월 을미.
120) 『성종실록』 권213, 성종 19년 2월 병오.
121) 주 102)와 같음.

부합은 1488년(성종 19) 잠모로 옮겨 역을 수행하였는데, 그녀는 잠모로 투속하기 위하여 당시의 영의정 윤필상에게 청탁까지 하였다. 그녀의 아버지 內隱石이 윤필상이 수릉관이었을 때 반감으로 3년 동안 모시고 있었는데 그것을 인연으로 자기 딸 부합을 잠모로 역처를 옮겨 줄 것을 청탁하였던 것이다.[122] 부합이 잠모로 투속한 것은 누에고치를 훔쳐 이익을 취할 수 있을 뿐만 아니라 예빈시의 고역을 면할 수 있었기 때문이었다.

각사노비를 사역하는 관사나 관원이 정해진 것보다 많은 노비를 점유하고 있는 濫占 현상도 선상제의 유지를 어렵게 만든 요인의 하나가 되었다. 1416년(태종 16) 의정부·육조 등에서 올린 弭災策 가운데 "각사에 입번하는 노는 이미 수가 정해져 있는데도 관원들이 마음대로 수를 늘려 한사람의 식량을 2~3명에게 분급하면서 입역시키고 있다."[123]고 되어 있는 것이나, 세종 원년(1419) 사헌부에서 "각품 관원의 근수노가 많은 경우 30~40명이나 되어 이로 말미암아 각사에서는 외방노를 많이 선상시켜 이들이 생업을 잃게 되었다."[124]고 한 말에 나타난 바와 같이, 관사나 관원이 정액보다 많은 노비를 점유하는 남점 현상은 이미 태종 대부터 성행하고 있었다.

이러한 현상은 특히 각사의 제조들이 근수노를 정액보다 과다하게 점유한 데서 더욱 심화되었다. 1426년(세종 8) 이조에서 "별로 할 일도 없는 관사의 제조들까지도 근수노를 6~7명씩이나 거느리고 있어 각사의 사령이 부족하게 되었으며, 이로 말미암아 외방노를 더 선상시켜 그들이 생업은 물론 살 곳마저 잃을 정도로 고생이 막심하다. 이는 오로지 근수노를 과다하게 점유하고 있기 때문이다."[125]라 한 말이나, 앞에

---

122) 『성종실록』 권222, 성종 19년 11월 정축.
123) 주 75)와 같음.
124) 『세종실록』 권3, 세종 원년 3월 무신.
125) 주 73)과 같음.

서 인용한 사헌부의 "각품 관원의 근수노가 30~40명"이나 된다는 말에도 그러한 사정이 잘 나타나 있다.

이러한 상황에서 이 당시 외방에서 선상으로 뽑혀 올라오는 노비는 대부분 가난한 자들이었던 것으로 보인다. 실제로 1466년(세조 12) 군기감에는 추위와 굶주림이 절실하여 입역할 수 없는 자가 선상되어 있었으며,[126] 다음 해 충청도 청풍군에서 선상되어 군기감에 입역하다가 조지서로 옮겨 사역된 노 延金도 추위와 굶주림을 못이길 정도로 가난한 자였다.[127] 청주의 선상노 郭井은 부모 없는 고아로 형조에 입역하고 있었는데, 그 역시 추위와 굶주림을 못이길 정도로 가난하였다.[128]

이러한 일은 예외적인 현상이 아니라 이 당시 일반적인 현상이었던 것으로 보인다. 1468년(성종 17) 광원군 이극돈이 "전라도에서 굶어 죽은 자는 모두 공천으로 이는 오로지 입역과 신공이 너무 무거워 스스로 살아갈 방도가 없었기 때문이다."[129]고 말한 바 있다. 이들이 모두 선상노비로 선발되었던 것은 아니었겠지만 선상노비로 선발된 자들의 대부분이 지극히 가난하였을 것임은 의심할 여지가 없을 것이다.

이와 같이 가난한 노비만이 선상으로 선발되자, 이들 중 일부는 도망하거나 유민이 되어 떠돌아다니면서 선상을 모면하려고 하였다. 1425년(세종 7) 세종 자신이 "각사에 선상하는 외방노비들이 고역을 견디지 못하여 속속 도망하고 있다."[130]한 것이나, 1471년(성종 2) 형조에서 "각사의 선상노와 두목노 가운데 도망하거나 떠돌아다니는 자가 많아 각사의 선상을 채울 수 없을 뿐만 아니라 이로 인하여 공천이 날로 감축하고

---

126) 『세조실록』 권40, 세조 12년 10월 갑자.
127) 『세조실록』 권44, 세조 13년 11월 신사.
128) 『세조실록』 권44, 세조 13년 12월 병진.
129) 『성종실록』 권191, 성종 17년 5월 병진.
130) 『세종실록』 권28, 세종 7년 5월 병술. 이와 같은 기사는 『세종실록』 권28, 세종 7년 6월 을묘에도 있다.

있다."[131]고 한 말에서 그 사정을 엿볼 수 있다.

이 당시 떠돌아다니거나 도망한 노비의 규모가 어느 정도인지 정확히 알 수는 없지만 1423년(세종 5) 충청감사가 "도내의 유이민 가운데 각사노비가 1,375명에 이르러 이로 말미암아 각사에 신공을 납부하거나 사역할 수 있는 노비가 날로 감축하고 있다."[132]고 한 말이나, 1484년(성종 15) 영경연사 한명회가 "지금 공사천으로 도망하여 (호적에서) 누락된 자가 무려 백만 명이나 된다."[133]고 한 말로 미루어 보아 그 수가 결코 적지 않았음을 알 수 있다. 이들 도망·유리한 노비가 모두 각사의 선상노비는 아니었으나, 이들이 도망·유리한 것은 과중한 부담을 피하려는 데서 비롯되었음은 분명하다. 따라서 도망·유리하는 노비가 증가한 만큼 남아있는 노비의 선상 부담은 더 커질 수밖에 없었다.

## 2) 선상대립의 전개

각사의 외방노비를 상경 입역시키는 선상제는 앞에서 살펴본 바와 같이 이미 실시 초기부터 노비들의 광범위한 모피 행위에 직면하였다. 부유한 노비들은 관리에게 뇌물을 주고 선상을 면하기도 하고, 경거노비의 봉족이 되거나 헐한 역에 투속하여 선상의 고역에서 벗어났다. 이 결과 가난한 노비들만 선상으로 선발되었는데, 이들 또한 선상의 고역에서 벗어나기 위하여 도망·유리하기에 이르렀던 것이다.

그러나 외방노비가 선상을 피하는 길은 이러한 방법만 있는 것이 아니었다. 선상노비가 자기 대신 다른 노동력을 고용하여 역을 서게 하는 대립도 그 방법의 하나였다. 이 대립 행위는 조선 초기 군역에서 이미 널리 행해지고 있었는데 노비에 있어서도 외방에서 농업에 종사하고 있

---

131) 『성종실록』 권9, 성종 2년 2월 병오.
132) 『세종실록』 권20, 세종 5년 5월 신축.
133) 『성종실록』 권170, 성종 15년 9월 계축.

는 자들 사이에 선상을 피하는 방법으로 널리 행해지고 있었다. 선상 대립 현상이 나타난 것은 기본적으로는 선상제의 모순 때문이었으나, 보다 직접적으로는 선상 자체가 고역인 데다가 연고가 없는 서울 생활의 어려움과 선상으로 초래되는 생활기반의 파괴를 우려한 노비들이 선상을 기피한 데서 기인하였다.

외방의 선상 노비가 상경하여 입역하는 동안 거처는 물론이고 식량의 조달마저 어려웠던 사정은 이미 앞에서 언급한 바 있다. 선상 노비들은 이러한 고통에서 벗어나기 위하여 다른 사람을 고용하여 자기 대신 입역시키고 있었다.

외방의 선상 노비가 서울 생활의 어려움 때문에 다른 사람을 고용하여 대신 입역시키는 雇人代立은 1454년(단종 24) 의정부에서 "외방에 거주하는 각사 노비들이 해마다 돌아가면서 선상되어 경중에 기식하는데 그 고통이 다른 역에 비하여 몇 배나 심하여 모두가 다른 사람을 사서 대신 입역시키기에 이르렀다."[134]고 한 말에서 알 수 있다.

또 외방의 선상 노비들은 선상으로 생활 기반이 파괴될 것을 우려하여 경제력이 조금이라도 있는 사람은 다른 사람을 서서 대신 입역시키고 있었다. 이 당시 외방 노비의 대부분이 농업을 생업으로 하고 있었기 때문에 선상으로 그 가호의 중심이 되는 노동력을 징발당하여 농업 생산력이 파괴되는 것을 피하려고 하였던 것이다.

1490년(성종 21) 특진관 손순효와 지경연사 어세겸이 "외방의 선상노들이 농사철에 선상되지 않으려고 선상해야 할 관사에 대립하는데 필요한 대가를 보내어 한유인으로 하여금 대립하게 한다. 만약 이들을 일일이 직접 입역하게 하면 피역하는 폐단이 없지 않을 것이다."[135]라 한 말에서 그것을 알 수 있다. 이때에 성종 자신도 "농사철에 선상되지 않으

---

134) 『단종실록』 권12, 단종 2년 12월 기묘.
135) 『성종실록』 권239, 성종 21년 4월 임진.

려는 자들이 많이 있으나 이를 금할 수는 없다.”하고 있는 것으로 보아 외방의 선상노들이 농업생산력의 유지를 위하여 다른 사람을 대신 입역시키고 있던 현실을 군신 모두가 인식하고 있었던 것 같다. 1493년(성종 24) 특진관 이극균이 “선상노가 다른 사람을 대립시키고 고향에 돌아가 농업에 종사하는 일은 온 나라에 예사로 있는 일이다.”[136]라 한 바와 같이 농업을 생업으로 하고 있는 외방 노비들 사이에서 대립이 널리 행해지고 있었다.

선상 대립이 문제가 되어 조정에서 처음 논의되기 시작한 것은 1436년(세종 18)의 일이었다. 이것이 문제가 된 것은 의정부에서 “선상노들이 고된 역을 견디지 못하여 다른 사람을 사서 대신 입역시키는데 (한번의 선상 기간인) 6개월의 대립가가 면포 15필이나 되는 데도 무지한 노들이 눈앞의 편안함만을 생각하여 우마와 전답을 팔아 대립가를 마련하고, 마침내는 생업을 잃고 도산하여 경외의 노비들이 줄어들게 되었다.”[137]고 한 데서 나타난 바와 같이 사람을 사서 대신 입역시키는 일로 노비가 파산하게 되어 선상제가 제대로 유지될 수 없게 되었기 때문이다. 이 대책으로 정부에서는 이때부터 선상노의 대립을 금하고 자신이 직접 입역하도록 하였다.

그러나 선상 대립이 선상제의 모순에서 비롯되었기 때문에 이러한 정부의 금제에도 불구하고 선상 대립 현상은 이후에 더욱 성행하여 1439년(세종 21) 판중추원사 안순은 “선상노뿐만 아니라 기인·보충군·도부외·선군들까지 다투어 대립하기에 이르렀으며, 대립가가 직접 입역할 때 드는 비용의 배가 넘어 이 때문에 가산을 탕진하고 파산하는 일이 벌어지고 있는 데도 서로 다투어 대립하는 것이 이미 사회 풍조를 이루었다.”[138]고 하였으며, 1454년(단종 2) 의정부에서 “외방에 사는 각

---

136) 『성종실록』 권276, 성종 24년 4월 병오.
137) 『세종실록』 권74, 세종 18년 9월 을묘.

사의 노 모두가 사람을 사서 대립 시키고 있다."[139] 할 정도로 거의 모든 직역에서 전국적으로 확산되고 있었다.

이와 같이 선상 대립 현상이 확산되어 선상노들이 대립가를 마련하기 위하여 가산을 탕진하고 실업·유망하는 사태가 속출하였으나, 정부에서 이를 전적으로 금할 수만은 없었다. 단지 각사노비의 다과 부동과 고헐 불균에서 오는 노비의 모피를 막기 위하여 선상노의 수를 조정하여 선상을 고르게 하는 소극적인 정책이[140] 정부에서 취할 수 있는 현실적인 대안이었다. 그것은 선상 대립이 선상제의 모순에서 비롯되어 이를 금하면 반대로 차역을 피하여 도망하는 자들이 많이 나타났기 때문이다.

이러한 상황에서 정부의 공식적인 금제에도 불구하고 선상 대립이 확산되자 1458년(세조 4)에 정부에서 이를 공식적으로 허용하였다. 형조에서 "전에는 선상노들이 부모가 늙고 병중이거나 본인이 없으면 처자가 살아가기 힘들 때, 생업에 지장이 있을 때는 사람을 사서 대신 입역시키고, 경중의 역이 없는 자와 6번으로 나누어 역을 서는 자(有役六番者)들이 대립가를 받고 대역함으로써 서로 도와 각기 생업을 꾸려나갈 수 있었으나, 지금은 호패를 빌려주지 못하게 함에 따라 외방노들이 사람을 사서 자기의 역을 대신 시킬 수가 없어서 차역을 피하여 도망하는 자들이 많으니 지금부터 각사노와 대역자 양편의 원정을 들어주어 대립을 허가하자."[141]고 건의한 것이 받아들여져 선상노의 대립은 정부의 공인을 받기에 이르렀던 것이다. 여기에서 보면, 선상 대립은 정부의 금제조처와는 관계없이 사실상 허용되고 있었는데 1458년(세조 4) 호패법 실시로 전면 금지되고 있었음을 알 수 있다.

---

138) 『세종실록』 권87, 세종 21년 11월 을묘.
139) 주 134)와 같음.
140) 위와 같음.
141) 『세조실록』 권14, 세조 4년 11월 무자.

선상 대립의 공인만으로 선상 대립을 둘러싸고 나타난 문제점이 완전히 제거된 것은 아니었다. 이 당시 선상 대립에는 대립가가 정해져 있지 않고 선상노와 대립인 사이에 맡겨져 있어서 대립을 원하는 선상노들이 불리한 위치에서 적지 않은 대립가를 지불하지 않으면 안 되어 큰 피해를 입고 있었다. 선상 대립이 공인되기 전의 대립가는 1436년 (세종 18)에 한번의 선상 기간인 6개월에 면포 15필이었으며,[142] 3년 후인 1439년(세종 21)에는 한 달에 면포 3필에 이르고 있어,[143] 대체로 한 달에 2필반 내지 3필 수준이었다.

이러한 선상 대립가는 선상 대립이 공인된 이후 모리배의 농간으로 배 이상 높아졌다. 1470년(성종 1) 형조에서 선상 대립가를 한 달에 2필로 제한할 것을 제안하면서 "선상노들이 선상할 때마다 서울에서 입역하는 것을 싫어하여 사람을 사서 대립 시키는데, 사람을 사는 값이 정해져 있지 않아 교활한 무리들이 이를 빙자하여 이익을 도모하여 배나 징취하기 때문에 이로 인하여 각사노비들이 날로 쇠잔해지고 있다."[144] 고 한 것에서 그것을 알 수 있다. 이와 같이 선상 대립을 공인한 후 대립가를 과도하게 징수하는 현상이 심해지자 정부에서는 대립가를 한 달에 면포 2필을 넘지 못하도록 공정하고 이를 위반하는 자를 처벌하도록 하였다.

그러나 국가에서 정한 선상 대립가는 제대로 지켜지지 않았으며 그 피해도 여전하였다. 1474년(성종 5) 형조에서 "각사 선상노의 대립가는 관사와 일의 고되고 헐한 정도에 따라 한 달에 9필 또는 7~8필에 이른다. 선상노들이 이를 스스로 마련하지 못하면 경중의 부호에게 빌려 충당하는데 그 물주는 (선상노의 고향에 내려가) 대가를 배나 징수하기

---

142) 주 137)과 같음.
143) 주 138)과 같음.
144) 『성종실록』 권7, 성종 원년 8월 갑술.

때문에 멀고 가까운 친족들이 그 해독을 입어 살 곳을 잃고 떠돌아다니는 자가 많다."[145]고 한 말에서 그것을 알 수 있다. 이와 같이 선상 대립가를 공정한 후에도 이것이 제대로 지켜지지 않자 정부에서는 선상 대립가를 선상노가 거주하는 고을 관아에서 직접 거두어 소속 각사로 직송하도록 하는 관수관급제를 실시하였다.

선상 대립을 정부에서 공인하고 또 대립가의 관수관급제가 실시된 뒤에는 관리들이 선상 대립가를 노려 대립을 강요하거나 선상노를 사사로이 돌려보내고 면포를 수취하는 폐단이 나타났다. 이러한 일은 주로 선상노를 선발하는 일을 맡고 있는 수령이나 선상노를 사역하는 관원들에 의하여 자행되었다.

수령이 대립을 조장하였던 것은 1474년(성종 5) 대사간 鄭佸이 "선상노를 번상할 때가 되면 그 고을의 수령이 대립가를 독촉 징수하여 향리를 파견하여 각사에 보내 대립케 하고 있다."[146]고 한 말에 나타난 바와 같이 대립가의 관수관급제 실시 후 널리 행해지고 있었다.

선상노를 사역하는 관원들이 선상노를 개인적으로 돌려보내고 대립가를 받는 일은 주로 餘數選上奴를 관장하는 형조의 관원에 의하여 자행되었다. 여수선상노는 원래 그 일부를 형조에 남겨 사령으로 부리고 나머지를 장례원에 보내 각처에 나누어 배정한 노에 궐액이 있을 때 충원하기 위한 것이었는데,[147] 이들도 관수관급제 실시 이후에는 한달에 면포 2필씩만 내면 대립이 가능하게 되었다.[148] 이들 여수선상노의 배정을 형조의 관원들이 관장하고 있었는데, 이들이 이를 이용하여 여수선상노를 입역해야 할 관청에 나누어 배정하지 않고 사사로이 점유하고 있다가 대립가를 받고 돌려보냈던 것이다.

---

145) 『성종실록』 권38, 성종 5년 정월 임자.
146) 『성종실록』 권44, 성종 5년 윤6월 정유.
147) 『성종실록』 권44, 성종 5년 윤6월 무술.
148) 주 145)와 같음.

이것이 처음 문제가 된 것은 1474년(성종 5) 형조좌랑 金旽이 여수선상노 35명을 역처에 보내지 않고 그의 애첩인 私妓 笑雪烏에게 주어 방면하고 대신 면포를 거두어 개인적으로 사용한 일이 탄로나면서부터였다.[149]

이러한 일은 金旽에게만 한정된 것은 아니었다. 형조좌랑 金利貞도 선상노를 구사로 삼아 이들을 방면하고 대신 면포를 받아 사적으로 사용하거나, 자기의 가노로 하여금 대립케 한 일이 발각되어 사헌부의 탄핵을 받았으며,[150] 許譔도 김이정과 더불어 선상노를 멋대로 점유하여 대립가를 많이 받아 처첩에게 준 일로 역시 사헌부의 탄핵을 받았는데, 이것도 그가 형조정랑직에 있을 때 한 일이었다.[151] 1474년(성종 5) 대사헌 李恕長 등이 형조당상 李繼孫·成允文·崔永潾을 비롯하여 李蒙哥·申潚 등 14명을 치죄할 것을 청한 바 있는데, 이들의 죄목은 형조의 관원으로서 상하가 서로 짜고 스스로 법을 어기고 여수선상노를 장례원이나 각사의 역처에 나누어 배정하는 대신 근수노로 점유하여 공연히 대솔하거나 남솔하여 법을 어기고 사사로이 이익을 행사한 일이었다.[152]

이처럼 선상 대립의 공인과 대립가의 관수관급제 실시 후 수령이 선상노의 대립을 조장하고 형조의 관원들이 선상 대립가포의 수취에 몰두하는 폐단이 나타나자 정부에서는 1475년(성종 6)에 들어 와 다시 선상 대립을 금하였다.[153] 그리고 부득이한 사유가 있어 대립이 불가피한 경우에 한하여 본인이나 경주인이 형조에 신고한 뒤 대립을 허가하고, 대립가도 대역인이 역을 마친 후에 이를 증명하는 첩문을 발급받아 수취하도록 하였다.

---

149) 주 146)과 같음.
150) 주 147) 및 『성종실록』 권44, 성종 5년 7월 신미.
151) 『성종실록』 권52, 성종 6년 2월 무신 및 『성종실록』 권76, 성종 8년 2월 무자.
152) 『성종실록』 권47, 성종 5년 9월 병인.
153) 『성종실록』 권61, 성종 6년 11월 계유.

이리하여 선상 대립은 공식적으로 금지되었다. 그러나 이후 유고 시에는 경주인도 본인 대신 형조에 신고하여 대립을 허가 받을 수 있도록 한 예외 조항을 이용한 농간이 많이 발생하였다. 이에 따라 1개월 후에는 이것도 금하여 본인이 직접 형조에 신고한 경우에만 대립을 허가하도록 고쳤다.[154] 이와 함께 유고로 본인이 직접 신고하지 못할 때는 수령이 그 사실을 조사하여 첩문을 발급하고 대립가를 거두어 형조에 보내 대립하도록 하였으며, 사적으로 대립할 경우에는 당해 선상노와 대립인 모두를 처벌하고 그 대립가를 관에서 몰수하도록 하여 불법적인 대립을 철저히 금지하였다.

1475년(성종 6) 이후 선상 대립은 이와 같이 유고한 경우를 제외하고는 전면 금지되었으나, 이 이후에도 선상 대립은 끊이지 않았다. 1488년(성종 19) 경상도관찰사 成俔이 외방 선상노의 족징의 폐를 진언하는 가운데 "을사년(1485년, 성종 16)의 예에 따라 한 달의 대립가를 2필 외에는 남징하지 못하게 하자."[155] 하고 있는 것을 보면, 선상 대립이 금지된 지 불과 10년 후인 1485년(성종 16)부터 사실상 대립이 묵인되었고 대립가의 족징 현상까지 나타나고 있었음을 알 수 있다. 이 무렵에 와서는 1490년(성종 21) 사간 趙孝仝이 "각사의 선상노들이 직접 입역하지 않고 대립가를 마련하여 보내면 사대부들이 이를 당연한 것처럼 받아들이고 있어 사대부들의 탐욕스러움이 이보다 심함이 없다."[156]라 한 바와 같이 선상노나 관원 모두가 선상 대립을 당연시할 정도로 일반화되고 있었다.

이 당시 선상 대립은 주로 관원의 근수노와 종친이나 공신에게 지급된 구사를 중심으로 행해지고 있었으며, 이와 관련된 관원도 형조의 관

---

154) 『성종실록』 권62, 성종 6년 12월 정해.
155) 주 90)과 같음.
156) 주 135)와 같음.

원에 한정되지는 않았다. 1490년(성종 21) 의정부에 내린 전지에 "종친과 조정 관원에게 근수노를 지급한 것은 사령으로 부리기 위한 것인데, 요사이 근수노 본인을 직접 부리지 않고 대립가를 받고 방면하는 일이 있다고 하는 바 이는 근수노를 지급한 본래의 뜻이 아닐 뿐 아니라, 탐욕스런 풍조만을 조장하는 것이니 각사에 효유하여 금하도록 하라."[157] 고 하고 있는 것에서, 근수노의 대립이 관원들 사이에서 널리 행해지고 있었음을 알 수 있다.

구사를 대립시키거나 대립가를 받고 방면하는 것도 1493년(성종 24) 도총관 任光載가 "구사에게서 대립가를 받고 방면하는 자가 어찌 없겠는가?"[158]라 하고 있는 것에서 보면, 근수노와 마찬가지로 널리 행해지고 있었던 것으로 보인다. 이들 근수노와 구사는 앞에서 살펴본 바와 같이 외방의 선상노로서 관원이나 종친 또는 공신에게 지급된 자들이었기 때문에 쉽게 대립이 행해질 수 있었던 것이다.

대립인의 신분은 선상 대립 현상이 나타난 초기에는 역이 없는 良人,[159] 경중의 역이 없는 자나 6번으로 나뉘어 역을 서는 자,[160] 한유인[161]이 대부분이었다. 이들은 대립을 통하여 있는 자와 없는 자들이 서로 도와 각자 생업을 꾸려가고 있었다. 그러나 선상 대립이 성행하면서부터는 관원의 가노가 대립하거나, 대립인을 세우지 않고 대립가를 받고 방면하는 것이 일반적이었다. 관원의 가노가 대립하는 경우에는 대립가를 당연히 관원이 받아 챙기게 되어 관원들이 이를 노리고 대립을 강요하거나 조장하였으며, 실질적으로 대립가를 받고 방면하는 것과 다름이 없었을 것이다. 따라서 이러한 관원들의 행위는 탐욕스러운 풍

---

157) 주 65)와 같음.
158) 『성종실록』 권276, 성종 24년 4월 병신.
159) 주 138)과 같음.
160) 주 141)과 같음.
161) 주 135)와 같음.

조로 간주되어 치죄의 대상이 되었다.

관원이 선상노를 돌려보내고 자기의 가노를 대립시킨 일이 발각되어 치죄된 일은 대립 현상이 나타나기 시작한지 얼마 안 되는 세종 때에도 있었다. 1439년(세종 21) 감찰 孫士晟이 자기의 가노로 하여금 선상노의 역을 대신하게 하고 대립가를 받아 챙겼다가 개인적으로 사용한 일이 발각되어 파직되었던 것이다.[162] 또 1477년(성종 8) 許誴도 전에 그가 형조정랑이었을 때 근수노를 정원보다 많이 점유하여 家僮 尙同으로 하여금 대립하게 하고 그 대립가를 사사로이 챙긴 일이 발각되어 사헌부 장령 慶俊에게 탄핵을 받은 바 있으며,[163] 1493년(성종 24) 승지 鄭誠謹도 그가 내섬시 부정으로 있을 때 가노 3명으로 하여금 선상노의 역을 대행케 하고 선상노 대립가를 챙긴 일로 사헌부의 탄핵을 받았다.[164]

선상노를 대립인을 세우지 않고 대립가를 받고 방면한 일은 세조 때에도 있었다. 1465년(세조 11) 내자시 직장 崔漢이 전에 예빈시 직장으로 있을 때 선상노를 몰래 돌려보내고 면포를 거두어 챙겼다가 그의 첩에게 주어 개인적으로 사용한 일이 발각되어 고신이 몰수된 적이 있었다.[165] 이러한 일은 성종 대에 들어와 더욱 성행하여 앞에서 인용한 바와 같이 성종 자신이 "종친이나 조정 관원들이 근수노를 방면하고 대립가를 받아 챙기고 있다."[166]고 할 정도로 만연되고 있었다.

이러한 상황에서 정부에서는 선상 대립의 전면적인 금지보다는 대립가를 과도하게 징수하는 것을 막으려는데 치중하였다. 따라서 성종 대 후반에 이르러서는 정부의 공식적인 금지에도 불구하고 선상 대립은 더욱 성행하였다. 이와 함께 대립인을 세우지 않고 대립가만을 받고 방면

---

162) 『세종실록』 권82, 세종 21년 8월 을묘.
163) 『성종실록』 권76, 성종 8년 무자.
164) 주 158) 및 『성종실록』 권276, 성종 24년 4월 을사, 병오, 을묘.
165) 『세조실록』 권37, 세조 11년 10월 병자.
166) 주 157)과 같음.

해 주는 일이 만연되어 갔다. 이렇듯 선상노를 대역인을 세우지 않고 대립가를 받고 방면하는 것은 선상노 입장에서는 면포만을 내는 것이 되어 후일 포납화의 단서가 되었다.


## 4. 맺음말

지금까지 조선 초기 공노비 노동력 동원체제로 성립된 선상·입역제의 운용실태를 살펴보았다.

조선 초기의 공노비는 각관사에 분급되어 번차에 따라 선상·입역하고 있었다. 이들 각관사에 소속된 노비는 각사노비 또는 제사노비로 불렸다. 각사노비는 고려 말이래 각관사에 소속되어 사역되고 있는 원속노비와 조선 건국 후 속공되어 각관사에 분급된 속공노비로 구성되었는데, 이중에서도 사원이 소유하고 있던 노비를 속공한 혁거사사노비가 절대 다수를 차지하고 있었다.

선상·입역제는 외방에 살고 있는 노비의 선상과 경거노비의 입역으로 운영되었으며, 이들은 다시 차비노와 근수노로 나뉘어 사역되었다. 대체로 차비노는 서울에 거주하는 노로, 근수노는 외방에 거주하는 노로 충원되어 사역되었다.

차비노는 각관사에 지급되어 고직·방직·청직과 같은 임무를 맡았다. 이러한 임무는 궐내차비와 함께 원래 기인들이 담당하던 역이었다. 이들은 이밖에 관원의 공궤를 담당하거나 공물을 점검하기도 하였는데, 공물을 점검하는데 참여한 노비들은 방납이나 대납에 관여하기도 하였다. 이에 비하여 근수노는 종친이나 각관사의 관원에게 지급되어 사노와 같이 사역되었다.

선상·입역제는 공노비의 노동력을 무상으로 징발하는 것이었기 때문에 항상 과도한 노동력 수탈로 노비 가호의 재생산 기반이 무너질 위험을 내포하고 있었다. 따라서 정부에서는 이들의 재생산 기반이 붕괴되는 것을 막아 선상·입역제가 원활히 운영될 수 있도록 여러 가지 대책을 마련하였다. 봉족의 지급, 시정의 인정, 잡역의 면제, 출산 휴가의 실시와 함께 부모형제가 함께 모여 살고 있는 노비나 일정 규모 이상의 재산을 소유한 노비를 선상시키도록 한 것이나 흉년에 가난한 외방의 선상노를 방면한 것 등이 그러한 대책으로 실시되었다.

그러나 이러한 대책만으로 선상·입역노비의 재생산 기반의 붕괴를 막을 수는 없었다. 특히 각사노비의 대부분을 차지하고 있는 외방노비들은 농업을 생업으로 하고 있었기 때문에 선상으로 농업 생산력의 유지에 큰 어려움을 겪고 있었다. 또한 서울에 연고가 없는 이들이 선상 기긴 동안 서울에서 생활하는 것도 큰 고통의 하나였다. 따라서 이들은 가능한 한 선상을 기피하였는데, 그 방법의 하나로 자기 대신 다른 사람을 고용하여 입역시키고 자신은 고향에서 생업에 종사하였다. 이것이 바로 선상 대립이다.

선상 대립은 처음 정부에서 강력히 규제하였음에도 불구하고 성행하여 갔다. 따라서 정부에서는 이를 금할 수만은 없어서 1458년(세조 4)에 공식적으로 인정하기에 이르렀다. 선상 대립을 정부에서 공인한 후에는 대립가를 둘러싸고 모리배의 농간이 심해지자 1470년(성종 1)에는 대립가를 한 달에 2필로 공정하였으며, 4년 후에는 다시 대립가를 관에서 징수하여 관에서 지급하도록 하는 관수관급제까지 실시하였다.

선상 대립가의 관수관급제 실시 후에는 관원들이 대립가의 수취를 목적으로 대립을 강요하거나, 자신의 노를 대립시키고 대립가를 받아 챙겼으며, 심지어는 선상노를 대역인 없이 사사로이 방면하고 대립가만을 받아 챙기는 등의 폐단이 나타났다. 이러한 불법행위는 선상노를 선발하는 임무를 맡고 있는 지방의 수령이나 선상노를 각 관사에 나누어 배당하는 임무를 맡고 있는 형조의 관원들 사이에서 널리 행해졌다. 이와 같이 선상 대립 공인 후 새로운 폐단이 나타나자 1475년(성종 6)에 다시 이를 전면 금지시키고 특별한 사유가 있는 경우에만 대립을 허가하도록 하였다.

그러나 선상 대립이 전면 금지된 후에도 선상 대립은 관원의 근수노와 구사를 중심으로 널리 행해졌다. 근수노와 구사는 모두 외방의 선상노로 지급되어 관원의 사노와 같이 사역되고 있었기 때문에 대립이 용이하였던 것이다.

대립인의 신분은 대립 현상이 나타난 초기에는 주로 역이 없는 양인, 경중의 역이 없는 자, 6번으로 나뉘어 역을 지는 자, 한유인들로, 이들은 대립을 통하여 있는 자와 없는 자가 서로 도와 각자 생업을 꾸려 나갈 수 있었다. 그러나 대립 현상이 만연된 성종 후반에 들어와서는 관원들이 자신의 가노를 대립인으로 세우고 관원들이 대립가를 받아 챙기거나, 아예 대립인을 세우지 않은 채 선상노를 돌려보내고 대립가만을 받아 챙기는 현상이 일반화되었다. 선상노를 대역인을 세우지 않고 대립가만 받아 챙기고 풀어주는 것은 선상노의 입장에서는 역을 서는 대신 면포만을 내는 것이 되어 후일 포납화의 단서가 되었다.

# II. 조선 초기의 娼妓

## 1. 머리말

조선 시대의 신분제도에 관한 연구는 아직도 해결해야 할 문제들이 많이 있다. 천인에 대해서도 마찬가지이다. 천인의 구성과 범위 등에 대하여 만족할만한 해결을 보지 못하고 있는 실정이다.

조선 시대 천인 신분으로는 일반적으로 노비가 대표적이지만, 통설에서는 노비와 함께 백정, 광대, 사당, 무격, 창기, 의녀, 악공 등이 포함되는 것으로 이해되고 있다. 그러나 이들의 신분을 구체적으로 검토해보면 이들 모두가 천인은 아니었다. 그러함에도 불구하고 이들 모두가 통설에서 천인으로 간주되었던 것은 이들이 사회적으로 천시되었기 때문이었다. 따라서 통설에서 천인으로 간주되어온 이들이 모두 천인 신분이었는지를 구체적으로 검토해볼 필요가 있다.

조선 시대 천인은 사료상에 일반적으로 양인과 대비되어 나타나는데, 그것은 양인과 천인 사이의 신분적 장벽이 그만큼 높았던 것을 반영한 것이라고 생각한다. 위에서 언급한 제 부류 가운데에는 양인 신분도 있고, 천인 신분도 있다. 이들 부류 가운데 천인 신분으로 단정할 수 있는 것으로는 창기, 의녀, 악공이 있다. 그러나 이들 부류가 천인 신분이라고 하여 조선 시대의 대표적인 천인 신분인 노비와 다른 전혀 별개의 신분 집단은 아니었던 것으로 생각된다. 여기에서는 이들 부류 가운데 창기를 대상으로 하여 창기가 과연 노비와 구별되는 별개의 천인 신분 집단이었는지를 밝혀 보려 한다.

## 2. 창기의 설치와 운용

창기란 기생을 지칭하는 것으로 기생에는 국가기관 소속의 기생과 개인적으로 기생이 된 私妓가 있을 수 있다. 그러나 조선 초기 사료에 나타나는 창기는 예외 없이 관습도감(장악원)의 京妓와 외방 군현의 관기를 지칭하는 용어로 사용되고 있다. 예컨대 1410년(태종 10)의 기사에 "서울과 지방의 창기를 없애려 하였으나 일이 마침내 행해지지 않았다. 모든 신하들이 임금의 뜻에 따라 창기를 없앨 것을 청했으나 河崙만이 홀로 불가하다고 하자 왕이 웃으면서 이에 따랐다."[1]고 한 것이나, 1486년(성종 17) 성종이 전라도 관찰사에게 "국가에서 서울과 지방에 창기를 설치한 것은 이들에게 가무를 가르쳐 宴享에 대비하기 위한 것이었는데, 지금 듣건대 우후나 수령은 물론이고 대소의 봉명 사신들 까지 사사로이 데리고 와 자기의 소유로 하여 지방 고을의 인적 재물인 창기가 이로 말미암아 크게 쇠잔해졌다. 경은 이를 엄히 살펴 조사하라."[2]고 한 것에서 창기가 서울과 지방 각 고을의 女妓를 가리키는 용어인 것을 알 수 있다. 위에서 국가에서 창기를 없애려고 시도하고 있었던 것, 국가기관에서 베푼 연향에 참여한 사람으로 대소 관원이 데리고 갈 수 있었던 것, 지방관으로 하여금 대소 관원들이 이들을 불법적으로 데리고 가는 것을 규찰하도록 하고 있는 것은 이들 창기가 국가기관 소속이었기 때문이었다.

서울의 창기 즉 경기는 조선 초기에 관습도감에 소속되어 있었는데, 이들이 창기로 불리고 있었다.[3] 관습도감은 1457년(세조 3)에 악학과 통합되어 악학도감으로 되었다가[4] 다시 1466년(세조 12)에 장악서에 병

---

1) 『태종실록』 권20, 태종 10년 10월 병오.
2) 『성종실록』 권196, 성종 17년 10월 무오.
3) 『세종실록』 권101, 세종 25년 9월 정묘.
4) 『세조실록』 권10, 세조 3년 11월 정해.

합되었다.[5] 장악서는 1470년(성종 1) 이전에 장악원으로 개칭되었다.[6] 이에 따라 관습도감에 소속되어 있던 창기도 장악원에 이속되었다. 이들 경기들은 악적에 올라 있어 50세가 되어야 창기의 역에서 벗어날 수가 있었다.[7]

『경국대전』에 의하면 이들 장악원에 소속된 경기들은 지방 각 고을의 관비를 선상하여 충원하도록 되어 있었다.[8] 그러나 이들이 처음 설치되어 관습도감에 소속되어 있을 때에는 관비와 함께 稱干稱尺者들도 충원되도록 되어 있었는데,[9] 보충군이 설치되어 칭간칭척자들이 이에 입속하여 면천된 뒤에는 전적으로 지방 고을의 관비의 선상으로 충원되었다. 지방 각 고을에서 경기로 선상된 자들에게는 다른 선상노비와 마찬가지로 2명의 봉족이 지급되었다.[10]

지방 각 고을의 관비가 관습도감의 창기로 선상된 것은 늦어도 1412년(태종 12) 이전부터였던 것으로 보인다. 이 해에 태종이 경상도 관찰사에게 김해에서 선상된 妓 洞仙의 부모를 상경시켜 동선의 생계를 보살피게 하도록[11] 지시하고 있는 것으로 보아 이 무렵에는 이미 관비가 창기로 선상되고 있었음을 알 수 있다. 장악원의 창기로 선상되는 관비는 연소자여야 했으며, 서울에 살고 있는 각사의 비도 가능하게 되어 있었다.[12]

선상되는 창기의 수는 1477년(세종 29)까지는 125명이었으나, 이 해에 연화대 6명을 포함하여 100명으로 25명을 감액하였다가,[13] 『경국대전』

---

5) 『세조실록』 권38, 세조 12년 정월 무오.
6) 송방송, 『장악등록연구』, 영남대 민족문화연구소, 1980, 72쪽.
7) 『경국대전』 권5, 「형전」 공천.
8) 『경국대전』 권3, 「예전」 선상.
9) 『세종실록』 권13, 세종 원년 4월 무자.
10) 『세종실록』 권22, 세종 5년 12월 신해.
11) 『태종실록』 권24, 태종 12년 10월 경진.
12) 『경국대전』 권3, 「예전」 선상.
13) 『세종실록』 권115, 세종 29년 3월 경진.

에서는 다시 증액되어 여기 150명과 연화대 10명 등 모두 160명으로 늘어났다.[14]

　지방 각 고을의 관기도 각관 창기[15]라 하여 창기로 불리고 있었는데, 이를 줄여 흔히 관기로 호칭되고 있었다. 이들 지방 각 고을의 관기가 언제부터 설치되기 시작하였는지 명확하지는 않지만 이미 고려 시대 이전부터 있지 않았나 생각된다. 그것은 1393년(태조 2) 12월 호조 급전사에서 과전의 급전 대상에서 공사천구, 공상, 무격, 승려의 자손과 함께 이들 창기의 자손을 제외하자[16] 하고 있는 것에서 알 수 있다.

　조선 초기에 모든 지방 고을에 관기가 다 설치되어 있었던 것은 아니었다. 1419년(세종 1)에 평안감사 尹坤이

> 　지금 관기를 모두 관비 중에서 택정하도록 함으로써 관아 내의 여러 잡역에 충당할 관비가 부족하여 그 폐단이 적지 않으니 지금부터는 이전부터 관기가 설치되어 있던 곳에서는 지방 각 고을에 흩어져 살고 있는 각사의 비와 보충군에 입속하고 있는 간척의 딸을 선발하여 음악을 연습시켜 선상에 충당하자.[17]

하고 있는 것에서 보면 이 당시 모든 지방 고을에 관기가 설치되어 있었던 것이 아님을 알 수 있다. 이들 관기가 설치되어 있지 않은 지방 각 고을에서는 관기를 동원할 필요가 있을 때에는 인근 군현의 관기를 동원하여 해결하였다. 예컨대 1453년(단종 1) 황해도 황주에는 관기가 설치되어 있지 않아 중국 사신이 유숙할 때 인근 해주, 안악, 풍천의 관기를 동원하여 연향을 베풀고 있었다.[18]

---

14) 『경국대전』 권3, 「예전」 선상.
15) 『태종실록』 권26, 태종 13년 12월 계유 및 『세종실록』 권50, 세종 12년 12월 갑신.
16) 『태조실록』 권4, 태조 2년 12월 기축.
17) 『세종실록』 권3, 세종 원년 정월 계축.
18) 『단종실록』 권5, 단종 원년 정월 기묘.

이러한 필요에 따라 관기가 설치되어 있지 않은 군현에도 조선 초기에 관기가 설치되기 시작하였다. 조선 초기에 관기가 설치된 지역은 함길도 경원, 회령,[19] 온성, 종성,[20] 강계[21]를 비롯하여 평안도 영변[22] 등 주로 북방 지역이었다. 이들 지역은 조선 초기에 개척한 곳으로 야인의 왕래가 잦아 이들의 연향에 동원하기 위하여 관기를 설치했던 것이다. 따라서 조선 초기에 개척된 곳이라 하더라도 야인의 왕래처가 아닌 곳에는 관기가 설치되지 않았다. 1459년(세조 5) 함길도 온성과 종성에 관기를 설치하면서 경흥과 부령 두 고을은 야인이 왕래하는 直路가 아니라는 이유로 관기를 설치하지 않았던 것이 그러한 예이다.[23] 이밖에 평안도의 큰 고을인 안주와 의주에도 1457년(세조 3)에 관기의 설치가 논의되었는데, 그것은 이들 지역이 중국 사신이 왕래하는 요충이었기 때문이었다.[24]

지방 각 고을에 설치한 관기는 해당 군현의 관비 가운데서 차정하도록 되어있었다. 따라서 관노비가 많은 큰 군현을 제외하고는 그 운영이 어려워 관아에서 소용되는 여러 역을 담당할 관비가 부족하여 그 폐가 크게 나타나자, 1419년(세종 1)에는 지방 각 고을에 흩어져 살고 있는 각사의 비나 보충군에 입속하고 있는 칭간칭척자의 딸로 보충하려 한 일도 있었으며,[25] 1431년(세종 13)에는 관노비를 많이 보유하고 있는 큰 고을을 제외하고는 관기를 혁파하려 한 바 있었다.[26]

---

19) 『세종실록』 권75, 세종 18년 12월 무인
20) 『세조실록』 권16, 세조 5년 4월 병자
21) 『세조실록』 권28, 세조 8년 7월 기유
22) 『세종실록』 권85, 세종 21년 4월 임오
23) 『세조실록』 권16, 세조 5년 6월 병자
24) 『세조실록』 권6, 세조 3년 정월 갑자
25) 『세종실록』 권3, 세종 원년 4월 무자
26) 『세종실록』 권51, 세종 13년 3월 기사. 관기를 폐지하려 한 일은 이보다 앞서 1410년(태종 10)에 시도된 바 있었다. 이때는 지방 각 고을의 관기뿐 아니라 京妓도 그 대상이 되었다.(『태종실록』 권20, 태종 10년 10월 병자)

창기를 설치한 목적은 각종 연회 시에 주악을 연주하거나 사신을 접대하기 위함이었다. 그 중에서도 서울의 창기 즉 장악원의 기녀는 악기와 가무 등을 습업하여 악공과 함께 왕의 행차 시에 輦 앞에서 주악을 연주하거나,[27] 왕의 장수를 기리는 가요를 진헌하기도 하였다.[28] 이들은 또 정조 나례 때에 여악이나 처용무를 연희하기도 하였으며,[29] 왕이 사신이나 신하들에게 연회를 베풀어 줄 때 신하들의 좌우에 앉아 여악을 연주하기도 하였다.[30] 이러한 경기의 임무 가운데 정조 나례와 처용무는 1443년(세종 25)부터 남악으로 대체되었다.[31]

지방 각 고을의 관기들은 내외 사신의 접대에 동원되었다. 특히 외국 사신이 통과하는 군현에서는 이들의 접대 연향에 관기는 없어서는 안 될 존재였다. 평안도의 큰 고을인 의주와 안주에 관기를 설치하려 한 것은 이들 군현이 명나라 사신이 통과하는 곳이어서 이들의 접대에 대비하기 위함이었으며, 새로 개척된 북방의 여러 진에 관기를 설치한 것도 야인 접대 시의 연향에 대비하기 위함이었음은 전술한 바 있다. 이들 지방 각 고을의 관기들은 사신을 접대하는 임무 외에 장악원의 창기에 궐액이 생기면 선상되어 보충되기도 했다.[32]

창기들이 이러한 임무를 제대로 수행하기 위해서는 기예와 가무에 능숙하지 않으면 안 되었다. 이들은 당악과 향악은 물론 거문고, 퉁소, 장구,[33] 가야금, 비파, 아쟁, 해금, 대금 등의 악기를 배워야 했다.[34] 창

---

27) 『태종실록』 권25, 태종 13년 3월 을유.
28) 『세조실록』 권22, 세조 6년 10월 을묘, 정유 및 『성종실록』 권202, 성종 19년 정월 정해.
29) 『세종실록』 권99, 세종 25년 정월 신사.
30) 『세종실록』 권104, 세종 26년 4월 무자, 권 109, 세종 27년 7월 신묘, 권115, 세종 29년 3월 경진.
31) 『세종실록』 권99, 세종 25년 정월 신사.
32) 『성종실록』 권220, 성종 19년 윤정월 기묘.
33) 『세종실록』 권116, 세종 29년 4월 경자.
34) 『세종실록』 권101, 세종 25년 9월 정묘.

기들은 이들 여러 악기 가운데 한 가지의 기예를 먼저 익힌 다음 다른 기예를 익히도록 되어 있었는데, 자기가 배운 기예에 능통하지 못하면 벌을 받았으며, 심한 자는 본역 즉 관비로 환원하도록 되어 있었다.[35]

창기들이 이러한 기예를 연마하기 위해서는 오랜 기간의 연습이 필요하였다. 그러나 이들 대부분이 가난하여 생계를 유지하는 것조차도 어려웠을 뿐만 아니라[36] 私借라 하여 관원들이 이들을 사사로이 사적인 연회에 동원하거나 기첩으로 솔축하고 있는 현실에서는 기예에 능통하기에 이른 자들은 극히 적었던 것 같다.

관원들이 창기를 사사로이 사적인 연회에 동원하는 私借로 이들이 기예를 제대로 익힐 겨를이 없었던 것은 1462년(세조 8)에 세조가 전악 黃孝誠에게 "여기 가운데 기능을 제대로 익힌 성재자가 없는 것은 무슨 까닭이냐?"고 묻자, 황효성이 "(악학)도감의 관리들이 다른 사람에게 창기들을 사사로이 빌려줌으로써 그들이 음악을 익힐 겨를이 없어 기예를 제대로 익힌 자가 없습니다."[37]라고 대답하고 있는 것에서 알 수 있다. 이에 세조는 사헌부에 악학도감의 관리를 탄핵하도록 지시하였다. 세조는 이어 다음 날 우찬성 具致寬에게 전지를 내려 "근래 여기 가운데 기예를 제대로 익힌 자가 없는 것은 오로지 뭇 관원들이 사사로이 창기들을 차용하여 창기들이 음악을 연습할 여가가 없었기 때문이다. 獻壽하는 자리 외에는 창기를 빌릴 수 없도록 금령을 이미 내렸는데도 사헌부에서 이를 제대로 다스리지 않아 그리되었다."하고 형조에 다시 전일의 전지를 하교하도록 하였다.[38]

이러한 금령에도 불구하고 관리들이 여기를 사사로이 연회에 동원하는 사차 행위는 여전히 근절되지 않았다. 1465년(세조 11) 7월 악학도감

---

35) 『세종실록』 권101, 세종 25년 9월 정묘.
36) 위와 같음.
37) 『세조실록』 권28, 세조 8년 3월 임술.
38) 『세조실록』 권28, 세조 8년 4월 임오.

사 權眉는 안변 도호부사 李堺의 청으로 창기인 詠關睢에게 휴가를 주어 이지와 부동하여 영관수를 숨긴 죄로 사헌부에 의해 고신첩을 추탈하고 구속하여 문초하도록 계청되었으며, 이지도 잡아들여 국문하도록 계청된 일이 있었다.[39] 또 1475년(성종 6) 8월에는 예문관에 분관된 등과자들이 허참면신례를 행하면서 신검열 曺偉 등이 창기와 악공을 불러다가 주악을 베풀었다가 물의를 일으킨 일이 있으며,[40] 제용감 주부 曺九敍 등 10명이 사사로이 창기와 악공을 불러다 주악을 베푼 일로 사헌부에 의해 고신을 삭탈하라는 등의 탄핵을 받은 바 있다.[41]

관원들이 창기를 사사로이 동원하는 행위는 경기를 관장하는 악학도감(장악원)의 관리에 의해서만이 아니라 이조나 예조의 정랑, 좌랑 등에 이르기까지 광범위하게 자행되었다. 1445년(세종 27) 12월 세종이 이조와 예조의 낭청들이 연회를 베풀면서 관원들이 창기를 사사로이 동원했다는 말을 듣고 사헌부로 하여금 이들의 죄를 다스리게 했는데, 이때 연루된 관원은 이조에서 정랑 朴崎 등 6명, 예조에서 정랑 등 5명, 의정부에서 사인 등 2명으로 모두 13명에 이르렀다. 이들은 모두 이 일로 삭직되었다.[42]

관원들이 창기를 사적인 연회에 동원하는 일은 경기에 한정되지 않았으며, 지방 각 고을의 관기에 있어서도 마찬가지였다. 1413년(태종 13) 전라도수군절도사 洪有龍은 인근 각 고을의 창기를 불러 모아 음행을 일삼고 군사를 돌보지 않아 추핵된 일이 있으며,[43] 1453(단종 1) 전라도 관찰사 金連枝는 장흥부의 관기를 사사로이 감영에 불러들인 일이 발각되어 탄핵을 받은 바 있다.[44] 또 1476년(성종 7) 수원부사 金嗣

---

39) 『세조실록』 권36, 세조 11년 7월 경오.
40) 『성종실록』 권58, 성종 6년 8월 경진.
41) 『성종실록』 권58, 성종 6년 8월 계미.
42) 『세종실록』 권110, 세종 27년 12월 무신.
43) 『태종실록』 권26, 태종 13년 12월 계유.

源은 수원부의 관기 10여인을 데리고 금천에 있는 妹壻 金宗桂의 農舍에 가서 묵으면서 관기와 간통하는 등 방자한 행동에 거리낌이 없다하여 사헌부 관원에 의해 탄핵을 받아 치죄되기도 하였다.[45]

이러한 일은 몇몇 관원들만이 자행하는 바가 아니었다. 1446년(세종 28) 사헌부에서 지방 고을에 사신으로 나가는 조관들이 창기를 사사로이 빌리지 못하도록 할 것을 청하여 이를 의정부에서 논의하게 한 일이 있었는데, 이 논의 과정에서 우의정 河演이 "대소사신과 수령 등이 음욕을 멋대로 행하여 그 폐단이 아주 심하다."[46]고 말하고 있는 것에서 이러한 일이 지방 각 고을에서 자주 일어나고 있었음을 알 수 있다.

이와 같이 관원들이 창기를 사사로이 일시적으로 동원하는 외에 관원들이 창기를 아예 첩으로 삼아 데리고 사는 솔축도 창기 가운데 기예를 제대로 익힌 자를 드물게 하는 요인이 되었다. 창기를 솔축하여 기첩으로 삼는 일은 서울이나 지방을 막론하고 일어나고 있었다.

관습도감(장악원)에 소속된 경기를 첩으로 삼는 일은 고관 대신들 사이에서 주로 행해지고 있었다. 대신의 첩이 된 창기들은 궁궐 내의 연회에만 동원되었으며 평상시에는 역이 면제되었다.[47]

이에 비하여 지방 각 고을의 관기를 솔축하여 첩으로 삼는 관원은 고관 대신에 한정되지 않고 대소 조신이 망라되어 관찰사, 절도사, 수령은 물론이고, 이들의 막료 및 친인척들까지도 연줄을 찾아 청탁하는 실정이었다.[48] 뿐만 아니라 만호, 천호, 군관 등의 군직자는 물론이고 그들의 반인과 실무를 맡은 녹사, 이웃 고을의 수령, 감목관, 鹽場官, 역승,

---

44) 『단종실록』 권5, 단종 원년 정월 정묘.
45) 『성종실록』 권71, 성종 7년 9월 기미.
46) 『세종실록』 권111, 세종 28년 2월 무술.
47) 판중추부사 李順蒙의 기첩인 佩連香이 그러한 예이다. 패련향은 관습도감에 소속된 京妓였다.(『세종실록』 권109, 세종 27년 7월 신묘)
48) 『성종실록』 권32, 성종 4년 7월 기미.

심지어는 유배 중인 대소인까지도 관기를 솔축하고 있었다.[49] 이러한 현상을 사관은 "위로는 대신으로부터 아래로는 사대부와 서인에 이르기까지 창기를 첩으로 삼아 가사를 관장하게 하기를 嫡妻와 다름없이 하는 자가 아주 많다."[50]고 지적한 바 있다.

이와 같이 대소의 관원들이 창기를 솔축하는 현상이 만연하여 지방 각 고을에서는 재색을 갖춘 창기들이 모두 솔축되었을 뿐만 아니라,[51] 이로 말미암아 관노비가 크게 줄어들어 군현이 조폐해지는 실정이었다.[52] 이러한 폐단으로 국가에서는 관원들이 창기를 솔축하지 못하도록 금하였지만,[53] 실효를 거둘 수는 없었다.

## 3. 창기 소생의 신분 귀속

조선 시대 창기의 신분은 앞에서 이미 언급한 바와 같이 노비였다. 『경국대전』에 의하면 장악원에 소속된 경기는 지방 고을의 관비의 선상으로 충원되었으며,[54] 지방 각 고을의 관기는 해당 군현의 관비 가운데에서 차정하도록 되어 있었다. 그렇기 때문에 창기들이 기예를 제대로 익히지 못하는 경우 본역 즉 관비로 환정하도록 하였던 것이다. 이와 같이 창기의 신분이 관비 즉 노비였기 때문에 이들과 양인과의 교가소생의 신분귀속은 노비와 양인과의 교가소생의 신분귀속과 같은 범주에서 결정되었다. 조선 초기에 노비와 양인과의 교가소생의 신분 귀속은 아버지의 신분이 양인인가 大小人員[55]인가에 따라 그 사이에는 큰 차이

---

49) 『세종실록』 권77, 세종 19년 5월 무술.
50) 『세종실록』 권83, 세종 20년 11월 계묘.
51) 『성종실록』 권32, 성종 4년 7월 기미.
52) 『성종실록』 권196, 성종 17년 10월 무오.
53) 『세종실록』 권32, 성종 4년 7월 을미.
54) 『경국대전』 권3, 「예전」 선상.

가 있었다.56) 창기 소생도 대체로 이와 같았다. 그러나 창기들은 공사
비와는 달리 다른 신분과 혼인하는 경우 그 배우자가 관원인 경우가 많
았기 때문에 그 소생의 신분 귀속에는 일반 공사비가 다른 신분과 혼인
하여 낳은 소생과는 약간 다른 면이 있어 우대되기도 하였다.

창기와 양인과의 교가 소생의 신분 귀속 문제가 처음 제기된 것은
1418년(태종 18)이었다. 이때는 예조에서 "여기가 양인 신분의 남편에게
시집가 낳은 소생 가운데 딸은 연화대에, 아들은 都廳에 소속시키자."57)
고 건의하자 태종이 "연화대는 지방 고을의 관기 가운데 적격자를 골라
충원하고 도청만은 그렇게 하라"고 하여 아들만 도청에 소속시키도록
결정되었다. 도청은 악공을 의미한다.58) 태종 때의 악공에는 아악서에
소속된 양인 악공과 전악서와 관습도감에 소속된 천인 악공이 있었는
데,59) 이때의 도청은 천인 악공을 가리킨 것으로 보인다. 그것은 악공
이라는 명칭이 1457년(세조 3) 이후에는 양인의 경우 악생으로 바뀌고
천인에게만 사용되고 있는 것에서 그렇게 추정 할 수 있다.60)

공사비와 양인과의 교가 소생은 1414년(태종 14)에 양인 신분을 따르
도록 결정되었는데,61) 이에 따라 공사비들이 자기 소생을 양인으로 만
들기 위하여 남편을 양인이라고 사칭하는 현상이 나타나자, 1429년(세
종 11) 8월에 이들 가운데 정해진 남편이 없이 양인과 천인을 교대로
상대하여 낳은 공사비의 소생은 천인 신분을 따르도록 결정하였다.62)

---

55) 대소인원은 문무관, 생원, 진사, 錄事, 有蔭子孫 등 대체로 조선 시대 양반의
    범위와 일치한다.(본서 제1부 Ⅰ. 조선초기의 신분구조와 보충군 참조)
56) 『경국대전』 권5, 「형전」 천처첩자녀.
57) 『태종실록』 권35, 태종 18년 3월 을축.
58) 『문종실록』 권10, 문종 원년 10월 갑술.
59) 宋芳松, 『아장등록연구』, 영남대 민족문화연구소, 1980, 82쪽.
60) 『세조실록』 권10, 세조 3년 11월 정해. 이때에 양인 악공과 천인 악공을 구별
    하기 위하여 양인 악공의 명칭을 악생으로 바꾸었다.
61) 『태종실록』 권28, 태종 14년 6월 무진.
62) 『세종실록』 권45, 세종 11년 8월 경자.

창기 소생에 대해서도 이에 보조를 맞추어 1430년(세종 120) 12월에 형조에서 역을 서지 않고 관원과 동거히는 창기 소생과는 달리 역을 서면서 낳은 관기의 소생은 정해진 남편이 없는 공사비의 소생과 같이 천인 신분을 따르도록 할 것을 계청하여,[63] 이듬 해 부터는 그대로 시행되었다.[64] 그러나 경기 소생은 역을 서면서 낳은 소생이라 하더라도 경기는 지방 각 고을의 관기와는 달리 그가 누구의 첩인지 누구나 다 알 수 있다고 하여 1433년(세종 15)에 다시 아버지의 신분을 따라 양인 신분을 따르도록 환원되었다.[65]

이들 기첩 소생들은 1437년(세종 19)에 의정부에서 "大小邊將들이 부임지에서 솔축한 관기들이 본가에 왕래하면서 그 남편을 자주 바꾸는데도 이들까지를 정해진 남편이 있는 비의 예에 따라 그 소생을 양인 신분을 따르도록 하는 것은 옳지 못하니 이미 양인 신분을 따른 자들은 모두 천인 신분으로 환원시키고 각 고을에서 현재 역을 담당하고 있는 여기가 양인 남편에게 시집가 낳은 소생도 양인 신분을 따르지 못하게 하자."고 건의 한 것에 따라 이미 양인 신분을 따른 자들까지도 천인 신분으로 환원하였으며, 이후 경중의 기첩 소생도 지방 각 고을의 관기의 예에 따라 천인 신분을 따르도록 하였다.[66] 이와 더불어 1439년(세종 21)에는 대소관원의 기첩과 그 소생으로 속신한 자들이 주무 관서에 신고하여 정당하게 속신한 자를 제외하고는 모두 속신을 불허하여[67] 불법적인 속신을 방지하려 하였다. 이와 같이 기첩 소생이 양인 신분이 되는 길을 좁히자, 이제는 재상의 기첩 소생 중에서도 천인 신분을 따

63) 『세종실록』 권50, 세종 12년 12월 갑신.
64) 『세종실록』 권51, 세종 13년 정월 기해.
65) 『세종실록』 권59, 세종 15년 2월 무술.
66) 『세종실록』 권77, 세종 19년 5월 무술. 이 규정은 六典에 그대로 반영되었다.
    (『세종실록』 권86, 세종 21년 9월 정묘 참조)
67) 『세종실록』 권84, 세종 21년 3월 기사.

르게 되는 자가 나타나게 되어 1446년(세종 28)에는 경외 여기와 流品朝士와의 교가 소생에 한하여 그 아버지의 원에 따라 나이가 비슷한 노비로 속신하도록 하였다.[68]

실제로 이렇게 유품조사와 기첩과의 교가소생을 속신하도록 조처하기 전에 일부 기첩자들이 속신을 허가받은 바 있었다. 앞에서 언급한 바와 같이 1437(세종 19)에 관기가 양인 남편에게 시집가 낳은 소생을 일률적으로 천인 신분을 따르도록 하면서 이미 양인 신분을 따른 자까지를 천인 신분으로 환원시키도록 함에 따라 재상 가운데 지중추부사 成達生, 李中至, 전중추원사 曹備衡의 기첩 소생이 천인 신분으로 환원되었는데, 이들이 1439년(세종 21)에 왕에게 자신들의 기첩 소생이 양인 신분이 되도록 허락해 줄 것을 호소하자, 세종이 형조에 명하여 그들을 속신시키도록 한 바 있었다.[69]

이와 같이 기첩의 소생 가운데 재상을 비롯한 대소인원의 소생만을 속신하게 되자, 이번에는 창기들이 자기 소생을 양인 신분으로 만들기 위하여 이들과 관계없이 낳은 소생까지를 종실이나 재상의 아들이라고 속이는 현상이 나타났다. 이에 따라 1478년(성종 9)에는 기첩 소생 중에서도 종친이나 대소인원이 직접 거느리고 사는 기첩이 낳은 소생 외에는 양인 신분을 따르거나 속신하는 것을 금하였다.[70] 그러나 이러한 법규정에도 불구하고 창기들이 그들의 소생을 고관의 아들로 속이는 일이

---

68) 『세종실록』 권113, 세종 28년 7월 기미. 이것은 1432년(세종 14)에 공사비가 양인 남편에게 시집가 낳은 소생을 어머니익 신분을 따라 천인신분으로 결정하면서 문무관, 문과출신자, 생원, 진사, 成衆官, 有蔭子孫 등의 비첩 소생을 양인신분으로 따르도록 한 것(『세종실록』 권55, 세종 14년 3월 을유)과 형평을 맞추기 위한 조처였다.

69) 『세종실록』 권84, 세종 21년 윤 2월 신묘.

70) 『성종실록』 권98, 성종 9년 11월 무인. 이 규정은 『경국대전』에 그대로 반영되었는데, 이에 의하면 "종친 緦麻 이상 및 대소인원이 거느리고 사는 창기 소생 외에는 양인신분을 따르는 것을 불허한다."(『경국대전』 권 4, 「형전」 천처첩자녀)고 되어 있어 공사비첩 소생의 신분귀속과 같이 규정되어 있다.

자주 일어나고 있었다. 1487년(성종 18) 창기 紅沾은 金升卿 및 李墍과 교대로 상대하여 낳은 檢忠의 아버지를 金升卿이라 지목한 바 있는데, 그것은 金升卿이 고관이었기 때문이었다.[71]

창기들은 또 자신을 첩으로 삼아 솔축하는 사대부가 그의 비를 대신 바치고 속신시킴으로써 면천될 수 있었다. 1488년(성종 19) 우찬성 孫舜孝가

> 지방 고을의 여기를 첩으로 삼아 솔축한 사대부들이 나이가 비슷한 자기 비를 대신 바치고 속신시킨 뒤 바로 관리에게 촉탁하여 대신 바친 비가 죽은 것으로 하여 물고 입안을 거짓으로 발급받아 숨겨 다시 사역시키는 일이 많으니… 지금부터는 비록 멀리 떨어진 지방 고을의 관기라 하더라도 대신 바친 비를 그가 살고 있는 고을의 노비안에 올려 사역시키면 거짓으로 속이는 폐가 없을 것이다.[72]

고 한 것으로 미루어 보면 고관대신의 첩이 되어 솔축되고 있는 창기들은 대구속신으로 쉽게 면천되었음을 알 수 있다. 이러한 대구속신은 일반 비의 경우 2품 이상 고관의 소생이 있는 공사천첩에게만 허용되고 있었다.[73]

1446년(세종 28)에 속신종량이 허가된 유품조사의 기첩 소생들은 그들을 사역시키는 법이 정해지지 않아 한유하고 있었는데, 1456년(세조 2)에 속신한 천첩자손의 예에 따라 보충군에 입속하도록 조처되었다.[74]

이상에서 살펴 본 바와 같이 창기 소생의 신분 귀속이 천인 신분을 따르는 것을 원칙으로 하면서도 종친이나 대소인원의 기첩 소생에 대해서는 공사비첩 소생의 그것과 같이 양인 신분을 따르도록 되어 있어 공사비 소생의 신분 귀속과 같게 되어 있는 것을 알 수 있다. 이와 같이

---

71) 『성종실록』 권209, 성종 18년 11월 무신.
72) 『성종실록』 권218, 성종 19년 7월 을유.
73) 『경국대전』 권5, 「형전」 천처첩자녀.
74) 『세조실록』 권4, 세조 2년 7월 임신.

창기 소생의 신분 귀속 규정이 공사비 소생과 같게 되어 있는 것은 창기들이 관비 가운데서 충원되었기 때문이었다.

## 4. 맺음말

지금까지 조선 초기의 창기에 대해서 살펴보았다. 이를 요약하면 다음과 같다.

조선 초기의 창기는 국가 기관 소속의 기생을 지칭한 것이었다. 이들은 관습도감(장악원)에 소속된 京妓와 각 고을에 소속된 관기로 나눌 수 있는데, 모두 관비로 충원되고 있었다. 즉 관습도감(장악원)에 소속된 경기는 지방 각 고을의 관비의 선상으로 충원되고 있었으며, 지방 각 고을의 관기 또한 해당 군현의 관비 중에서 차정되고 있었던 것이다.

창기는 서울에서는 궁중의 각종 연회를 위해서, 지방에서는 외국 사신의 접대와 각종 사신의 접대를 위해서 설치했다. 이러한 필요에 따라 창기가 설치되어 있지 않은 지방 각 고을에도 창기가 설치되기에 이르렀다.

창기들은 서울에 있는 경기의 경우 악공과 함께 궁중 연회 시에 주악을 연주하기도 하고, 정조 나례 시에 여악을 연주하기도 하였으며, 왕의 장수를 기리는 가요를 진헌하기도 하였다. 또한 지방 각 고을의 관기는 수령이 대소 관원을 접대할 때 베푸는 연회에 참여하여 주악을 연주하였다. 따라서 외국 사신이 통과하는 고을의 관기는 이들의 접대에 없어서는 안 될 존재였다.

창기들은 비교적 재색을 겸비한 자들이 많아 대소 관원들이 이들을 솔축하여 첩으로 삼는 일이 많았다. 특히 재능이 있는 창기들의 경우 대신들 까지도 다투어 이들을 첩으로 삼으려는 경향이 있었다. 이에 따라 창기 중에 면천되는 자들도 많이 나타났다.

창기 소생의 신분 귀속은 천인 신분을 따르는 것을 원칙으로 하면서도 종친이나 대소 관원의 기첩 소생에 대해서는 공사비첩소생의 그것과 같이 양인 신분을 따르도록 되어 있었다. 그것은 창기들이 관비 가운데서 충원되도록 되어 있었기 때문이었다. 이렇게 본다면 조선 시대의 창기는 하나의 독립된 노비와는 다른 전혀 별개의 천인 신분 집단이라기보다는 공노비의 변이형으로 '공노비 중에서 직업이 창기인 자'라 할 것이다. 창기들도 노비 신분의 범주에서 벗어나지 못하는 존재였던 것이다. 여기에서 조선 초기의 천인은 지극히 단순하여 노비 이외에는 없었음을 확인 할 수 있다.

# Ⅲ. 조선 후기의 관노비

## 1. 머리말

조선 후기의 정치, 경제, 사회구조의 변화는 민중의 의식의 향상을 수반하여 신분 상승을 위한 노력을 촉진하였고, 조선 사회 최하층 천민인 노비들도 어느 정도 경제력을 축적한 자들은 이러한 움직임에 편승하여 신분 상승을 도모할 수가 있었다. 내시노비의 혁파도 이러한 변화의 연장선상에서 이해될 수 있다.[1] 그러나 내시노비의 혁파만으로는 조선 후기 사회변화에 대응하는 노비계층의 보습을 세대로 이해힐 수 없음을 절감하였다. 내시노비를 혁파하면서 같은 공노비인 관노비, 역노비 등은 의연 그대로 존속되어지고 있었기 때문이다. 즉 이들이 내시노비와는 다른 어떤 혁파될 수 없는, 또는 혁파되지 않아도 되는 사회경제적인 토대를 갖고 있었던 사실을 간과하고 있었기 때문이다. 조선왕조의 위정자들도 흔히 "내노비와 시노비, 관노비, 역노비를 통상 공천이다."[2]고 하거나, 또는 "내노비·시노비·관노비·역노비를 四名色奴婢라 한다."[3]고 하여 같은 공노비 중에서도 내노비, 시노비, 관노비, 역노비를 구별하고 있다. 따라서 조선 후기 노비제의 실태를 정확히 구명하기 위해서는 내시노비와 디불어 관노비, 역노비 등의 실태가 밝혀져야만 할 것이다.

여기에서는 위와 같은 생각에서 우선 내시노비 혁파 당시 관노비가 혁

---

1) 전형택, 「19세기초 내시노비의 혁파」, 『조선후기 노비신분연구』, 일조각, 1989.
2) 『비변사등록』 192책, 순조 원년 3월 15일.
3) 『비변사등록』 130책, 영조 32년 정월 12일.

파되지 않고 그대로 존속될 수 있었던 배경을 살펴보기 위하여, 조선 후기 관노비제의 실태, 입역 관계, 면천, 면역 등에 관해서 살펴보려 한다.

관노비는 흔히 지방 관아의 노비라는 의미로 쓰이고 있어서 읍노비, 아노비 등으로도 불리고 있었으며 감영이나 병영의 노비도 때로는 영노비라고 불리면서도 흔히 관노비에 포함되어 파악되고 있었다. 따라서 본고에서는 관노비를 영노비까지 포함하여 고찰하였다.

## 2. 조선 후기 관노비제의 실태

조선왕조의 관노비는 이미 1413년(태종 13) 외방 각관의 노비 정원을 법제화함으로써 정비되었다.[4] 이때의 규정을 보면 유수관 200호, 대도호부·목관 150호, 단부관 100호, 지관 50호, 현령·감무관 30호, 무관 각현 10호씩으로 정하여 정액 외의 노비는 전농시 소속의 혁거사사노비로 보충하도록 하여 지방 관노비제를 확립하였다. 이때까지는 호 단위로 지급하고 있다.

그 뒤 조선 초기 중앙집권화정책의 진전과 더불어 지방관제가 정비되어가면서 여기에 상응하여 관노비제도 정비되어 『경국대전』에는 병마사·절도사진 200구, 수군절도사진 120구, 부 600구, 대도호부·목 각 450구, 도호부 300구, 군 150구, 현 100구, 속현 40구씩[5]으로 그 정액이 규정되었다. 지급 단위가 그 사이 호 단위에서 구 단위로 바뀌고 있다. 『경국대전』에 규정된 정액을 그 당시 군현제와 결부하여 계산하면 관노비의 수는 대략 55,000명 정도에 이른다. 『경국대전』에 규정된 관노비의 정액은 『대전통편』에서도 수정되지 않고 있는 것으로 보아 조선 후기에

---

4) 『태종실록』 권25, 태종 13년 4월 임술. 임영정, 「조선초기 공천에 대한 연구」, 『사학연구』 23, 1973, 34~35쪽.
5) 『경국대전』 권5 「형전」 외노비.

도 변함이 없었던 것으로 믿어진다.

조선 후기에 들어와서 신분 질서의 해이가 광범위하게 일어나고 있어서『경국대전』에 규정된 관노비 정액을 확보하고 있는 지방관은 많지 않은 실정이었다. 예컨대 1663년(현종 4) 경상감사 李尙鎭이 경상도 내의 폐막 10조를 열거하는 가운데 그 하나로서 "각읍 및 향교노비가 너무 적어 모양을 이룰 수 없으니 각사노비를 획급하여 줄 것"[6]을 요청하고 있을 정도로 지방 관아의 노비 수는 감소되고 있었다. 이러한 현상은 경상도에만 국한된 것이 아니고 거의 전국적인 현상이어서 1662년(현종 3) 李敏迪이 "근래 주현의 조폐가 바로 노비의 선소함에 있다."고 말하자 현종이 "『경국대전』의 원액과 현재 주현의 노비실수를 조사하여 보고하라"[7]고 명하고 있는 것에서도 저간의 사정을 잘 알 수 있다. 1741년(영조 17) 충청도 서전, 비인의 경우는 더욱 심히여 관노비가 2, 3명에 불과하여 사객을 접대할 때에는 촌맹을 가관노로서 사역시키고 있는 실정이었다.[8]

이와 같이 관노비의 감소 현상은 다른 공천과 마찬가지로 시대가 갈수록 더욱 심화되어 관비와 기생과 같은 무리가 거의 절종될 지경[9]인 실정이어서 안동부사 柳義養이 "관노비가 부족하여 양정이나 사노비를 고용하고 있다."[10]고 할 정도로 사태가 심각해지고 있었다. 내시노비의 혁파 이후에는 이러한 현상이 더욱 심하여져서 1813년(순조 13) 영의정 金載瓚이 "인정잡비를 교노비와 관노비에게서 징수하기 때문에 현재 남아 있는 자가 거의 없어 버티어나갈 길이 없다."[11]고 말하고 있는 실정

---

6) 『현종개수실록』 권9, 현종 4년 10월 임인.
7) 『현종실록』 권5, 현종 3년 7월 을미.
8) 『비변사등록』 109책, 영조 17년 7월 23일.
9) 『승정원일기』 1,767책, 정조 20년 9월 18일.
10) 『비변사등록』 169책, 정조 10년 9월 30일.
11) 『승정원일기』 2,027책, 순조 13년 4월 20일.

이었다. 이러한 현상으로 말미암아 내시노비가 혁파된 40여년 후인 1843년(헌종 9) 경상도 하동부의 관노비 현황을 보넌 노비안에 올라 있는 노비 339명 중 현존 노비는 겨우 27명에 불과한 실정이었다.[12] 이 현존 노비 27명도 〈표 1〉에 나타난 바와 같이 실제 노동력을 가진 노비는 노 5명, 비 14명에 불과하였다.[13]

〈표 1〉 1843년 하동부 현존노비 연령별 인원수

| 연령<br>노비 | 14세 이하 | 15~20 | 21~30 | 31~40 | 41~50 | 51~60 | 61 이상 | 계 |
|---|---|---|---|---|---|---|---|---|
| 노 | | | | 3 | 1 | 1 | 3 | 8 |
| 비 | | | 2 | 4 | 7 | 1 | 5 | 19 |
| 계 | | | 2 | 7 | 8 | 2 | 8 | 27 |

이러한 현상은 현종 때만의 일은 아니어서 이보다 180여년 전인 1666년(현종 7)에 이미 황해감사 李尙逸이 "각도의 관노비들이 여러 차례 난리를 겪으면서 날로 줄어들었다."[14]고 한 바 있다. 또 1745년(영조 21) 좌의정 宋寅明이 시노비를 관노비로 획급하는 일을 논의하는 자리에서 "근래 외방 각 고을의 노비들이 심히 적다."[15] 하고 있는 것을 보면 관노비의 감소가 어느 특정한 시기의 특정한 지방만의 특수한 사정이 아니었음을 알 수 있다. 1787년(정조 11) 장용영 제조 鄭民始의 장계의 의하면 수원부 貳衙에서 사역하는 노비는 노 7명 비 4명에 불과하여 이들을 각종 명색에 번을 배당하여 입역시킴에 따라 모양을 이룰 수 없는 실정이었다.[16] 이와 같이 조선 후기 적어도 정조대에 이르러서는 조선

---

12) 『河東府官奴婢籍沒奴婢校奴婢癸卯改式續案』(서울대 규장각, 12319) 참조.
13) 위 〈表 I〉에서 연령을 14세 이하, 61세 이상으로 나눈 것은 『경국대전』 권5, 「형전」 공천의 '노비의 나이 15세 이하인 자와 60세 이상인 자는 신공과 신역을 면제한다.'고 한 규정에 따른 것이다.
14) 『현종개수실록』 권15, 현종 7년 5월 임진.
15) 『승정원일기』 985책, 영조 21년 4월 초 5일.

왕조의 지배체제를 유지하는데 필요한 최소한의 관노비조차도 확보하지 못하고 있는 실정이었음을 알 수 있다.[17]

관노비의 감소로 이들의 공역에 의하여 유지되어야 할 지방 관아의 잡역 처리가 곤란해지자 한 명의 관노비에게 몇 가지의 임무를 첩역시키는 현상까지 일어났고 이것은 또 관노비의 역을 가중시켜 이들이 도피하는 일이 급증할 수밖에 없었다.[18] 이와 같은 현실에서 지방 고을에서는 관노비를 타처로 이속시키는 일을 금하고 관노비의 부족을 해결하기 위하여 그 지방에 거주하고 있는 시노비를 획급해 줄 것을 요청하기도 했으나 그리하여도 해결될 수 없는 상황에서 양정이나 사노비를 고용할 수밖에 없었다.

부역이나 노비의 사역으로 충당하던 것을 고용 노동에 의하여 처리할 수밖에 없었던 것은 지방 관아에서만이 아니라 이미 중앙 각사와 궐내각처에서도 마찬가지였다. 예컨대 1781년(정조 5) 병조참의 尹東度이 "궐내각처의 군오 입직자들이 제색 雇軍으로 모두 오합지졸이 되고 말았다."[19]고 한 것이나, 1789년(정조 13) 감진어사 鄭大容이 "관선에 종사하는 격군을 雇立하고 있다."[20]고 한 것, 중앙 각사의 근수노와 차비노

---

16) 『승정원일기』 1,714책, 정조 17년 2월 초 10일.
17) 조선 후기의 관노비안에 기재된 현존 노비 수는 다음과 같다.

| 노비안 | 노 | 비 | 계 | 비고 |
|---|---|---|---|---|
| ①官奴婢官案(서울大古4259-61) | 11 | 4 | 15 | 假官奴 7, 地域, 年紀未詳 |
| ②官奴婢官案( 〃 4652-8) | 6 | 8 | 14 | 〃 6, 〃 |
| ③三班官屬都案( 〃 4652-3-1) | 9 | 10 | 19 | 〃 |
| ④三班官屬都案( 〃 4652-3-2) | 9 | 4 | 13 | 〃 |
| ⑤全州府人吏貢生日守官奴 | | | | |
| 妓生官婢官案(서울大奎21849) | 6 | 4 | 10 | 光緒 11年(1885), 全州 |
| ⑥營奴婢官案(서울大古4652-11) | 41 | 16 | 57 | 建隆15年(1750)全羅監營 |
| ⑦奴 婢 案(서울大奎21857) | 26 | 14 | 40 | 1784(?) 全羅監營(?) |

18) 『승정원일기』 1,625책, 정조 11년 5월 초 3일.
19) 『정조실록』 권12, 정조 5년 10월 정유.
20) 『정조실록』 권27, 정조 13년 7월 무술.

에 대하여 『속대전』에 "『경국대전』에는 모두 공천을 선상 입역하도록 되어 있으나, 지금은 서울 사람을 차정히고 매월 삭료를 지급한다."[21]고 되어 있는 것은 바로 이와 같은 사회경제의 변화를 반영한 것이라고 할 것이다.[22] 결국 이와 같은 사회경제의 변화와 궤를 같이하여 중앙 각사의 입역노비는 소멸되어 갔으나[23] 지방 관노비만은 원래 이들이 직접 신역을 제공하는 자들이었고 납공이라는 경제적 부담을 지고 있지 않았기 때문에 공천에 대한 여러 가지 법제적인 구속력은 그대로 적용받으면서도, 실제로 감공과 같은 경제적인 혜택은 받을 수가 없었다. 이것도 또한 관노비의 감소를 촉진시키는 요인의 하나가 되기에 충분하였다.

〈표 2〉 하동부 除案奴婢 除案 원인별 인원수

| 구분\노비 | 물고 | 노제 | 도망 | 면천 | 驛屬 | 첩역 | 상의원 김선비 | 사패 출급 | 공신 탈하 | 상급 | 良産 | 移屬 | 출급 | 발하 | 계 |
|---|---|---|---|---|---|---|---|---|---|---|---|---|---|---|---|
| 노 | 88 | 20 | 4 | 1 | 1 | - | - | 2 | 1 | - | 1 | 7 | 5 | 3 | 133 |
| 비 | 85 | 42 | 28 | 2 | 1 | 1 | 1 | 1 | - | 1 | - | 9 | 3 | 4 | 179 |
| 계 | 173 | 62 | 32 | 3 | 2 | 1 | 1 | 3 | 1 | 1 | 2 | 16 | 8 | 7 | 312 |

관노비가 감소한 가장 큰 이유는 다른 공천과 마찬가지로 그들의 의식의 향상에 따른 모피나 도망에 의한 것이었다. 〈표 2〉에 보이는 바와 같이 하동부의 노비안에서 제명된 除案奴婢 가운데서 물고와 노제를 제외하면 도망이 가장 큰 비중을 차지하고 있는 것을 볼 수 있다. 물론 하동부의 노비안이 조선 후기 전시기의 전국적인 현상을 반영한 것은 아니라 하더라도 기왕에 연구된 결과에 의하면 도망이 노비 감소 원인 가운데 가장 주된 것 이었다 함은 이미 널리 알려진 사실이다.[24]

---

21) 『속대전』 권5 「형전」 제사차비노근수노.
22) 조선 후기 고용 노동의 일반화에 대하여는 강만길, 「조선후기 雇立制의 발달」, 『韓國史研究』 13 참조.
23) 전형택, 앞의 논문, 215~216쪽.

관노비의 감소는 또 관노비를 궁가에 사패노비로 출급해준 데서도 기인하였다. 예컨대 1666년(현종 7) 황해감사 李尚逸이 관노비의 피폐상을 말하는 가운데 그 원인 중의 하나가 "관노비를 宮家 賜牌로 획급한 데 있다."[25]고 한 것을 보면 관노비의 사패 출급도 상당수에 달했던 듯하다. 『속대전』의 규정에 "궁가의 사패는 시노비로 정급하고, 관노비는 일체 허가하지 않는다."[26]고 되어 있는데, 이것은 관노비의 사패 출급으로 관노비의 감소가 심화되자 이에 대한 대책으로 마련된 규정이었던 것이다. 즉 1678년(숙종 4) 영의정 許積이 "제궁가의 사패노비는 각사노비로 정급하며, 각관노비는 일체 불허하자."고 왕에게 건의하자 숙종이 이를 수락하고 있는 바,[27] 이것이 후에 『속대전』의 규정으로 나타난 것이다.

관노비의 감소는 조선왕조이 지방사회를 지배하고 운영하며 실제 관노비의 입역을 관장하고 있는 지방관의 부정이나 불법에 의해서도 일어났다. 감사나 수령 등의 지방관들이 자기 휘하의 관비나 관기를 솔축함으로써 관노비는 감소하고 있었다. 1729년(영조 5) 평안감사 홍석보가 "관기를 솔축하는 풍조가 요사이보다 심한 때가 없어서 그 폐가 아주 심하다."[28]고 한 것이나, 『속대전』에 "관비를 법에 따라 속신하거나 면역하지 않고 첩으로 삼아 솔축하는 자는 과조를 엄히 세워 쇄환하여 환천하도록 한다."[29]고 규정하고 있는 것을 보면 관비·관기의 솔축으로 인한 관노비의 감소가 상당했음을 알 수 있다. 이러한 풍조는 지방관

---

24) 四方博, 「李朝人口に關する身分階級別的觀察」, 『朝鮮經濟の研究』3, 1937, 京城帝國大學法學會, 「李朝人口に關する 一研究」, 『朝鮮社會經濟史研究』; 정석종, 조선 후기에 있어서의 신분제 붕괴에 대한 일 소고 참조.
25) 주 14)와 같음.
26) 『속대전』 권5 「형전」 공천.
27) 『숙종실록』 권7, 숙종 4년 11월 임인.
28) 『비변사등록』 85책, 영조 5년 6월 22일.
29) 『속대전』 권5 「형전」 공천.

만의 소행이 아니어서 사헌부에서 "관기를 첩으로 데리고 사는 것에 대해 국금이 지극히 엄한데, 근래 조신들이 국금을 범하며 데리고 살아 매우 시끄럽습니다. 청컨대 해부로 하여금 기한을 정하여 돌려보내도록 독촉하게 하소서."[30] 하고 아뢰자, 영조가 "아뢴 대로 하라."고 이를 윤허하고 있는 것에서도 이러한 풍조가 만연하고 있었음을 알 수 있다. 이러한 현상을 1734년(영조 10) 지평 宋寅明은

> 근래 대소 문·무신들이 수령이 되면 관기를 첩으로 삼아 거느리고 돌아갈 일을 도모하여 심한 자는 한 집 안에 2, 3인이나 되어 이로 말미암아 각 고을의 관비로 남아 있는 자는 모두 노약자 뿐 이어서 열읍이 모양을 이룰 수가 없다.[31]

고 하여 관비·관기의 솔축으로 인하여 지방 관노비의 감소가 심하였음을 말하고 있다.

정조 대에 들어와서는 지방관의 막료 비장이나 衙客까지도 관비의 솔축을 도모하는 현상이 일어났다. 1796년(정조 20) 위유어사 李始源은 이러한 사정을

> 관비를 몰래 빼가는 것을 금하는 법의 뜻이 심히 엄한데도 근년에 들어와서는 기강이 점차 무너져 방백이나 수령 외에 심지어 막료 비장이나 衙客까지도 임의로 데리고 가고 있어 신이 다녀온 감영이나 州, 郡의 관비와 관기들이 거의 절종될 지경에 이르렀다.[32]

라 말하고 그 폐단은 오로지 관비나 관기의 솔축에 있으니 이미 관노비 안에서 빠진 자도 기한을 정하여 쇄환할 것을 주장하였다.

관노비의 감소는 이와 같은 수령이나 관료의 부정에 의해서만이 아

---

30) 『영조실록』 권21, 영조 5년 3월 신미.
31) 『비변사등록』 95책, 영조 10년 정월 21일.
32) 『승정원일기』 1,767책, 정조 20년 9월 18일.

니라 1731년(영조 7) 노양처소생종모법의 실시[33] 이후 노양처소생이 종
량되어감에 따라 양역 인구는 어느 정도 늘어가는 대신 관노비는 줄어
들고 있었던 데에도 있었다. 1761년(영조 37) 강원감사 金孝大가 "신해
년(1731년;영조 7-필자주) 이후 노양처소생을 어머니의 신분을 따라 양
인이 되는 것을 허용한 후 각역·각읍의 노비가 점점 줄어들어 이제는
모양을 이룰 수가 없게 되었다."[34]고 말하고 있는 것에서 그 사정을 잘
알 수 있다.

　관노비들도 갖은 방법을 다하여 이름은 천하고 역은 무거운 노비 신
분으로부터 빠져나오려고 하여 면천첩을 받은 지가 오래되어 상고할 수
없는 경우에는 이를 여러 사람이 몇 번이고 사용하여 빠져나옴에 따라
이로 말미암아 외방의 관노비가 날이 갈수록 감축하고 있는 실정이기도
하였다.[35]

　관노비의 감소가 이렇게 심화되어가자 정부에서는 이에 대한 대책을
세우지 않으면 안 되었다. 정부의 대책은 먼저 관노비의 감축을 방지하
기 위한 여러 가지 법제적인 조처로 나타났다. 조선 후기에 발행된 여
러 법전에 올라 있는 관노비에 관한 규정을 살펴보면 관노비를 다른 곳
으로 이급하는 일을 될 수 있는 한 금지하고 있는 것을 볼 수 있다. 예
컨대 『수교집록』의 "각관노비를 각사에 이속하는 폐단을 일체 혁파한
다."[36]는 조처를 비롯하여 "궁가사패노비는 각사노비로 정급하고 각관
노비는 일체 불허한다."[37]는 조처가 바로 그것이다. 관노비의 타처 이급
을 금한 법령은 후기의 법전일수록 더욱 많이 나타나지만 이러한 소극
적인 조처만으로는 관노비의 감축을 방지할 수 없게 된 정부에서는 진

33) 平木 實, 「十七·八世紀における奴良妻所生の歸屬について」, 『朝鮮學報』61輯.
34) 『승정원일기』1,200책, 영조 37년 12월 초 1일.
35) 『비변사등록』196책, 순조 5년 11월 24일.
36) 『수교집록』권5 「형전」 공천.
37) 『신보수교집록』「형전」 공천 및 『속대전』권5 「형전」 공천.

황 시에 진자 보충책으로 관노비에게도 개방되어 있던 납속속량을 금하기도 하였으며,[38] 관노비가 상의원 침선비, 의녀, 구사 등으로 차역된 후의 소생은 관노비안에서 탈하하도록 되어 있었는데 이들까지도 원 소속 고을로 송환하도록 조처하였고,[39] 영조 대에 들어와서는 관노의 근수를 금지하기도 하였으나,[40] 이러한 조처만으로는 관노비의 감소를 막을 수는 없었고, 이제는 시노비를 관노비로 획급하여 관노비의 부족을 해결할 수밖에 없게 되었다.

시노비를 관노비로 획급하는 일은 1663년(현종 4) 경상감사 李尙鎭이 각 고을 및 향교노비의 감소에 대한 대책으로 각사노비를 획급해 줄 것을 요청한 일이 있으나 이때는 실상을 알아보고 처리하자고 하여[41] 보류되었고, 실제로는 1735년(영조 11) 공충도에 영노비로 40명을 획급한 것을 비롯하여[42], 1741년(영조 17) 서천, 비인 두 고을에 시노비 2명씩을 획급하여준 것[43], 1745년(영조 21) 경기도 양성, 파주 등에 시노비를 획급한 일[44] 등이 있다. 특히 파주의 경우는 서로의 중요한 역참인데도 사객을 접대하는데 필요한 노비조차 부족하여 시노비의 획급을 허가하면서 파주 내에 시노비가 없는 경우에는 도내 다른 고을의 시노비라도 옮겨 획급하도록 조처하였다. 그 후에도 1746년(영조 22) 충주에,[45] 1754년(영조 30) 경기수영에 시노비를 획급한 일이 있었고[46], 1759년(영조 36)에 작성된 강원감영권솔절목에는 시노비를 영노비로 획급하는 일

---

38) 『신보수교집록』 「형전」 공천. 관노비의 면천에 대해서는 3절 참조.
39) 『수교집록』 권5 「형전」 공천.
40) 『비변사등록』 84책, 영조 4년 6월 초 5일.
41) 『현종개수실록』 권9, 현종 4년 10월 임인.
42) 『비변사등록』 97책, 영조 11년 6월 11일.
43) 『비변사등록』 109책, 영조 17년 11월 초 2일.
44) 『승정원일기』 985책, 영조 21년 4월 초 5일 및 『비변사등록』 73책, 영조 21년 4월 초 9일.
45) 『비변사등록』 116책, 영조 22년 11월 16일.
46) 『비변사등록』 127책, 영조 30년 9월 초 6일.

을 규정하고 있다.[47]

그러나 시노비를 관노비로 획급하는 일은 정부로서도 그렇게 쉬운 일이 아니었다. 시노비는 이미 완전히 선상·입역의 의무에서 벗어나 납공의 의무만을 지고 있는 자들이어서 시노비를 관노비로 획급하는 일은 국가에서 볼 때 국고 수입의 감소를 초래할 뿐 아니라, 특히 시비의 경우에는 촌간 마을에서 양민과 다름없이 살고 있는데, 그들을 하루아침에 관노비로 획급한다는 것도 쉬운 일은 아니었기 때문이다. 예컨대 1761년(영조 37) 강원감사 金孝大가 시노비 15명을 영노비로 이속해줄 것을 요청했을 때, 호조판서 尹東度이

　　비단 노비신공 액수의 감축이 염려스러울 뿐만이 아닙니다.…또 시비는 비록 명칭은 비이나 촌간 마을에 흩어저 살고 있어서 양민과 다름이 없는데 이들을 하루아침에 감영에 예속시켜 관비나 관기로 만드는 일은 원성을 초래하고 화기를 해치는 일이니 진실로 이것이 염려스럽다.[48]

라는 이유를 내세워 시노의 획급은 가능하나 시비의 획급에는 반대하는 입장을 분명히 하였다. 이에 대하여 우의정 洪鳳漢도 "시비가 비록 공천이기는 하지만 양민과 다름없이 결혼하여 안돈하고 있는데 하루아침에 관기의 역을 맡기는 것은 차마하지 못할 일이다."라고 하면서 달리 재력을 보조하여 매득하여 사역시킬 것을 주장하여 시노의 획급은 그전대로 시행되었으나 시비의 획급은 이루어지지 않았다.

시노비의 획급과 더불어 관노비의 보충원이 된 것은 각종 범죄인이나 이들의 가족으로 연좌되어 적몰된 자, 그들의 노비로 적몰된 자들이었다. 이들은 말하자면 형벌로써 노비가 된 자들이었고 이들이 관노비의 주요 공급원이었기 때문에 관노비의 대우가 다른 공천에 비하여 보

47) 『비변사등록』 138책, 영조 36년 정월 12일.
48) 『승정원일기』 1,192책, 영조 37년 4월 17일.

다 가혹했으며 면천, 면역이나 여타의 법제적 조처도 보다 엄격했던 것으로 생각된다.

이들은 원래 적몰하여 절도나 변방의 잔읍에 정배하여 노비로 삼도록 규정되어 있었으나[49] 조선 전기에도 바로 해당 고을의 관노비로 정속되는 경우도 있었다.[50]

그러나 조선 후기에 들어와 관노비의 부족이 심화되자 이들을 절도나 변방의 잔읍에 정배하는 대신 관노비가 부족한 고을에 직접 정속하는 일이 많아졌다. 예컨대 영조 대에 여러 차례 금주령을 내렸으나 실효를 거두지 못하자 이를 어긴 자를 관노비로 영속시키도록 조처한 일이 있었고,[51] 1761년(영조 37)에는 경기감사 蔡濟恭이 "경기도 각 고을의 관노비가 심히 적으니 금주령을 어긴 자를 노비가 심히 적은 고을에 나누어 보내 정속시키자."고 한데 대하여 우의정 洪鳳漢이 "경기도만이 아니라 타도도 금주령을 어긴 자를 좌, 우도로 서로 바꾸어 나누어 보내 원래의 관노비와 함께 사환시키자."고 하여 그대로 실시된 일이 있었다.[52]

조선 후기에 들어와서는 공채를 갚지 못한 자들도 해당 고을의 관노비로 정속되었다. 『속대전』의 규정에 따르면 공채 600냥 이상을 갚지 못하면 양인과 공사천은 그 처자를 관노비로 몰입하도록 규정되어있다.[53] 실제로 1707년(숙종 46) 전라도 여산부의 아전이 4,000여 냥을 대출받은 후 갚지 못하고 죽자 그의 처자를 몰입하여 관노비로 삼은 일이

---

49) 몇 가지 예를 들면, '상한이나 천인이 여자를 겁탈한 자는 교살에 처하고 종범은 변방 읍의 노비로 삼는다.'(『경국대전』 권5 「형전」 간범), '절도죄로 도형이나 유형에 해당하는 자는 평안도와 영안도는 각 해당도의 최변방 고을에, 그 나머지 도는 절도의 각읍에 소속시켜 영원히 노비로 삼는다.'(같은 책, 臟盜) 등을 들 수 있다.
50) 『경국대전』 권5 「형전」 臟盜. '강도의 처자는 영원히 소재 고을의 관노비로 삼는다.'
51) 『영조실록』 권88, 영조 32년 10월 갑신.
52) 『비변사등록』 140책, 영조 37년 5월 28일.
53) 『속대전』 권2 「호전」 징채.

있었고,[54] 1750년(영조 26)에는 전라감영에서 영진청의 돈 700여 냥을 훔친 색리가 자녀와 함께 속공되기도 하였다.[55]

이러한 조처에 따라 조선 후기에는 원래 관노비로 정급되었던 자의 자손보다도 오히려 연좌되거나 적몰되어 관노비가 된 자 들이 대부분이었던 것 같다.

어떠한 자들이 관노비의 주류를 점하고 있는 지를 알아보기 위하여 1847년(헌종 13) 경상도 하동부의 관노비안을 분석하여 〈표 3〉을 작성하였다. 〈표 3〉에 나타난 바와 같이 1847년(헌종 13) 경상도 하동부의 현존노비 27명 가운데 범죄에 대한 형벌로 적몰된 노비가 18명으로 하동부 관노비의 2/3를 점하고 있다. 정속노비 3명이 모두 60세 이상으로 실제 공역을 담당할 수 없었던 점을 감안한다면 형벌로 속공된 관노비의 수가 대단히 중요한 몫을 차지하고 있다고 할 수 있을 것이다.[56]

〈표 3〉 1847년 경상도 하동부 현존노비의 안부원인별 인원수

| 구분 노비 | 加括 | 良女淫奔 | 賊子 | 定屬 | 계 |
|---|---|---|---|---|---|
| 노 | 5 | | 1 | 2 | 8 |
| 비 | 1 | 17 | | 1 | 19 |
| 계 | 6 | 17 | 1 | 3 | 27 |

요컨대 조선 후기의 관노비는 지방 관아의 공역을 담당하는데 필요

---

54) 『숙종실록』권65, 숙종 46년 4월 신축.
55) 『영노비관안』(서울대 고도서 4652-11).
56) 물론 하동부의 예가 전국적인 현상이라고 할 수는 없으나, 『조선왕조실록』, 『비변사등록』, 『승정원일기』 등에 나타나는 기사로 미루어 볼 때 대부분의 고을이 불과 수명의 노비만을 보유하고 있고, 내시노비 혁파 후에 적몰노비를 해당 고을의 관노비로 정속하도록 조처하고 있는 것(『승정원일기』1,841책, 순조 1년 9월 20일)을 보면 관노비의 대부분이 형벌노비의 성격을 띤 것이라고 생각된다.

한 최소한의 노비조차도 확보하기 어려울 정도로, 다른 공노비와 마찬가지로 크게 줄어들고 있었다. 그러나 이들은 직접 신역 즉 노동력을 제공하는 자들이 대부분이었는데, 또 범죄에 대한 형벌로 적몰되어 노비가 된 자들이 주였기 때문에 공노비 혁파 대상에서 제외될 수밖에 없었던 것이다.

## 3. 조선 후기 관노비의 입역 체제

### 1) 관아의 입역

조선왕조의 공노비는 의무부담의 형태에 따라 입역노비(선상노비)와 납공노비의 두 가지로 구분된다. 입역노비(선상노비)는 법제상으로 입역의 대가로 신공이 면제되는데 대하여, 납공노비는 규정된 신공만을 바치면 그들의 의무를 다하는 것이다. 내시노비는 입역노비(선상노비)나 납공노비 어느 한 쪽에 속하게 되어 입역이나 납공의 의무를 지고 있었으나 관노비는 대부분이 입역노비로서 지방 관아에 공역하고 있었다. 내시노비의 선상·입역은 조선 후기에 들어와 없어지는 대신 모두 납공노비로 바뀌어 경제적 부담만을 지고 있었으나 관노비의 입역만은 그대로 계속되었고, 이것이 또한 조선 후기 관노비제 피폐의 일인이었다 함은 전술한 바 있다.

이와 같이 관노비는 지방의 고을에 소속되어 신역으로 그들의 의무를 다하는 신분층이었기 때문에 이들은 지방관의 수족이 되어 그들의 심부름이나 관아의 잡역을 담당하면서 생활하는 자들로 거주 형태에 있어서는 독립호를 이루고 자기의 독자적인 경리를 갖고 있었지만 공역의 형태에 있어서는 직접 신역을 제공하는 자들이었다.

조선 후기 지방 관아에는 관노청이 설치되어 있었고,[57] 首奴와 首婢

를 행수 또는 통수로 정하여 노비를 따로 통을 조직하고 이방과 호장으로 하여금 검칙하도록 되어있었다.[58] 실제로 노비안에 수노와 수비를 정하여 관노비를 단속하고 있었음을 볼 수 있다.[59]

관노비의 입역도 다른 공천과 마찬가지로 老除에 의하여 면제되었다. 원래 노제는 "노비로 나이 15세 이하인 자와 60세 이상인 자, 독질이 있는 자, 소생 3명 이상인 자는 공역을 면제한다."[60]는 규정에 따라 60세 이상이면 공역을 면제받게 되어있었다. 그러나 조선 후기에 이르러 1774년(영조 50) 비공의 혁파로 납공노비의 부담이 노에만 한정되어 비에게는 신공의 부담이 없어졌으나 관노비들에게는 노비공의 감액이나 비공혁파의 실익이 돌아갈 수 없게 되자, 행도승지 金應淳이 노제의 연령을 노는 60세 그대로 두되 비만은 50세로 낮출 것을 건의하여 이때부터 관비의 노제는 50세로 낮추어졌다.[61]

지방 관아에서는 노비의 현황을 정확히 파악하기 위하여 다른 공노비와 마찬가지로 관노비도 노비안을 작성하여 비치하게 되어있었다. 노비안은 원래 지방 열읍에서 노비의 혈연관계를 상고하기 위하여 해마다 출생, 도고를 기재한 속안을 만들도록 되어 있었다. 이 속안은 식년마다의 각읍 노비의 변동 상황을 기록한 것이며 이 식년속안을 기초로 하여 다시 십년마다 노비의 혈연관계가 모두 기록된 정안을 만들도록 규정되어 있었다.[62] 관노비의 경우에도 식년마다 속안을 작성했고 이 노

---

57) 內藤吉之助 編, 『朝鮮民政資料(牧民篇)』「用中錄」. '향교 · 서원 · 장관청 · 하리청 · 관노청 · 사령청…'

58) 위의 책, 「정요」 一. '吏 · 奴婢 · 使令各廳 首任差定統首 官吏則吏房 戶長則統首 使令則付於官吏統 奴婢則同作奴婢統 首奴首婢爲統首 而戶長吏房檢飾…' 같은 책, 「治郡要訣」六 臨下 '官奴婢使令亦定廳行首 依吏輩例擧行檢束 而又使之領付 於兩首吏 兩首吏則 使鄕廳糾察奸犯…'

59) 『관노비관안』(서울대 고도서 4219-61) 참조.

60) 『경국대전』 권5 「형전」 공천.

61) 『승정원일기』 1,348책, 영조 50년 2월 14일.

62) 『승정원일기』 1,165책, 영조 35년 2월 24일 및 『속대전』 권5 「형전」 공천.

비안에 의하여 노제가 확인되었던 것이다.[63]

관노비는 지방 관아에서 대소공역에 사환되고 있었다. "노비의 부족으로 대소공역에 사환할 인원이 없다."[64]고 한 경기수사 李彦燮의 말이나, "관노비가 사역에 부족할까 항상 걱정하였다.",[65] 또는 "여러 가지 많은 부역에 동원되는 官隷"[66]와 같은 기록에서 관노비들이 관아의 대소잡역에 사환되었음을 알 수 있다. 이들은 창고의 검찰,[67] 관둔전의 看檢,[68] 사객의 접대,[69] 방자 역할,[70] 물 긷기[71] 등의 잡역을 맡는 외에 관속들을 도와서 지방 행정에 참여하기도 하였다. 예컨대 양전 시에 관속 · 향리와 더불어 수령을 보좌하여 들에 나아가거나,[72] 장교와 더불어 범죄인을 추포하는데 참여하기도 하였으며,[73] 대민 관계에서 중요한 관청 고자, 공고자, 대동 고자, 현사 고자 등의 임무를 맡아[74] 환곡의 출납에도 관여하였다. 예컨대 정조 때에 경기도 안성의 관노 介男은 尹明俊이란 사람이 환곡을 갚으러 왔을 때 양이 모자란다 하여 발로 차 사망케 한 일이 있었는데,[75] 이것도 관노가 환곡의 출납에 간여했던 데서 기인한 사건이었다. 또 관리, 관노, 면임배들이 동령을 내려 민곡을 토색질하여 조적곡을 채우는 경우도 있었다.[76] 이와 같이 관노비가 환곡

---

63) 『하동부관노비적몰노비교노비계묘식개속안』.

64) 주 46)과 같음.

65) 주 10)과 같음.

66) 『홍재전서』 권140 「심리록」. 京畿安城郡官奴介男獄.

67) 內藤吉之助編; 앞의 책 「治郡要法」.

68) 위의 책, 「用中錄」.

69) 『비변사등록』 113책, 영조 21년 4월 초9일.

70) 『관노비관안』(서울대 고도서 4219-11).

71) 위와 같음.

72) 內藤吉之助編; 앞의 책, 「정요」一 전정.

73) 위의 책, 「摩事撮要」 金城文牒. '狼川民人以禁松偸斫作爲生涯 其爲難禁之弊 有不可勝言……卽送伶俐將校二人使喚及唱奴 自官給粮出送….'

74) 『관노비관안』(서울대 고도서 4652-8).

75) 『홍재전서』 권140, 「심리록」 京畿安城郡官奴介男獄. '判大抵貧民納還艱楚之狀 朝家常所矜惻是如乎…今此介男獄事卽是反隅處假吏尹明俊 還穀雖不盈包….'

의 출납에 관여하는 경우에는 작폐의 여지가 많았기 때문에 지방관들은 이를 막기 위하여 여러 가지 배려를 하고 있었다. 즉 이노의 조적곡을 별설 고사에 따로 보관하거나,[77] 환상 장부에 관노비나 하리로서 환곡을 많이 대출받은 자에게는 관에서 날인한 문서를 분급하여 간계나 위조를 막으려고 하기도 하였다.[78]

관노비는 또 자기들이 맡고 있는 관물을 훔쳐 사리를 꾀하기도 하였다. 1754년(영조 30) 서산의 관노 聖眞이란 자는 관고에 보관하고 있던 화약 280녕이를 몰래 훔쳐 팔려다 적발되어 처벌을 받은 일이 있었다.[79] 또 영월의 관노 田枝華란 자는 입안을 위조하여 진부 수다촌 전체를 자기 소유로 만들었다가 유력자에게 전매해버린 일까지 있었다.[80] 관노비들은 또 장시에 나아가 관에서 쓸 것이라는 구실로 민간의 재물을 강제로 빼앗는 일까지도 있었으며[81], 심지어는 읍성으로 통하는 요로를 막고 있다가 관아에 공물을 수납하러 오는 촌민들을 쫓아내는 현상까지 일어났다.[82] 이와 같은 관노비의 작폐에 대하여 정조도

관예들이 촌맹을 침학하는 일이 많아 그들에게 침학을 받아 집이 부서지고 팔다리가 부러져도 죽지 않은 것만 다행으로 알고 분함을 참으며 감히 소리도 지르지 못한다.[83]

---

76) 內藤吉之助編, 앞의 책,「政要抄」. '官吏·官奴·面任輩 或有稱以動令 俗稱求請 曰動令 漁取民穀 爲充糴之計.'
77) 『정조실록』권25, 정조 12년 정월 임오 및 內藤吉之助編, 위의 책,「거관대요」분적.
78) 內藤吉之助編, 위의 책,「用中錄」.
79) 『영조실록』권81, 영조 30년 5월 임진.
80) 『영조실록』권19, 영조 4년 10월 을사.
81) 內藤吉之助編, 앞의 책,「거관대요」잡조 '官隸輩稱以官用 或有勒取.'
82) 『영조실록』권2, 영조 즉위년 9월 기사.
83) 『홍재전서』권157「審理錄」'忠淸道文義縣趙完璧獄. 官隸之於村氓 一不如意則 侵凌虐害側常事也 被其侵凌虐害者 雖破屋廬復肢體 幸而不至於死 則俛首忍憤不 敢出一聲 亦常事也.'

고 말하고 있을 정도였다. 정언 趙星逵도 이 당시의 관노비를 공가에 좀벌레같이 해를 끼치고, 소민의 재산을 토색질하는 자[84]라고 표현하고 있다.

관노비들은 이에 더 나아가 수령을 살해하거나 축출하려 획책하는 일까지 벌이기도 하였다. 1734년(영조 10) 함경남도병사 李義豊이 사소한 일로 營校 裵守賢을 장살하자, 영교의 처가 병영의 노비와 몰래 모의하여 병사를 모살하려 한 일도 있었고,[85] 1736년(영조 12)에는 성주목사 李誠躋가 衙奴·官婢·邑校에게 독살된 일도 있었다.[86]

관노비는 지방 관아에서 대소공역에 사환되는 외에 공신구사나 악공, 침선비, 의녀 등으로 선상되기도 하였다. 원래 구사는 각사 외거노비를 출급하였으나,[87] 조선 후기에 들어와 각사 외거노비의 선상이 없어지고 모두 납공노비로 됨에 따라 이들을 구사로 출급할 수 없게 되자 그 대신 관노비를 출급하도록 조처하였다. 즉 『속대전』에 "구사는 본가에서 지명한 관노비로 정한다."[88]고 규정하여 『경국대전』에 각사 외거노비로 정급하도록 규정되어 있던 구사를 관노비로 정급하도록 조처하고 있는 것을 볼 수 있다. 이것은 외거노비의 입역이 소멸된 조선 후기에 그때까지도 입역으로 신역을 다하는 관노비가 일정한 범위 내에서 외거노비의 선상을 떠맡은 것을 의미하며 사회의 진전에 따른 조처로써 조선 후기 사회의 구조적 변화를 엿볼 수 있다.

관노비는 또 장악원의 악공으로 선상되기도 하였다. 1778년(정조 2) 장악원 제조 李重祐가 "악사는 악공 가운데서 선발하며 악공은 관노 가

---

84) 『승정원일기』 1,767책, 정조 20년 9월 초 6일.
85) 『영조실록』 권38, 영조 10년 7월 신묘.
86) 『영조실록』 권41, 영조 12년 5월 갑인. '星州牧使李誠躋 在任夕食猝死 其妻以 銀匙試於口色變 以諺書呈于兼官 …… 以趙榮國爲按撫御使後 果得衙奴官婢及邑 校裴俊九置毒….'
87) 『경국대전』 권5 「형전」 공천.
88) 『속대전』 권5 「형전」 공천.

운데서 선발한다."[89]고 말하고 있는 바, 관노가 악공으로 차출되면 악사로 진출할 수가 있어서 관노의 신분 상승로로 이용되기도 하였다. 관비는 이외에도 상의원 침선비나 의녀로 선상되기도 하였다.[90] 실제로 관노비안에서 침선비나 의녀로 상경하여 면역된 예가 다수 발견되며 이 경우 그 소생까지 관노비안에서 탈하되고 있다.[91]

조선 후기에 와서는 전술한 바와 같이 노비의 감소가 심화되고 또 관노비로서 구사, 악공, 의녀, 침선비 등을 선상함에 따라 관노비가 급격히 줄어들자 시노비의 획급 외에 지방 각 고을에서는 촌민을 가관노로 차출하여 관노의 임무를 맡기는 일도 있었다. 1741년(영조 17) 호서어사 尹得載의 계에 따르면 충청도 서천, 비인의 두 고을에는 관노비가 겨우 2, 3명에 불과하여 사객을 접대할 때에 불가불 촌민을 가관노라 칭하여 사역시키고 있었다.[92] 이들 가관노는 관노비안에도 원관노와 구별되어 기재되고 있었다.[93]

조선 후기의 관노비는 고용노동의 일반화라고 하는 사회경제구조의 변화에 수응하여 직접적인 신역의 제공 대신에 납포, 납공과 같은 경제적 부담자로 전환되어간 군역이나 내시노비와는 달리 지방관아에 계속 신역을 제공하고 있었던, 말하자면 입역노비로서 조선 후기까지 남아있던 자들이었다. 입역노비가 납공노비로 전환되어간 것은 군역의 부담이 번상 대신 군포납부로 전환되어간 것과 같은 현상이어서 사회경제적 발전단계와 상응하는 것이었다. 그러나 조선 후기의 관노비는 이와 같은

89) 『정조실록』 권6, 정조 2년 11월 을묘.
90) 『수교집록』 권5 「형전」 공천.
91) 『관노비관안』(서울대 고도서 4259-61)에 관비 曆用이 의녀로 상경되었던 까닭으로 희용과 그의 네 딸이 면역되고 있다.
92) 주 8)과 같음.
93) 『관노비관안』(서울대 고도서 4259-61)에는 노 11명, 비 4명과 아울러 가관노 7명이 기록되어 있고, 『관노비관안』(서울대 고도서 4652-8)에는 노 6명, 비 8명과 아울러 가관노 6명이 기재되어 있다(주 17) 참조).

사회 경제의 진전과는 달리 입역노비로 계속 남아있으면서 오히려 이전의 각사 외거노비의 선상 의무의 일부를 떠맡아 노동력을 직접 제공하는 상황에서 벗어나지 못하고 있었다.

관노비의 입역이 이와 같이 가혹성을 띠고 사회 경제의 진전과 달리 계속되었던 것은 이들이 지방 관아의 노비였기 때문에, 지방 관아에 이를 혁파한 후 대역자를 고용할 만한 경제력이 없었던 점과 아울러 이들 대부분이 시노비의 획급도 일부 있기는 하였으나 범죄인, 연좌인, 적몰노비 등으로 보충되어 말하자면 범죄에 대한 처벌로서 노비가 된 자들이었기 때문이었던 것 같다. 예컨대 공천이었던 자가 처벌에 의하여 관노비로 되는 예[94]를 우리는 법전에서 흔히 볼 수 있다. 다른 공천을 범죄에 대한 처벌로 관노비를 삼는다는 것은 관노비의 입역이 다른 공천보다 더 힘들었기 때문이라고 밖에는 생각할 수 없다. 또 시노비를 관노비로 획급하면서도 "하루아침에 노비나 기생의 역에 입속시키는 것은 차마 하지 못할 일이다."라 하고 있는 것을 보면 관노비의 처지가 보다 가혹했음을 알 수 있다. 따라서 전근대 사회에서 범죄인이 계속 발생하는 한 관노비는 없어질 수 없었던 것이며, 내시노비 혁파 후 적몰노비를 관노비로 충당하도록[95] 조처하고 있는 것에서도 이것은 잘 나타나고 있다.

## 2) 관노비의 군역 입속

조선왕조의 군역은 원래 양역이라 하여 공사천을 비롯한 천인은 원칙적으로 입속할 의무가 없었으나 임란 이후 거듭된 국란과 양역 인구

---

94) 『경국대전』 권5 「형전」 공천. '若避役爲僧尼者 決杖一百 極邊殘邑官奴婢永屬' 『속대전』 권5 「형전」 공천. '公私賤及官屬 背本主投屬內需司者 限己身沒爲邊邑官奴.' 같은 책, 徵債. '公債六百兩以上……并其妻子 沒爲奴婢於該官.'
95) 『승정원일기』 1,841책, 순조 원년 9월 20일.

가 부족해짐에 따라, 종래 양역이었던 군역에 공사천을 충정시키지 않으면 안 되었다. 그리하여 속오군이나 아병 등에 공사천을 충정하여 공사천도 군역 부담이 시작되었다.

속오군에 입속되어 있는 공노비는 1719년(숙종 45) 북관에서만 3,000명이 넘었다.[96] 이때 북병사 白時耈가 "내노 1/3을 속오군에 충정시키도록 되어 있다."[97]고 한 것을 보면 여타의 다른 공천도 대략 같은 비율로 입속되지 않았나 생각된다. 시노도 속오군에 입속되어, 1755년(영조 31) 경상도에서 호조 소속의 시노 2,263명, 예문관 소속의 시노 1명, 사학 소속의 시노 7명과 전라도에서 호조 소속의 시노 7명 등 도합 2,277명의 시노가 속오군에 충정되고 있다.[98]

그러나 속오군에 입속된 공사천들이 대부분 가난하여 스스로 살아갈 수 없는 자들이어서[99] 군사력의 강화에는 별로 도움이 못되었다. 1721년(경종 1) 좌의정 李健命이 "우리나라의 속오군은 모두 공사천을 충정한 것이어서 국방에 별 도움이 되지 않는다."[100]고 말한 것을 보면 공사천으로 구성된 속오군이 국방에 크게 도움이 되지 못했음을 알 수 있다. 이와 같은 현상은 특히 그들이 가난하고 의지할 곳 없는 부류들로 구성되어 있었기 때문에 훈련과 군비가 제대로 갖추어질 수 없었던 데에서 기인하였다. 1728년(영조 4) 경기감사 李廷濟가 "군제를 제대로 유지하고 병기만 갖춘다면 실로 강병이 될 것입니다."[101]라 하고 있는 것을 보면 이들은 자신의 생계유지도 곤란한 자들이었기 때문에 훈련이나 군비 마련에 여유가 없었던 것 같다. 또 속오군에는 공사천이 모두 충

---

96) 『숙종실록』 권63, 숙종 45년 6월 병인.
97) 위와 같음.
98) 『乙亥內寺奴婢減貢給代事目』(서울대 규장각 17203) 참조.
99) 『비변사등록』 56책, 숙종 27년 2월 15일.
100) 『경종실록』 권4, 경종 원년 8월 계해.
101) 『영조실록』 권18, 영조 4년 7월 임자.

정되는 까닭에 속오군을 천역시하여 양인들이 입속을 모피하였던 데에
도[102] 속오군이 제대로 유지될 수 없었던 또 하나의 이유가 있있던 것
이 아닌가 한다.[103]

각도의 감사나 병사의 赴戰之卒인 아병도 속오군과 마찬가지로 양천
을 혼합 충정하였다. 아병은 원래 감사나 병사뿐 아니라 수사와 총융청,
수어청 대장의 수하의 친병이었다.[104] 1733년(영조 9) 황해감사 朴師洙
가 "감영 아병은 양인만으로 충정할 필요가 없으니 황해도의 아병 5,460
명 가운데 양정 460명을 타역에 이정하고 5,000명만을 공사천으로 충정
하자."고 하자, 영조가 이를 받아들인 바 있는데,[105] 여기에서 아병도
역시 양천을 혼합 충군하였음을 알 수 있다. 이 경우 감사, 병사, 수사
의 아병에는 소속 관사의 관노비까지 대오에 편성되었을 것이다.

1734년(영조 10) 총융청과 수어청에 입속되어 있는 노군과 보인은 총
융청 군수노보 5,330명, 臨津作隊奴牙兵 255명, 京標下七邑保 852명, 수
어청 군수노보 6,000명, 호서 노아병 319명, 京標下保人 852명으로 모두
13,608명이었는데, 이중에서 아병은 574명이었다.[106] 1737년(영조 13) 약
방제조 趙尙絅이 "수어청의 평택 둔전을 아병으로 경작하고 있다."[107]고
한 것을 보면 아병은 둔전 경작에도 동원되었음을 알 수 있다.

영조 이후 노군이 점차 증가함에 따라 이들 아병도 당초 설립 시의
의도와는 달리 국방에는 거의 도움이 되지 못할 정도로 허소해져 갔다.
그것은 양정의 부족이 심화되자 아병에 충역된 양정을 타역에 이속시키
고 노군을 아병에 이속시킨 결과 겸역 무의지류들이 충정되었기 때문이

---

102) 『비변사등록』 118책, 영조 23년 7월 17일.
103) 속오군에 대해서는 차문섭, 「속오군연구」, 『조선군제사연구』 참조.
104) 이태진, 「중앙 오군영제의 성립과정」, 『조선군제사』, 1977, 154쪽.
105) 『비변사등록』 94책, 영조 9년 7월 16일.
106) 『비변사등록』 96책, 영조 10년 9월 초 5일.
107) 『비변사등록』 101책, 영조 13년 3월 초 6일.

다. 예컨대 1737년(영조 13) 수어청 양군 1,000명을 각읍의 도망하거나 사망한 자 대신 충정하여 비변사에 이송한 뒤 노군 2,000명을 보충받았으나 이들 중에 도망하거나 사망한 자가 반을 넘어 전부를 충정시키지는 못하였으며, 이때 충정된 노군도 모두 겸역 무의지류여서 군제가 장차 모양을 이룰 수 없는 지경이었던 데서[108] 저간의 사정을 잘 알 수 있다.

전라감영 아병의 편제는 3부 6사 36초로 구성되어 있었고, 매초에 초관 1명, 표하군 5명, 원군 99명씩으로 구성되어 있었다.[109]

삼수병에도 노비의 입속은 이루어지고 있었다. 1798년(정조 22) 전평안병사 任○이 "양삼수와 노삼수를 혼합 단속함으로서 양삼수가 노삼수를 노라는 이유로 그들과 서로 어깨를 나란히 하려 하지 않기 때문에 노삼수들이 역을 기피하고 도주하여 대번이 허오기 되었다."[110]고 말하고 있는 것을 보면 노비신분층의 군역 입속이 광범위하게 일어나고 있었음을 알 수 있다.

영남에서는 시노를 防軍에 입속시켰던 까닭으로 '以奴爲良者'가 많이 나타나 이 때문에 시노가 크게 감축되고 있었던 것으로 보아 방군에도 노비신분층이 입속하였던 사실을 알 수 있다.

또 시노가 정군의 명색을 가진 경우도 있었다. 1782년(정조 6) 전라감사 朴祐源은 "노비공을 감액한 후 노비와 양정의 신공이 동일하게 된 뒤 양정은 부족하고 시노에는 여유가 있어서 시노를 양역에 충정하였던 것이 그때까지 군안에 기재되어 있었기 때문이다."[111]고 말하고 있다.

속오군, 아병, 삼수병, 방군 등의 군역에 공사천이 입속하였다 하여도 그중에 관노비가 얼마나 입속하였나 하는 것은 확실치 않으나 祗直과

---

108) 위와 같음.
109) 『完營兵制摠錄』(서울대 규장각 4480) 참조.
110) 『승정원일기』 1,788책, 정조 22년 3월 11일.
111) 『정조실록』 권13, 정조 6년 정월 경신.

이노대에는 관노층이 주로 입속하고 있었다. 祇直은 친기위와 별효사 등에 소속된 군액으로, 친기위의 경우에는 10명마다 화병 1명과 祇直 1 명을 두게 되어 있었다. 여기에는 관노뿐 아니라 내노, 시노 등의 공천 중에 재력이 있고 말타기와 활쏘기에 능한 자를 초택하여 입속시키고 있었다.[112]

조선 후기에 관노비가 주축이 된 군액은 이노대였다. 이노대가 창설 된 것은 1710년(숙종 36)이었다.[113] 이노대가 설치된 것은 그 당시 속오 군은 모두 영장이 거느리고 있어 수령에게는 수하병이 전무하였기 때문 에, 수령이 직접 지휘할 수 있는 지방 고을의 인리와 관노, 보인으로 조 직된 수령의 수하병으로 수령이 직접 지휘하여 민란이 일어났을 때에 효과적으로 대처하기 위함이었다.[114]

1728년(영조 4)에 일어난 이인좌의 난은 이노대의 정비에 결정적인 계기가 되었다. 이인좌의 난이 평정된 후 특진관 朴師洙가 "이번의 변 란 시에 수령들이 관아를 버리고 도주한 것은 수하에 명령을 내릴 병사 가 없어 부득이한 일이었으니 이노대를 다시 정비하여 난리를 당했을 때에 영솔하여 고을을 방비하게 하도록 하자."[115]고 건의함으로써 적극 장려되었다. 그 뿐 아니라 이인좌의 난은 이노대를 병영과 역에까지 설 치하게 하는 계기가 되었다. 병영의 이노대는 충청병사 趙俶이 "충청병 영이 이인좌 일당에게 함락된 것은 수하에 병사가 없었기 때문이다."라 고 말하고 "이노대의 예에 따라 영속, 영노, 진속 등을 초출하여 병영에 도 역시 이노대를 설치하자."[116]고 하자 영조가 이를 윤허함으로써 이 노대가 병영에까지 확대 설치되었다. 역의 이노대는 1728년(영조 4) 정

---

112) 『비변사등록』 79책, 영조 2년 4월 초 8일.
113) 『증보문헌비고』 권110, 「병고」 二 制置 二.
114) 『비변사등록』 85책, 영조 5년 3월 12일.
115) 『비변사등록』 85책, 영조 5년 4월 11일.
116) 『비변사등록』 83책, 영조 4년 4월 23일.

언 權一衡의 상소가 계기가 되어 각역의 이노를 단속하여 찰방이 통솔하도록 조처되었다.[117]

이노대의 인원 구성은 인리와 관노를 주축으로 하여 보인까지 충정하도록 되어 있었다. 보인의 입속은 1729년(영조 5) 3월 특진관 朴師洙가 "이노작대절목 중에 이노와 보인을 함께 아울러 작대한다고 되어 있는데, 여기에서 보인이 훈련도감, 어영청, 금위영 삼군문의 보인을 말하는 지, 인리, 관노의 보인만을 의미하는 것인지 잘 몰라 열읍에서 봉행에 혼란을 가져와 아직까지 작대하지 못하고 있다."[118]고 한 것을 보면 이때까지는 보인의 작대가 이루어지지 않고 있었음을 알 수 있다. 4월에 들어와 박사수가 "훈련도감, 어영청, 금위영 3국의 보인을 모두 아울러 작대하자."고 건의하여 비로소 이때부터 보인의 작대가 이루어졌다.[119] 이들 이노내는 삼군문의 정병의 보인까지 포함되었기 때문에 이들에게서 보포의 징수를 면제해 줄 수는 없어서 평상시에는 수포하고, 난이 일어났을 때는 영솔하는 체제가 될 수밖에 없었다.[120]

이노대의 편성은 이들이 수령의 수하병이었기 때문에 전적으로 수령의 책임이었다.[121] 그러나 황해도 연안부의 경우는 부사가 진무영의 후영장으로 진무영의 통솔을 받고 있는데다 황해병사가 연안부의 이노대를 순점하여 관하병으로 파악하게 되어 호령이 연안부와 황해병사 양쪽으로부터 나와 統帥 不一하는 현상이 일어났다.[122] 이에 대하여 영조가 "황해병사는 다시 순점하지 말라."고 하여 연안부의 이노대는 다시 수령의 전권 하에 놓이게 되었다.

---

117) 『영조실록』 권18, 영조 4년 7월 임술.
118) 『영조실록』 권21, 영조 5년 3월 을묘.
119) 주 115)와 같음.
120) 주 118)과 같음.
121) 『비변사등록』 94책, 영조 9년 10월 초 3일.
122) 『영조실록』 권35, 영조 9년 7월 갑오.

지방 고을의 이노대가 구체적으로 어떻게 편성되었는지는 잘 알 수 없으나 전라병영의 이노대는 3부 9사 41초로 편성되어 있고, 인원 구성은 파총 1명, 초관 42명, 표하군 246명, 원군 4,455명, 도합 4,744명으로 되어 있었다.[123]

조선 후기에 들어와 양역 인구의 부족을 해결하기 위한 방안이었기는 하지만 이와 같은 여러 가지 노군의 출현은 "노군도 양군과 다름이 없다."[124]는 사회 현상을 조성하게 되었고, 또 한편 양천 사이의 신분 구별을 해이해지게 하는 원인이 되기도 하였으나, 관노비의 군역 입속은 그렇지 않아도 관아의 잡역에 시달리는 이들에게 더 큰 부담을 안겨줘 조선 후기 관노비 체제의 유지를 더욱 어렵게 만들었으며, 오히려 관노비의 도망과 모피를 촉진시키는 결과를 가져왔다.

## 4. 조선 후기 관노비의 면천·면역

조선 후기에 들어와 사회경제적인 구조의 변화의 와중에서 조선왕조의 인적계층관계에 커다란 변동이 일어나고 있었는데, 이러한 현상은 관노비계층에 있어서도 마찬가지였다. 그것은 국가의 권력에 의하여 합법적으로 이루어 지기도하고 말단 관리와 일반 양민이나 천민의 중수회를 통해서 비합법적으로 이루어지기도 하였다. 이러한 사실들은 대단히 광범위하게 이루어지고 그로 인하여 사회 신분구성은 급격한 변동을 초래하였다. 실제로 조선 후기 농민층의 신분 구성이 다양하였다는 사실은 이들 내부에 신분 변동이 광범위하게 이루어진 결과였다.[125] 관노비

---

123) 『전라병영이노작대성책』(서울대 규장각 4481).
124) 『비변사등록』 97책, 영조 11년 정월 초 6일.
125) 金容燮, 「조선후기 신분제의 동요와 농지점유」, 『조선 후기농업사연구』 1, 424~426쪽.

들도 이러한 사회적인 변화에서 예외일 수는 없었고, 따라서 많은 관노비들이 면천을 허가받아 양인 신분으로 상승하여 갔다.

관노비층들의 면천로로 먼저 군공면천을 들 수 있다. 노비신분층의 군역 입속은 신공과 군역이라고 하는 이중의 부담을 지게 되어 너무 고역이 심하여 노비신분층의 자발적인 입역을 기대하기는 힘들었다. 여기에서 위정자들이 노비신분층의 군역 입속을 분발시키기 위하여 착안한 것이 군역에 의한 면천논상이었다. 이 군공면천은 역적을 포획, 참수하거나 반란의 진압에 군공을 세우는 경우 그 공로의 정도에 따라 그에 대한 보상으로 면천·면역 등의 포상이 실시되었다.

1728년(영조 4) 이인좌의 난이 일어났을 때, 조정에서는 이를 진압하는데 양천계층의 참여의식을 고취하고 적도들을 회유하기 위하여 "이인좌 일당의 수괴를 참수하여 바치면 공사천은 부모처자와 함께 면천 속량시키고 관작을 상으로 준다."[126]는 내용의 방문을 내걸어 반란의 진압에 노비신분층을 이용하였다. 이에 따라 이인좌의 난을 진압한 후 논공행상을 실시할 때 마련한 군공가초별단에는 반란의 진압에 공로가 큰 노비들이 다수 포함되어 있었고 그 중에는 면천의 특전을 받은 자도 여러 명 있었다. 이때의 논상에서 무장관노 命輝를 비롯한 7명의 관노가 군공으로 면천되었으며, 청안관노 金次傑 등 10명이 원종으로 면천되었고, 무장관노 弼興 등 23명의 관노가 면역이나 미포를 제급받는 등 그들의 공로에 따라 각각 그에 상응하는 포상을 받았다.[127] 이때 노비 원종자는 면천과 아울러 미포를 제급받아 중복 수상된데 비하여 양인 원종자는 미포만을 제급받음으로써 논상에 형평을 잃게 되었다 하여 노비 원종자들 중 특히 공이 큰 5인을 제외하고는 면천만을 허가받았다.[128]

---

126) 『영조실록』 권17, 영조 4년 4월 신사.
127) 『영조실록』 권22, 영조 5년 4월 경진.
128) 『승정원일기』 683책, 영조 5년 4월 20일.

관노 원종자의 면천은 1728년(영조 4) 영의정 李光佐가 "대신 이하 여러 관료의 근수노가 모두 원종에 참여하기 때문에 팔도의 관노가 근수로 모록하여 면천되는 자가 무수히 많다."[129]고 한 것을 보면, 상당히 많았음을 알 수 있다.

또, 공사천을 군역에 입속시킴에 따라 군역과 신공의 이중 부담에서 오는 고되고 무거운 역을 덜어 주는 동시에 이들에게 무술의 연마를 권장하여 국가의 위급 시에 대비하기 위하여 무재를 시취하고 그 대가로 면천을 허가하기에 이르렀다. 공사천의 무재를 시취하고 면천을 허가함으로써 이들에게 있어서는 무술의 연마는 곧 군공을 세운 것과 같아 면천할 수 있는 지름길이 되었기 때문에 공사천의 무재를 시취한다는 것은 단순히 이들에 대한 하나의 논상을 넘어서 신분 상승의 기회가 그만큼 더 넓어진 것을 의미하며 관노비 역시 이러한 무재의 시취를 통하여 보다 용이하게 면천될 수 있었다.

『속대전』 함경도 친기위에 "都試에서 沒技者나 居首者가 된 관노와 시노는 면천한다."[130]고 규정되어 있다. 함경도 친기위 뿐 아니라 각도의 친기위나 별무사도 도시에 응시하여 몰기자는 면천을 허가받았다. 1729년(영조 5) 趙文命의 계청으로 각도의 친기위 별무사의 우등 몰기자에 대한 논상으로 관노의 면천을 실시한 일이 있었다. 이와 같이 관노들은 친기위나 별무사 등에 입속하면 다른 공천과 마찬가지로 면천될 수가 있었다.

더욱이 친기위나 별무사 등의 무재를 관찰사나 절도사로 하여금 시취하게 한 규정이 제대로 지켜지지 않아 몰기자가 해마다 증가하는 실정이어서는 이들의 무재 시취를 통한 면천은 보다 용이해 질 수 있었다. 1729년(영조 5) 병조판서 趙文命은 "무재를 시취할 때 濫僞의 폐가

---

129) 『비변사등록』 84책, 영조 4년 6월 초5일.
130) 『속대전』 권4 「병전」 시취.

많아 白紙 直赴나 白紙 면천이 10명 중 8,9명이다."고 하면서 "이들을 다시 시험하면 오늘의 몰기자가 내일은 불합격하는 실정이다."[131]고 말한 바 있다. 1738년(영조 14) 병조판서 朴文秀도 "서북의 친기위나 별무사 중 몰기자가 창설 당시에는 한두 명에 불과하였던 것이 해마다 증가하여 의주, 선천에서만 올 해에만 31명이나 된다."고 하면서 "경군문의 시재 때에도 몰기자가 한두 명 있을지 말지 하는 실정이니 濫僞의 폐단을 엄히 막아야 한다."[132]고 말하고 있다. 이와 같이 무재 시취의 문란으로 입격자가 증가함에 따라 관노비들은 보다 용이하게 양인신분으로 상승해 갈 수 있었다.

관노가 보직이나 초관을 역임하고 나면 면천되어 정군으로 편입되기도 하였다. 보직은 원래 친기위와 별무사 10명마다 1명씩을 두게 되어 있었는데 이 보직에는 내노와 관노 중 영리하고 건강한 자를 선발하여 충정하고 본역을 면제하여 주며, 1년에 4차례 시취하여 몰기자나 수석을 차지한 자는 면천시켜 원위에 충정하도록 되어 있었다.[133] 보직은 이와 같이 관노의 면천로로 중요시되었기 때문에 관노들이 다투어 보직에 입역하는 실정이었다.[134] 그리하여 조정에서는 1729년(영조 5)에 이르러 노비신분층의 보직 입속을 금하기까지 하였다.[135] 1734년(영조 10) 사용 林秀桂의 상소 중에 "상천의 무리가 초관을 거치면 면천을 허가받게 됨으로 말미암아 병폐가 크다."[136]고 한 것을 보면 관노비도 또한 초관을 거치면 면천이 가능하였던 것으로 생각된다.

관노비는 또 군역에 입속하지 않더라도 공로에 의하여 면천이 가능하

---

131) 『비변사등록』 85책, 영조 5年 4월 30일.
132) 『비변사등록』 103책, 영조 14년 3월 13일.
133) 주 112)와 같음.
134) 위와 같음.
135) 『비변사등록』 85책, 영조 5년 4월 30일.
136) 『비변사등록』 95책, 영조 10년 4월 29일.

였다. 『續大典』에 "명화적 5명 이상을 잡아들인 공사천은 면천한다."[137] 고 규정되어 있으나, 국경을 침범한 사람을 붙잡은 때에는 1명만을 붙잡은 경우에도 면천을 허가하였다.[138] 또 1800년(정조 24) 함경도 정평부에서 큰 화재가 났을 때 많은 인명을 구출한 아전과 관노가 면천된 예[139]에서 보이듯이 조선 후기의 노비신분층은 공로에 의하여 면천되는 것이 그렇게 어려운 것만은 아니었다.

조선왕조는 유교정치를 표방하고 있었기 때문에 유교에서 강조하는 인륜을 중요시하여 충효 등의 덕행을 실천한 자들에게는 특별한 은전을 베풀고 포상함으로써 그러한 덕행을 장려하는 일이 거의 전시대를 통하여 행하여지고 있었다. 관노비들도 이와 같은 국가시책에서 제외될 이유는 없었고, 따라서 이들이 유교적 덕행을 실천하는 경우에는 국가에서 이들을 포상했기 때문에 관노비들은 군공이나 무재 시취, 공로면천 등을 통하지 않고도 면천될 수 있었다. 1719년(숙종 45) 영변의 관노 四軍은 효행으로 면역되었으며,[140] 이인좌의 난이 일어났을 때 충청 병영의 營妓 海月은 병사 李鳳祥과 함께 순절한 영기 洪霖의 시체를 매장해준 공로로 면천됨과 함께 급복을 받은 바 있고,[141] 홍림의 아들도 절의를 행한 기생의 아들이라 하여 면천되었다.[142] 1764년(영조 40)에는 함경북도의 관비 宋兒가 그의 남편이 상경한 뒤 20여년을 수절하다 남편이 죽었다는 소식을 듣고 자결하자 그 후손에 대하여 면천과 아울러 복호를 실시하였다.[143]

조선 후기에 자주 실시된 납속책도 노비신분층이 양인으로 상승할

137) 『속대전』 권5 「형전」 포도.
138) 『승정원일기』 776책, 영조 10년 3월 20일.
139) 『비변사등록』 190책, 정조 24년 윤 4월 12일.
140) 『숙종실록』 권64, 숙종 45년 11월 무인.
141) 『영조실록』 권28, 영조 6년 12월 갑인.
142) 『영조실록』 권22, 영조 5년 6월 갑술.
143) 『영조실록』 권104, 영조 40년 12월 신축.

수 있는 통로로 흔히 이용되었다. 이 납속책은 임진왜란 때 국가재정의 궤갈과 군량미 부족을 보충하려는 데서 널리 시행되었고, 조선 후기에 들어와서도 흉년이 들 때마다 진휼정책의 일환으로 진휼 자금을 보충하려는 데서 널리 실시되었다.[144] 원래 국가에서 납속책을 실시하게 된 것은 국가 재정난의 타개를 위한 것이었기 때문에 노비신분층을 그 대상에서 제외할 필요는 없었다. 따라서 재력이 있는 노비는 누구나 납속책에 응하여 면천될 수가 있었다.

그러나 조선왕조의 위정자들은 처음부터 노비신분층에게까지 납속책을 개방한 것은 아니었다. 1662년(현종 3) 호남과 호서에 진휼정책을 실시할 때 호남진휼어사 李翻이 쌀을 바친 공천의 속량을 허락할 것을 요청했을 때 영의정 鄭太和가 "임진왜란 이후 납속 속량할 수 있는 길을 열어놓은 것은 만부득이한 데서 나온 것으로 지금은 그러한 잘못을 답습할 필요는 없습니다."라고 하자, 현종이 "자원하여 쌀을 바치는 자가 있으면 의논하여 처리하도록 하라."[145]고 하고 있는데서 노비신분층에까지 납속책을 개방하지 않으려고 했던 정부의 태도를 엿볼 수 있다. 이때 호남진휼어사 이숙이 시비 1명를 면천시키자, 현종이 "시노비의 면천은 시행하지 말라."[146]고 이를 불허하였다. 그러나 이미 면천한 시비를 다시 환천시킨다면 외방에 신망만 잃는다는 대신들의 의견에 따라 시노비의 면천은 이번에 한하여 인정하고 그 대신 호남진휼어사 이숙은 파직시키는 조처를 취하였다.[147]

이와 같이 공천의 속량에 엄격하였던 정부에서도 겹친 흉년과 재황으로 인한 정부 재정의 고갈로 공천의 납속속량을 허가하지 않을 수 없

---

144) 김용섭, 「조선 후기 신분제의 동요와 농지 점유」, 410~414쪽; 차문섭, 「임란 이후 양역과 균역법의 성립」, 『사학연구』 1, 1961, 98~104쪽.
145) 『현종개수실록』 권6, 현종 3년 2월 정미.
146) 『비변사등록』 22책, 현종 3년 6월 초 9일.
147) 『현종개수실록』 권7, 현종 3년 7월 을유.

게 되었다. 1670년(현종 11) 전라감사 吳始壽가 "각사노비를 값을 받고 면천하여 진휼 자금에 보태 쓰도록 하자."[148]고 건의하자, 현종이 이를 윤허하여 공천의 납속속량은 드디어 실시되었다. 이때 金佐明이 "100명의 속량을 허가하게 되면 5,000섬을 얻을 수 있다."고 한 것을 보면 노비속량가는 대략 50섬 정도였던 것 같다.

1718년(숙종 44)에는 북관지방에 흉년이 들어 함경도의 내시노비[149]와 관서지방의 관노비[150]의 납미속량을 실시하였다. 이때의 노비의 납속속량가는 15~30세 50섬, 31~40세 40섬, 41~50세 30섬, 51~55세 20섬, 56~60세 10섬으로 정해서,[151] 1670년(현종 11)과 비교할 때 대체적으로 노비속량가가 낮아지고 있음을 볼 수 있다. 이것을 당시의 노공으로 계산하면 그들이 60세 노제 때까지 내야 할 신공을 일시에 내는 결과와 같아서 노비속량가가 현실화되었음을 알 수 있다.[152] 이때 사헌부에서 "관서의 관노비들이 자원하여 납속속량 할 수 있도록 하는 법령이 내려진 후 관기의 솔축을 원하는 자들이 진자를 보충한다는 명분에 기대어 관기를 솔축하는 폐가 있으니 서로의 관노비들이 자원하여 납속속량할 수 있도록 한 법령을 철회하자."[153] 하고 있는 것을 보면 이때의 납속속량의 주 대상은 관노비였음을 알 수 있다.

조선 후기 위정자들은 국가 재정에 도움이 되는 것이면 반드시 납속이 아니라도 돈을 바치거나,[154] 소를 바치는[155] 등 납속에 상응하는 대

---

148) 『현종개수실록』 권23, 현종 11년 11월 갑인.
149) 『숙종실록』 권61, 숙종 44년 2월 기유.
150) 『숙종실록』 권61, 숙종 44년 정월 임자.
151) 위와 같음. '雲澤又請關西奴婢 許其納米贖良 以補賑資 上令賑廳稟告定式擧行 其後賑廳覆奏 以十五歲至三十歲納米五十石 三十一歲至四十歲納米四十石 四十一歲至五十歲納米三十石 五十一歲至五十五歲納米二十石 五十六歲至六十歲納米十石……上並許之.'
152) 전형택, 앞의 책, 207~208쪽.
153) 『숙종실록』 권61, 숙종 44년 3월 갑술.
154) 『속대전』 권5 「형전」 속량.

가를 치르는 경우에도 속량을 허가하였다.

관노비의 면천은 대구속신을 통해서도 이루어졌다. 『속대전』에 "공노비의 대구속신은 대신하려는 노비의 여러 식년의 호적을 상고하여 이름이 정확히 올라 있는지를 확인한 후 나이가 비슷한 자를 노비의 수를 따져 노는 노로, 비는 비로 한다."[156]고 규정되어 있어 공노비는 누구나 대구속신에 의하여 면천이 가능하였다. 대구속신의 제도가 생긴 것은 신분제도가 동요하는 가운데서 국가에서 필요한 최소한의 노비를 확보하려는 정부당국의 의도에서였기 때문에 관노비가 제외될 필요는 없었다.

그러나 조선 후기 관노비안에서 관노비의 대구면천의 예를 살펴보면 '노는 노로, 비는 비로 한다.'는 규정보다 훨씬 무거웠음을 알 수 있다. 1750년(영조 26)에 작성된 『건리감영노비안』에는 대구면천 4명과 대구면역 10명[157]이 다른 『관노비안』에는 대구면역 2명이 기록되어 있다.[158] 먼저 대구면천의 예를 살펴보면, 비 3명과 노 1명 중에서 노는 노로, 비는 비로 한 경우는 한 건도 없다. 즉 비의 경우는 속량의 대가로 노 1명과 비 1명을 대신 바친 예가 2건, 노 2명을 대신 바친 예가 1건이었고 노의 경우는 노 2명을 대신 바치고 나서야 겨우 면천될 수 있었다. 이와 같이 같은 공천이면서도 관노비는 면천에 보다 불리한 위치에 놓여 있었다.

위에서 살펴본 바와 같이 관노비도 다른 공천에 비하여 불리하기는 하였지만 속량 정책에 참여하여 면천이 가능하였다. 관노비의 면천은 지방 관아에 입역할 노동력의 부족을 가져와 공천 중에서도 관노비의

---

155) 『효종실록』 권21, 효종 10년 3월 경술에 '全南道凶荒 飢民盡賣農牛而食之 及其農節 民皆束手 監司徐必遠請令公賤納牛許贖 從之.'라 보인다.
156) 『속대전』 권5 「형전」 속량.
157) 『영노비관안』(서울대 고도서 4652-11).
158) 『관노비관안』(서울대 고도서 4259-61).

면천만은 금지하여 이미 속량한 자도 환천시키기까지 하였다. 『속대전』에 "관노비로 대구속신한 자와 납속속신한 자는 모두 환천한다."[159]라던가, "진휼 정책을 실시할 때 관노비를 함부로 (문서를) 위조하여 속량시킨 자는 모두 무거운 율로 다스린다."[160]고 규정한 것은 바로 관노비의 감축을 방지하기 위한 조처였던 것이다. 따라서 이러한 금령을 위반한 관리들은 처벌을 받았다. 1745년(영조 21) 익산군수 金必祐는 속공한 관노비를 팔아 돈을 받아 챙긴 일이 발각되어 처벌을 받았으며,[161] 전현감 李衡秀도 외방의 관노비 가운데 재산이 많고 살림이 넉넉한 자를 골라 높은 값에 강제로 속량시킨 일로 원지에 정배되었다.[162]

이와 같이 관노비의 속량로가 좁아진 결과 납속책이나 대구면천은 단지 면역만을 허가받는데 불과할 뿐이었다. 대구속신은 앞에서 살펴본 바와 같이 노는 노를, 비는 비를 대신 바치고 면천되는 것이었으나 관노비들은 면역되는데 만족해야 했다.[163] 벼나 돈을 바치는 경우도 관노비들은 단지 면역을 받는데 그치고 있다.[164] 원래 『경국대전』에 "독질이 있거나 폐질이 있는 자는 신공의 납부와 입역을 면제한다."[165] 고 규정되어 있는데도, 관노비들은 자기 대신 다른 노비를 대신 세우고서야 면역되었다. 『전라감영노비안』에 따르면 병폐질에 기록된 25명 중 노 4명, 비 6명이 대구면역되고 있다.[166]

---

159) 『속대전』 권5 「형전」 공천.
160) 위와 같음.
161) 『영조실록』 권62, 영조 21년 11월 무진.
162) 『영조실록』 권10, 영조 2년 11월 병오.
163) 주 157), 158) 참조.
164) 『관노비관안』(서울대 고도서 4652-11)에 따르면 13명의 노비가 돈이나, 벼, 심지어는 논까지 바치고 면역되고 있다. 이중에는 벼 100섬을 바쳐 진자에 보충한 경우도 있어, 조선 후기 공천의 납속속량가의 2배를 초과하는데도 면역에 그치는 경우도 있었다.
165) 『경국대전』 권5 「형전」 공천.
166) 주 157)과 같음.

이상에서 살펴 본 바와 같이 조선 후기에 들어와 노비신분층의 속량의 길이 넓어졌다고는 하지만 관노비들은 반드시 그렇지만은 않았다. 즉 군공, 공로 등에 의한 면천에는 관노비가 다른 공천과 크게 차별을 받지는 않았으나, 대구속신, 납속책 등에서는 상당히 불리하였다. 이것은 바로 관노비들이 다른 공천과 다른 성격을 가졌던 데서 기인하는 것이었다. 다시 말해서 조선 후기의 관노비는 이미 입역이 없어진 다른 공천 즉 내시노비와는 달리 입역노비로 계속 남아있었기 때문에 관노비의 감소는 지방 관아의 공역체제의 유지를 어렵게 하는 것이어서 관노비 감소 방지책으로 관노비의 면천을 될 수 있는 한 줄이려고 한 데서 관노비의 면천이 보다 불리해진 것이다.

관노비의 면천이 불리했던 또 하나의 원인은 바로 이들이 다른 공노비보다 더 저열한 신분층이있기 때문이었던 것으로 생각된다 원래 이들은 범죄인이나, 그의 가족, 적몰노비, 공천범죄인 등으로 보충되었기 때문에 다른 공천보다는 더 신분적으로 저열할 수밖에 없었고, 이러한 이유로 이들의 면천에 많은 제약이 가해졌던 것으로 생각된다.


## 5. 맺음말


이상에서 조선 후기 관노비체제의 실태를 살펴보았다. 조선 후기의 관노비는 납공이라는 경제적 부담만을 지고 있는 내시노비와는 달리 입역으로 그들의 의무를 다했기 때문에 다른 공천에 비하여 사회적으로 그 처지가 더 불리했다.

조선 후기의 관노비 역시 사회적인 존재였기 때문에 조선 후기의 사회경제적 구조의 모순이 확대되면서 나타난 여러 폐단으로 인하여 신분질서의 해이가 심화되는 가운데 제대로 체제를 유지할 수는 없었다. 그러나 이들은 납공이라는 경제적 부담을 진 것이 아니고 입역으로 의무를 다하는 자들이었기 때문에 노비신공의 감액과 같은 경제적 혜택에서 제외되어 중앙정부의 급대라고 하는 경제적 배려를 받을 수 없었는데다 지방 관아의 재정 형편상 이들 대신 다른 노동력을 고용할 입장도 못되었다. 거기에다 이들 조선 후기의 관노비들이 시노비의 획급도 있었으나 대체로 중죄인 및 그의 가족연좌인, 적몰노비, 공사천범죄인 등 범죄에 대한 형벌로서 관노비가 된 자들로 충원되었기 때문에 다른 공천에 비하여 그 처지가 한결 더 불리하였고, 이러한 요인 때문에 내시노비를 혁파하면서도 관노비는 혁파의 대상에서 제외될 수밖에 없었던 것이다.

관노비는 주로 지방 관아에서 잡역에 종사하였고, 지방 관아에서 입역하고 있었던 현실에서 민폐를 야기하기도 하였다. 이들은 또 조선 후기에 들어와 양역 인구의 부족으로 공사천을 군역에 입속시킴에 따라 군역에 충정되기도 하였고 지방 고을마다 이노대가 설치되게 되어서는 이노대의 주요 구성원이 되었다.

관노비는 또한 다른 공천과 마찬가지로 군공면천, 납속면천, 대구속신 등의 면천속량정책에 참여하여 면천될 수가 있었다. 그러나 군공면천, 공로면천 등의 경우에는 다른 공천에 비하여 크게 불리하지는 않으나, 대구속신, 납속면천 등에 있어서는 상당히 불리하여 면역에 그치는 경우가 많았다.

요컨대 조선 후기의 관노비가 혁파되지 않고 그대로 존속되어 질 수 있었던 것은 이들이 입역노비로서 지방 관아에서 잡역을 담당하고 있었기 때문에 지방 관아의 유지를 위해서는 최소한의 인원은 꼭 필요한 것이었고, 또 이들이 주로 범죄에 대한 형벌로서 관노비로 충원된 자들이었기 때문에 전근대사회에 있어서는 최소한의 인원은 보충이 될 수 있었기 때문이었다.

# IV. 조선 후기의 仰役奴婢

## 1. 머리말

기존의 연구에서 조선 시대 노비의 유형 구분에 대하여는 이를 소유자에 따라 공노비와 사노비로 나누고 공노비는 다시 역부담 형태에 따라 선상·입역노비와 납공노비로 나누며, 사노비는 거주형태에 따라 솔거노비와 외거노비로 나누는 것이 통례였다.[1] 그러나 이러한 노비의 구분에 대하여 근래에 이르러 반론이 제기되었다. 이러한 반론은 특히 사노비의 구분에서 중점적으로 일어났다. 그 반론은 제기하는 학사에 따라 다소 다르나 그 요체는 사노비를 거주형태에 따라 솔거노비와 외거노비로 구분하는 대신 이를 공노비와 마찬가지로 신역부담형태에 따라 앙역(입역)노비와 납공노비로 나누자는 것이다.[2] 이를 종래의 구분법과 비교하면 정확히 일치하는 것은 아니지만 대체로 솔거노비는 앙역(입역)노비에, 외거노비는 납공노비에 대비된다.

그러나 이러한 구분에는 다음과 같은 몇 가지 문제점이 있다. 첫째는 솔거노비와 같은 것으로 이해하고 있는 앙역(입역)노비라는 용어가 이미 조선 시대에 솔거노비와는 구별되어 사용되고 있었던 점이다. 조선시대의 일부 호적 사료에는 한 호적에 '솔노비질'과 함께 '앙역노비질'이 설정되어 있는가 하면, 솔거노비와는 달리 '앙역' 또는 '입역'이라는 표기가 되어 있는 노비가 여러 자료에서 확인되고 있다. 둘째로는 외거노비

---

1) 김석형, 「第三章 李朝時代 奴婢の社會經濟的處地」, 『朝鮮時代農民の階級構成』, 東京; 學習院東洋文化研究所, 1957 참조.
2) 이에 대해서는 이영훈, 「조선시대 솔거·외거노비 구분재고」, 『한국근대경제사의 성과』, 형성출판사, 1989 참조.

를 납공노비로 규정하는 것에도 문제점은 있다. 이미 여러 연구자들이 밝힌 바와 같이 외거노비 중에는 신공을 부담하고 있는 노비들이 대부분이었지만 이들 중에서도 여러 가지 형태로 신역을 제공하고 있는 자들이 있었기 때문이다. 예컨대 상전가 부근에 인접하여 거주면서 일정 기간 또는 수시로 불려가 일 해주는 노비는 거주형태에 있어서는 솔거노비와 다르고, 사역형태에 있어서는 외거노비와 판연히 다르다. 이러한 노비에 대해서 기존의 연구에서는 이호철이 솔하노비로 규정한[3] 외에 별다른 고려를 하지 않았다.

'앙역'이라는 용어는 노비의 역부담과 관련하여 조선 시대에 널리 사용되고 있었다. 전의 이씨의 호적자료를 비롯하여,[4] 춘천부 발급의 李漢明 준호구,[5] 『대구부 호적대장』,[6] 『단성현 호적대장』[7]과 안동부 周村의 호적편[8] 등의 호적 자료와 다짐이나 수표 등의 고문서 자료는 물론이고 『조선왕조실록』 등의 연대기 자료에도 흔치 않게 나타난다. 이 가운데 『단성현 호적대장』에는 식년마다 말미에 인구를 총계하여 표시하는 '都已上'의 사노비 항에 앙노와 앙비를 별도로 구분하여 기록하고 있다.

이 논문에서는 우선 이러한 자료에 나타난 앙역노비를 분석하여 조선 시대에 앙역이라는 용어가 어떻게 쓰였으며, 이를 통하여 앙역노비의 성격이 어떠하였는가를 살펴보고, 이어서 앙역노비가 솔거노비나 외거노비와는 어떻게 다른가를 밝혀보려 한다.

---

3) 이호철, 「제11장 농장과 소농민경영」, 『조선전기 농업경제사』, 한길사, 1986 참조.
4) 이에 대해서는 본 서 제2부 Ⅷ. 전라도 어느 양반가의 노비 소유와 사역 참조.
5) 『고문서』 9 「관부문서」, 서울대학교 규장각, 1993, 226~242쪽.
6) 『대구부 호적대장』은 현재 서울대학교 규장각에 소장되어 있는데, 이 논문에서 이용한 자료는 마이크로필름을 영인한 사본이다. 이 논문에서는 1690년 1식년 분만을 이용하였다. 이하 『대구부 호적대장』은 이를 가리킨다.
7) 『丹城縣 戸籍臺帳』은 1980년 한국정신문화연구원에서 상, 하 2권으로 영인 간행하였다.
8) 이영훈·안승준, 「1528년 안동부 주촌 호적단편」, 『고문서연구』 8, 1993.

## 2. 춘천부 李漢明 준호구의 앙역노비 검토

춘천부에서 발급한 李漢明의 준호구는 1768년(영조 44)부터 1786년(정조 10)까지 7건이 소장되어 있어, 그 사이 매 식년마다 한 건의 누락도 없이 다 갖추어져 있다. 이한명의 준호구에서 노비는 1786년에 발급받은 준호구를 제외하고는 모두 솔거노비와 도망노비만 기재되어 있으며, 외거노비는 기재되어 있지 않다. 그러나 1786년의 준호구에는 '솔노비질'과 '외방노비질', '도망노비질'로 나뉘어 노비가 기재되어 있는 가운데 '앙역노비질'이 별도로 설정되어 있고 여기에 5명의 노비가 이름만 기재되어 있다.[9] 이한명 준호구에 기재된 노비를 표로 나타낸 것이 〈표 1〉이다.

### 〈표 1〉 이한명 준호구의 기재 노비수

| 연대 | 솔질 | 도망질 | 계 | 비            고 |
|------|------|--------|-----|------------------------------------|
| 1768 | 6 | 97 | 103 | 외방노비 不錄, 솔거노비는 한 가족 |
| 1771 | 6 | 100 | 106 | 〃        ,        〃 |
| 1774 | 9 | 106 | 115 | 〃        ,        〃 |
| 1777 | 8 | 101 | 109 | 〃        ,        〃 |
| 1780 | 6 | 102 | 108 | 〃        ,        〃 |
| 1783 | 4 | 114 | 118 | 〃        ,        〃 |
| 1786 | 40 | 28 | 115 | 앙역노비질 5, 외방노비질 42명 |

이한명이 소유한 노비는 솔거노비와 도망노비만으로도[10] 100명을 약간 상회하는 수준이어서 여기에 등재에서 생략된 외방노비와 외거노비를 포함한다면 훨씬 많은 노비를 소유하고 있었을 것이다. 이한명이 이

---

9) 주 5)와 같음.
10) 이한명의 준호구에는 1786년을 제외하고는 '솔노비질'과 '도망노비질'만이 기재되어 있으며, 외방노비에 대해서는 '外方奴婢并不錄'한다고, 준호구에 기록하지 않았음을 밝히고 있다.

렇게 많은 노비를 소유하고 있었던 것은 아마도 이 가문의 사회적 위상과 관계가 없지 않았을 것이다.

이한명의 四祖의 신분·직역은 父와 外祖가 학생, 祖와 曾祖가 통덕랑이었고, 처의 4조는 부 학생, 조 장사랑, 증조 통덕랑 선공감 직장이었으며, 외조는 통덕랑으로 지방의 양반으로는 그런대로 위세를 유지하고 있었다. 이러한 가문의 기반 위에서 솔거노비와 도망노비만으로도 100명을 상회하는 노비를 소유하고 있었을 것이다.

한편 1786년의 준호구에는 솔노비와 도망노비만 기재된 이전의 준호구와는 달리, '앙역노비질', '솔노비질', '외방질', '도망질'로 나뉘어 노비가 기재되어 있다. 그러면서도 전체노비수에 있어서는 외방노비의 기재가 생략된 이전 식년과 별 차이가 없었다. 그것은 〈표 1〉에 나타난 바와 같이 도망노비수가 크게 줄어든 때문이었다.

이 준호구의 '솔노비질'에는 이전의 준호구에 실려 있는 솔거노비수 4명~8명과는 비교가 되지 않을 정도로 많은 40명이 기재되어 있다. 이것은 읍내나 동내 등 춘천부 관내에 살고 있어서 '외거노비질'로 구분하여 기재하여야 할 노비를 '외거노비질'을 따로 설정하지 않고 '솔노비질'에 함께 기재하였기 때문이었다.

이 준호구에는 '솔노비질'과는 별도로 '앙역노비질'이 설정되어 있고 여기에는 노 4명과 비 1명이 기재되어 있다함은 전술한 바 있다. 이들 '앙역노비질'에 기재된 노비에는 출생연도를 표시하는 간지와 부모의 이름이 기재되어 있는 다른 노비와는 달리 이름 외에 아무 것도 기재되어 있지 않다.

이들 '앙역노비질'에 실려 있는 노비들이 '솔노비질'에 실려 있는 노비와 어떻게 다르며, 왜 이들은 이름만 기재되어 있는지를 알아볼 필요가 있다. 다음 〈표 2〉는 이를 보기 위하여 이들이 이전의 준호구에 기재된 사항을 중심으로 작성한 것이다.

### 〈표 2〉 1786년 앙역노비의 이전 준호구의 기재 내용

| 노비 | 이름(출생년) | 나이(1786) | 기재된 준호구 | 비고 |
|---|---|---|---|---|
| 노 | 戊奉(무오) | 52 | 1768 · 1771 | 도망 |
| 노 | 貴先(정묘) | 39 | 1780 · 1783 | 도망 |
| 노 | 德奉(기미) | 45 | 1768 · 1771 · 1774 · 1777 · 1780 · 1783 | 도망 |
| 노 | 占金(기사) | 35 | 1777 · 1780 · 1783 | 도망 |
| 비 | 芿叱德(계미) | 23 | 1783 | 솔거 |

〈표 2〉에 나타난 바와 같이 1786년에 발급받은 이한명 준호구의 '앙역노비질'에 실려 있는 노비는 비 1명을 제외하고는 모두가 노였으며, 연령도 23세에서 52세까지 다양하기는 하지만 모두가 비교적 노동력이 왕성한 노비들이었다.

이들 5명의 앙역노비들은 서로 아무런 혈연관계도 없었다. 이점은 1/83년까지의 '솔노비질'에 실려 있는 노비들이 서로 밀접한 혈연관계에 있었던 것과 대비된다.

1768년부터 1783년까지의 '솔노비질'에 기재되어 있는 노비들은 반노 云必과 반비 延合 부부와 그의 후손들이었다. 즉, 1768년의 솔노비는 운필과 연합 부부와 그 소생 네 남매(비 云每, 노 尙乞, 노 尙奉, 비 每礼)로 한 가족이었으며, 1771년의 솔거노비 여섯 명도 운필과 그의 다섯 자녀로 역시 한 가족이었다.[11] 또 1774년의 솔거노비는 운필의 네 자녀와 운필과 연합 소생으로 1771년까지 솔거노였던 尙奉의 네 자녀(노 快大, 비 快丹, 노 快老味, 비 快礼)였으며,[12] 1777년의 솔거노비는 운필의 네 자녀와 쾌대 그리고 싱돌의 두 딸(비 五礼, 비 五男)로,[13] 역시 운필의 자녀와 손자, 손녀로 구성된 한 가족이었다. 1780년 역시 운필과 그

---

11) 그 사이에 운필의 처 연합이 탈락되고, 비 云業이 새로 등재되었다. 운업은 갑진생이었는데, 이때의 갑진년은 1764년이므로 이때 운업은 겨우 7살이었다.

12) 이들의 어머니는 班婢 尙丹이었다.

13) 오례와 오남의 어머니는 名不知로 되어 있다.

의 두 딸(운업, 매례) 및 운필의 아들인 상봉의 아들(쾌대)과 상돌의 두 딸(오례, 오남)이었으며, 1783년의 경우는 운필과 그의 딸 운업 그리고 운업의 소생인 芿叱德과 운필의 딸인 매례의 딸 丁卅으로 역시 모두가 운필의 자녀와 손녀로 구성된 한 가족이었다.[14] 이와 같이 이한명의 솔 거노비는 모두가 노 운필의 자녀와 그 자녀들의 자녀, 즉 운필의 자손 으로 구성되어 있었다.

이와는 달리 '앙역노비질'에 기재되어 있는 노비는 이전에 솔거비였던 비 芿叱德 1명을 제외하고는 모두 이전의 도망노비였다. 비 芿叱德이 1783년까지 솔거노비로 있다가 1786년에 앙역노비로 된 것은 그의 결혼 과 관련이 있지 않을까 생각된다. 芿叱德은 계미생 즉 1763년생으로 1783년에 21살이어서 이때까지 솔거노비로 있다가 그 사이 결혼하여 가 정을 이루고 남편의 호적에 등재되었지만 여전히 상전 집에 일해주고 있어서 앙역노비로 파악되어 '앙역노비질'에 기재된 것이 아닌가 생각된 다.[15]

비 芿叱德을 제외한 모든 앙역노비들이 이전의 도망노비였던 사실을 어떻게 이해해야 할 것인가? 이에 대해서는 명확한 증거는 없으나, 상 전이 도망노비를 추쇄하여 그 중의 일부를 상전 집 부근에 옮겨와 살게 하고 앙역시킨 것이 아닌가 생각된다. 실제로 이한명 가에서는 이때를 전후하여 대대적인 추쇄를 실시하였던 것으로 보인다. 그것은 '솔노비 질'에 실려 있는 40명의 노비 가운데 이전 식년에 '솔노비질'에 실려있던 비 1명을 제외한 39명이 도망노비나 그들의 자녀였던 것으로 미루어 알 수 있다. 이 가운데서 앙역으로 기록된 자들은 추쇄된 노비호의 호주로 서 상전과는 별도의 호적을 가지고 있었기 때문에 상전의 호적에는 이

---

14) 芿叱德의 아버지는 사노였으며, 정단의 아버지는 양인이었다.
15) 1783년에 '솔노비질'에 기재된 노비들이 芿叱德을 제외하고는 모두가 1786년에
    도 '솔노비질'에 그대로 기재되어 있는 것에서 그렇게 생각할 수 있다.

름만을 기재한 것이 아닌가 생각된다. 이들은 연령 구성으로 보아 모두
한 가정의 가장이었을 것으로 보인다.

그러나 이들 앙역노들의 자녀들은 대부분 '솔거질'에 기재되어 있었
다. 〈표 3〉은 1786년의 앙역노 자녀들의 거주 형태가 어떻게 파악되고
있었는지를 조사하여 작성한 것이다.

〈표 3〉 1786년 앙역노 자녀들의 거주 형태

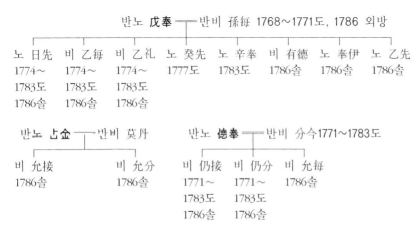

〈표 3〉에 나타난 바와 같이 1786년의 준호구에는 앙역노비 5명 가운
데 노 무봉의 자녀 6명(2명은 이전에 도망), 점금의 딸 2명, 덕봉의 딸 3
명 등 모두 11명이 등재되어 있는데, 이들은 모두 '솔노비질'에 기재되
어 있다.

'솔노비질'에 기재되어 있는 노비 40명 가운데 이전의 순호구에 이름
이 등재어 있던 노비는 모두 29명이었다. 이들 가운데 28명이 '도망질'
에 기재되어 있었으며, 새로 등재된 인원은 11명이었는데, 이들은 모두 도
망노비의 자녀들이었다.

'앙역노비질'에 기재된 노의 자녀 11명이 왜 '앙역노비질'에 기재되어
있는 아버지와는 달리 '솔노비질'에 올라 있는 지는 정확히 알 수 없으

나, 이들은 부모들이 도망하여 살면서 자기들의 호적에 어린 자녀들을
입적하지 않고 있다가 추쇄당하여 상전집 부근으로 옮겨 살게 되면서
자녀들을 비로소 호적에 입적시키면서 상전의 솔거노비로 등재한 것이
아닌가 생각된다.

## 3. 『대구부 호적대장』에 나타난 앙역노비

'앙역' 또는 '앙역노비'는 호적대장에서도 산견된다. 周村 고문서의 호
적편16)에는 별시위 과의교위 李壎의 호에 앙역비와 앙역 고공이 등재
되어 있고, 신백정 福龍의 호에는 앙역비가 등재되어 있다. 이훈의 호
에는 '솔'노비(8명중 3명 도망)와 '도망질'(6명)로 나누어 노비가 기재되
고 이어서 노비 24명과 고공 백성 2명, 그리고 노의 처로 양녀 8명, 비
의 夫로 신백정 1명이 등재되어 있는데 이 가운데 비 1명과 고공 백성
에 '앙역'이라는 표시가 되어 있다. 기재 양식으로 보아 '도망질' 다음에
기록된 노비들은 외거노비였다. 이들을 외거노비로 보는 것은 '솔노비'
8명이 이미 앞에 등재되어 있고, 도망노비도 따로 기재되어 있기 때문
이다. 따라서 이훈 호적에 실려 있는 앙역비와 앙역 고공 백성은 솔거
는 아니었다. 이훈 호적에서 이와 관련된 부분을 발췌하여 제시하면 다
음과 같다.(번호는 편의상 필자가 붙인 것임.)

戶別侍衛果毅校尉李壎…①率奴亡連年肆拾玖[결락]拾壹本軍威(四祖생략)戊寅年逃
亡 婢仁之年伍拾陸 奴內隱同年陸拾壹乙亥年逃亡 婢貴非年伍拾肆 奴青金年捌拾肆妻
新白丁女牧丹年柒拾肆本安東(四祖생략) 奴命孫年陸拾 奴無作只年捌拾壹壬申年逃亡
②逃亡秩奴莫同 奴㐬同 奴今音金 奴屎金 婢所里德 婢㐫德 等丁未年逃亡 ③奴豆金
年貳拾肆 婢尹非年貳拾(생략) 奴戒同年肆拾參妻良女叔非年參拾貳本三陟(四祖생략)

16) 이영훈·안승준, 「1528년 안동부 부북 주촌 호적단편」, 『고문서 연구』 8, 1996.

…奴戒同幷産婢干阿之年玖仰役 雇工百姓朴㒹達年貳拾伍本寧海(四祖생략)仰役

위에 보이는 바와 같이 이훈의 호적에서 노비의 기재는 ①솔노비, ② 도망노비, ③외거노비 및 고공으로 나뉘어 기재되어 있다. 그 기재 내용에도 차이가 있어 ①의 솔노비에는 이름과 연령 그리고 도망 여부가 기록되고 있으며, ②의 도망질에 기재된 노비는 이름과 도망한 해의 간지만을 기록하고 있다. 또 ③의 노비와 고공 등의 예속 인원에는 배우자, 연령, 본관, 4조 등이 기록되어 있는데, 앙역비나 앙역 고공도 여기에 포함되어 등재되어 있다.

이훈의 호적에 나오는 앙역비는 노 戒同과 양녀 叔非의 소생인 비 干阿之로 그녀는 겨우 9살에 불과하였다. 아마도 계동과 같이 독립호에서 살고 있었는데, 이훈이 불러들여 사역하고 있었던 것으로 보인다. 또 앙역 고공은 백성 朴㒹達로 25세였다. 고공은 주가에 예속되어 솔거하고 있었으며, 또한 호적에도 상전의 솔거인으로 등재하도록 되어 있었는데, 앙역이라고 표기된 것은 언뜻 이해가 되지 않는다. 아마도 朴㒹達은 고공이기는 하지만 자기 집에서 거주하면서 이훈에게 사역되고 있었던 것은 아닌지 모르겠다.

신백정 福龍의 호적에는 "戶新白丁福龍年伍拾玖本安東(四祖생략)妻襄民戶婢德今主戶仰役"[17]라 하여 그의 처 德今이 襄民의 戶婢로 앙역하고 있음을 밝히고 있다. 호노비는 독립호를 이루고 있는 노비를 의미하므로[18] 덕금은 외거하고 있는 상태에서 상전 집에 앙역하고 있었다고 생각된다.

1690년의 『대구부 호적대장』에는 '앙역' 또는 '입역'으로 표시된 노비들이 다수 등재되어 있는데, 이들은 독립호를 이루고 있는 호주인 경우

---

17) 위와 같음.
18) 본 서 제2부 Ⅷ. 전라도 어느 양반가의 노비 소유와 사역 참조.

도 있으나, 대부분은 독립된 노비호주의 가족이었다. 이들 앙역노비들은 노비 소유주들이 부족한 노동력을 보충하기 위하여 일시적으로 불러들여 사역시킨 노비였다. 외거노비가 신공을 제대로 납부하지 않거나 거납하는 경우에도 이들을 징치하는 수단으로 잡아들여 앙역시키는 일이 흔히 있었다.[19] 1561년 李文楗이 안동에 살고 있는 그의 노 中元이 신공을 제대로 납부하지 않자 중원의 딸을 상경 앙역시킨 것이 그러한 예이다.[20] 어떠한 이유에서든 간에 노비 소유주의 노비 지배가 철저히 관철된 결과로 나타나는 현상이었다.

독립노비호의 호주로서 앙역하고 있는 자들은 호주의 이름 앞에 직역 대신에 '앙역'이라고 표시하여 이들이 앙역노임을 나타내고 있으며, 독립노비호의 가족원으로 앙역하고 있는 자들은 상전의 호적에 기록되어 있는 노비의 이름 밑에 '仰役' 또는 '入役'이라고 표기하여 이들이 독립된 노비호에서 차출되어 사역되고 있음을 밝히고 있다. 다음의 자료를 검토해보자.

    A ① 第一戶仰役私奴禮立…主府居朴崇煥…妻班婢仁春…子仰役奴仁先上典戶入…
        (河西面 妙洞里 第二十四統)
    ② 第二戶私婢貴玉…主府居李廷瑗…率女件里德仰役…(河東面 鋤齋里 第六統)
    ③ 第七戶通德郞李時相…婢順春…入役(花園縣內面 城山里 第二十統)

A①의 사노 禮立은 독립노 호주가 앙역으로 사역되고 있음을 보여주는 예이고, 사노 예립의 자 노 仁先과 A②의 사비 貴玉의 딸 비 件里德은 독립 노비호주의 가족원이 앙역으로 차출된 예이다. A③은 앙역이

---

19) 안승준, 「16세기 이문건가의 노비사환과 신공수취」, 『고문서연구』 16·17, 2000, 172쪽.
20) 안승준, 앞의 논문 172쪽, 『默齋日記』 下, 1561년 12월 16일 국사편찬위원회간, 1998. '招許思鈞 共夕食 書一牌字 付小川奴中元 令三所生丹分上京仰役于金書房 宅與之.'

300 제2부 노비의 존재형태와 사역 양상

'入役'으로 표기된 예이다. 입역으로 표시된 경우는 통덕랑 이시상호에
만 나타난 것으로 보아 일반적인 것은 아니었던 것으로 보인다.

이들 앙역노비들은 자기의 원래의 호적에도 이름이 등재되어 있는데,
여기에는 위 A①의 노 인선과 같이 '앙역'으로 표시되어 있는 경우도 있
으나, 다음에 보이는 바와 같이 '상전의 호로 들어갔다.'(上典戶入), '상전
의 호로 갔다.'(上典戶去), '상전이 잡아갔다.'(上典捉去)' 등으로 표기되어
있는 경우가 많다. 다음의 자료에서 그러한 예를 잘 확인할 수 있다.

> B① 第三戶通訓大夫行前龍宮縣監朴重徽…故奴千金良産一所生奴世龍年拾捌癸丑
>   仰役…母貴代各戶(河西面 妙洞里 第十七統)
> ② 第四戶寡女貴代年伍拾辛巳…子世龍上典戶入…主府居縣監朴重徽(河西面 妙洞
>   里 第二十六統)

B는 '상전호입'으로 되어 있는 예로, B①에 보이는 바와 같이 전현감
박중휘의 호에 '앙역'으로 등재된 노 世龍은 B②에 보이는 바와 같이 자
기 어머니 寡女 貴代의 호에는 '상전호에 들어 갔다.'(上典戶入)고 기재
되어, 세룡이 상전댁에 들어가 앙역하고 있음을 밝히고 있다.

> C ① 第五戶幼學李夏英…父幼學李廷璘…婢莫今一所生婢斗礼仰役(河東面　鋤齋里
>   第六統)
> ② 第一戶私奴星廳下典虤龍…主府居李仁福…妻私婢莫今…主府居李廷璘…率女
>   斗礼上典捉去(河東面　鋤齋里　第四統)

C는 '상전착거의 예로, C①의 유학 이하영의 호에 앙역비로 등재되어
있는 斗礼는 C②에 나타난 바와 같이 자기의 아버지 虤龍의 호에는 '상
전이 잡아갔다'.(上典捉去)고 기재되어 있어 앙역이 강제적으로 이루어
졌음을 알려주고 있다. 이러한 예는 아주 많다. 이와 같이 앙역(입역)노
비의 대부분은 원래의 호적과 상전의 호적에 중복 등재되어 나타난다.[21]

상전의 호에 등재된 앙역노비 중에는 앙역이라는 표기가 생략되는 경우도 있었다. 다음은 그러한 예를 보여주는 자료이다.

> D①第五戶金永白故代子府案付私奴束伍石音伊年貳拾玖…兄自元上典李商柱戶去仰
> 役(河南面 江亭里 第二統)
> ②第二戶幼學李商柱….奴束伍自元年參拾捌癸巳父永白母龍女永白戶來(河南面
> 江亭里 第三統)

D①에서는 김영백의 큰 아들 자원이 상전 이상주의 호에 가서 '앙역'하고 있음을 밝히고 있으나, D②의 상전 이상주의 호에는 자원이 영백의 호에서 왔음을 밝히고는 있지만 '앙역'이라는 표기는 되어 있지 않다. 이와 같이 상전의 호적에서 '앙역'이라는 표기는 생략되기도 하였다.

독립노비호의 호주로서 앙역으로 차출된 자들 가운데는 호주의 지위를 유지하고 있는 경우가 대부분이었지만 호주의 지위를 가족원이 대신하는 경우도 있었다. 호주의 지위를 가족원이 대신하는 경우는 앙역하는 독립 노호주가 상전댁에 들어가 살 때에 그러하였다. 다음 E③은 그러한 사례를 보여준다.

> E①第二戶幼學李商柱戶…奴巡營格軍日立年肆拾參戊子父春世母日今加現…奴日連
> 年參拾漆甲午父春世母日今加現(河南面 江亭里 第三統)
> ②第五戶巡營格軍私奴日立年伍拾辛巳…父私奴春世母良女日今(河南面 江亭里 第
> 三統)
> ③第二戶私奴日連上典李商柱戶居代妻私婢五分(河南面 江亭里 第二統)

---

21) 임학성, 「조선 후기 호적대장에 보이는 사노비의 이중등재 양상에 대하여」, 『고문서연구』 3, 1992 참조. 임학성은 사노비의 이중등재 양상을 지적하기는 하였으나, 그 원인을 앙역노비 때문이라고 언급하지는 않았다. 이들은 이중으로 등재되어 있는 가운데서도 연령과 부모 관계 등 필요한 사항은 한 곳에만 기재하고 있었으며, 다른 한 곳에는 이름만 기재하고 있었다.

E①에 보이는 바와 같이 같은 이상주의 호적에 올라 있는 노 日立과 日連 형제 중에서 E②의 일립은 독립 호주의 지위를 유지하고 있었는데 반하여, E③의 일련은 그의 처인 오분이 호주를 대신하고 있다. 일련이 상전인 이상주의 호에 들어가 살고 있었기 때문이었다. 대구에서 서울로 앙역한 노 命達의 경우에도 호주를 아우 㐭達이 대신하고 있었다.[22]

앙역으로 차출된 독립노비호의 호주는 모두 57명이 확인되었다. 이들을 차출하여 앙역시킨 상전은 모두 14명으로, 서울로 앙역한 노 1명의 상전과 칠곡에 살고 있는 2명을 제외하고는 모두가 대구부에 살고 있었다. 서울로 앙역한 노비의 상전은 대구에 살고 있는 노비 소유주 가운데 하나였을 것으로 보이며,[23] 칠곡에 거주하고 있는 2명 중 1명은 前府使였고, 1명은 대구에서 가장 많은 노비를 소유하고 있었으며 또한 가장 많은 37명의 독립노비호의 호주를 앙역시키고 있는 전현감 박중한의 동생이었다.

앙역하고 있는 독립 노호주들은 1명을 제외하고는 모두 직역이 부과되지 않았다. 1690년의 『대구부 호적대장』에 나타난 노비호는 모두 1,172호였는데, 이들 중 호주를 비롯한 가족원 735명에게 아병과 속오군을 비롯한 각종 역이 부과되어 역부과율은 약 63%에 육박할 정도로 높았다.[24] 따라서 젊고 건장한 노에게는 역이 부과되는 것이 상례였다. 그러나 앙역하고 있는 독립노비호의 호주들은 서원하전의 역을 지고 있는 노 莫世를 제외하고는 아무에게도 역이 부과되지 않았다. 막세의 상전은 李志達(李東鎭의 부)로 4조가 모두 학생으로 지체 높은 양반은 아

---

22) '第二戶私奴命達仰役次上京代弟私奴㐭達…'(『대구부 호적대장』 河西面 妙洞里 第二十八統).

23) 앙역차 상경한 명달을 대신하여 호주가 된 아우 㐭達의 상전이 박중휘로 되어 있어, 명달의 상전도 박중휘였을 것으로 생각된다. 따라서 명달은 박중휘의 서울 집으로 앙역하러 간 것으로 생각된다.

24) 四方博, 「李朝人口に關する身分階級別的觀察」, 『朝鮮經濟の硏究』第三, 京城帝國大學法學會論集 第10冊 참조.

니었던 것으로 보인다. 이로 미루어보면 독립 노호주로서 앙역하고 있는 자들에게 역이 부과되지 않은 것은 이들의 상전이 유력한 양반이었기 때문이었을 것이다. 앙역노에게 거의 역이 부과되지 않은 것은 뒤에 살펴보는 바와 같이 노비 가족원으로서 앙역하고 있는 자들에 있어서도 비슷하게 나타난다.

독립 노호주로서 앙역하고 있는 자들은 서울 1명, 칠곡 3명을 제외하고는 모두 대구부에 살고 있는 상전댁에 앙역하고 있었는데, 이들 중에서 다른 마을에 살고 있는 상전댁에 앙역하는 1명[25]을 제외하고는 모두 상전과 같은 마을에 살고 있었다.[26]

독립 노호주로서 앙역하고 있는 자들은 소경영의 주체로써 독자적인 경리를 유지하고 있으면서 수시로 상전 집에 불려가 사역되고 있었던 것으로 보인다. 그것은 이들이 대부분 상전 집 가까이 살고 있었던 데다가 앙역하고 있으면서도 여전히 호주의 지위를 그대로 유지하고 있었던 것으로 미루어 알 수 있다. 이점은 앞에서 살펴본 바와 같이 같은 마을에 살고 있다 하더라도 상전 집으로 불려 들어가거나, 서울로 불려 올라가 앙역하고 있는 자들의 독립노비호의 호주의 지위를 가족원이 대신하고 있는 것으로 미루어 보면 분명해진다.[27] 따라서 독립노비호의 호주로서 호주의 지위를 잃지 않고 앙역하고 있는 자들은 상전의 호에 들어가 살면서 사역되는 것이 아니라 자기 집에 살면서 수시로 필요에

---

25) 상전과 다른 마을에 거주하고 있는 노는 河北面 基谷里 제5통 제5호에 살고 있는 노 淡沙里로, 그는 河西面 赤山里 제12통 제4호에 사는 상전 李益馥(李元柱의 아들)의 집에 앙역하고 있었다.

26) 이들 중의 일부는 상전과 같은 통에 인접하여 살고 있어서 상전의 戶底 집에 살고 있는 노비였을 가능성이 크다. 호저 집에 대해서는 다음 논고가 참고가 된다. 한영국, 「조선왕조 호적의 기초적 연구」, 『한국사학』 6, 한국정신문화연구원, 1985; 이세영, 「18·19세기 양반토호의 지주경영」, 『한국문화』 6, 서울대, 1985.

27) '第二戶私奴命達 仰役次弟上京代弟私奴壵達 年貳拾柒甲寅.'(『대구부 호적대장』河西面 妙洞里 第二十八統)

따라 상전댁에 불러가 일해 주었던 것으로 보인다. 이들은 대부분 상전의 호적에는 '앙역 각호'로 표기되어 있다.[28]

독립노비호의 호주로서 앙역하고 있는 자들의 전부가 노였던 것은 수시로 필요한 노동력의 대부분이 남자 노동력이었기 때문이었을 것이다. 이들의 연령 구성을 살펴보면 〈표 4〉에 나타난 바와 같이 다양하게 분포하고 있는 가운데 61세 이상도 6명이나 된다. 최연소는 19세였으며, 대체로 30~40대가 주류를 이루고 있다. 나이를 알 수 없는 한 사람도 서울로 상경 앙역하는 그를 대신하여 호주가 된 동생의 나이가 27세였던 것으로 보아 그 역시 30세 전후의 젊은 노였을 것으로 생각된다.[29]

〈표 4〉 1690년 대구장적 독립 노 호주 앙역노의 연령별 구성

| 연령 | 16~20 | 26~30 | 31~35 | 36~40 | 41~45 | 46~50 | 51~55 | 56~60 | 61이상 | 미상 | 계 |
|---|---|---|---|---|---|---|---|---|---|---|---|
| 인원 | 1 | 8 | 6 | 6 | 12 | 5 | 7 | 5 | 6 | 1 | 57 |

이 당시 사노비가 호주인 호는 모두 1,093호에 달하였으므로,[30] 약 5% 정도의 노비호의 호주가 앙역하고 있었던 셈이다. 이들은 상전 댁 부근에 독립된 가정을 꾸리고 소경영을 유지하고 독자적인 경리를 가지고 있으면서 수시로 상전댁에 노동력을 제공하고 있었을 것이다.

한편, 독립노호의 호주가 아닌 가족원으로 앙역하고 있는 노비는

---

28) '第三戶仰役私奴加應伊…主 府居 李亨柱.'(『대구부 호적대장』河西面 赤山里 第十七統)라 하여 상전인 이형주의 호에 앙역하고 있는 가응이가, 상전인 이형주의 호에는 '第五戶故學生李亨柱妻李氏…仰役奴故婢得礼貳所生奴加應伊年肆拾肆 丁亥 各戶.'(『대구부 호적대장』河西面 赤山里 第十二統)라 되어 있는 것이 그러한 예이다.

29) 주 27)과 같음.

30) 四方博, 앞의 논문 참조.

1690년의 『대구부 호적대장』에 노 166명, 비 103 등 모두 269명이 검출되었다.[31] 이들의 연령 구성을 살펴보면 〈표 5〉에 나타난 바와 같이 16세~50세 사이의 노비가 전체의 62%를 점하고 있다. 이것을 15세에서 60세 까지 역을 지는 공노비와 같이 신역을 지는 것으로 간주하고 그 사이의 노비를 계산하면 약 77%, 노동력을 수취할 수 있는 연령인 11세~50세 사이의 노비의 비율은 약 91%에 달한다. 또 10세 미만의 어린아이들의 대부분은 앙역하는 비의 자녀들이었으며, 60세 이상의 비는 모두 자녀나 형제와 같은 가까운 혈족이 없는 자들이었다. 이로써 보면 앙역노비는 비교적 젊은 노비로 노동력의 수취가 그 목적이었음을 알 수 있다. 이들은 부족한 솔거노비의 역할을 보충하였던 것으로 보인다.

이 당시 노비 인구에서 앙역노비가 차지하는 비율은 그리 높은 편이 아니었다. 1690년 『대구부 호적대장』에 기재된 노비는 모두 5,992명이었는데,[32] 앙역노비는 독립노비호의 호주 중에서 차출된 자가 57명, 가족원 중에서 차출된 자가 269명으로 모두 326명에 불과하여 대략 5%정도에 지나지 않았다. 상전의 호적에 기재되면서 '앙역'이라는 표기가 생략된 자까지를 포함한다 하더라도 그렇게 많은 수는 아니었던 것으로 보인다. 이 가운데 노가 166명으로 약 62%, 비가 103명으로 38%를 점하고 있다.

---

31) 이들은 모든 호에서 '앙역'으로 표기되어 있으나, 유독 화원 현내면 현내리 20통 7호 통덕랑 李時相의 호에만은 동일한 내용을 '入役'으로 표기하고 있다. 입역이라는 표현에는 들어와 역을 선다는 의미가 그대로 드러나므로 앙역보다 이들의 상황을 더 잘 표현하는 것으로 생각된다. 자기의 원래 호적에는 '상전 착기' 또는 '상전호기' 등으로 표기되어 있더라도 상전의 호에 기재하면서 '앙역'이라는 표기가 생략된 경우가 있어서 이들까지를 고려한다면 이보다 훨씬 많은 노비가 앙역하고 있었을 것으로 보이나, 여기에서는 일단 상전의 호적에 '앙역' 또는 '입역'으로 표기되어 있는 자들만을 대상으로 하였다.
32) 四方博, 앞의 논문 참조.

〈표 5〉 1690년 대구부 장적의 노비소유호 앙역(입역)노비의 연령구성

| 연령 | 10 미만 | 11~ 15 | 16~ 20 | 21~ 25 | 26~ 30 | 31~ 35 | 36~ 40 | 41~ 45 | 46~ 50 | 51~ 55 | 56~ 60 | 61 이상 | 계 |
|---|---|---|---|---|---|---|---|---|---|---|---|---|---|
| 노 | 8 | 17 | 20 | 19 | 19 | 33 | 22 | 13 | 8 | 4 | 3 | 0 | 166 |
| 비 | 8 | 16 | 13 | 11 | 15 | 11 | 15 | 6 | 6 | 0 | 0 | 2 | 103 |
| 계 | 16 | 33 | 33 | 30 | 34 | 44 | 37 | 19 | 14 | 4 | 3 | 2 | 269 |

이들 가운데서도 독립 노호주로서 앙역하는 자들과 마찬가지로 상전의 집에서 기식하고 있는 자들이 있었는가 하면, 자기 집에서 기거하면서 앙역하고 있는 자들이 있었다. 상전의 호적에 앙역으로 기록되어 있으면서도 별도로 살고 있는 자들이 이러한 부류에 속한다. 이들도 독립노비호의 호주로 앙역하고 있으면서도 호주의 지위를 유지하고 있는 자들과 마찬가지로 상전의 호적에 보통 '앙역 각호'로 기재되어 있다.[33]

이들 독립노비호의 가족원으로 앙역하고 있는 자들에게도 독립노비호의 호주로 앙역하고 있는 자들과 마찬가지로 극히 일부를 제외하고는 직역이 부과되지 않았다. 앞에서 언급한 바와 같이 이 당시에는 사노에게도 속오군이나 아병을 비롯한 역이 부과되어 1690년 대구부의 경우는 사노층의 역부과 비율이 약 63%에 달하고 있었는데,[34] 이들 앙역노는 166명 가운데 겨우 13명에게만 역이 부과되고 있어 8%에도 미치지 못하였다. 〈표 6〉은 이들 가족 앙역노에게 부과된 역을 조사한 것이다.

앙역노에게 부과된 역은 〈표 6〉에 나타난 바와 같이 아병과 속오군 등 이 당시 사노층에게 부과된 역을 비롯하여 각종 하전, 격군, 봉군, 감고 등이었다. 앙역노의 역 부과율이 이렇게 낮은 것은 이들의 경제력이 완전한 외거노비보다 못한 것도 그 원인의 하나가 될 수 있으나, 이들의 상전이 이들에게 역이 부과되지 못하도록 보호해주었기 때문이었

---

33) '第三戶通訓大夫前行龍宮縣監朴重徵…奴 守男 年拾玖 壬子 仰役 各戶.'(『대구부 호적대장』 河西面 妙洞里 第十七統)와 같은 경우가 그러한 예이다.
34) 四方博, 앞의 논문 참조.

을 것이다. 역을 지고 있는 자들의 대부분은 이들이 앙역하기 전에 이미 역이 부과되었던 자였을 것이다.

〈표 6〉 앙역(입역)노에게 부과된 역의 종류와 인원

| 직역 | 軍官廳下典 | 巡營格軍 | 書院下典 | 束伍 | 巡牙兵 | 禁火監考 | 府舍下典 | 烽軍 | 계 |
|---|---|---|---|---|---|---|---|---|---|
| 인원 | 1 | 1 | 3 | 2 | 3 | 1 | 1 | 1 | 13 |

앙역노비를 소유한 호는 독립노비호의 호주가 앙역하고 있는 호를 포함하여 모두 86호였다. 이 가운데 서울 1호와 칠곡 2호는 대구부가 아니었기 때문에 이를 제외하면 대구부의 앙역노비 소유호는 83호가 된다. 이는 이 당시 대구부의 전체 노비 소유호 441호의 16%에 지나지 않았다.

지금까지 살펴본 바와 같이 1690년의 『대부부 호적대장』의 분석 결과 앙역노비는 전체 노비의 5% 정도로 그렇게 많은 수는 아니었다. 이들은 노비 소유주의 부족한 노동력을 보충해주는 노비로 하는 일에 있어서는 솔거노비와 크게 다를 바 없었을 것으로 보인다. 그러나 이들은 상전과는 별도의 집을 가지고 있고 따라서 별도의 호적을 가지고 있었다. 별도의 집에는 가족들이 소경영을 유지하면서 독자적인 경리를 가지고 살고 있으면서 앙역노들이 돌아오기를 기다리고 있었다. 앙역노들은 언젠가 돌아갈 집이 있었던 것이다.

## 4. 앙역노비와 솔거노비

앞에서 살펴본 바와 같이 앙역노비는 상전이 독립호를 유지하고 있
는 노비의 일부를 불러들여 사역하는 것을 지칭하는 것으로 파악되었
다. 이러한 앙역노비는 고문서를 비롯한 조선 시대의 각종 기록에서도
확인할 수 있다. 다음 手記에는 이러한 앙역의 의미가 잘 드러나 있다.

> 右手記事段 矣身後妻壬戌生身三德…金進士宅古婢占上一所生也 矣妻三德一生 婢
> 令伊時年十四…以仰役之意 今方催促是如乎…矣身懇乞於妻上典宅 仰役之任 姑爲緩
> 期[35]

위 手記는 상전이 외거하여 자신과 같이 살고 있는 14살된 딸 영이의
앙역을 득촉하자, 영이의 아버지인 梁順弼이 영이의 상전이기도 한 처의
상전에게 딸의 앙역을 늦추어 줄 것을 간청하는 내용이다. 여기에서 보
면 상전이 외거하고 있는 노비를 불려 들여 사역하는 것을 앙역이라고
하고 있으며, 이러한 경우 노비들이 이를 기피하고 있음을 알 수 있다.

1530년(중종 25) 경연의 자리에서 영경연사 李荇이 "사천으로 각도에
살고 있는 자들이 배고픔과 추위를 이기지 못하여 상전의 집에 들어와
서 寓居하는 자들이 심히 많다."고 하자, 지경연사 洪淑이 "사천들은 대
부분 그 상전에게 앙역하는 것을 좋아하지 않는다. 상전이 잡아들이는
경우에는 죽을 곳에 들어가는 것 같이 여겨 온갖 수단을 다 하여 이를
피하려는 것이 인지상정이다."[36]라고 한 말에서도 앙역이 외방의 노비
가 상전의 집에 불려가 사역되는 것을 이르는 의미로 사용되고 있음을
확인할 수 있다. 위 기사는 흉년을 당하여 굶주림을 견디지 못한 노비
들이 상전댁으로 제발로 찾아 들어가 앙역할 것을 자청한 사태를 지적

---

35) 『부안김씨우반고문서』, 한국정신문화연구원, 1983, 200쪽 三十 手記[一].
36) 『중종실록』 권67, 중종 25년 정월 갑진.

한 것이지만 여기에서 앙역이 상전과 생계를 달리하는 노비가 상전댁에 들어가 사역당하는 것을 이르는 말인 것을 알 수 있다.

앙역노비 가운데서도 전 가족이 상전 집에 함께 들어와 살게 되면 솔노비로 파악되기도 하였다. 1666년(현종 7) 한성부에서 "사대부가의 앙역노비로 이미 솔노비로 등재된 자 가운데 상전 집 밖에 막을 치고 사는 자들이 대부분 추가로 수괄되어 솔노와 각호로 중첩 등록되어 사리에 맞지 않으니 그 가운데 가호의 면모를 갖춘 자들 외에는 모두 삭제하는 것이 당연합니다."[37]라 하고 있는 것에서 그것을 확인할 수 있다. 이에 의하면 앙역노비 중에는 솔노비로 입록된 자들이 있었으며, 이들 가운데는 상전 집 밖에 움막집을 짓고 살고 있는 자들이 있어서 은루자를 수괄할 때 다시 각호 즉 독립호로 등재되기도 하였던 사정을 알 수 있다. 여기에서 앙역노비로서 솔노비로 입록된 자들이 상전 집 밖에 움막을 짓고 살고 있었고, 이들이 솔호와 각호의 이중으로 파악되고 있었던 것으로 보아 이들은 가족원의 일부가 앙역한 것이 아니라 가족원 전체가 상전 집에 앙역하고 있었음을 알 수 있다. 이들은 별도의 호적을 갖고 있지 못하고 상전의 호적에 등재되어 있었는데, 은루자를 수괄하면서 상전의 호적에 올라 있는 상태에서 다시 독립호로 파악되어 이중 등재되었던 것이다.

일반적으로 노비들은 상전의 앙역 요구를 거절하지 못하였던 것으로 보인다. 1690년의 『대구부 호적대장』에는 3명의 앙역노비를 거느리고 있는 유학 權信의 얼자로 노 신분인 興性이 그의 상전이 살고 있는 의성으로 끌려가 앙역하고 있는 사례가 확인된다.[38] 상전의 앙역 요구를 함부로 거부하지 못했기 때문이었을 것이다.

---

37) 『현종개수실록』권15, 현종 7년 7월 갑진.
38) '第三戶幼學權信…妾子興性 其上典義城 仰役捉去…婢後介年陸拾參仰役…婢粉礼年貳拾辛亥仰役…奴時奉年貳拾參仰役.'(『대구부 호적대장』河東面 方內里 第一統)

또 1623년(광해군 5) 朴應犀의 고변으로 일어난 옥사에 연루되어 유형에 처해진 許云守도 그러한 예의 하나이다.[39] 許云守는 이때의 옥사에서 주동자의 한 사람으로 지목되어 능지처참된 七庶 중의 한 사람인 許弘仁의 얼형으로 이 옥사가 일어났을 때 그는 상주에 있는 상전 집에서 앙역 중이었다.[40] 허운수는 비록 노의 신분으로 상전에게 앙역하고 있었지만 그의 집안은 당당한 양반 가문이었으며,[41] 甫老音金이라는 노를 소유하고 있었다.[42] 비록 노비 신분이기는 하였지만 이러한 가문 배경을 가진 허운수가 상전대에 앙역하고 있었던 것도 상전의 앙역 요구를 거절할 수 없었기 때문이었을 것이다. 상전의 앙역 요구는 그만큼 절대적이었던 것이다. 1688년(숙종 14) 미륵신앙사건에 연루되어 취조를 받은 李杰立이 그의 공초에서 "나는 송화에 있는 상전 집에서 앙역하고 있는 자식을 보러 송화에 내려갔다."[43]고 진술하고 있는 것에서도 부모와 함께 살고 있던 외거노비가 상전의 앙역을 요구받고 상전대에 들어가 일하고 있었던 사실을 확인할 수 있다. 이들 앙역노비들은 상전대에 불려가 사역되고 있는 중에도 부모와의 만남은 수시로 허락되었던 것으로 보인다.

이와 같이 외거하여 살고 있으면서 상전에게 불려가 사역되는 노비가 앙역노비였다. 이들의 호적은 기본적으로는 자기 가족과 함께 올라 있었다. 그러나 조선 후기에 들어와서는 이들이 상전의 호적에도 등재되는 일이 흔히 있었다. 이들은 이제 자기의 호적과 상전의 호적 양쪽에 등재되었던 것이다. 그러한 중에도 상전의 호적에는 일반적으로 '앙

---

39) 『광해군일기』 권67, 광해군 5년 6월 초 4일.
40) 『광해군일기』 권67, 광해군 5년 6월 초 2일.
41) 그의 아버지는 허홍인의 옥사에 연루되어 삭탈관직 당하였다(『광해군일기』 권 72, 광해군 5년 11월 27일).
42) 『광해군일기』 권66, 광해군 5년 5월 13일 경오.
43) 『推案及鞫案』 97책, 무진 8월 10일. '罪人鄭元泰鄭好明李杰立鄭萬一等面質令是白乎矣 李杰立…吾之子息仰役於松禾上典家 故吾爲見子息下去.'

역'이라고 표기하여 이 노비가 앙역노비임을 밝히고 있다. 때로는 앞에서 살펴본 춘천부 이한명의 준호구와 같이 '앙역노비질'을 설정하고 이들을 여기에 별도로 기재하여 솔거노비와 구분하기도 하였는데, 이러한 경우에는 이름만 기재하였다. 기본 호적이 따로 있었기 때문이었다.

요컨대 앙역노비는 독자적인 호를 유지하고 이를 바탕으로 소경영을 유지하면서 독자적인 경리를 갖고 있는 외거노비 가운데 그 가족원의 일부를 상전이 임의로 불려 들여 사역하는 노비였던 것이다. 따라서 이들은 언제라도 돌아갈 집이 있었으며, 호적도 별도로 작성되고 있었다.

그렇다면 솔거노비는 앙역노비와 어떻게 다른가? 솔거노비에 관해서는 『경국대전』호구식의 다음 규정이 참고가 된다.

戶某部某坊第幾里(外則 稱某面某里)住 某職姓名 本貫 四祖 妻某氏 年甲 本貫 四祖(細註省略) 率居子女某某(女婿則並錄本貫)奴婢雇工某某年甲[44]

위 규정은 호주와 함께 살고 있는 동거인 즉 호주가 거느리고 사는 사람으로 호적에 올릴 수 있는 범위를 나열한 것이다. 이 호구식에는 호주가 거느리고 사는 자녀와 사위 그리고 노비와 고공을 솔거인으로 호주의 호적에 올리도록 규정되어 있다. 여기에서 솔거라는 용어가 호주의 호에 함께 거주하고 있는 세대 구성원으로 같은 호적에 올라 있는 인원에 한정하여 사용되고 있는 것을 확인할 수 있다. 노비도 마찬가지로 상전이 거느리고 살면서 동시에 호주인 상전의 호적에 올라 있는 노비가 솔거노비인 것이다.

그렇기 때문에 사위는 물론이고 친자녀라 하더라도 거느리고 살지 않으면 즉 솔거하고 있지 않으면 같은 호적에 같이 등재할 수 없었다. 이들은 독립된 호를 구성하고 있어서 별도의 호적이 작성되었기 때문이

---

44) 『경국대전』권 3, 「호전」호구식.

다. 노비도 마찬가지로 상전의 집에 솔거하고 있지 않고 별도의 호를 구성하고 있는 노비는 별도의 독립된 호적을 갖고 있었다. 이들이 외거노비로 상전의 호적에 솔거로 기재될 수는 없었다.

호주가 거느리고 사는 솔거인 만을 호주의 호적에 올리도록 한 이 규정은 이미 조선초기에 마련되었다. 1414년(태종 14)에 의정부에서 마련하여 왕의 재가를 받은 노비호구법[45]이 그것으로, 여기에는 호주의 호적에 올리는 솔거인의 범위가 호주가 거느리고 사는 아들·손자·아우·조카와 노비로 한정되어 있다. 이 법은 원래 『경제호전』의 호구법이 명확하지 못하여 차역이 고르지 못하고 양천이 뒤섞여 그 폐가 적지 않아, 이를 바로잡기 위하여 제정된 것이었다. 이에 따르면 친아들이라 하더라도 호주와 같이 살지 않으면 호주의 호적에 올릴 수 없었다. 이들은 별도의 호적을 가지고 있었기 때문이었다.

노비도 호주의 가족과 마찬가지로 호주 즉 상전이 거느리고 사는 자들만이 등재의 대상이었는데, 이들은 별도의 호적을 갖고 있지 않았다. 이들이 바로 솔거노비였다. 반면에 호주의 노비라 하더라도 같은 호내에 거느리고 사는 노비가 아니면 그는 호주의 호적에 올릴 수 없었고, 별도의 호적을 가지고 있었다. 이들은 솔거노비가 아니었던 것이다.

조선 시대의 호적에 노비 중에서는 솔거노비만을 기재하도록 되어 있었던 것에 대해서는 다음과 같은 반계 유형원의 지적이 참고가 된다.

지금 국가 풍속에 (상전과) 다른 곳에 살고 있는 노비를 모두 호적 중에 기록하고 있는데 이것은 심히 사리에 맞지 않다. 무릇 호구라는 것은 본래 그 호내에 거주하는 사람만을 기록하는 것이기 때문에 비록 친아들이라 하더라도 따로 살고 있으면 별도의 호적을 이루어 (아버지의) 호적에 기재하지 않는데, 노비에 있어서랴. 노비로 상전의 호내에 거주하지 않는 자는 (상전의 호적에) 함께 기록하는 것을 처락하지 않아야 한다.[46]

45) 『태종실록』 권27, 태종 14년 4월 을사.

유형원의 지적은 조선 후기에 일반적으로 행해지고 있었던 외거노비를 상전의 호적에 등재하는 것을 비판한 것으로, 원래 호적에는 호내에 거주하는 인원만을 기록하도록 되어 있었는데, 조선 후기에 와서 외거노비까지 기재하는 습속이 잘못되었다는 것이다.

솔거인의 범위는 앞에서 살펴본 바와 같이 『경국대전』에서 노비 외에 고공이 추가되었는데,[47] 이것은 조선 전기에는 고공도 노비나 다름없이 솔거인으로 일반화되어 있었기 때문이었을 것이다.

지금까지 살펴본 바와 같이 솔거노비는 호주가 거느리고 살고 있으며, 동시에 호주의 호적에 올라있는 노비였다. 따라서 호주가 거느리고 살아도 같은 호적에 올라 있지 않으면 적어도 호적상으로는 솔거노비로 파악되지 않았다. 이러한 예는 『부안 김씨우반고문서』에서 확인된다. 1702년 9월 전라도 부안현에서 발급한 金守宗의 준호구에 '솔노'로 기재되어 있던 자들이 같은 해 충청도 임천군에서 발급한 준호구에는 '외방질'에 부안에 살고 있는 것으로 기재되어 있으며, 이어서 1705년 부안현에서 발급한 준호구에는 다시 '솔노'로 기재되어 있다.[48] 이렇게 동일한 노비가 솔노→외방노비→솔노로 바뀌어 기재된 것은 호주의 移居와 관련이 있었다. 이 당시 호주인 김수종은 부안에 본 집은 그대로 둔 채 잠시 임천으로 이거한 바 있었는데, 위 노비들은 부안 집에 그대로 살고 있으면서 계속 사역되고 있었지만 김수종의 임천 호적에는 외방노비로 기재되어 있었던 것이다.[49] 이와 같이 호적의 기재만을 기준으로 말한다면 별도의 호적이 없이 상전의 호적에만 올라 있는 노비가 솔거노비, 상전과 다른 별도의 호적에 올라 있는 노비가 외거노비인 것이다.

---

46) 유형원, 『반계수록』 권3, 「전제후록」 상.
47) 주 44)와 같음.
48) 『부안김씨우반고문서』, 37~38쪽. 十八. 호구단자·준호구【十四】【十五】【十六】.
49) 전형택, 『조선후기 노비신분연구』, 56~57쪽.

외거노비들은 자기 가족이 아닌 다른 사람이 호주로 되어 있는 호의 예속인으로 기재되어 있는 경우도 있으나 대개는 독자적인 호적을 가지고 있었다. 다른 호주의 예속인으로 기재되어 있는 경우는 앞에서 예로 든 김수종의 노비와 같은 사례도 있지만, 고공이 일반적이었다. 고공은 이들을 사역하는 호주의 솔거인으로 기재되는 것이 일반적이었는데, 사노 출신 고공 또한 예외는 아니었다. 사노 출신 고공은 아마도 세 곳의 호적에 등재되었을 가능성이 크다.

第五戶私奴府使令應立…雇工私奴府杖房下典實伊年貳拾貳己酉主江陵沈三達[50]

위에 제시한 사노 실이를 예로 든다면 그는 사노로 대구부의 장방하전의 역을 지고 있었는데, 그는 대구부의 사령인 응립의 고공으로 응립의 호적에 예속인으로 올라 있는 외에 상전인 강릉의 심삼달의 호적에는 외거노비로 등재되어 있었을 것이며, 자기 가족의 호적에도 '應立戶去'로 기재되어 있었을 것이다. 이렇게 상전의 호적에 올라 있는 노비나 고공이 솔거 인원이었다. 물론 솔거 인원 중에는 아들과 손자, 사위와 같은 호주의 가족이 포함되고 있으나, 이들을 제외하고는 노비와 고공이 일반적이었다. 이들 가운데 신분이 노비인 사람이 솔거노비인 것이다. 솔거노비는 일반적으로 가족원 전체가 함께 상전의 호에 거주하고 있었다. 이점에서 가족원의 일부만이 상전의 호에 거주하는 앙역노비와 대비된다.

앙역노비는 외부에 대부분의 가족이 독립된 세대를 이루고 살고 있어서 돌아갈 집이 있는 반면에 솔거노비는 그러한 돌아갈 집이 없었다. 또 호적에 기재된 것을 가지고 말한다면 솔거노비는 독립된 호적을 갖지 못하고 상전의 호적에만 등재되어 있었고, 앙역노비는 자기 가족의 호적

---

50) 『대구부 호적대장』 河東面 伊川里 第五統.

과 상전 호적의 양쪽에 이중으로 등재되어 있었다. 그러나 이들은 상전의 호적에는 '앙역'으로 주기가 되어 있어 솔거노비와는 구별되었다.

앙역노비는 언젠가는 자기 가족이 살고 있는 집으로 돌아갈 수가 있었고, 또 실제로 교체되어 돌아간 노비가 많았다. 그러나 솔거노비는 외부에 독립하여 살고 있는 가족이 없었기 때문에 교체되어 돌아갈 집도 없었다. 앙역노비는 자주 교체되는 경향이 있었으나, 솔거노비는 솔거노비의 자녀가 솔거노비로 되는 경향이 있었던 것은 바로 이 때문이었던 것으로 보인다.


## 5. 맺음말

이상에서 조선 후기 고문서를 비롯한 문헌에 나타난 앙역노비를 살펴보았다. 이를 요약하면 다음과 같다.

조선 후기의 호적 자료와 고문서는 물론이고 각종 연대기 자료에는 앙역노비가 솔거노비와 구분되어 나타난다. 이들 앙역노비를 종래에는 솔거노비와 같은 성격의 노비로 이해하였는데, 이들 자료를 분석한 결과 앙역노비는 솔거노비와 성격이 다른 노비로 파악되었다.

이들 앙역노비들은 노비 소유주들이 부족한 노동력을 보충하기 위하여 따로 살고 있는 외거노비를 일시적으로 불러들여 사역시킨 노비였다. 외거노비가 신공을 제대로 납부하지 않거나 거납하는 경우에도 이들을 징치하는 수단으로 잡아들여 앙역시키는 일도 흔히 있었다. 노비 소유주의 노비 지배가 철저히 관철된 결과로 나타나는 현상이었으며, 이러한 상전의 앙역 요구를 노비들이 거절하기는 대단히 어려웠다.

앙역노비는 독립노비호의 호주가 앙역하는 경우도 있었지만 대체로 가족원의 일부가 앙역하는 경우가 대부분이었다. 1690년 대구부의 경우 앙역노비의 연령 구성은 다양하게 분포하고 있는 가운데 호주로 앙역하고 있는 자들은 대체로 30~40대가 주류를 이루고 있었으며, 독립 노호주가 아닌 가족원으로 앙역하고 있는 노비들은 16~50세 사이의 노비가 전체의 62%를 점하고 있었고, 노동력을 수취할 수 있는 연령인 11~50세 사이의 노비의 비율은 약 91%에 달하고 있었다. 이로써 보면 앙역노비는 비교적 젊은 노비로 노동력의 수취가 그 목적이었으며, 부족한 솔거노비의 역할을 보충하였던 것을 알 수 있다. 노비의 비율은 노가 약 62%, 비가 38%를 점하고 있었다.

앙역노비들은 그들의 부모나 가족들이 상전과는 별도의 집에서 살고 있으며, 별도의 호적을 가지고 있어서 상전의 호적과 자기 부모의 호적 양쪽에 이름이 등재되어 있었다. 그러나 어느 한쪽에는 이름만 기재하거나 '앙역', '상전착거' 등으로 표시하여 이들이 앙역하고 있음을 알려주고 있다. 별도의 집에는 가족들이 소경영을 유지하면서 독자적인 경리를 가지고 살고 있으면서 상전 집에 앙역하고 있는 자식들이 돌아오기를 기다리고 있었다. 앙역노비들은 언젠가 돌아갈 집이 있었던 것이다. 이와 같이 외거하여 살고 있으면서 상전에게 불려가 사역되는 노비가 앙역노비였던 것이다.

조선 후기에는 사노비들에게도 속오군이나 아병 등의 군역을 비롯한 각종 역이 부과되고 있었는데, 앙역노비에게는 극히 일부를 제외하고는 이러한 역이 부과되지 않았다. 1690년의 『대구부 호적대장』을 분석한 결과 잉역노에게 역이 부과된 비율은 약 8% 미만으로 극히 낮았다. 잉역노의 역 부과율이 이렇게 낮은 것은 이들의 경제력이 완전한 외거노비보다 못한 것도 그 원인의 하나가 될 수 있으나, 이들의 상전이 유력한 양반이어서 이들에게 역이 부과되지 못하도록 보호해주었기 때문이었을 것이다. 역을 지고 있는 자들의 대부분은 이들이 앙역하기 전에 이미 역이 부과되었던 자였을 것이다.

앙역노비들 사이에는 혈연적인 관계가 별로 없었다. 이점은 솔거노비가 서로 밀접한 혈연관계에 있었던 것과 대비된다. 앙역노비들 가운데는 상전의 집에서 기식하고 있는 자들이 있었는가 하면, 자기 집에서 기거하면서 앙역하고 있는 자들이 있었다. 상전의 호적에 앙역으로 기록되어 있으면서도 별도로 살고 있는 자들이 이러한 부류에 속한다. 이들도 독립노비호의 호주로 앙역하고 있으면서도 호주의 지위를 유지하고 있는 자들과 마찬가지로 상전의 호적에 보통 '仰役 各戶'로 기재되어 있었다.

이에 비하여 솔거노비는 호주의 호에 함께 거주하고 있는 세대 구성원으로 같은 호적에 올라 있는 노비였다. 즉, 상전이 거느리고 살면서 동시에 호주인 상전의 호적에 올라 있는 노비가 솔거노비인 것이다. 솔거노비는 일반적으로 가족원 전체가 함께 상전의 호에 거주하고 있었다. 이점에서 가족원의 일부만이 상전의 호에 거주하는 앙역노비와 대비된다.

앙역노비는 언젠가는 자기 가족이 살고 있는 집으로 돌아갈 수가 있었고, 또 실제로 교체되어 돌아간 노비가 많았다. 그러나 솔거노비는 외부에 독립하여 살고 있는 가족이 없었기 때문에 교체되어 돌아갈 집도 없었다. 앙역노비가 수시로 교체되었으나, 솔거노비는 그렇지 못하였고 또 솔거노비의 자녀가 솔거노비로 되는 경향이 있었던 것도 바로 이 때문이었을 것이다.

요컨대 앙역노비는 독립적인 호를 유지하고 이를 바탕으로 소경영을 유지하면서 독자적인 경리를 갖고 있는 외거노비 가운데 그 가족원의 일부를 상전이 임의로 불러들여 사역하는 노비였다.

# V. 조선 후기의 외거노비

## 1. 머리말

조선 후기의 사회가 그 이전의 사회와는 여러 가지 면에서 크게 달라졌다는 것은 그 동안의 연구 성과에서 밝혀진 바 있다. 그리하여 조선 후기는 중세적인 사회 체제가 무너지고 있던 시기로 사회구조 자체에 상당한 변질이 있었다는 이해가 일반적으로 받아들여지게 되었다. 이러한 변화는 정치, 경제, 사회, 문화 등의 모든 분야에서 일어났다. 신분제에 대해서도 연구가 활발하게 진척되어 조선 후기에 조선왕조의 전통적인 신분제에 커다란 변화가 일어났음이 밝혀졌다. 먼저 양반 신분에 있어서는 신분제의 혼효로 양반과 상민과의 간격이 많이 좁혀진 가운데, 양반 내부에서 계층 분화가 심화되어 집권 벌열 가문과 관직에서 소외된 양반이 생겼는가 하면 이들 가운데서는 몰락하여 잔반으로 전락한 자들도 많이 나왔다. 또 상민들 가운데서는 농업 경영의 합리화와 상공업에 종사하여 재산을 모은 사람들은 이를 바탕으로 양반 신분으로 상승하여 갔다. 이러한 변화는 노비 신분층에서도 일어나서 노비 가운데서 재산을 모은 자들은 이를 이용하여 노비 신분에서 벗어나기도 하였다. 이러한 움직임은 특히 외거노비에서 두드러지게 나타났다.

이러한 현실에서 여기에서는 조선 후기 노비제 변동의 배경을 밝히기 위한 노력의 일환으로 외거노비들의 존재양태의 변화를 살펴보려 한다. 조선 후기의 외거노비들은 전기와는 달리 상전과의 관계가 보다 느슨해졌으며, 원칙적으로 국역 부담의 의무가 없는 이들에게 각종 국역이 부과되기 시작하였는데 이러한 변화가 왜, 어떠한 배경에서 이루어졌는지를 밝히려는 것이 이 글의 목적이다.

## 2. 외거노비의 거주 형태

외거노비는 상전과 거주를 달리하며 신공을 바치는 노비를 의미한다. 이들은 일반적으로 가족 단위의 생활 단위를 형성하고 있었다.[1]

조선 후기의 외거노비들은 대체로 외거 지역에서 부모나 형제와 같이 외거하고 있어서 외거노비의 대부분이 가족을 중심으로 생활하고 있었던 것으로 보인다. 부안 김씨 가문 노비의 경우 최초의 기재에서 외거노비로 나타나는 850명의 노비 가운데 64명을 제외하고는 모두가 부모나 형제와 같이 외거하고 있었던 것으로 밝혀졌다.[2] 이것은 노비의 생활기반이나 경제기반을 가능한 한 파괴하지 않고 노비를 소유하고 있던 조선 후기의 노비 소유 경향을 반영한 것으로 보인다.

부안 김씨가의 소유 노비 가운데 다수의 노비가 거주하고 있던 전라도의 위도, 왕등도, 고군산, 비양도, 비금도의 노비들의 혈연관계를 분석해보면 이들이 밀접한 혈연관계를 맺고 있음을 확인할 수 있다. 위도에 거주하는 노비는 비 春月과 노 十月金 및 비 桂生의 자손들로 구성되었으며, 왕등도에 거주하는 노비는 비 豊音介의 자손들이었다. 또, 고군산에 거주하는 노비는 노 加應置의 자손들이었으며, 비금도의 노비는 비 春介의 자손들이었고, 비양도의 노비는 비 二德의 자손들이었다.[3] 이러한 노비의 거주 경향은 다른 고문서에서도 확인된다. 이영훈의 분

---

1) 종래 이러한 노비들을 일반적으로 외거노비라고 불렀으나, 최근에는 이들이 상전에게 부담하는 신역의 성격을 고려하여 납공노비라고 부르자는 의견이 대두하고 있다. 이에 대해서는 李榮薰, 「조선사회 솔거·외거노비 구분 재고」, 『한국근대 경제사 연구의 성과와 과제』, 1989 참조.
2) 전형택, 『조선후기 노비 신분 연구』, 일조각, 1989, 58쪽.
3) 신형택, 위의 책, 73쪽.

석에 의하면 경상도 재지 양반의 외거노비의 경우 약 80% 정도가 부모와 그 자녀로 이루어진 단혼 소가족 내지 부모와 자녀 그리고 손의 3대로 이루어진 복합대가족의 형태를 기본으로 하면서 약간의 방계 혈연구가 추가되는 보통의 가족 형태를 구성하고 있었던 것으로 밝혀진 바 있다[4].

이와 같이 외거노비들의 가족 구성이 친족 중심으로 결합되어 있는 것은 이들이 상전의 직접적인 사역이나 착치가 가능한 범위를 벗어나 있었기 때문이었을 것이다.

고문서의 분석을 통하여 조선 후기 주요 노비 소유 계층인 양반들의 노비 소유 경향을 살펴보면 조선 후기에는 외거노비의 비율이 압도적으로 높아지고 있음을 볼 수 있다.[5] 이러한 외거노비 비율의 증가는 노비 소유주의 농업 경영과 밀접한 관련을 맺고 있었다. 즉 조선 전기에서 후기로 감에 따라 농장 경영에 부역 노동을 주로 제공하던 솔거노비의 비중이 격감하는 대신 병작반수에 기초한 전호로서의 외거노비의 비중이 더욱 증대되었기 때문이었다. 또 조선 전기에는 외거노비의 상당수가 상전의 전답을 경작하여 생활해가고 있었으나, 조선 후기에는 상전의 전답 외에 자기 자신의 전답이나 제3자의 전답을 경작하면서 생활하고 있는 노비가 늘어나고 있어, 점차 소유주로부터 경제적으로 독립하게 되고 신분적으로만 예속되는 경향이 증가하고 있었던 것으로 나타났다. 그것은 노비의 재산 소유 경향이 조선 후기에 증가하고 있을 뿐만 아니라, 사노비 서주시와 상전가 소유 전답의 소재지가 거의 일치하시 않은 경향과 노비들이 상전의 전답을 경작하고 바친 도지액이 다른 소작인과 거의 차이가 없었던 것으로 미루어서도 알 수 있다.[6] 이는 외거

---

4) 이영훈, 「고문서를 통해본 조선전기 노비의 경제적 성격」, 『한국사학』 9, 1989, 118~119쪽.
5) 김용만, 「朝鮮 後期 私奴婢에 대한 一研究」, 『교남사학』 2, 1986, 11쪽.
6) 전형택, 앞의 책, 67~72쪽.

노비가 상전이 아닌 다른 사람 소유의 전답이나 자신의 전답을 주로 경작하고 있었음을 반증하는 것이다. 조선 후기에는 이러한 노비가 점차 늘어나면서 노비에 대한 상전의 지배력이 약화되었다. 따라서 노비들의 끈질긴 도망에 대해서도 사실상 추쇄가 지극히 어려웠으며, 추쇄를 실시하는 경우에도 겨우 도망 지역을 확인하는데 그치는 일이 많았다. 말하자면 노비 소유주의 노비 통제에 한계성이 드러났고, 이제 노비의 거주지를 상전이 자의로 결정할 수 없는 상황이 되고 말았던 것이다.

실제로 조선 후기에 작성된 고문서의 분석에 의하면 도망 노비로 추쇄에 의하여 還現된 노비들의 대부분이 외거노비로 존재하고 있었던 것으로 드러났다. 또한 매득한 노비들의 대부분이 외거노비로 존속하고 있었으며, 방매한 노비들도 외거노비가 대부분이었다. 추쇄한 노비나 매득한 노비를 외거의 형태로 소유하고 있었던 것은 방매한 노비가 대부분 외거노비였던 것과 아울러 노비들의 가족 구성이나 경제 기반을 해치지 않고 노비 소유를 재편한 조선 후기 노비 소유의 경향을 반영한 것으로 이해된다.

위에서 살펴본 바와 같이 조선 후기의 노비는 가족을 생활 단위로 하여 독립적인 생활기반을 갖고 상전으로부터의 경제적 예속상태에서 벗어나 신분적으로만 예속되어 신공만을 바치면서 살아가고 있는 자들이 주류를 이루고 있었다. 이러한 상황에서 상전의 노비에 대한 지배력은 약화될 수밖에 없었을 것이다.


## 3. 외거노비의 전답 소유

조선 시대에 노비들도 일반 양인과 마찬가지로 전답을 비롯한 재산을 소유할 수가 있었다. 재산을 소유할 수 있는 노비는 원칙적으로 모든 노비가 다 가능하였지만, 솔거노비보다는 외거노비가 더 많았을 것이다. 그것은 솔거노비의 경우 상전가에 얽매여 있어 독자적인 경리를 유지하기가 쉽지 않았으며, 따라서 재산을 모을 여유가 별로 없었을 것이나 외거노비의 경우에는 소경영의 주체로써 독자적인 경리를 유지할 수 있어 재산을 모을 여유가 솔거노비보다는 많았을 것으로 보이기 때문이다.

조선 후기에는 전답을 비롯한 재산을 소유한 노비가 더욱 늘어났던 것으로 보인다. 조선 후기에 작성된 고문서에서 원래 노비 소유지였음을 말해주는 記上田畓을 조사한 바에 의하면 공사노비 모두 상당한 양의 전답을 소유하고 있던 노비들이 상당수 존재하고 있었다.[7] 기상전답의 원소유주로 밝혀진 노비 가운데는 솔거노비도 있었지만 대부분이 외거노비였다. 솔거노비의 경우는 그가 솔거노비로 되기 이전에 외거노비로 있었거나, 아니면 그의 부모가 외거노비였을 때 마련한 토지를 상속받았던 것이 아닌가 생각된다.

조선 후기 노비 신분층의 재산 취득 방법으로는 일반 양인 신분층과 마찬가지로 개간·상속·매득을 상정할 수 있다. 조선 후기 고문서 자료에 의하면 사노비의 재산 취득 방법으로는 상속과 매득이 중요한 기능을 했으며, 개간은 노비의 재산 취득에 있어서 별로 중요한 수단이 못되었던 것으로 보인다. 개간에 있어서는 입안을 발급받아야 하는 등 노비의 신분으로서는 그것이 거의 불가능했기 때문이었다.

노비신분층의 재산 취득에 있어서 중요한 구실을 했던 상속은 특히 양반의 얼자녀들에게 많은 재산 소유를 가능하게 해주었다. 이러한 면에서 많은 토지를 소유하고 있는 노비는 양반의 얼자녀였을 것으로 보인다. 노비의 자녀가 상속받은 재산의 규모가 작은 경우는 대체로 노비의 아버지나 할아버지 대에 매득한 토지가 많았다. 실제로 이들 토지 가운데에는 아버지 대에 매득한 토지도 상당수 있었다.

---

7) 기상전답에 대해서는 본서 제2부 Ⅵ. 조선 후기 노비의 토지 소유 참조.

매득에 있어서는 토지 규모가 작지만, 많은 노비들이 이를 이용하여 재산을 형성하고 있었다. 이렇게 볼 때 노비신분층이 재산을 취득하는 일반적인 방법은 상속보다는 매득이 아니었나 생각된다. 물론 노비신분층이 토지를 매입하기 위해서는 그 값을 치룰 수 있을 만큼 부를 축적해야 했을 것이다. 이것은 조선 후기의 사회경제적 변화에서 가능했을 것이다.

이렇게 하여 조선 후기로 올수록 노비의 재산 소유 경향은 늘어나고 있었지만, 노비신분층은 그들 자신이 남의 재산으로 소유되고 있었던 데에서 그 소유권에는 일정한 한계가 있었다. 그렇다고는 하여도 노비신분층의 재산 소유 경향의 증가는 일부이기는 하지만 노비들로 하여금 신분의 질곡에서 벗어날 수 있는 계기를 만들어 주었다.

이와 같이 조선 후기에 들어와 일부이기는 하지만 노비 가운데 경제적 부를 축적한 자들이 나타났다는 것은 노비제 변동에 있어서 대단히 중요한 사실로 주목할 필요가 있다. 신분적 예속 관계가 유지되기 위해서는 경제적 예속 관계의 유지가 필요한데 이들은 이미 경제적 예속 관계에서 벗어나고 있었기 때문이다. 국가에서는 납속책 등을 통하여 이들을 신분적 예속 관계에서 벗어날 수 있게 해 주었는데, 이러한 면에서 노비신분층의 경제적 성장이 조선 후기 노비신분 변동의 한 배경이 되기에 충분하였다.

## 4. 외거노비의 국역부담

조선왕조에서 사노비에게는 국역 부담의 의무가 없었으나, 임진왜란 이후 거듭된 국란과 양역 인구가 급격히 감소함에 따라 이들에게도 국역이 부과되기에 이르렀다. 조선 후기에 사노비들에게 부과된 국역은 군역이 대표적이었다.

사노비에게 군역 부담이 시작된 것은 임진왜란 때였다. 임진왜란 발발 직후인 1594년(선조 27)에 훈련도감을 설치하고 전쟁의 수행을 위하여 유생·한량·서얼·양인은 물론이고, 공사천·승려 등 동원 가능한 인원을 모두 여기에 충정함으로써 사노비에게도 군역이 부과되기 시작하였다.[8] 그러나 이때는 임진왜란이 끝난 직후인 1608년(선조 36)에 사노군을 훈련도감에서 제외시킴으로써 일시적인 일로 끝났다.

조선 후기에 이르러 사노비에게 군역 부담이 본격적으로 이루어진 것은 속오군이 설치되면서 부터였다.[9] 처음 속오군이 설치될 당시에는 양인과 공사천이 같이 충정되었으나,[10] 조선 후기에 들어와 거의 사노층만이 입속하는 병종이 되어버리자 속오군은 사천이 주류를 이루는 군대가 되었다. 사천이 속오군의 주류를 이루게 된 것은 양인의 경우 이미 양역을 지고 있는데다가 다시 속오군역까지 지게 되어 일신양역의 현상이 나타나자, 국가 재정과 관계가 깊은 수포를 위하여 이들을 제외시켰기 때문이며, 공노의 경우 역시 이들이 신공 납부의 의무를 지고 있어 각 관사에서 신공 수납을 위하여 제외시킬 수밖에 없었기 때문이다.

양인이 속오군에서 제외된 것은 숙종 연간부터였다. 이후 속오군은 급속히 천예군화하여 경종 때에 들어와서는 공사천만이 입속하게 되어, 정부 대신조차 속오군은 모두 공사천만으로 충정하여 난리를 당하여서도 전혀 도움이 안 된다고 할 정도였다.[11] 이 무렵에는 노비 중에서도 사노만이 속오군에 편오되고 있었다.

---

8) 차문섭, 「宣祖朝의 訓鍊都監」, 『朝鮮時代軍制研究』, 단국대 출판부, 1973, 158~168쪽.
9) 속오군에 관한 연구로는 차문섭, 「속오군연구」, 『조선시대군제연구』; 이겸주, 「임진왜란과 군역제도의 개편」, 『한국군제사(근세조선후기편)』(육군사관학교, 1977)가 있다.
10) 『선조실록』 권28, 선조 27년 12월 갑진.
11) 『경종실록』 권4, 경종 원년 8월 계해.

그러나 양인이 속오군에서 공식적으로 제외되기 시작한 것은 1736년 (영조 12)부터였다. 이해에 속오군의 일이 심히 번중하고 수렴 또한 많아 그 소용되는 비용이 양역의 신포보다 적지 않은데다가, 더욱이 기병이나 보병과 같이 신포를 납부하고 있는 자들이 또 속오군의 역을 맡고 있어 그들이 역을 감당할 수 없다고 하여 속오군은 사천으로 충정하는 것이 상례이니 이후로는 기보병을 비롯한 납포군의 속오군 겸역을 일체 금하기로 결정하였던 것이다.[12] 이에 따라 이때부터 양인의 속오군 탈하가 공식화되어, 속오군은 사천만이 입속하는 군대가 되었다. 이때 양인을 속오군에서 제외한 것은 이들이 이미 정군의 역을 지고 있는데다가 다시 속오군역을 지게 되면 일신첩역이 될 수밖에 없었기 때문이었다. 1744년(영조 20)에 편찬된 『속대전』에 "속오군은 공사천을 논하지 않고 충정한다. 다른 고을에서 이사 온 자로 공문이 없는 자는 역의 있고 없음을 논하지 않고 양인은 상당한 역에 충정하고, 사천은 속오군에 충정한다."[13]라 되어 있는 것을 보면, 영조 때에는 사실상 속오군이 사노로서만 충정되고 있었음을 알 수 있다. 성호 이익도 "속오군은 사노비이다."[14]라 하였고, 또 "지금의 속오군은 고려 때의 노예군이다."[15]라 하여, 속오군이 사노로 구성된 군대임을 말하고 있다.

이와 같이 영조 때에 들어와 속오군이 전적으로 사노로만 채워지자 속오군은 이제 위급 시에도 도움이 안 되는 유명무실한 군대가 되고 말았다.

각도의 관찰사·병사와 수어청·총융청 대장의 赴戰之卒인 아병도 사노층이 입속하는 군이었다. 아병은 원래 '牙下親兵'으로 각도의 관찰사와 병사뿐만 아니라 수사·총융청·수어청 대장의 手下親兵으로 설치되

---

12) 『비변사등록』 99책, 영조 12년 5월 16일.
13) 『속대전』 권 4, 「병전」 成籍.
14) 『성호사설』 권3, 「인사문」 五不均. '束伍者 私門藏獲也.'
15) 위의 책, 奴隷軍. '今之束伍 高麗之奴隷軍也.'

었다.[16]

원래 이들 아병도 속오군과 마찬가지로 설치 당시에는 양천을 같이 단속하도록 되어 있었으나 영조 대에 들어와 양정의 부족이 심화되자 사노로 대충되어 역시 천예군화하였다. 황해도 아병의 경우, 이들은 1733년(영조 9)에 양정으로 충정할 필요가 없다하여 5,460명 중 양인 460명은 다른 역에 옮겨 정하고 5,000명만을 공사천으로 충정하기로 결정되어,[17] 이때부터 노만이 충정되었다.

총융청과 수어청의 아병도 영조 대를 전후하여 노만이 입속하도록 바뀌고 있었다. 1737년(영조 13) 약방제조 趙尙絅이 "신이 수어청의 일로 앙달할 일이 있습니다. … 재작년 본청(수어청-필자)의 양군 1,000명을 비변사에 보내 각도의 도망하거나 사망한 병사를 충정하고 그 대신 총융청의 노군 2,000명을 이송받았습니다."[18]라 하고 있는 것으로 보아 대체로 영조 10년경부터 이러한 현상이 나타난 것으로 보인다. 이 때 수어청에 이송한 총융청의 노군 2,000명도 아병이었다. 사노는 이밖에도 삼수병, 장산별장군, 마병, 봉수군 등 각종 군역에도 차정되었다.[19]

이상에서 살펴본 바와 같이 조선 후기에 들어와서는 국가에서 필요한 경우에는 거의 모든 군역에 사노가 충정되고 있었다. 이처럼 사노층이 다수 군역에 충정됨에 따라 이제는 대신들조차도 "노군이 양군과 다를 바 없다."[20]고 할 정도로 사노층의 군역 입속은 조선 후기에 들어와 광범위하게 이루어지고 있었다.

속오군, 아병을 비롯한 각종 군역에 충정된 사노들도 조선 후기에 들

---

16) 이태진, 「中央 五軍營制의 成立 過程」, 『韓國軍制史(近世朝鮮後期編)』, 1977, 154쪽.
17) 『비변사등록』 94책, 영조 9년 7월 16일.
18) 『승정원일기』 844책, 영조 13년 3월 초 6일.
19) 전형택, 「조선후기의 사노비 정책」, 『성곡논총』 18, 1987.
20) 『비변사등록』 97책, 영조 11년 정월 초 6일.

어와 일반화된 신역의 물납화 현상에 따라 대부분 쌀이나 베를 내는 수미(포)군으로 바뀌어 갔다. 속오군의 수미(포)군화는 1650년(효종 1) 개성부의 속오군 1,000여명에 대하여 이들이 모두 상업에 종사하는 무리로써 속오군역이 생업에 지장이 많다고 하여, 20말의 쌀을 받고 속오조련의 역을 면제해 준 것이 그 시초였다.[21] 1708년(숙종 34) 검토관 鄭栻 이 "우리나라의 전쟁에 동원할 수 있는 군사로는 속오군이 유일한데, 건장한 양정은 모두 베를 징수하는 데로 돌리고, 피잔하여 의지가지없는 부류만이 단속되고 있다."[22]라 한 것을 보면, 숙종 대까지는 양정가운데 부유한 자에 한해서 수포가 이루어지고 있었던 것 같다.

그 후 영조 대에 들어와서는 속오군의 수포는 양정 속오군에 한하지 않고 사노 속오군에까지 확대되었다. 사노 속오군 가운데 강화부의 사노 속오군은 1728년(영조 4)에 수미군화하였다.[23] 속오군의 수미군화 현상은 영조 대 중반 이후 급속히 이루어져서, 수포하는 일에만 오로지하고 있다[24]고 할 정도로, 이 당시에는 이미 속오군의 수포가 일반화되어 있었던 것으로 보인다.

아병도 또한 영조 대에는 수미(포)군화하고 있었다. 1737년(영조 13)의 기록에 의하면, 호서의 아병 가운데 양군에게서는 12말, 사천에게서는 6말을 받고 있었으며,[25] 1757년(영조 33)의 기록에는 송도 아병의 신역으로 양군에게서는 돈으로 1냥 5전씩을, 사노에게서는 6전씩을 받고 있었다.[26] 이밖에 장단 민인으로 송도 아병에 투속한 자들에 대하여 양군에게는 1냥 2전씩, 사군에게는 6전씩 절목을 만들어 거두어들이고 있

---

21) 『비변사등록』 14책, 효종 원년 8월 17일.
22) 『비변사등록』 59책, 숙종 34년 8월 21일.
23) 『비변사등록』 83책, 영조 4년 4월 27일.
24) 『영조실록』 권68, 영조 24년 9월 무인.
25) 『영조실록』 권43, 영조 13년 3월 무인.
26) 『영조실록』 권89, 영조 33년 5월 병오.

었던 것27)으로 미루어 보면, 이 당시에는 아병도 경제적 부담을 지는 것이 상례였던 것 같다. 이제 아병은 전쟁에 동원되는 赴戰之兵이 아니었던 것이다. 물론 모든 사노군이 조선 후기에 수미(포)군화한 것은 아니었으나, 지금까지 살펴본 바와 같이 그것은 하나의 뚜렷한 추세가 되었다.

사노군의 부담은 대체로 양군의 절반 수준이었다. 이들은 원래 개인의 사유물이어서 상전에게 소속되어 신공을 바치고 있는데다가 또 국역인 군역에 차정되고 있어서 일신양역의 처지에 있었기 때문이었다. 아병의 부담은 앞에서 살펴본 바와 같이 영조 대에 있어서는 양군이 미 12말 또는 돈 1냥 2전인데 비하여 사노는 그 절반인 쌀 6말 또는 돈 6전의 수준이었으나, 균역법 실시 후에 반액으로 줄어들어 정조 대에 들어와서는 양아병은 쌀 6말, 사노 아병은 쌀 3말씩을 부담하고 있었다.28)

조선 후기에 사노층은 위에서 살펴본 바와 같이 속오군, 아병 등의 각종 군역에 충정된 외에 속오보, 아병보를 비롯한 각종 보인으로 작정되어 경제적 부담을 지기도 하였다.

속오군보는 1654년(효종 5) 영남의 속오군에 처음 지급되었다.29) 이 때 보인은 족친, 인리인, 공사천군보의 부류 가운데 1인씩 정급하며, 이들에게서 1년에 쌀 7말씩을 거두도록 하였다. 그 후 1707년(숙종 33)에는 崔錫鼎 등의 건의에 따라 속오군 1인마다 형제자질이나 이웃에 사는 사람 가운데 양보는 1명씩, 천보는 2명씩을 정하여 양보에게서는 쌀 10말씩을, 천보에게서는 쌀 5말씩을 받도록 하였다.30)

속오보의 신분은 양인일 수도 있으나, 대부분 사노였을 것이다. 위에서 언급한 바와 같이 속오보로는 속오군의 형제자질 · 이웃에 사는 사

---

27) 『비변사등록』 132책, 영조 33년 5월 18일.
28) 『정조실록』 권33, 정조 15년 9월 신묘.
29) 『비변사등록』 37책, 효종 5년 9월 29일.
30) 『비변사등록』 58책, 숙종 33년 5월 17일.

람·공사천군보의 부류 중에서 정급하도록 하고 있었는데, 이 당시 속
오군은 사실상 사노가 대부분이어서 형제자질은 물론이고 이웃에 사는
사람도 또한 사노가 압도적이었을 것이기 때문이다.

아병에게도 보인이 정급되는 일이 있었다. 1745년(영조 21) 경기도 지
평의 수어청 둔아병보는 역이 헐하여 양인이 다수 이에 투속하고 있어
서 이들을 모두 사천으로 환정하여,[31] 이때부터 지평의 수어청 둔아병
보에는 사노가 정급되었다.

사노층은 위에서 살펴본 바와 같이 속오보나 아병보 외에도 조선 후기
에 들어와 양정 부족이 심화되면서, 종래 양인이 지고 있던 역보,[32] 병영
수영패보,[33] 총융청·수어청 군수보,[34] 봉수군보,[35] 진상보, 군기보, 관장
보, 지물보[36] 등 각종 보인으로 작정되어 경제적 부담을 지고 있었다.

사노층이 종래 양인들이 지고 있던 보인으로 작정되는 경우에 양인 1
명에 대하여 사노 2명이 정급되고 있어서 사노는 양인의 절반에 해당하
는 부담을 지고 있었다. 1793년(정조 17)에 마련된 장영외영별단에 의하
면 보군의 경우 양인은 쌀 6말 또는 돈 2냥씩을 부담한데 대하여 사노
는 쌀 3말 또는 돈 1냥씩을 부담하도록 되어 있었다.[37] 이와 같이 같은
보인이라도 사노가 양인에 비하여 그 부담이 절반밖에 안 되었던 것은
이들이 개인 상전에게 예속되어 있었기 때문이었다.

속오군이나 아병 및 각종 보인으로 작정된 사노층은 독립된 가계를
가진 외거노비였던 것으로 보인다. "각도의 속오군은 모두가 사천으로
의지할 데가 없는 자들로 충정되었다."[38]고 한 것에서 이를 알 수 있다.

---

31) 『승정원일기』 985책, 영조 21년 4월 초 5일.
32) 『비변사등록』 81책, 영조 3년 2월 21일.
33) 『경종실록』 권2, 경종 즉위년 9월 기축.
34) 『비변사등록』 96책, 영조 10년 9월 초 5일.
35) 『숙종실록』 권65, 숙종 46년 4월 신축.
36) 『영조실록』 권81, 영조 30년 5월 병오.
37) 『정조실록』 권38, 정조 17년 10월 신사.

또한 "의지할 데 없어 한 곳에 뿌리내리고 살아갈 수 없는 사천만이 충정되고 있다."[39]고 한 것에서도 이들이 외거노비였음을 알 수 있다. 솔거노비를 '의지할 데 없고 한곳에 뿌리내리고 살아가지 못하는 '無依無賴無根着'한 존재로 표현했을 리는 없기 때문이다. 또 『속대전』에 "속오군은 공사천을 막론하고 충정한다. 다른 고을에서 이사온 자로서 공문이 없는 자는 역이 있고 없고를 논하지 않고 양인은 상당한 역에 충정하며 사천은 속오군에 충정한다."[40]고 되어 있는 것에서도 이들이 외거노비였음을 알 수 있다. 다른 고을에서 이거해온 사노는 외거노비일 수밖에 없기 때문이다.

한편 솔거노비는 이러한 군역 부담에서 제외되었을 것으로 보인다. 1730년(영조 6)에 마련된 속오절목에 "마을 가운데 호우의 무리들이 그외 노비를 숨겨 보호할 뿐 아니라 군오에 충정해야 할 백성을 노복이라고 가칭하여 울타리 안에 받아들여 숨기는 자는 각별히 적발하여 형추정배한다."[41]고 규정되어 있는 것이나, 1748년(영조 24)에 정언 朴成源이 "부유한 세족의 묘 아래에 투탁하여 사노로 이름을 바꾸고, 무단향곡자의 울타리 안에서 살면서 率戶로 거짓 기록하는 등 군역을 면하려고 도모하는 등 속임수가 다양하다."[42]라 한 것을 보면 울타리 안에 거주하는 率戶, 즉 솔거노비는 속오군의 편성에서 제외되고 있었음을 알수 있다.

조선 후기에 외거노비로 속오군, 아병 등 군역을 비롯한 각종 보인에 자정된 사노가 얼마나 되는 지는 정확히 알 수 없으나, 1734년(영조 10)에 마련된 釐正廳定額外汰減別單에 의하면, 군역에 충정된 사노는 총융

38)『영조실록』권71, 영조 25년 12월 계묘.
39)『비변사등록』128책, 영조 31년 2월 초 5일.
40) 주 15)와 같음.
41)『비변사등록』88책, 영조 6년 9월 25일.
42)『영조실록』권68, 영조 24년 9월 무인.

청에 9,327명, 수어청에 11,673명으로 양청에만 20,990명이 소속되어 있었다.[43] 수원부의 경우 1660년(현종 1) 부사 任義伯의 보고에 의하면, 사천 속오군만 988명에 이르고 있었으며,[44] 전라도 남원현의 경우 1736년(영조 12)에 속오마병 100명, 아병마군 50명으로 마병만도 150명에 이르고 있다.[45]

조선 후기에 이들 사노군이 어느 정도의 비율을 차지하고 있는 지를 장용영의 경우를 통하여 살펴보면, 1783년(정조 7) 26哨가 사노로 구성되어 있어 전체의 26%를 점하고 있다.[46] 또 1779년(정조 3) 충청도 목천현의 경우 양군은 1,850명인데 비하여 노군은 409명으로[47] 노군이 양군의 1/4에 조금 못 미치고 있다.

조선 후기 군액 가운데서 양천의 비율과 사노군 중 납포자의 비중을 알아보기 위하여 1798년(정조 22) 장용외영에 소속된 군액을 군현별, 신분별, 부담형태별로 나누어 정리한 것이 다음의 표이다.[48]

| 구분 | 군현별<br>군액 | 수원 | 용인 | 진위 | 안산 | 시흥 | 과천 | 계 |
|---|---|---|---|---|---|---|---|---|
| 양군 | 納米(布)軍<br>無布軍<br>禿城軍 | 7,409<br>1,651<br>2,348 | 1,159<br>172 | 937<br>92 | 478<br>77 | 439<br>121 | 537<br>139 | 10,959<br>2,252<br>2,348 |
| 사노군 | 納米(布)軍<br>無布軍<br>禿城軍 | 1,359<br><br>91 | 847<br>625 | 611<br>380 | 309<br>525 | 279<br>477 | 493<br>465 | 3,898<br>2,478<br>91 |
| | 계 | 12,858 | 2,803 | 2,020 | 1,391 | 1,316 | 1,634 | 22,022 |

위 표에 나타난 특징을 적기하면 다음과 같다. 첫째, 사노군의 광범위한 존재이다. 전체적으로 볼 때 장영외영에 소속된 군사 22,022명 가

---

43) 『비변사등록』 96책, 영조 10년 9월 초 5일.
44) 『비변사등록』 20책, 현종 원년 10월 19일.
45) 『남원현첩보이문성책』 병진 5월 11일.
46) 『정조실록』 권38, 정조 17년 10월 신사.
47) 안정복찬, 『목천현지』 「군액」.
48) 『정조실록』 권49, 정조 22년 10월 기유. '五邑軍額摠數.'

운데 사노군은 6,463명으로 약 30%를 점하고 있다. 이들은 각 군현에 거의 고르게 분포되어 있다. 둘째, 납미(포)군의 비중이 높다. 양군의 경우 전체 15,559명 가운데 납미(포)군이 10,959명으로 약 2/3에 이르고 있으며, 사노군의 경우는 6,463명 중 납미(포)군이 3,898명으로 60%를 상회한다. 여기서 조선 후기에 군역의 대부분이 경제적 부담을 지는 형태로 바뀌고 있었음을 알 수 있다. 사노군 가운데 납미(포)군은 모두 아병이었으며, 無布私軍은 수원부의 독성군 91명을 제외하고는 모두 속오군이었다. 수원부의 독성군은 별무사였다.

외거노비들은 속오군, 아병 등의 군역이나 각종 보인으로 차정된 외에 지방 관아나 향교 또는 서원의 하전, 사령을 비롯하여 각종 사모속으로도 차정되었다. 조선 후기의 각종 호적대장에는 사노비로서 이러한 직역이 기재된 노비가 다수 산견되는데 이러한 노비는 대체로 외거노비였던 것으로 보인다. 그렇게 생각하는 것은 호주의 호에 솔거하는 것으로 기재된 노비에게는 이러한 직역이 거의 기재되어 있지 않기 때문이다.

이와 같이 조선 후기에는 양역 인구가 부족하게 되자, 사노비 가운데 독립적인 생계를 유지하고 있던 외거노비를 속오군이나 아병을 비롯한 군역은 물론 각종 사모속으로 차정하는 일이 많아지고 있었다. 그러나 이들이 남의 노비로 소유되고 있어서 상전에게 신공을 비롯한 각양의 부담을 지고 있었던 관계로 국가에서는 이들에게 양인의 절반에 해당하는 부담을 지울 수밖에 없었던 것이다.


## 5. 외거노비와 상전과의 관계

조선 시대의 노비는 그들의 사회경제적 존재형태에 따라 크게 세 가지 유형으로 구분할 수가 있다. 첫째, 솔거·앙역(사노비)이나 선상·입역(공노비)의 형태로 노동력을 직접 제공하는 자, 둘째, 외거하면서 상전의 토지(사노비)나 국가기관의 토지(공노비)를 경작하여 신분적·경제적으로 예속되어 있는 자, 셋째, 외거하여 상전이나 소속 관사의 경제기반과 관계없이 생활해가면서 신공만을 납부하는 자, 즉 신분적으로만 예속되어 있는 자가 그것이다. 이러한 유형 가운데 조선 전기에는 첫째와 둘째의 유형이 대종을 이루었으나, 조선 후기에는 셋째의 유형이 우세해졌다. 말하자면 셋째의 유형은 조선 후기 외거노비의 일반적인 유형인 셈이다.

조선 시대의 사노비는 주지하는 바와 같이 그들의 거주 형태에 따라 솔거노비와 외거노비로 나누는 것이 통례였다. 그러나 이러한 사노비의 구분에 대하여 최근에는 반론이 제기되고 있다. 이에 대한 반론은 먼저 李鎬澈에 의해서 제기되었다. 이호철은 사노비 가운데 솔거노비를 인신적 예속의 강도와 그가 부담하는 신역의 형태에 따라 가내사환노비와 솔하노비로 나눌 것을 제안하였다. 가내사환노비는 가내노동 뿐 아니라 주가에서 직접 경영하는 농장 및 대전 경작에 동원되었으며, 노동노예로서 주가에 완전히 예속된 채 주가에 의해 부양되는 존재였다고 한다. 반면에 솔하노비는 주가의 인근에 거주하면서 주가의 농장 경영에 주로 부역 노동의 형태로 사역되는 존재로, 가족을 구성하여 비록 제한된 형태나마 독자적인 자기 경리에 의한 농업 경영이 가능하였던 점에서 이들이 가내사환노비와 뚜렷하게 구별된다고 하였다. 또한 외거노비는 그 토지 소유 형태에 따라 전호, 자작농, 지주로 각각 존재하였으나, 이들의 대부분은 주가의 농장 토지나 타인의 토지를 경작하는 전호로서 독자적인 가족을 구성하였으며, 자기 경리를 가졌다고 하였다. 이들은 주가나 그 관리인에 의해 직영되는 농장의 농업노동력을 위시한 각종 사역에 동원됨으로써 신공을 면제받는 유형과 부역 노동의 의무 없이 순

수하게 신공만을 납부하는 전호로 나누어졌다고 하였다.[49]

  사노비를 솔거노비와 외거노비로 나누는데 본격적으로 이의를 제기
한 사람은 李榮薰이다. 이영훈은 먼저 경북지방의 고문서를 분석하여
사노비를 상전과 같은 군현에 거주하는 在地奴婢와 다른 군현에 거주하
는 외방노비로 나눌 것을 제안한 바 있었다.[50] 그러나 이영훈은 이후
바로 사노비를 신역부담 형태에 따라 앙역노비와 납공노비로 나눌 것을
제안하였다. 그는 솔거노비와 외거노비로 구분하는 것은 형식적인 구분
이상의 것은 아니라고 단정하고, 노비의 주가와의 결합 여부 이른바 솔
거와 외거의 기준으로 그 존재 형태가 구분될 수는 없다고 주장하였다.
그는 조선 시대 노비의 올바른 구분의 기준은 주가에 대한 의무의 차이
로서 직접 신역을 바치느냐 아니면 현물의 형태로 된 신공을 바치느냐
이시 않으면 안 된다고 하였다. 그리하여 그는 앙역노비와 납공노비로
구분하는 것이 합리적이라고 하면서 이것이 거북하여 전통적인 구분을
그대로 따르더라도 솔거=앙역, 외거=납공의 실체와 구분을 명백히 전제
할 필요가 있다고 하였다. 이렇게 구분할 때 비로소 선상·입역노비와
납공노비로 구분하는 공노비와 함께 조선 시대의 모든 노비에 대한 통
일적인 파악이 가능하다고 주장하였다.[51] 이영훈은 이후 노비에 대한
상전가의 경제적 수취 관계를 기준으로 신역이 직접적인 노동의 형태로
서의 입역인가 아니면 그 현물 형태로서의 신공인가에 따라 입역노비와
납공노비로 나눌 것을 제안하였다.[52]

  사노비를 솔거노비와 외거노비로 나누는데 반대하여 대안을 제시한

---

49) 이호철, 『조선 전기농업경제사』, 한길사, 1986, 452~454쪽.
50) 이영훈, 「ㄱ문서를 통해본 조선전기 노비의 경제적 성격」, 『한국사학』 9, 1987.
51) 이영훈, 「조선사회 솔거·외거노비 구분재고」, 『한국근대경제사의 연구와 성과』, 1989.
52) 이영훈, 「조선시대 사회경제사 연구의 최근 경향과 고문서의 의의」, 『정신문화연구』 46, 1992.

연구는 이밖에도 더 있다. 朴魯昱은 이미 부안 김씨가의 고문서에서 솔거노비들이 통상 앙역질로 분류되고 있음에 착안하여 솔거노비를 앙역노비로, 외거노비를 납공노비로 칭할 것을 제안한 바 있다.[53] 또한 鄭求福은 솔거노비와 외거노비 대신 사역노비와 납공노비로 구분할 것을 제안한 바 있으며,[54] 金東仁은 사환노비와 신공노비로 구분할 것을 제안한 바 있다.[55]

이러한 구분법은 사노비를 거주 형태에 따라 구분하던 기존의 구분법이 가지고 있는 한계를 극복하기 위하여 시도된 것이라는 공통점을 갖고 있다. 즉 종래와 같은 솔거노비와 외거노비로 구분할 경우 그들이 상전가에 사역되는 실제 모습을 밝히기 어려울 뿐 아니라 노비 보유의 경제적 실체나 농업 경영의 실제를 밝히기 어렵다는 것이다. 그러나 이들이 실제로 부담하는 역의 형태에 따라 구분할 경우 노비 보유의 실상이나 그 의미가 분명히 드러나 농업 경영의 참 모습에 접근하기가 그만큼 용이해진다는 것이다.

어하튼 사노비를 역부담 형태에 따라 새롭게 구분하려는 시도는 점차 여러 연구자들 사이에 공감대를 형성하고 있어 앞으로 이에 대한 진지한 논의가 있어야 할 것이다.

조선 후기의 외거노비는 위의 논의에서 나타난 바와 같이 상전가의 토지를 경작하면서 상전가에 경제적으로 예속된 상태에서 생활해가는 자들도 있었지만, 많은 수의 노비가 상전가의 경제적 예속 상태에서 벗어나 독립된 경제 기반을 가지고 생활해가고 있었다. 이들은 상전이 아닌 다른 사람의 토지를 경작하거나 아니면 자기 자신의 토지를 경작하면서 생활해가고 있었다. 이들 중 일부는 도망하여 상전가로부터 신분

---

53) 박노욱, 『16~18세기 부안김씨가의 재산 실태 연구』, 충남대학교 석사학위논문, 1988.
54) 정구복, 「고문서를 통해본 조선조 양반의 의식」, 『한국사학』 10, 1989, 142쪽.
55) 김동인, 「조선선기 사노비의 예속형태」, 『이재룡박사 환력기념 사학논총』, 1992.

적 예속 상태에서도 벗어나고 있었다.

조선 후기의 외거노비들이 상전가의 토지 경작과 무관하게 생활하고 있었음은 호구단자와 분재기 등의 고문서 분석에서 확인할 수 있다. 부안 김씨 가문의 고문서에 의하면 1672년 이후 이 가문의 외거노비들이 거주하는 지역이 부안현을 제외하고 전라도 18군현, 충청도 5군현, 경상도 5군현에 이르는데 이 가운데 부안 김씨가의 토지가 있는 지역은 전라도의 고부와 흥덕 2군현에 불과하였다. 고부에는 1675년에 6명, 1771년에 1명의 노비가 살고 있었으며, 흥덕에는 1778년에 2명의 노비가 살고 있었다. 그러나 이들도 상전가의 토지를 경작하고 있었던 것 같지는 않다. 부안 김씨의 노비가 거주하고 있던 28지역 가운데 위 두 곳을 제외하고는 본가의 토지가 있지 않았기 때문에 이들 지역에 거주하는 노비들은 상전의 토지가 아닌 다른 토지를 경작하여 생계를 유지하지 않으면 안 되었을 것이다.[56]

또 부안현 내에 있는 부안 김씨가의 토지 경작 관계를 살펴보면 1778년의 경우 총 55명의 작인 가운데 부안 김씨가의 노비는 5명에 불과한 실정이었으며,[57] 1776년에 작성된 것으로 보이는 賭地收納文書[58]에는 작인 4명 가운데 1명만이 부안 김씨가의 노였다. 이로써 볼 때 상전가가 있는 부안 지방에 있어서도 노비들은 그들의 생계를 상전가의 토지 경작에만 의존하고 있지 않았음을 알 수 있다.

상전가의 토지 경작과 무관하게 존재했던 이들 외거노비들은 상전에게 신분적으로 예속되어 있었기 때문에 거기에 상응하는 부담을 지지

---

56) 전형택, 『조선후기 노비신분연구』, 75~76쪽.
57) 『부안김씨우반고문서』, 정신문화연구원, 1983, 222~224쪽. '乾隆四十三年戊戌十一月都畓區處文 附 都畓坪名斗數上中下等及作者名.'
58) 위의 책, 400쪽. 본문서는 丙戌年十月十五日에 작성되었는데 작인 가운데 노 1명이 1771년의 호구단자에 외방질에 기재되어 있다. 이로써 보면 이때의 병술년은 1776년에 해당한다.

않으면 안 되었다. 이들이 지는 부담은 상전가에 신역의 형태로 노동력을 제공하는 자도 있었지만, 조선 후기에는 대부분 신공과 선물을 납부하고 있었다.

노비 신공은 노 2필, 비 1필 반에서 조선 후기에 들어와 감소하여 1755년(영조 31)에 노 1필, 비 반필로 감액되었다가, 1774년(영조 50)에 비공은 완전히 없어지고 노만 신공을 바치도록 되었다.[59] 그러나 이러한 신공액이 지방 양반들의 노비에게는 정확히 지켜졌던 것 같지는 않다. 그것은 1730년대에 부안현 위도에 거주하고 있던 부안 김씨가 노비의 일부로부터 받아들인 신공과 선물을 기록한 身貢收納文書[60]에는 비가 돈 2냥을 상납한데 반하여 노 가운데는 1냥만을 상납한 경우도 있으며, 아예 신공을 바치지 않은 자도 있었다. 그러나 모두가 선물만은 반드시 바치고 있었다. 이들 모두가 신공으로 돈 외에 청어, 석어, 젓갈 등을 바치고 있는 것으로 보아 이들은 모두 어업에 종사하여 생계를 꾸려가고 있었을 것이다. 이들이 해산물을 선물로 바쳤던 것으로 보아 선물은 토산물로 바치는 것이 상례였던 것으로 보인다.

외거노비들이 상전에게 신공과 선물을 바치고 있는 것은 해남 윤씨 가문의 고문서에서도 확인된다. 해남 윤씨 가문의 외거노비로 장흥, 강진, 흥양, 청산도, 서안에 살고 있는 노비들이 상전댁에 신공과 선물을 바친 내용을 기록한 을미년동짓달각도노비등쳐의공치부[61]에 의하면 노

---

59) 전형택, 앞의 책, 108~119쪽.
60) 『扶安金氏愚磻古文書』, 400쪽. 이 문서가 작성된 연대는 정확히 알 수 없으나, 이 문서에 기재된 노비들이 1699~1777년 사이에 걸쳐서 작성된 호구자료에 기재되어 있고, 비공을 2냥까지 바친 자가 있었던 것을 보면, 대체로 비공이 반필로 감액되기 이전인 1759년(영조 35) 이전의 어느 해에 작성된 것으로 보인다.
61) 『고문서집성(三) -해남윤씨편-』, 정신문화연구원, 1986, 783쪽. 이 문서는 한글로 작성되어 있다. 작성 연대는 을미년으로만 되어 있어 정확히 알 수 없으나, 노가 대체로 2냥, 비가 1냥의 신공을 바치고 있는 것으로 보아 노비 신공이 감액되기 이전 즉, 1755년(영조 31) 이전의 을미년인 1715년이 아닌가 생각된다.

21명, 비 7명 가운데 신공만을 바친 노비가 8명(노 5명, 비 3명), 신공과 선물을 같이 바친 노비 20명(노 15명, 비 5명, 비 중에는 신공 대신 전복을 바친 자 1명 포함)이었으며, 선물만을 바친 노비는 1명도 없다. 신공으로는 노의 경우 15명 중 돈 2냥을 바친 자가 9명으로 가장 많으며, 다음으로 돈 1냥을 바친 자가 4명, 장목 1필을 바친 자가 3명의 순이어서 2냥을 바친 자가 가장 많다. 이외에도 노의 경우 돈 1냥 반을 바치거나 다른 물품으로 바친 자도 있었다. 비의 경우는 돈 1냥을 바친 자가 1명, 2냥을 바친 자가 2명, 장목 1필을 바친 자가 2명, 돈 8전을 바친 자가 1명, 신공 대신 전복 2뭇 반을 바친 자가 1명이었다.

선물에 있어서는 노는 대체로 전복 2뭇에 김 2톳이나 감각 2뭇을 함께 바친 자가 가장 많았으며, 비의 경우에는 김 2톳만을 바친 자가 가장 많았다. 이로써 보면 노비들이 신공 외에 선물을 바쳤던 것은 통상적인 일이었던 것으로 보인다. 선물을 바치지 못했거나 신공을 적게 바쳤던 노비는 아마도 생계가 어려워서 그랬을 것이다.

위에서 살펴본 바와 같이 외거노비들이 신공과 함께 거의 모두가 선물을 바치고 있었다. 이들이 바친 선물은 모두가 토산물이어서 이들이 이러한 물종의 생산에 종사하고 있었던 것으로 생각된다. 이와 같이 외거노비들은 생업에 종사하여 생계를 유지하면서 상전에게는 일정한 양의 신공과 함께 선물을 바치고 있었던 것이다. 이 선물은 명목은 선물이었지만 실제에 있어서는 노비가 상전에게 바치는 신공의 부가금의 성격을 갖는 것이어서 외거노비들은 법규에 정해진 신공 이상의 부담을 선물이라는 명목으로 공공연히 지고 있었던 것이다.

## 6. 맺음말

지금까지 조선 후기 외거노비의 존재양태를 살펴보았다. 조선 후기의 외거노비는 사노비 가운데 상전과 가호를 달리하여 거주하는 노비로 독립적인 가계를 영위하면서 생활하고 있는 자들이 대부분이었다. 물론 이들 중에는 상전가의 부근에 살면서 상전가에 신역을 제공하는 자들도 일부 있기는 하였지만, 생계를 스스로 해결하여 살아가고 있었다.

외거노비들은 외거 지역에 부모형제를 중심으로 가족 단위의 생활을 영위하고 있었다. 이와 같이 외거노비들의 가족 구성이 친족 중심으로 결합되어 있는 것은 이들이 상전의 직접적인 사역이나 착치가 가능한 범위를 벗어나 있었기 때문이었을 것이다.

고문서의 분석을 통하여 조선 후기의 주요 노비 소유계층인 양반들의 노비 소유 경향을 살펴보면 조선 후기에는 외거노비의 비율이 압도적으로 높아지고 있었다. 이러한 외거노비 비율의 증가는 노비 소유주의 농업 경영과 밀접한 관련을 맺고 있었다. 양반들의 농업 경영이 조선 전기에는 농장 형태가 주류를 이루었으나 조선 후기로 오면서 병작반수로 그 경영 형태가 전환되면서 농장 경영에 부역 노동을 주로 제공하던 솔거노비들 또한 병작반수에 기초한 전호로 전환되어 이들이 외거노비로 되어갔기 때문이었다.

또 조선 전기에는 외거노비의 상당수가 상전의 전답을 경작하여 생활해가고 있었으나, 조선 후기에는 상전의 전답 외에 자기 자신의 전답이나 제3자의 전답을 경작하면서 생활하고 있는 노비가 늘어나고 있어, 점차 소유주로부터 경제적으로 독립하게 되고 신분적으로만 예속되어 있는 경향이 증가하고 있었던 것으로 나타났다.

조선 후기에는 이러한 변화와 함께 재산을 소유한 노비가 증가하고 있었다. 조선 후기에 작성된 고문서에서 원래 노비 소유지였음을 알려주는 기상전답을 조사한 바에 의하면 공사노비 모두 상당한 양의 전답을 소유하고 있던 노비들이 상당수 존재하고 있었다.

　노비신분층에는 원칙적으로 국역 부담의 의무가 없었으나, 조선 후기에 들어와 양역 인구가 부족하게 되자, 이들에게도 제한적으로 국역이 부과되기에 이르렀다. 그러나 이들이 지는 국역은 속오군, 아병 등의 노비신분층이 주로 지는 군역이 주류를 이루었다. 이러한 직역은 조선 후기에 들어와 급속히 진행된 신역의 물납화현상에 따라 대부분 물납으로 그 의무를 대신하게 되었다. 이들의 부담은 양인의 절반 수준이었다. 이러한 국역을 지는 노비는 대체로 독립된 가계를 꾸리며 살고 있는 외거노비들이었다.

　조선 시대의 외거노비는 상전에게 신역을 제공하거나 이에 상응하는 신공을 제공하여야 했다. 그러나 조선 후기의 외거노비는 대체로 상전의 경제 기반과 관련이 없이 독자적인 경제 기반을 가지고 생활하고 있었기 때문에 이들은 상전에게 일반적으로 신역보다는 신공을 바치는 자들이 많았다. 이들은 또한 예외 없이 신공과 함께 선물을 바치고 있었다. 이것은 이들이 상전에 신분적으로 예속되어 있는 물질적 표현이었을 것이다.

# Ⅵ. 조선 후기 노비의 토지소유

## -「記上田畓」을 중심으로-

## 1. 머리말

　조선 후기는 조선왕조의 사회체제가 급격히 변화하고 있던 시기로 사회구조 자체에 상당한 변질을 가져오게 되었다는 이해가 일반적으로 받아들여지게 되었다. 이러한 연구업적은 경제적, 사회적, 사상적 측면에서 괄목할 만한 바 있으나 신분제의 변질에 대해서는 심도있는 연구가 이루어지지 못한 편이다.

　이러한 상황에서 조선 후기 사회 구조의 변화를 신분제의 변동, 그 중에서도 사회최하층인 노비 신분의 변동에서 추구하여 조선 후기 사회의 구조적인 변화를 밝히는 것은 의미가 있을 것이다.

　조선 왕조에서 노비도 다른 신분층과 마찬가지로 재산을 소유할 수가 있어서 전답과 같은 토지뿐 아니라 노비까지 소유한 자들도 있었다. 재산을 소유한 노비는 신분적으로는 상전에게 예속되어 있었으나, 경제적으로는 상전이나 소속 관사의 예속에서 벗어나 보다 자유로운 위치에서 경제 활동을 영위할 수 있었을 것이다.

　조선 후기에는 상품화폐경제의 진전과 농업 생산력의 발전으로 계층 분화가 심화되어 한편에서는 '無土不農之民' 즉, 토지에서 유리되어간 자들도 많이 있었지만 다른 한편으로는 농업 경영의 합리화와 광작 등을 통하여 부를 축적해 간 자들도 있었다. 노비 신분층도 이러한 변화에서 예외일 수는 없어서 일부이기는 하지만 경제적으로 독립하여 상당한 규모의 토지를 소유하고 있는 자들도 나타났다.

조선 후기 노비의 신분 변동은 이러한 경제적 변화와 밀접히 관련되어 진행되었다. 이러한 시각에서 여기에서는 조선 후기 노비 신분 변동의 경제적 배경을 규명하기 위한 일환으로 고문서에서 노비의 소유지였던 記上田畓을 검출하여 노비신분층의 토지소유상황과 토지소유의 배경, 노비 토지 소유의 성격을 검토하고, 이를 통하여 조선 후기에 노비신분층의 존재형태가 어떠한 양상으로 바뀌고 있었는가를 고찰하려고 한다.

## 2. 노비 소유지로서의 記上田畓

조선 후기 노비신분층의 토지소유 사실을 알려주는 자료는 많이 않다. 그 중에는 토지매매명문이나 분재기와 같은 고문서류를 비롯하여 군현양안에 이르기까지 다양하다. 그러나 이들 자료에서 노비의 실제 소유 토지를 밝혀내는 것은 쉽지가 않다. 조선 시대의 노비 소유주인 양반들은 자기 대신 노비의 명의로 문서를 작성하고 양안에도 노비의 이름으로 등재하는 일이 흔히 있었기 때문이다. 그러한 가운데서도 실제로 노비의 소유지였던 것을 알려주는 증거를 찾을 수 있다. 기상전답이란 표기가 그것이다.

일반적으로 노비의 재산과 관련되어 사용되는 기상전답이란 표기는 노비의 재산을 상전이 차지하는 경우에 사용되고 있었다.

원래 조선 시대에는 노비들이 토지를 비롯한 재산을 소유할 수가 있어서 노비에게 자녀가 있는 경우에는 그 노비의 재산을 자녀가 상속받게 되지만, 자녀가 없는 경우에는 공노비인 경우 그가 속한 국가기관에, 사노비인 경우에는 소유주에게 그 소유권이 귀속되도록 규정되어 있었다.[1] 이러한 법규에 따라 내수사를 비롯한 여러 궁방에서는 자녀가 없는 노비의 재산을 속공하고 그 토지만을 대상으로 별도로 전답안을 작성하고 있었는데 이러한 전답안은 일반적으로 『內需司無後奴婢某某記上田畓打量成册』이라 명명되고 있었다.[2]

조선 후기에 무후노비의 재산을 속공하는 일은 궁방전 확대 요인의 하나로 언급될 정도로[3] 상당한 양에 달했던 것 같다. 조선 후기에 국가에서 노비추쇄사업을 실시하면서 도망, 은루노비 뿐만 아니라 무후노비의 재산도 빠짐없이 추쇄하고 있었던 데에서도 무후노비의 재산이 상당량에 달했음을 알 수 있다.[4] 내수사를 비롯한 궁방에서는 이들의 재산을 별도로 파악하고 기상전답 또는 속공전답으로 부르고 있었다.

노비의 재산과 관련하여 사용된 기상이란 용어는 조선 후기에 편찬된 법전에도 자주 보인다. 예컨대

노비가 장가들어 자손이 있는데도 노비의 재산을 법을 어기고 기상하는 자는 違法의 율을 시행한다.[5]

라 한 것이나,

사노비로 자녀 없이 죽은 자의 재산은 주인에게 준다.『경국대전』공천조에 보인다. ○공천은 공천이 소속된 관에 준다. (중략) 만약 다른 사람의 비에 장가들어 자손이 있는데도 주인이 기상하면 제서유위율로 논한다(공천도 같다).[6]

---

1) 『경국대전』 권4, 「형전」 공천.
2) 전형택, 『조선후기 노비신분 연구』, 일조각, 1989, 12~13쪽.
3) 和田一郎, 『朝鮮土地制度及地稅制度調査報告書』, 1920, 155쪽.
4) 『推刷都監儀軌』(上)(규장각도서 No.14934) 을미 2월 23일. '奴婢無子息夫妻俱沒者 家舍奴婢田畓等 依法典給其官主之文施行爲白乎矣 或稱買得 或稱收養 冒占人及受贈同謀 不爲直告 頭目色吏等 并以從重刑推爲自齊.'
   이러한 기록은 같은 책의 을미 8월 초 7일, 병신 7월 23일에도 보인다.
5) 『신보수교집록』 「형전」 공천.
6) 『속대전』 권5, 「형전」 사천.

고 한 것이 그러한 예이다.

이러한 용례는 조선 후기에 작성된 토지매매문기나 분재기 등의 고문서에서도 흔히 발견된다. 다음은 고문서에서 발췌한 이러한 용례이다.

① 후손이 없는 노비의 경작하던 토지를 법에 따라 기상하여 소유한다.[7]
② 노 八生이 죽은 후 기상한 논 입하 보남에 있는 영자 논 2卜 5束 곳.[8]
③ 노 武金 河日 등이 후사 없이 죽은 후 그들의 전답을 순치 17년에 법에 따라 기상했다.[9]

기상이란 용어가 토지매매문기나 분재기에 주로 사용되는 것은 '전래전답', '매득전답' 등의 용어와 함께 이 토지가 어떻게 하여 재주의 소유로 되었는지를 밝히기 위한 것이었다. 따라서 기상된 후 양전 사업이 실시되어 양안상의 기주가 바뀐 후에도 소유권이 타 가문으로 넘어가지 않는 한 기상전답이란 용어가 계속 사용되고 있었다. 예컨대 1688년에 작성된 부안 김씨 가문의 분재기에 '노 八生이 죽은 후 기상한 논'으로 기재된 토지(앞의 예문 ②)가 1719~1720년 사이에 양전 사업이 실시된 뒤인 1779년에 작성된 분재기에도 '奴八生處記上畓'으로 그대로 기재되어 있는 것이 그러한 예이다.[10]

이와 같이 '기상전답'이란 용어가 노비의 재산을 상전이 차지하는 경우에 사용되었기 때문에 '記上奴婢'도 존재하였음은 의심할 여지가 없다. 노비의 노비 소유도 흔히 있는 일이었기 때문이다. '기상노비'는 '기상전답'만큼 많이 나타나지 않지만 고문서에서 그 용례를 찾는 것은 어

7) 이수건 편, 『경북지방고문서집성』, 722쪽. 「전답명문」 No.624. '無孫奴所耕田土 依法記上執持是在.'
8) 한국정신문화연구원 편, 『부안김씨우반고문서』, 214쪽. 「분재기류」 No.29. '奴八 生身死後記上畓 立下保南 一作暎字畓 二卜五束庫.'
9) 한국정신문화연구 편, 『고문서집성』(3)-해남윤씨편- 420쪽. 「패지」 No.13. '奴武 金河日等 無後身死之後 其矣田畓乙 曾於順治十七年分 依法記上是如乎.'
10) 한국정신문화연구원 편, 『부안김씨우반고문서』, 212쪽. 「분재기류」 No.28.

럽지 않다. 몇 가지 예를 들어 보면 다음과 같다.

① 가옹이 별득한 비 李非가 기상한 비 今音德의 첫소생인 비 石德 나이는 35세
로 신유생이다.[11]
② 비 仁德이 기상한 비 欣介는 46세로 기축생이고, … 노 암회가 기상한 고음
산은 51세로 갑신생이다.[12]
③ 비 先眞이 기상한 비 安代 나이는…[13]

위 ②의 婢 仁德은 이 문서가 작성되기 이전에 그의 재산을 상전에게
기상하고 기상문권을 작성한 바 있었다.[14] 이 기상문권에서 비 인덕은
모두 11명의 노비를 상전에게 기상한 바 있는데, 비 흔개는 그 중의 한
명이었다. 또 고음산은 상전인 노 암회가 도망한 후 암회의 상전댁에서
암회의 소유였던 고음산을 기상받은 것으로 처리하여 차지한 것이다.
③은 비 안대가 비 선진이 기상하여 재주의 소유로 되었음을 보여주고
있어 안대의 소유권이 어떻게 하여 재주에게 있게 되었는지를 알려주고
있다.
　노비의 재산을 상전이 차지하는 경우는 일반적으로 무후인 경우에
한정되지만, 노비들은 자식이 있는 경우에도 노주 사이의 신분적 예속
상태에서 어쩔 수 없이 자신의 재산을 상전에게 바치는 경우가 있었다.
이 경우에도 이들 토지는 '기상전답'으로 표기되고 있었는데, 대체로 다
른 사람 소유의 비와 결혼한 노에서 이러한 일이 많았다. 다음은 이러
한 예를 고문서에서 발췌한 것이다.

---

11) 이수건 편, 앞의 책, 141쪽. 「허여문기」 No.12. '家翁別得婢李非記上婢今音德一
　所生婢石婢 年二十五 辛酉生.'
12) 위의 책, 226쪽. 「허여문기」 No.42. '仁德記上婢欣介 年四十六己丑(中略) 奴岩
　回記上古音山 年五十一 甲申.'
13) 위의 책, 388쪽. 「화회문기」 No.99. '婢先眞記上婢安代 年.'
14) 이수건 편, 앞의 책, 591쪽. 「점련문기」 No.281. 婢仁德粘連文記.

① 네가 다른 사람의 비를 처로 맞은 벌로 네 이름으로 재주를 삼고, 증인과 필
집을 갖추어 관에 제출하여 확인하는 도장을 받을 수 있도록 다시 기상문권
을 작성하여 상전에게 바칠 것.[15]
② 이 몸이 다른 사람의 비를 처로 맞아 자녀를 많이 낳았으니, 그 죄가 마땅히
만 번 죽어도 마땅하나, (상전의 은덕으로) 목숨을 보전하게 되어 이제 늙고
병들어 죽을 날이 얼마 남지 않아 상전의 명령에 따라 제 부모에게서 상속받
은 전답과 제가 스스로 매득한 전답을 낱낱이 기상하오니….[16]
③ 해남의 노 남한이 남의 비와 결혼하여 … 그의 전답을 (『경국대전』의 무후노
비의) 전답은 관이나 주인에게 준다는 법으로 모두 기상할 계획인 바….[17]

위에 제시한 용례는 모두 토지문기에서 발췌한 것들이다. 이와 같이
경우에 따라서는 자식이 있는 노비의 재산도 상전이 차지하고 있었는데
이 경우에도 기상이라는 용어가 사용되고 있었다.

남의 비를 처로 맞은 노의 재산을 상전이 차지하는 것은 불법이었지
만 조선 후기에 세력 있는 양반들 사이에서 널리 행해지고 있었다. 남
의 비를 처로 맞게 되면 그 소생이 노비종모법에 따라 처의 상전의 소
유가 되므로 자기 소유 노비의 재산이 타인 소유의 노비에게 넘어갈 것
을 염려한 상전이 노의 약점을 이용하여 여러 가지로 침박하였기 때문
에 노비로서는 상전에게 자기의 재산을 바치지 않을 수 없었을 것이다.
남의 비에 장가들어 자손이 있는데도 상전이 노비의 재산을 기상하면
制書를 위반한 율로 논한다는 앞의 법전 규정은 바로 세력 있는 양반이
나 지방 토호 사이에서 이러한 일이 자주 일어나자 이를 방지하기 위해
서 마련한 것이다. 어쨌든 이러한 법 규정이 제정되었다는 것은 이러한

---

15) 위의 책, 457쪽. 「별급문기」No.185 '汝矣身亦 他婢作妻罰以 更造記上文券爲乎
矣 汝矣名號以 作財主 俱證筆 經官踏印次以 上典前入納爲齊.'
16) 『고문서 집성』(3), 366쪽. 「토지문기」No.661 '矣身亦 他婢作妻交嫁 多産子女
罪當萬死是乎矣 保全軀命 今則矣身老病將死乙仍于 上典主行下導良 矣父母衿得
田畓及 自己買得田畓 口數一一後記上爲去乎.'
17) 위의 책, 232쪽. 「토지문기」No.82. '海南奴南汗亦 他婢交嫁 … 其矣田畓乙 給
其之自土之法以 沒數記上計料爲在果.'

일이 아주 많았음을 단적으로 말해주는 것이다.

상전이 노비의 재산을 기상받을 때는 일반적으로 기상문권이 작성되었다. 기상문권은 기상명문과 재주, 증인, 필집의 진술서인 초사, 그리고 이를 토대로 하여 관에서 발급하는 입안으로 구성되었다.[18] 그러나 조선 후기에 작성된 기상문권의 대부분은 입안절차 없이 기상 자체만으로 그 효력을 발생하였다.

## 3. 노비의 토지소유 상황

기상전답을 중심으로 노비의 토지소유 상황을 살펴보자. 내노비의 경우 『無後奴婢記上田畓打量成册』의 분석에 의하면 한정된 자료에도 불구하고 토지를 소유하고 있던 자들이 함경도와 경기도를 제외하고 거의 전국적으로 분포하고 있었다. 물론 현재 밝혀진 지역 이외의 곳에서도 내노비가 거주했으며 이들 중에서도 토지를 소유하고 있었던 자가 많이 있었을 것이다.

이들의 토지소유 내용은 계층 분화가 심하여 최하 2부 2속을 소유한 자에서부터 최고 9결 6속의 광대한 토지를 소유한 자에 이르기까지 아주 다양하였다. 이들이 소유한 실제 경작면적에 따라 계층 분화를 살펴보면 전체 69명 가운데 25부 미만 22명, 25부 이상~50부 미만 13명, 50부 이상~1결 미만 19명, 1결 이상~5결 미만 14명, 5결 이상 1명으로 25부 미만의 토지를 소유한 자가 가장 많았다. 그러나 1결 이상의 토지를 소유한 자도 15명(22%)이나 되어 군현양안의 분석 결과와는 큰 차이를 보이고 있다.[19] 그러나 이들이 소유하고 있는 토지에는 밭이 많고

---

18) 이수건편, 앞의 책, 591쪽. 「점련문기」 No.281 婢仁德粘連文記 및 주 9) 참조.
19) 김용섭 교수의 군현양안 분석 결과를 제시하면 다음과 같다.(『조선후기 농업사연구』 I , 일조각, 154쪽)

또 묵밭의 비율이 아주 높았던 점을 감안하면 열등한 토지가 대부분이어서 농업 소득에 있어서는 일반 양인 농민보다 결코 우위에 있지만은 않았던 것으로 보인다. 이러한 점을 감안하여도 69명의 내노비 가운데 10명(14%)은 생산성이 높은 논을 많이 소유하고 있어 부의 축적이 가능한 부농으로 간주될 수 있었다.[20]

한편 사노비에 있어서는 노비 개인별 전체 소유 토지를 구체적으로 파악하기는 곤란하지만 조선 후기에 작성된 고문서에서 기상전답의 소유주로 밝혀진 사노비를 지역별로 정리한 것이 〈표 1〉이다.

〈표 1〉에 나타난 바와 같이 조선 후기에 토지를 소유하고 있다 상전에게 기상한 노비는 현재 45명이 파악되고 있는데 이들을 지역별로 살펴보면 먼저 경상도에 있어서는 13명의 노비가 기상전답을 소유하고 있었던 것으로 나타난다. 이들 가운데 사노 卜萬은 자기 재산의 정당한 상속권자인 두 딸이 있음에도 불구하고 주인의 압박에 견디지 못하고 자기 재산의 일부를 주인에게 기상하였다.[21] 그의 소유 재산은 밭 16마지기와 70부, 논 12마지기와 50부로 모두 1결 90부에 이르고 있었는데 그는 이중의 일부를 주인에게 기상하고 나머지를 두 딸에게 분재할 수 있었다. 복만이 딸이 있음에도 그의 재산의 일부를 주인에게 기상할 수밖에 없었던 것은 아마도 그가 남의 비와 결혼했기 때문이었던 것 같

| 지역<br>토지소유규모 | 회 인 | | 의 성 | | 전 주 | |
|---|---|---|---|---|---|---|
| | 인 원 | % | 인 원 | % | 인 원 | % |
| 25부 미만 | 251 | 68.0 | 346 | 51.6 | 500 | 43.3 |
| 25부~50부 미만 | 57 | 15.5 | 131 | 19.6 | 263 | 22.8 |
| 50부~1결 미만 | 37 | 10.0 | 116 | 17.3 | 220 | 19.0 |
| 1결~5결 미만 | 24 | 6.5 | 77 | 11.5 | 161 | 14.0 |
| 5결~10결 미만 | - | - | - | - | 9 | 0.8 |
| 10결 이상 | - | - | - | - | 1 | 0.1 |
| 계 | 369 | 100.0 | 670 | 100.0 | 1,154 | 100.0 |

20) 전형택, 앞의 책, 28~30쪽.
21) 진형택, 앞의 책, 35~36쪽 참조.

다. 그것은 그의 두 딸이 "각각 다른 상전에게 분재되었다."[22]고 되어 있는 것에서 알 수 있다.

경상도의 노비 13명이 소유한 전답의 합계는 5결 93부 5속으로 평균 45부 7속을 상회한다. 이들 가운데 80부 이상을 소유한 복만, 금산, 인덕은 그들의 전체 소유 재산의 규모가 파악되고 있으나 나머지 10명은 기상전답이 그들이 소유하고 있던 재산의 일부였을 가능성이 많다. 따라서 이들 가운데에서도 더 많은 전답을 소유하고 있던 사람이 있었을 가능성이 있다.

다음으로 전라도 지역에 있어서는 33명의 노비가 기상전답을 소유하고 있었던 것으로 나타난다. 이들 가운데 1결 이상의 많은 전답을 기상한 노비는 노 윤필과 노 계용 2명인데 이들은 둘 모두 무후노비가 아니었다. 즉 노 윤필은 상전인 해남 윤씨가의 말음(舍音)이었는데 해마다 소작인들로부터 거두어들인 소출의 일부와 장리조 7,000여 섬, 관에 납부할 쌀 10여 섬을 훔쳤다 발각된 후 이를 갚을 길이 없어 그의 전 재산을 상전댁에 기상했던 것이다.[23] 또 노 계용은 남의 비에게 장가들어 자녀를 많이 두었으나 만년에 상전의 명에 따라 자기 부모로부터 분재받은 재산과 자신이 사들인 재산을 상전댁에 기상하였다.[24]

---

22) 이수건 편, 앞의 책, 152쪽. 「허여문기」 No.15 사노복만허여문기. '各各他上典 粉付.'

23) 한국정신문화연구원 편, 『古文書集成』(三) 海南尹氏篇, 417쪽. 「土地文記」 No. 21. 萬曆三十九年辛亥正月二十五日 上典尹安邊宅奴德義處明文. '右明文事段 矣 身亦 上典宅農所逢授累年舍音以 使內爲如可 年年所出多數 無面爲於 長利租七 千石及 官納次搜討體探米十餘石并以 無路置處爲有如可 發覺之後 他無代納之物 乙仍于 矣祖上傳來耕食爲在 (中略)等田畓并十庫乙 上典宅以 成文上納爲去乎.'

24) 위의 책, 366쪽. 「土地文記」 No.661. 崇禎十年丁丑四月二十日 上典宅戶奴末叱處 明文. '右明文事段 矣身亦 他婢處交嫁多産子女 罪當萬死是乎矣 保全軀命 今則 矣身 老病將死乙仍于 上典主行下導良 矣父母衿得田畓及 自己買得田畓(中略)一 一後 記上爲去乎.'

## 〈표 1〉 고문서에 나타난 노비의 소유재산 규모

(단위 : 두-마지기, 석-섬지기)

| 지역 | 고문서<br>소유<br>가문 | 연대 | 노비명 | 소 유 재 산 | | | | 출 전 | 비고(0)는<br>전체재산<br>이 파악됨 | 결부법으<br>로 환산한<br>면적 |
| | | | | 밭 | 논 | 계 | 기 타 | | | |
|---|---|---|---|---|---|---|---|---|---|---|
| 경상<br>안동 | 진성이 | 1540 | 奴 卜萬 | 16두 | 12두 | 28두 | 牛3,穀10石 | 『慶北古』 p.152 | 기상재산과<br>분깃재산<br>포함(0) | 1결90부 |
| | | | | 70부 | 50부 | 1결20부 | 車2,瓦家1,<br>釜2,甕10<br>果木10 | | | |
| | | 1535 | 奴 金山 | 20두 | 11두5승 | 31두5승 | 家舍, 代田<br>牛2 | 〃 p.143 | | 81부3속 |
| | 전주유 | 1521 | 奴 義文 | 7부 | | 7부 | | 〃 p.139 | | 7부 |
| | 순흥안 | 1589 | 奴 乞山 | 10두 | 14두 | 24두 | 비1 | 〃 p.184 | 落漏收探할<br>것 | 60부 |
| | | | 婢 莫介 | 7두 | 17두 | 24두 | | 〃 p.184 | | 60부 |
| | | | 奴 停龍 | 5두 | | 5두 | | 〃 p.184 | 私田 | 12부5속 |
| | 광산김 | 1627 | 奴 盡忠 | | 2두 | 2두 | | 〃 p.355 | | 5부 |
| | | | 婢 春伊 | | 4두 | 4두 | | 〃 p.193 | | 10부 |
| | 풍산유 | 1714 | 婢 保蕩 | ? | ? | ? | | 〃 p.621 | 傳來田土不少 | ? |
| 봉화 | 안동권 | 1550 | 奴 夫山 | 4두 | | 4두 | | 〃 p.298 | | 10부 |
| | | | 奴 中同 | 1두 | | 1두 | | 〃 p.298 | | 2부5속 |
| 영덕 | 재령이 | 1617 | 婢 仁德 | 1석 | 1석9두 | 2석9두 | 노5, 비6 | 〃 p.591 | 기상명문<br>(0) | 1결22부5<br>속 |
| | | 1771 | 不明 | 7부7속 | | 7부7속 | | 〃 p.722 | | 7부7속 |
| 전라<br>부안 | 부안김 | 1621 | 奴 德金 | | 4두(5부) | 4두(5부) | | 『扶安古』 p.176 | | 5부 |
| | | 1688 | 奴 八生 | | 2부5속 | 2부5속 | | 〃 p.213 | 1779재수록 | 2부5속 |
| | | 1753 | 婢 起禮 | | 12부6속 | 12부6속 | | 〃 p.198 | 〃 | 12부6속 |
| | | 1779 | 奴 龍鶴 | | 23두 | 23두 | | 〃 p.211 | | 57부5속 |
| | | | 奴 應參 | | 5두 | 5두 | | 〃 | | 12부5속 |
| | | | 奴 斗應 | | 8두 | 8두 | | 〃 | | 20부 |
| | | | 奴 景龍 | | 1두 | 1두 | | 〃 | | 2부5속 |
| | | | 奴 盤松 | | 5두 | 5두 | | 〃 | | 12부5속 |
| | | | 奴 朱金 | | 4두 | 4두 | | 〃 | | 10부 |
| | | | 奴 德奉 | | 7두 | 7두 | | 〃 | | 17부5속 |

| 지역 | 고문서 소유 가문 | 연대 | 노비명 | 소 유 재 산 | | | | 출 전 | 비고(0)는 전체재산이 파악됨 | 결부법으로 환산한 면적 |
|---|---|---|---|---|---|---|---|---|---|---|
| | | | | 밭 | 논 | 계 | 기 타 | | | |
| 해남 | 해남윤 | 1779 | 奴賣石 | | 5두 | 5두 | | 〃 | | 12부5속 |
| | | | 奴積善 | | 4두 | 4두 | | 〃 | | 10부 |
| | | | 婢禮貞 | | 4두 | 4두 | | 〃 | | 10부 |
| | | 1611 | 奴允必 | 68부8속 | 1결64부3속 | 2결33부1속 | | 『海南古』 p.217 | 奴矣祖上傳來耕食納上(0) | 2결33부1속 |
| | | 1613 | 婢銀西非 | | 20부4속 | 20부4속 | | 〃 p.218 | | 20부4속 |
| | | 1617 | 奴春景 | 3부 | 6부 | 9부 | 鼎1 | 〃 p.366 | (0) | 9부 |
| | | 1618 | 奴不明 | | 21부4속 | 21부4속 | | 〃 p.219 | 妻 寺婢 汗介(0) | 21부4속 |
| | | 1619 | 婢德非 | | 18부 | 18부 | | 〃 p.219 | | 18부 |
| | | 1637 | 奴戒龍 | 40부4속 | 77부4속 | 1결17부8속 | 鼎3,牛1 | 〃 p.366 | 記上文記(0) | 1결17부8속 |
| | | 1646 | 奴南汗 | | 15두 | 15두 | | 〃 p.232 | | 37부5속 |
| | | 1642 | 婢春花 | | 6부2속 | 6부2속 | | 〃 p.357 | | 6부2속 |
| | | 1656 | 婢論德 | | 3두 | 3두 | | 〃 p.356 | 婢 論德畓 | 7부5속 |
| | | 1659 | 奴還福 | | 40부8속 | 40부8속 | | 〃 p.254 | | 40부8속 |
| | | 1660 | 奴洪立 | 6두 | 10두 | 16두 | | 『海南古』 p.260 | | 40부 |
| | | | 奴尹月 | | 19부9속 | 19부9속 | | 〃 p.260 | | 19부 9속 |
| | | | 奴多勿 | | 9두 | 9두 | | 〃 p.261 | 逃亡奴 記上落漏 | 22부 5속 |
| | | 1662 | 婢欣介 | | 47부1속 | 47부1속 | | 〃 p.262 | 도망비 | 47부 1속 |
| | | 1671 | 奴時旭 | | 7두 | 7두 | | 〃 p.270 | | 17부 5속 |
| | | 1672 | 奴義浩 | 7두 | 5두 | 12두 | | 〃 p.276 | 記上 隱匿落漏 | 30부 |
| | | 1707 | 奴武金 河日 | | 19부7속 | 19부7속 | | 〃 p.323 | 기상의 일부 | 19부 7속 |
| | | 1727 | 奴庚攵 | 2부4속 | 11부9속 | 13부？속 | | 〃 p.337 | | 13부 ？속 |
| | | 1740 | 奴乙丑 | | 19부 | 19부 | | 〃 p.339 | | 19부 |

* 결부법으로 환산한 면적은 40마지기를 1결로 하였음. 이에 대해서는 김용섭,
『조선후기 농업사연구(1)』, 167~171쪽 참조.
** 출전의 『慶北古』는 『慶北地方古文書集成』을, 『扶安古』는 『扶安金氏愚潘古文書』
를, 『海南古』는 『古文書』(三) -海南尹氏篇-을 가리킴.

이들은 소유 재산의 전부를 상전댁에 기상하였다. 전라도 지역에서 전체 소유 재산의 규모가 밝혀진 노비는 이들 외에 2명이 더 있다. 그러나 이들의 소유 전답의 양은 아주 적다. 또 나머지 전체 소유 전답의 규모가 밝혀지지 않은 29명이 소유한 전답도 많은 양은 아니다. 물론 이들 중에도 상당한 양의 전답을 소유하고 있던 노비도 있었을 지도 모른다.

전체적으로 현재까지 정리, 출간된 고문서 자료를 중심으로 살펴볼 때[25] 전체적으로 자료에서 검출된 기상전답은 대개 규모가 작아서 50부 미만의 전답을 소유하고 있던 노비가 대부분이지만 기상전답의 소유주로 확인된 46명 가운데 1결 이상의 전답을 소유하고 있던 노비도 5명이 있었다. 이들은 앞에서 살펴본 바와 같이 자기 소유의 전체 재산 규모가 확인된 자들이다. 전체 46명 가운데 자기의 전체 소유 재산 규모가 밝혀진 노비는 모두 7명인데 이들 중 5명이 1결 이상의 전답을 소유하고 있었던 것이다. 이렇게 볼 때 전체 재산 소유의 규모가 밝혀지지 않은 나머지 39명 가운데에서도 상당히 많은 재산을 소유하고 있었던 노비가 더 있었을 것으로 보인다.

전반적으로 고문서 자료에 나타난 기상전답의 규모가 영세한 것은 원래 노비의 소유 전답의 규모가 작았기 때문이기도 하지만 이들 고문서 자료들이 기상명문으로 작성된 것을 제외하고는 대개 노비 소유주의 분재기나 토지매매문기에서 검출된 것이어서 기상받은 노비 재산의 일부만이 기재되어 있던 데에서 기인한 것이라 생각된다. 그렇다고 하더라도 고문서 자료를 통해서 조선 후기에 사노비들도 내노비와 마찬가지로 토지를 비롯한 재산을 소유하고 있는 자들이 있었으며, 그중의 일부

---

25) 여기에서 이용된 고문서는 다음과 같다.
李樹健編, 1981, 『慶北地方古文書集成』; 한국정신문화연구원 편, 1983, 『扶安金氏愚磻古文書』; 최승희 편, 1982, 『光山金氏烏川古文書』; 한국정신문화연구원 편, 1986, 『古文書集成』(三) -海南尹氏篇-.

는 양인 또는 양반 못지않을 정도의 재산을 소유한 자들이 있었음은 의심할 여지가 없을 것이다.

## 4. 노비의 토지소유 배경

조선 후기에 들어와 노비신분층의 토지소유가 늘어났다면 그 배경은 무엇인가? 이를 알아보기 위하여 조선 후기에 작성된 토지매매명문 중에서 노비가 財主로 되어있는 경우만을 조사하여 작성한 것이 〈표 2〉이다.

〈표 2〉에서 취득 방법을 살펴보면 노비가 어떻게 토지를 취득할 수 있었는가를 알 수 있다. 일반적으로 토지매매명문에는 그 토지가 어떻게 하여 재주의 소유가 되었는지를 밝히고 있는데 취득 방법은 바로 이것을 기본으로 작성한 것으로 해당 토지가 어디서 왔는가를 밝혀주는 것이다. 위 표에서 유형 ①은 노비가 상전에게 자기 소유의 토지를 納上한 것으로 이 경우는 대개 부채 변상의 성격을 띠고 있었다. ②는 토지 매매명문을 작성할 때에 財主인 노비의 형제자매나 숙질 등의 친인척이 證保로 참여한 경우이다. ③은 전답주가 내노, 시노, 원노 등 공노비인 경우이다. 이들 공노비가 재주로 되어있는 재산은 그들 자신의 것이 틀림없는 것이다. ④는 토지매매명문의 내용에 이 토지가 재주로 기재된 노비 자신의 토지임을 표시하는 용어가 사용된 것을 의미한다. 예컨대 '婢矣身亦', '奴矣耕食', '身貢備納次'와 같은 표현이 있는 경우이다. ⑤는 재주가 노비 신분이 분명하면서 노비 사이에 매매된 것을 나타낸 것이다.

### 〈표 2〉明文에 나타난 奴婢 소유 토지의 취득 방법과 규모

| 연대 | 田·畓 | 면적 | 取得 방법 | 유형 | 특 기 사 항 | 전 거 | | |
|---|---|---|---|---|---|---|---|---|
| 1614 | 田 | 23斗 | 父別得 | 4 | 田主私婢, 女身貢備納 | 『慶北古』 | p.683 | No.491 |
| 1615 | 畓 | 6斗 | | 4 | | 〃 | p.684 | No.493 |
| 1696 | 田 | 7斗 | | 3 | 寺奴 | 〃 | p.695 | No.535 |
| 〃 | 〃 | 4斗 | 開墾 | 4 | 自起耕食 | 〃 | p.696 | No.538 |
| 1712 | 〃 | 7卜4束 | 買得 | 3 | 寺奴 | 〃 | p.702 | No.560 |
| 1718 | 〃 | 10卜 | 衿得 | 3 | 院奴 | 〃 | p.704 | No.568 |
| 1695 | 畓 | 15卜 | 衿得 | 2 | 畓主婢, 家夫奴 | 〃 | p.708 | No.502-3 |
| 1777 | 〃 | 3卜5束 | 買得 | 4 | 子 甲ㄷ使令 | 〃 | p.725 | No.634 |
| 1621 | 畓 | 27卜 | 買得 | 4 | | 『扶安古』 | p.176 | No.11 |
| 1679 | 〃 | 13卜 | 買得 | 4 | | 〃 | p.177 | No.17 |
| 1701 | 〃 | 23卜6束 | | 4 | | 〃 | p.179 | No.25 |
| 1750 | 〃 | 7卜6束 | 買得 | 4 | | 〃 | p.182 | No.40 |
| 1684 | 〃 | 9卜6束 | 買得 | 3 | 内奴 | 『海南古』 | p.210 | No.13 |
| 1664 | 田 | 9卜5束 | 買得 | 4 | | 〃 | p.213 | No.3 |
| 1682 | 畓 | 9斗 | | 4 | 畓主私奴 | 〃 | p.213 | No.4-2 |
| 1609 | 田 | 31卜3束 | 衿得 | 4 | 私奴 | 〃 | p.217 | No.19 |
| 1611 | 〃 | 68卜8束 | 衿得 | 1 | 舍音奴가 長利 및 착복한 | 〃 | p.217 | No.20 |
| 〃 | 畓 | 96卜3束 | | | 소작료대가로 | 〃 | p.218 | No.21 |
| 1613 | 〃 | 20卜3束 | 衿得 | 5 | 身貢 마련 위해 | 〃 | p.218 | No.23 |
| 1618 | 〃 | 21卜4束 | 買得 | 3 | 寺婢가 夫上典에 | 〃 | p.219 | No.24 |
| 1619 | 〃 | 18卜 | 買得 | 4 | 婢矣身旱喪夫 | 〃 | p.219 | No.27 |
| 〃 | 〃 | 36卜4束 | 買得 | 4 | 奴빚 갚기 위해 | 〃 | p.220 | No.28 |
| 1624 | 〃 | 16卜 | 買得 | 4 | 財主婢 | 〃 | 〃 | No.30 |
| 1625 | 〃 | 54卜9束 | 買得 | 3 | 内奴 | 〃 | p.221 | No.34 |
| 1624 | 〃 | 30卜 | 衿得 | 3 | 館奴 | 〃 | p.220 | No.31 |
| 1625 | 〃 | 49卜6束 | | 4 | | 〃 | p.221 | No.35 |
| 1628 | 〃 | 5卜 | 衿得 | 3 | 寺奴 | 〃 | p.222 | No.40 |
| 1629 | 〃 | 22卜5束 | 買得 | 3 | 館奴 | 〃 | p.222 | No.41 |
| 〃 | 〃 | 25卜 | 衿得 | 4 | 寺奴 | 〃 | p.224 | No.47 |
| 〃 | 〃 | 4卜7束 | | 3 | 寺奴 | 〃 | 〃 | No.48 |
| 1634 | 〃 | 26卜6束 | 衿得 | 4 | | 〃 | p.227 | No.60 |
| 1647 | 〃 | 15卜6束 | 衿得 | 4 | | 〃 | p.232 | No.83 |
| 1650 | 〃 | 15卜 | | 4 | 身亦要用所致 | 〃 | p.233 | No.87 |
| 1653 | 〃 | 2卜9束 | 買得 | 4 | 矣上典宅買判他條以 | 〃 | p.236 | No.100 |
| 1654 | 〃 | 17卜5束 | 買得 | 3 | 買得人 内奴 | 〃 | 〃 | No.104 |
| 1655 | 畓 | 4卜5束 | 衿得 | 5 | 奴姪이 三寸에게 | 〃 | p.237 | No.108 |
| 1656 | 〃 | 17卜5束 | 買得 | 3 | 内奴 | 〃 | p.238 | No.110 |
| 1657 | 〃 | 8卜8束 | 衿得 | 4 | 도망노 토지의 방매 | 〃 | p.240 | No.121 |
| 〃 | 〃 | 19卜9束 | 買得 | 4 | 奴矣身 要用所致 | 〃 | p.241 | No.127 |
| 1659 | 田 | 9卜5束 | 衿得 | 2 | 田主私奴, 證私奴三寸 | 〃 | p.244 | No.141 |
| 1659 | 畓 | 7卜8束 | 衿得 | 1 | 班奴가 上典宅에 | 〃 | p.246 | No.146 |

| 연대 | 田·畓 | 면적 | 取得方법 | 유형 | 특 기 사 항 | 전 거 | |
|---|---|---|---|---|---|---|---|
| 1658 | 畓 | 8卜 | 買得 | 1 | 班奴가 上典宅에 | 『海南古』 p.243 | No.134 |
| 1659 | 〃 | 13卜8束 | 買得 | 3 | 畓主母籠婢 | 〃 p.246 | No.149 |
| 〃 | 〃 | 6卜 | 買得 | 1 | 班婢가 上典宅에 | 〃 p.248 | No.156 |
| 〃 | 〃 | 34卜3束 | 買得 | 2 | 證同生弟奴 | 〃 | No.157 |
| 〃 | 〃 | 9卜9束 | 買得 | 2 | 證同生弟同生兄 | 〃 p.250 | No.162 |
| 〃 | 〃 | 6斗 | 買得 | 2 | 證妻男私奴 | 〃 | No.163 |
| 〃 | 〃 | 8卜1束 | 衿得 | 2 | 證同生弟私奴 | 〃 p.251 | No.166 |
| 〃 | 〃 | 13卜2束 | 買得 | 2 | 證同生私奴 | 〃 | No.170 |
| 〃 | 〃 | 4卜4束 | 衿得 | 1 | 班婢가 上典에게 | 〃 p.254 | No.182 |
| 〃 | 田 | 15卜5束 | 買得 | 1 | 班奴가 上典에게 | 〃 p.255 | No.188 |
| 〃 | 畓 | 4卜3束 | 買得 | 1 | 班奴가 上典宅에 | 〃 p.256 | No.191 |
| 〃 | 〃 | 4卜2束 | | 4 | 母逃亡으로 자식이 빚 | 〃 p.257 | No.194 |
| 〃 | 田 | 9卜 | | | 갚기 위해 방매 | | |
| 〃 | 畓 | 15卜7束 | 衿得 | 4 | | 〃 〃 | No.195 |
| 〃 | 〃 | 8卜9束 | 買得 | 2 | 畓主私婢, 證垰私奴 | 〃 p.258 | No.197 |
| 1660 | 〃 | 19卜9束 | 買得 | 4 | 奴矣身亦長利對答 | 〃 p.260 | No.211 |
| 1662 | 田 | 3斗 | 衿得 | 2 | 田主私婢, 證姪私奴 | 〃 p.262 | No.217 |
| 〃 | 畓 | 47卜1束 | | 4 | 逃亡婢의 재산 放賣 | 〃 | No.218 |
| 1663 | 田 | 3.5斗 | 衿得 | 4 | 奴矣身亦 貧寒所致 | 〃 | No.219 |
| 1669 | 畓 | 1.5斗 | 衿得 | 2 | 證女垰 私奴 | 〃 p.266 | No.236 |
| 〃 | 〃 | 19卜6束 | 衿得 | 1 | 寺婢가 夫上典에 納上 | 〃 p.267 | No.238 |
| 1670 | 〃 | 15卜9束 | 買得 | 5 | 처남이 妹夫에게 팜 | 〃 p.268 | No.242 |
| 〃 | 〃 | 13卜 | 衿得 | 2 | 證垰私奴 | 〃 | No.243 |
| 1671 | 〃 | 9卜5束 | 買得 | 2 | 證同生弟奴 | 〃 p.270 | No.251 |
| 〃 | 田 | 11卜 | 衿得 | 4 | 田主私奴 | 〃 | No.253 |
| 〃 | 畓 | 14卜5束 | 買得 | 3 | 內奴買得 | 〃 p.271 | No.256 |
| 〃 | 田 | 17卜5束 | 衿得 | 2 | 證同生弟奴 | 〃 | No.257 |
| 〃 | 〃 | 7卜5束 | 得買 | 2 | 證同生弟奴 | 〃 p.272 | No.260 |
| 〃 | 〃 | 4卜 | 衿得 | 2 | 證同生兄奴 | 〃 | No.161 |
| 〃 | 畓 | 2斗 | 衿得 | 4 | 奴矣父買得耕食 | 〃 p.274 | No.271 |
| 1672 | 〃 | 6卜7束 | 衿得 | 2 | 證三寸私奴 | 〃 p.278 | No.289 |
| 〃 | 〃 | 3卜 | 衿得 | 2 | 證異姓四寸奴 | 〃 p.280 | No.299 |
| 〃 | 〃 | 5斗 | 買得 | 2 | 證同生兄奴 | 〃 p.281 | No.302 |
| 〃 | 田 | 7卜5束 | | | | | |
| 1674 | 畓 | 14卜5束 | 買得 | 3 | 丙奴 | 〃 〃 | No.303 |
| 〃 | 畓 | 16卜5束 | 衿得 | 4 | 矣父生時耕食 | 〃 p.284 | No.316 |
| 1675 | 田 | 9卜7束 | 買得 | 2 | 證同生弟私奴 | 〃 p.285 | No.319 |
| 1679 | 畓 | 4卜3束 | 衿得 | 2 | 證同生奴 | 〃 p.290 | No.339 |
| 〃 | 〃 | 5卜3束 | | 5 | 畓主甥私奴 | 〃 p.291 | No.342 |
| 1680 | 〃 | 8卜 | 買得 | 2 | 證妻男奴 | 〃 〃 | No.344 |
| 〃 | 田 | 11卜 | 衿得 | 2 | 證同生兄奴 | 〃 p.293 | No.351 |
| 1683 | 〃 | 22卜 | 衿得 | 4 | 奴矣身亦貧寒所致 | 〃 p.300 | No.378 |
| 〃 | 畓 | 8卜6束 | 衿得 | 2 | 證同生弟奴 | 〃 〃 | No.381 |

| 연대 | 田·畓 | 면적 | 取得방법 | 유형 | 특 기 사 항 | 전 거 | |
|---|---|---|---|---|---|---|---|
| 1683 | 畓 | 33卜7束 | 買得 | 4 | 奴矣身亦貧寒所致 | 『海南古』 p.301 | No.382 |
| 1684 | 〃 | 6卜 | 買得 | 2 | 證同生兄卜 | 〃 p.302 | No.389 |
| 1685 | 〃 | 8卜6束 | 衿得 | 4 | 奴矣妻禿德衿分 | 〃 p.307 | No.407 |
| 1691 | 田 | 6卜6束 | 衿得 | 2 | 證同姓三寸奴 | 〃 p.314 | No.436 |
| | 畓 | 4斗 | 開墾 | 2 | 證同生弟奴(他人立案 處私自耕) | 〃 〃 | No.437 |
| 1692 | 田 | 12卜6束 | 衿得 | 2 | 證同生弟奴 | 〃 p.315 | No.441 |
| | 〃 | 10斗 | 開墾 | 2 | 證同生弟奴(無主陳荒地 開墾) | 〃 〃 | No.442 |
| 1693 | 〃 | 9卜 | 衿得 | 2 | 證同生兄奴 | 〃 p.316 | No.445 |
| 1695 | 畓 | 7卜8束 | 衿得 | 2 | 證同生弟奴 | 〃 p.317 | No.444 |
| 1691 | 田 | 6卜3束 | | 1 | 妻上典宅에 放賣 | 〃 p.313 | No.433 |
| 1696 | 畓 | 5卜 | 買得 | 1 | 上典宅에 放賣 | 〃 p.318 | |
| | 〃 | 3卜 | 衿得 | 1 | 上典宅에 放賣 | 〃 〃 | No.455 |
| 1697 | 田 | 7卜3束 | 衿得 | 1 | 奴矣身亦, 上典宅許納 | 〃 p.320 | No.461 |
| 1698 | 畓 | 3卜 | 衿得 | 4 | | 〃 〃 | No.462 |
| 1705 | 〃 | 11卜7束 | 衿得 | 5 | 畓主異姓四寸奴 | 〃 p.322 | No.462 |
| 1706 | 〃 | 5斗 | 衿得 | 2 | 證同生長兄奴 | 〃 〃 | No.471 |
| 1713 | 〃 | 17卜1束 | 買得 | 2 | 證同生, 叔父奴 | 〃 p.325 | No.480 |
| 1714 | 〃 | 7卜 | 買得 | 1 | 上典宅에 放賣 | 〃 p.326 | No.486 |
| 1716 | 〃 | 7卜 | 開墾 | 5 | 長兄이 同生弟에게 (自起耕食) | 〃 〃 | No.489 |
| 1717 | 〃 | 2卜 | 衿得 | 2 | 證同生奴 | 〃 | No.491 |
| 1724 | 田 | 1斗 | 買得 | 2 | 證異姓姪奴 | 〃 p.329 | No.508 |
| 1728 | 畓 | 10卜7束 | 買得 | 1 | 婢夫가 妻上典에게 | 〃 p.334 | No.518 |
| 1729 | 〃 | 4卜3束 | 衿得 | 4 | 奴矣身亦 | 〃 p.335 | No.521 |
| | 〃 | 5卜7束 | 衿得 | 4 | 上典宅에 빚갚기 위해 | 〃 〃 | No.522 |
| 1740 | 〃 | 7卜8束 | 衿得 | 4 | 奴矣身祖上衿得 | 〃 p.340 | No.537 |
| 丁亥 | 〃 | 15卜6束 | 衿得 | 4 | 奴矣身亦 | 〃 p.359 | No.631 |
| 丁酉 | 〃 | 36卜 | 衿得 | 4 | 奴矣身亦都執耕食 | 〃 p.361 | No.638 |
| 己巳 | 田 | 6卜 | 衿得 | 5 | 畓主私奴六寸妹夫 | p.363 | No.647 |

일반적으로 토지를 소유하게 되는 경위는 부모나 친척으로부터 상속 받거나, 타인으로부터 매득하던가, 또는 진황지를 개간하는 등 크게 세 가지로 나눌 수 있을 것이다. 〈표 2〉를 통하여 살펴볼 때 취득방법이 밝혀진 토지 99건 중에서 父別得 1건을 포함하여 衿得 즉 상속이 52건 으로 50%를 상회하며, 다음은 매득이 43건으로 전체의 43%를 차지하고 있다. 반면 개간은 4건에 불과하여 노비의 재산 취득방법으로는 거의

의미가 없었던 것으로 보인다. 이와 같이 개간은 노비 신분의 재산형성 방법에서 별로 중요한 수단이 못되었다. 그것은 개간이 일반적으로 무주 진황지를 골라 관으로부터 입안을 발급받아야 가능했기 때문이다. 따라서 개간은 주로 궁방이나 세력 있는 양반들이 독점하고 있었으며 일반 민인들은 황무지를 개간하더라도 절수 입안을 발급받은 궁방이나 양반에게 토지를 빼앗기고 말았다. 이러한 사정은 이미 개간한 지가 오래되어 사실상의 소유권을 갖고 누대로 경작해 오던 토지에 있어서도 마찬가지여서 궁방이나 양반들이 입안만으로 소유권을 주장하여 경작인들과 자주 소유권 분쟁을 일으키고 있었다.26) 이러한 상황에서 노비 신분층이 무주 진황지의 개간을 통하여 자신의 재산을 늘리기란 거의 불가능하였을 것이다. 물론 노비도 다른 신분층과 같이 관으로부터 입안을 발급받아 무주 진황지를 개간하여 소유할 수 있었다. 예컨대 1692년 私奴 尙明이 밭 10마지기를 방매하면서 이 토지가 본래 자기 아버지가 무주 진황지를 입안을 발급받아 경작하고 있던 것의 일부임을 밝히고 있는데서 노비도 입안을 받아 무주 진황지를 개간하여 경작하고 있었음을 볼 수 있다.27) 그러나 이러한 예는 그리 많지 않았다.

　　노비들은 입안을 발급받지 않고 남이 입안을 받은 토지를 진황지라 하여 개간한 경우에는 토지를 몰수당하였다. 1691년 私奴 孝良金은 그의 아버지가 개간하여 여러 해 동안 갈아 먹어오던 토지를 이미 다른 사람이 입안을 발급받은 곳이었기 때문에 빼앗겼다.28)

26) 李榮薰,『조선후기사회경제사』, 139~149쪽 참조.
27)『古文書』(三), 315~316쪽,「토지문기」No.442. 康熙參拾壹年壬申拾壹月貳拾捌日
　　尹典簿宅奴洪烈處明文. '右明文爲臥乎事段 縣山面入石洞員伏在 雨字庫亦 本是
　　無主陳荒之地是去乙 矣父亦 矣妹夫玉山名字以 出入案是事 實非玉山之立案是遣
　　實爲矣父立案之事 一面之人 不無共知是如乎 … 勢不得已 同立案處 上片牟種柒
　　斗落只及南片參斗落只 (中略) 同人上典宅良中 本立案幷以 永永放賣爲去乎.'
28) 위의 책, 314~315쪽.「토지문기」No.347. 康熙參拾年辛未玖月初三日 尹尼山宅
　　奴洪烈處明文. '右明文爲臥乎事段 矣身亦右人上典宅 萬曆立案處 白地只堂山員

이러한 상황에서 노비신분층이 진황지를 개간하는 경우에는 일반적으로 상전의 보호가 필요했을 것이다. 다음의 자료에는 이러한 사정이 잘 나타나 있다.

婢 莫今에게

다름이 아니라 네가 자녀를 많이 거느리고 굶어 죽게 생겨 처지가 너무 참혹하나, 이를 구제할 방도가 만무하니, 갑술년 양전 시에 朴亭子 아래에 있는 논 3 마지기를 계묘년 양안에 주인이 없는 것으로 되어 있어 상전이 德花의 이름으로 올린 후 너희들에게 이미 갈아먹도록 허락한 것이니 네 뜻대로 팔아서 굶어죽을 근심에서 벗어날 일[29]

비 막금의 소유 토지는 갑술년(1634)에 양전 사업을 실시할 때 계묘년(1603)의 양안에 無主로 되어있는 묵은 논 3마지기를 상전이 덕화의 이름으로 올린 후 막금을 비롯한 노비들에게 주어 갈아먹도록 한 토지의 일부였다. 이 경우 이들 토지는 노비의 소유지로 간주되고 있었다.[30]

조선 후기에 노비들의 토지취득 방법의 절반 이상을 차지하고 있는 상속에 대하여 살펴보면 많은 노비들이 '조상전래' 또는 '깃득'의 형태로 부모로부터 분재받는 것이 일반적이지만 '妻邊衿得', '無子息叔母衿得'과 같이 처가나 가까운 친척으로부터 분재 받은 경우도 있었다. 이러한 분재 경향은 이 당시 일반 양인에 있어서도 마찬가지였다.

노비가 부모로부터 재산을 물려받은 경우 비교적 많은 재산을 물려받은 자들은 양반의 얼자들이었을 것으로 생각된다. 조선 중기 이후에

---

奈字畓肆斗落只庫乙 累年私自耕食 … 矣身他矣宅畓庫乙 無然耕食 不納惶恐乙 仍于 矣畓庫乙 永永許納爲去乎.'

29) 『古文書』(三) -海南尹氏篇-, 419쪽. 「牌旨」 No.6. '婢莫今付 無他 當凶年 汝亦多 率子女等 飢死丁寧 所見慘矣 萬無救治是置 甲戌量田時 朴亭子下陳畓三斗落只 庫 癸卯量案無主是去乙 上典德花名字置簿後 汝矣等處 已爲許給 耕食是在 任意 放賣 救急於飢死之患向事.'

30) 『古文書』(三) -海南尹氏篇-, 419쪽. 「牌旨」 No.10.

작성된 분재기에서 얼자녀들에게 얼마만큼의 재산이 분배되었는지를 조사하여 작성한 것이 〈표 3〉이다. 〈표 3〉에 나타난 바에 의하면 분배받은 얼자녀의 수가 37명(權霖의 얼동생 點과 謙은 중복)에 불과하여 고문서의 분량을 고려하더라도 대단히 적다. 분재기에 나타난 얼자녀의 수가 이렇게 적은 것은 대부분의 경우 분재 시에 얼자녀에 대해서는 별도로 나누어주고 이를 따로 성문하고 있었기 때문이다.[31]

현재 조사된 사례만을 대상으로 살펴보면 재주는 22명이다. 이 가운데는 노가 2명이 포함되어있고 나머지 20명은 모두 양반이었다. 노비의 분재기가 양반 가문의 문서에 끼이게 된 것은 이들 재산의 일부가 양반 가문의 소유가 되면서 소유권 확인에 관련된 문서도 함께 넘겨주었기 때문이다.

다음으로 분재받은 사람의 분재받은 내용을 살펴보면 전체 37명 가운데 1결 이상을 분재받은 사람이 15명, 1결 미만~50부 이상 5명, 50부 미만~25부 이상 7명, 25부 미만 3명으로 1결 이상의 많은 토지를 분재받은 사람이 가장 많다. 또한 노비까지 분급받은 사람도 27명이나 된다. 이와 같이 양반의 얼자녀들은 노비신분임에도 불구하고 많은 토지와 노비까지 분급받고 있었다. 이들 중 몇 사람은 기와집도 분재받고 있어서 부유한 양반의 얼자녀들은 분재를 통하여 상당한 재산을 소유하였음을 알 수 있다. 이에 비하여 노비 자녀의 분급 재산은 사례가 3건에 불과하여 별 의미는 없지만 50부 내외 2명, 25부 미만 1명으로 비교

---

31) 예컨대 '蘖同生衿 奴婢則 依法分數 田畓則 雖過分數 而襄荷洞田畓 全數許給 而渠之文券則 不錄吾輩所分.'(『해남古』, 150쪽, 和會文記 No.3)이라 한 깃이나, '蘖同生六男妹 各別成文衿給.'(『경북古』, 211쪽, 許與文記 No.37), '蘖同生衿 別 爲文記.'(『해남古』, 156쪽, 和會文記 No.5), '直美三男妹 已爲區處 … 故不入於都 文記中.'(『해남古』, 195쪽, 和會文記 No.9)과 같은 표현에서 화회분재 시에 적자녀들이 얼동생들을 별도로 대하고 있었음을 알 수 있다. 따라서 적자녀 중심으로 작성된 분재기에서는 얼자녀에 대한 분재 내용이 생략되어 있는 경우가 많다.

적 영세한 편이다.

〈표 2〉에서 매득은 43건(父 매득 1건 포함)으로 상속에 버금가는 비율을 점하고 있다. 이 결과만으로는 조선 후기 노비신분층의 재산 형성에 있어서는 상속이 가장 중요한 방법인 것처럼 보인다. 그러나 상속의 경우 부모 등의 재주로부터 상속받은 토지에는 재주나 재주의 조상들이 매득한 토지도 상당한 양에 달했을 것이다. 실제로 재주인 아버지가 자녀들에게 분재한 재산 가운데는 아버지 대에 매득한 토지도 많이 있었다. 이렇게 볼 때 노비의 재산 형성의 주요 경로는 오히려 매득이라 할 수 있을 것이다.

〈표 3〉分財記에 나타난 奴婢身分의 分衿財産

| 연대 | 財主 | | 被分財人 | | 分衿財産 | | | | | 전거 | 비고 |
|---|---|---|---|---|---|---|---|---|---|---|---|
| | 身分 | 이름 | 身分 | 이름 | 田 | 畓 | 計 | 奴婢 | 其他 | | |
| 中宗年間 | | 朴繼祖 | 孽子 | 深 | 47-8 | 59-1 | 1-06-9 | 5명 | | 경북 p.146 허여 No.14 | |
| 1540 | 私奴 | 卜萬 | 私婢 | 玉今 | 33-8 | 29-0 | 62-8 | | 瓦家 等 | 〃 p.152 허여 No.15 | |
| | | | 私婢 | 福今 | 31-5 | 35-0 | 66-5 | | 瓦家 等 | | |
| 1544 | 郡守 | 權發 | 孽子 | 玉貞 | | 27-9 | 27-9 | | | 〃 p.287 화회 No.70 | 遺漏田民分財 |
| | | | 孽子 | 戊生 | | 05-1 | 05-1 | | | | |
| 1550 | 右贊成 | 權發 | 孽男 | 東愼 | 1-75-1 | 1-42-5 | 3-17-5 | 11 | | 〃 p.298 화회 No.75 | 孽東愼和會에 참가 |
| | | | 孽女 | 旺旺 | 1-00-0 | 65-0 | 1-65-0 | 8 | | | |
| | | | 孽女 | 旺代 | 1-57-5 | 1-10-0 | 2-67-5 | 8 | | | |
| | | | 孽男 | 東進 | 1-00-0 | 1-62-5 | 2-62-5 | 11 | | | |
| 1552 | 參贊 | 孫仲暾 | 孽子 | 孫映 | | | | 1 | | 〃 p.306 화회 No.76 | 繼母奴婢의 分財 |
| 1579 | | 權祉 | 孽女 | 億福 | 62-5 | 45-0 | 1-07-5 | 1 | | 〃 p.127 허여 No.25 | 田畓4石, 奴婢5口 이미 成給 |
| | | | 孽女 | 億祿 | 62-5 | 50-0 | 1-12-5 | 1 | | | |
| | | | 孽子 | 望海 | 72-5 | 45-0 | 1-17-5 | 1 | 瓦家 1間 | | |
| 1580 | | 希顔 | 孽子 | 從守 | 12-5 | 17-5 | 30-0 | 2 | | 〃 p.322 화회 No.83 | |
| 1581 | 參奉 | 姜周臣 | 妾子 | 於弄 | | 17-5 | 17-5 | 1 | | 부안 p.202 분재 No.5 | 上典宅 仰役時 畓 7斗 別給 |

| 연대 | 財主 身分 | 財主 이름 | 被分財人 身分 | 被分財人 이름 | 田 | 畓 | 計 | 奴婢 | 其他 | 권거 | 비고 |
|---|---|---|---|---|---|---|---|---|---|---|---|
| 1585 | | 尹氏 | 孽子 | 미상 | ? | ? | ? | ? | | 해남 p.150 화회 No. 3 | |
| 1588 | 進士 | 權好文 | 孽子 | 亦可 | 82-5 | 27-2 | 1-09-7 | 5 | | 경북 p.556 점련 No.259 | 身已從良 |
| 1589 | | 金慄 | 蘗女 | 天眞 | 1-30-0 | 27-5 | 1-57-5 | 5 | | 〃 p.186 허여 No.31 | 贖出時田 20斗, 奴婢 5口別給 |
| 1592 | 幼學 | 權東美 | 蘗女 | 端伊 | 50-0 | 52-5 | 1-02-5 | 7 | | 〃 p.188 허여 No.32 | |
| | | | 孽子 | 民伊 | 1-07-5 | 28-7 | 1-36- | 7 | | | |
| | | | 孽子 | 策 | 1-10-0 | 1-10-0 | 2-20-0 | 8 | | | |
| 1606 | 府使 | 朴弘長 | 蘗同生 | 景勒 | ? | ? | ? | ? | | 〃 p.211 허여 No.37 | 蘗同生 6男妹各別成文 衿給 |
| 1609 | 司果 | 金景順 | 蘗同生 | 慶祥 | | 30-0 | 30-0 | | | 부안 p.207 분재 No.24 | 永許放良 |
| 1619 | 參議 | 尹善道 | 蘗女 | 미상 | 15-0 | 17-5 | 32-5 | 2 | 醴酒 | 해남 p.156 화회 No. 5 | 蘗同生衿別爲 文記 |
| ? | 參議 | 尹善道 | 孽子 | 直美 | ? | ? | ? | ? | | 〃 p.195 화회 No. 9 | 已爲區處, 不入於都文記 |
| 1621 | 軍資正 | 權宷 | 蘗男 | 順恭 | 96-2 | 15-0 | 1-11-2 | 4 | 瓦家8間 | 경북 p.215 화회 No.40 | |
| | | | 蘗男 | 孝恭 | 62-5 | 30-0 | 92-5 | 4 | | | |
| 1627 | 生員 | 李山岳 | 賤妾女 | 玉生 | 63-8 | 45-3 | 1-09-1 | 4 | | 〃 p.355 화회 No.91 | 蘗妹玉生乙父 母主未及贖通 |
| 1629 | | 朴氏 | 孽子 | 朴珉 | | | | 14 | | 〃 p.372 화회 No.97 | 奴婢만 |
| | | | 蘗女 | 元吉 | | | | 1 | | | 別途分給 |
| 1649(?) | | 李城 | 賤妾女 | 蘭香 | ? | ? | ? | ? | | 〃 p.229 허여 No.44 | 田民근소, 若干分給 |
| 1682(?) | | 朴宗胤 | 孽子 | 性全 | 45-0 | 2-5 | 47-5 | 2 | | 〃 p.243 허여 No.50 | |
| | | | 孽子 | 良全 | 17-5 | 12-5 | 30-0 | 2 | | | |
| | | | 孽子妻 | 召史 | 17-5 | 12-5 | 30-0 | 2 | | | |
| 1682 | 參奉 | 權深 | 蘗同生 | 點 | 22-5 | 28-5 | 51-0 | 1 | | 〃 p.401 화회 No.103 | |
| 1684 | 內奴 | 亥生 | 女息 | 禿德 | | 16-6 | 16-6 | | | 해남 p.20 허여 No.13 | 父가 매득한 보시 |
| 1687 | 參奉 | 權深 | 蘗同生 | 點 | 30-5 | 28-5 | 59-0 | 1 | | 경북 p.405 화회 No.104 | 1682년 작성 문서와 내용 일치 |
| | | | 〃 | 謙 | 22-5 | 32-5 | 55-0 | 1 | | | |

* 田畓면적은 40마지기를 1結로 계산하여 結負法으로 봉일하였음.

## 5. 노비 토지소유의 성격

조선 후기에 들어와 토지를 소유하고 상전의 경제 기반에서 독립하여 독립 경영을 하고 있던 노비가 증가하고는 있었지만 그들의 재산 소유권의 내용이나 질에 있어서는 일반 양인의 그것과는 다른 면이 있었다고 생각된다.

예컨대 노비로서 자식이 없이 사망하는 경우 그가 소유하고 있던 재산의 소유권이 상전이나 소속 관사에 귀속되도록 되어있는 것과 같은 점이 그것이다. 이러한 상황에서 노비의 상전이나 소유 관사에서는 그들의 재산 처분에 일정한 제약을 가하려고 했을 것이다. 그렇지 않으면 무후노비들이 자신이 죽기 전에 자기 소유의 재산을 처분하여버릴 소지가 다분히 있었기 때문이다

실제로 조선 후기 농촌 사회에서는 무후노비가 죽기 전에 제 3 자에게 방매한 토지를 그 사후에 무후노비의 소유 토지로 파악하여 주인이나 소속 관사에서 몰수하고 있는 일이 자주 일어나고 있었다. 이러한 일은 특히 궁방에서 주로 자행되었으며, 이로 말미암아 무후노비의 소유 토지를 둘러싸고 노비 소유주와 매득인 사이에 소유권 분쟁이 자주 일어났다.[32]

이에 따라 정부에서는 무후노비가 죽기 전에 처분한 토지에 대해서는 선의의 취득자를 보호하려는 정책을 취하였다. 『受敎輯錄』에 "자녀 없이 죽은 노비의 재물은 그의 소속관사나 주인에게 준다는 조문에 따라 시행하나, 그 노비가 살아 있을 때 방매한 재산과 수양자로 삼아 노비속안에 올려 자손에게 상속해준 재산은 함께 몰수하지 못한다."[33] 고

---

32) 전형택, 앞의 책, 32~33쪽.
33) 『수교집록』「형전」 공천. 이러한 조항은 『추쇄도감의궤』 을미 5월 초 7일, 8월 초 8일, 병신 7월 23일 및 『속대전』 권5, 「형전」 사천에도 보인다.

한 규정이 그것이다.

그러나 이러한 조처에도 불구하고 사노비를 소유하고 있는 세력 있는 양반들은 노비의 재산을 자기 소유로 만들기 위하여 여러 가지로 노비들을 침책하고 있었다. 재산을 소유하고 있는 무후노비의 상전들은 그의 재산을 그가 죽기도 전에 기상하도록 강요하기도 하고 상전이 다른 비에 장가든 노의 경우에는 엄연히 정당한 상속권자인 자녀가 있을 때에도 여러 가지로 압박하여 그의 재산을 기상하도록 강요하였다.[34] 이와 같은 사회 현실에서 다른 상전의 비에 장가드는 것은 '만번 죽어도 마땅한 죄', 또는 '당연히 벌을 받아야할 죄'로 여겨졌고, 이러한 죄아닌 죄를 진 노비들은 기상문권을 작성하고 자기 소유의 재산을 상전에게 기상하는 일이 흔히 벌어졌다.[35]

이상에서 살펴본 바와 같이 노비의 재산 소유권은 법제상으로는 일반 양인층과 같이 보장되어 있었으나, 신분적 예속 상태에 따라 현실적으로 상당한 제약이 뒤따랐다. 무후노비가 생전에 그의 재산을 상전에게 미리 기상하거나 정당한 상속권자가 있는데도 그의 재산을 상전에게 기상하지 않을 수 없었던 것과 같은 점이 그것이다. 이러한 제약은 그들이 상전으로부터 자신의 재산을 바치지 않으면 안 되도록 강요당하는 신분적 예속 상태에 놓여 있었기 때문이며, 신분적 예속 상태의 강도에 따라 제약의 강도도 달라질 수 있었다.

이러한 사회 분위기에서 상전에게 강하게 예속되어 있는 노비의 경우 흉년을 당하여 호구책을 마련하기 위하여 자신의 재산을 방매하면서 주인의 허락을 받고서야 가능했던 무후노비도 있었다.[36]

---

34) 본서, 348~349쪽 참조.
35) 주 15), 16) 참조. 이에 비하여 奴가 良女에게 장가드는 경우에는 功으로 여겨져 방역되기도 하였다. '老奴中 莫從段 多産子女等不喻 其矣子等 皆得良妻 其功可賞 放役已久 故不付於依止秩 一切不侵事.'(李樹健 編, 앞의 책, 389쪽. 「和會文記」 No.99)

그러니 이러한 제약에도 불구하고 조선 후기에는 전답을 소유하고 있던 노비가 증가하고 있었으며, 또한 일부이기는 하지만 소속 관사나 상전으로부터의 경제적 예속 상태에서 벗어나 부를 축적한 노비가 나타나고 있었던 것을 주목할 필요가 있다. 신분적 예속 상태가 안정적으로 유지되기 위해서는 경제적 예속 상태가 지속될 필요가 있는데 이들은 이미 경제적 예속 상태에서 벗어나고 있기 때문이다. 조선왕조에서는 이들에게 납속책 등을 통하여 신분적 예속 상태에서도 벗어날 수 있게 해주었다. 따라서 이러한 의미에서 노비의 경제적 성장이 조선 후기 노비신분 변동의 하나의 배경이 될 수 있었다.

## 6. 맺음말

이상에서 조선 후기 노비 신분층의 토지 소유에 대하여 살펴보았다. 조선 시대에 있어서 노비는 전답은 물론 노비까지도 소유할 수가 있었는데 이러한 경향은 후기로 올수록 더욱 증가하였다. 그러나 노비의 소유 재산은 노비 자신이 다른 사람이나 국가 기관의 소유 재산인 까닭에 자기 자신과 더불어 자신의 소유주나 소유 기관에 귀속되는 경우가 있었다. 일반적으로 자식이 없는 무후노비에게서 그러하였다.

무후노비의 재산은 그 노비의 소유주나 소유 기관이 차지하게 되어 있었는데 이러한 전답과 노비를 일반적으로 '기상전답', '기상노비'라 부르고 있었다.

기상전답이나 기상노비는 무후노비가 소유하고 있던 재산에만 한정되지 않고, 때로는 자식이 있는 노비도 그의 재산을 상전에게 빼앗기는

---

36)『古文書集成』(三), 419쪽.「牌旨」No.10. '婢德花 汝亦年老病深旣不喩 年凶口腹
難繼是如 汝矣所願可慮是置 汝矣畓庫 放食向事.'

일이 있었는데, 이 경우에도 '기상전답', '기상노비'로 불리고 있었다. 이러한 일은 상전이 다른 비에게 장가든 노에게서 많이 일어났다.

기상전답을 중심으로 조선 후기 사노비의 토지 소유 경향을 살펴보면, 전체적으로 자료에 나타난 기상전답의 규모가 적어서 50부 미만의 토지를 소유하고 있던 노비가 대부분이지만, 1결 이상의 토지를 소유한 자들도 5명이나 있었다. 이 정도의 토지를 소유한 노비는 양인 또는 양반 못지않을 정도의 재산 소유자였음은 의심의 여지가 없을 것이다. 기상전답의 소유주로 확인된 노비는 모두 46명이었는데, 이들은 대부분 전체 소유 토지의 규모가 밝혀지지 않았다. 전체 소유 토지의 규모가 밝혀진 노비는 7명이었는데 이들 중 5명이 1결 이상의 토지를 소유하고 있었다. 이렇게 볼 때 전체 토지 소유 규모가 밝혀지지 않은 나머지 39명 가운데에서도 상당한 양의 토지를 소유하고 있던 노비가 더 있었을 것이다.

조선 후기 노비 신분층의 재산 취득 방법으로는 일반 양인 신분층과 마찬가지로 개간, 상속, 매득을 상정할 수 있다. 조선 후기 고문서 자료에서 노비의 재산 취득 방법을 살펴보면 전체 99 사례 중에 매득 43건(43%), 상속 52건(52%), 개간 4건(4%)으로 나타났다. 이렇게 볼 때 노비의 재산 취득 방법으로는 상속과 매득이 중요한 기능을 했으며, 개간은 노비의 재산 취득에 있어서 별로 중요한 수단이 못되었던 것으로 보인다. 그것은 개간에 있어서는 관으로부터 입안을 발급받아 소유권을 확보하여야 했는데 노비 신분으로는 그것이 거의 불가능했기 때문이었다.

노비 신분층의 재산 취득에 있어서 중요한 구실을 했던 상속은 특히 양반의 얼자녀들에게 많은 재산 소유를 가능하게 하였다. 이러한 면에서 1결 이상을 소유하고 있던 노비들은 양반의 얼자녀가 아니었나 생각된다. 노비의 자녀가 상속받은 재산 가운데 규모가 작은 경우에는 대체로 노비의 부모나 조부모대에 매득한 토지가 많았을 것이다. 실제로 이들 토지 가운데에는 아버지 대에 매득한 토지도 상당수 있었다.

한편 매득에 있어서는 토지 규모가 삭지만 많은 노비들이 이를 이용하여 재산을 형성하고 있었다. 이렇게 볼 때 노비 신분층이 재산을 취득하는 주요 방법은 매득이 아니었나 생각된다. 물론 노비 신분층이 토지를 매입하기 위해서는 그 값을 치를 수 있을 만큼의 부를 축적해야했을 것이다. 이것은 조선 후기의 사회경제적 변화에서 가능했을 것이다.

이렇게 하여 노비의 재산 소유경향은 늘어나고 있었지만 노비 신분층은 그들 자신이 남의 재산으로 소유되고 있었던 데에서 그 소유권에는 일정한 한계가 있었다. 그렇다고는 하여도 노비 신분층의 재산 소유경향의 증가는 일부이기는 하지만 노비들로 하여금 신분의 질곡에서 벗어날 수 있는 계기를 만들어 주었다.

# VII. 조선 후기 사노비의 추쇄

## 1. 머리말

조선 후기에 들어와 사회 신분질서가 크게 동요하는 가운데 특히 노비신분층의 동요가 크게 일어났다. 기존의 연구에 의하면 노비의 총인구수는 18세기에 들어와 전국적으로 급격한 감소의 양상을 보이고 있는 가운데 그의 중요한 원인의 하나가 바로 도망하는 노비가 격증한데 있었다. 그 실례로 『대구부호구장적』을 분석한 결과에 의하면 1783년부터 1789년 사이의 노비의 원인별 감소수는 사망 25명, 방매 33명, 도망 1,126 명으로 도망이 압도적인 비중을 차지하고 있다.[1]

노비의 도망은 어느 시기, 어느 곳에서나 있을 수 있었으나, 조선 후기만큼 심하지는 않았으며, 그것이 노비제의 해체를 촉진하지도 못했다. 조선 후기에 들어와 노비의 도망이 이렇게 격증하여 노비제의 해체를 촉진하기까지에 이른 것은 이전 시기에 비하여 이 시기에 들어와 노비들이 도망하여서도 그들의 생계유지가 가능할 정도로 사회경제구조가 바뀌었기 때문이다.

이 장에서는 조선 후기에 들어와 도망한 노비들이 구체적으로 어느 곳으로 몰려들어 어떻게 생계를 유지하고 있었으며, 노비 도망의 격증에 노비 소유주들이 어떻게 대응하였는가를 도망 노비의 추쇄 실태를 통하여 살펴보고, 아울러서 노비 소유주의 노비 추쇄에 이들 노비들이 어떻게 대응했으며, 국가의 대책은 어떠하였는지 살펴보려 힌다. 이러

---

1) 四方傳, 「李朝人口に關 する身分階級別的觀察」, 『경성제국대학 법학회 논문집』 10, 44쪽.

한 작업은 결국 조선 후기 노비제 해체의 배경을 사회경제적으로 해명하려는 작업의 일환이다.

## 2. 노비 도망의 증가와 노비 인구의 감소

조선 후기에 들어와 노비 인구가 급격히 줄어들었다는 것은 주지의 사실이다. 그것은 여러 요인에 의해 이루어졌으나, 그 중에서도 도망이 가장 큰 원인이라는 것은 기존의 연구에서 밝혀진 바 있다.[2]

조선 후기에 노비의 도망이 만연하였음은 1732년(영조 8) 좌의정 조문명이 "근래 공사천으로 은닉하는 자들이 도처에 있다."[3]고 한 말에서 미루어 알 수 있다.

조선 후기 노비의 도망은 유민의 발생과 무관하지 않았다. 1666년(현종 7) 도승지 김수홍이 "각도의 유민들이 십여 명, 백여 명씩 무리를 지어 산골짜기 사이에 숨어들어 역을 피하고 있는 실정이다."[4]고 말한 바 있는데, 이들 유민의 무리에는 공사천들도 다수 포함되어 있었다. 이들 유민들은 새로 거주하는 곳에서 호적에 새로 등재할 때 4조의 이름을 기재하면서 공사천의 경우 어머니의 이름이나 소속관사, 소유주를 기재하지 않아[5] 쉽게 소속 관사나 상전의 지배에서 벗어날 수 있었다.

유민의 발생은 조선 후기에는 도처에서 만연되고 있었다. 1741년(영조 17) 풍덕부사 趙榮祿의 보고에 의하면 함경, 황해, 강원 3도의 유민이 풍덕부 경내에 충만하고 있었으며,[6] 1793년(정조 17)의 경우도 황해

---

2) 四方傳, 위의 논문; 정석종, 『조선후기 사회변동연구』, 일조각, 1983, 279~282쪽.
3) 『승정원일기』 749책, 영조 8년 9월 초 5일.
4) 『현종개수실록』 권14, 현종 7년 3월 임오.
5) 『현종개수실록』 권14, 현종 7년 3월 병술.
6) 『비변사등록』 109책, 영조 17년 12월 27일.

도에 흉년이 들어 유민이 대량으로 발생하여 정부에서 이들을 적극적으로 還集시킨 바 있었는데, 이 때 돌아가지 않고 유망한 호만 연안 490호, 배천 38호, 해주 44호, 안악 19호에 이르고 있었다.[7]

유민이 대량으로 발생한 것은 흉년이 들어 기근이 심하여 본거지에서 생계를 유지할 수 없었기 때문이었다. 1756년(영조 32) 경상도에서 재해로 흉년이 혹심하여 유민이 속출한 것도 그 때문이었다.[8] 이들 유민 속에는 공사천이 다수 포함되어 있었다.

기근이 발생하지 않더라도 노비들은 그들이 살고 있는 곳에서 생계유지가 곤란한 경우 도망하고 있었다. 1760년(영조 36) 충청도 예산현에 살고 있던 충훈부 소속의 노비 10명 중 7명이 도망하였는데, 그것은 이들이 적몰노비로서 부근에 일가 친족이 살고 있지 않아 살아갈 방도가 없었기 때문이었으며, 남아 있는 3명도 품을 팔아 겨우 살아가고 있었다.[9]

유민의 발생은 필연적으로 호적에 올라 있는 곳과 실제 살고 있는 곳이 일치하지 않는 현상을 초래하였다. 1798년(정조 22) 경상도 의흥현과 군위현의 노비안에 올라 있는 시노비들이 비안현과 의성현에 많이 살고 있었으며, 반대로 비안현과 의성현의 시노비들이 군위현과 의흥현에 많이 살고 있었다.[10] 이러한 경우 노비들은 쉽게 은닉될 수 있었을 것이다.

은닉하거나 도망하는 노비들은 사노비의 경우 솔거노비보다는 외거노비 중에서 많았다. 1732년(영조 8) 병조판서 김취로가 "외처에서 결혼하여 살고 있는 노비들이 은루하거나 도망하는 자가 많지만 전혀 수습할 길이 없다."[11]고 말한 바 있다. 외거노비는 상전과 멀리 떨어져 살고 있는 경우 상전의 감독의 손길이 제대로 미치지 않았기 때문에 그만큼

---

7) 『정조실록』 권38, 정조 17년 10월 을해.
8) 『비변사등록』 130책, 영조 32년 4월 25일.
9) 『烏山文牒』 경진 5월 19일(『지방사자료총서』 4, 여강출판사, 1987, 155쪽).
10) 『승정원일기』 1,802책, 정조 22년 12월 17일.
11) 주 3)과 같음.

쉽게 도망할 수 있었을 것이다. 이러한 추세에 따라 노비의 도망과 은루가 가속화하여 1737년(영조 13) 전라도 남원의 경우 노비안에 올라 있는 각사노비 37명 중 34명이 도망한 지 오래되어 신공을 징수할 길이 없는 형편이었으며,[12] 성균관노비의 경우 1729년(영조 5)에 추쇄한 후 겨우 3년만인 1732년에 노비안에 올라 있는 노비 가운데 탈이 생긴 노비가 2,500여 명에 이르고 있었다.[13] 4학노비도 상황은 마찬가지여서 1739년(영조 15) 시독관 趙明履에 의하면 원래 수천 명에 이르던 노비가 30년 사이에 겨우 100명도 못 남았을 정도로[14] 노비의 감소가 급격히 진행되었다. 위에 든 예는 공노비의 경우이지만 사노비에 있어서도 사정은 마찬가지였다.

도망한 노비들은 신분을 모칭하여 노비 신분에서 벗어나려 했을 것이다. 노비들이 도망하거나 유리하여 신분을 감추고 환부역조하여 양인 신분을 모칭하는 현상이 조선 후기에 들어와 증가하고 있었다. 農圃子 鄭尙驥는 이러한 현상을

　　천인으로 면천을 도모하는 자들은 양인을 모칭하여 자신이 지고 있는 역의 이름을 가짜로 적어 넣거나 4조의 이름을 위조하여 이가의 노가 김가를 주인이라 하고, 김가의 노가 이가를 주인이라 하여 서로가 다 역을 면하려고 한다. 또, 이 고을에 살고 있으면서 호적은 다른 고을에 올리기도 하고, 살아 있는 자를 죽었다고 하거나, 한 사람이 두 이름을 쓰기도 하며, 뇌물을 주고 호적에서 누락되기도 한다.[15]

고 사노비들이 여러 가지 방법으로 신분을 모칭하여 면천을 꾀하고 있었음을 말하고 있다. 영조 때에 편찬된 『속대전』에 호적을 작성할 때 공사천으로 어머니의 주인의 이름을 '不知'라 쓰거나, 바꾸어 쓰는 자,

---

12) 『남원현첩보이문성책』(一), 정사 4월 일(『지방사자료총서』 1, 669쪽).

13) 『승정원일기』 749책, 영조 8년 9월 초 2일.

14) 『비변사등록』 105책, 영조 15년 11월 11일.

15) 鄭尙驥, 『農圃問答』 知民數.

또는 빠뜨리고 써넣지 않아 신분을 모록하여 명백히 간계를 부린 흔적
이 있는 자는 장 100에 정배하도록 규정되어 있다.[16] 이러한 법 규정
이 제정된 것은 호적을 위조하여 신분을 모칭하는 노비들이 그만큼 많
았기 때문이었을 것이다. 호적에 신분을 모칭하는 노비는 도망노비였
을 것이다.

　도망한 노비들은 남의 족보에 모록하여 신분을 속이는 경우도 있었
으며,[17] 성을 갖추고 감영에 의송을 제출하는 등의 행위를 통하여 양인
을 칭하는 현상도 나타나고 있었다.[18] 노비들은 원래 성을 사용할 수
없었고 이름만 불릴 뿐이었다.

　노비들이 구체적으로 신분을 모칭하여 노비 신분에서 벗어나려 한
경우에는 면천·속량 후 보충대에 입속·거관하도록 한 규정을 이용하
여 보충대 입안을 위조하거나, 노와 양녀 사이의 소생은 어머니의 신분
을 따라 종량시키는 노양처소생종모종량법이 실시된 이후에 출생한 것
처럼 속이는 방법이 이용되기도 하였다. 1794년(정조 18) 전라도 부안현
에 사는 유학 金鼎烈의 호노 石山이 고부관에 올린 소지에는 이러한 사
례가 잘 나타나 있다. 이 소지에 의하면 김정렬이 성포면에 외거하고
있는 죽은 비 禮丁의 둘째 소생 비 蟄今의 아들 土石을 잡아들여 앙역
시키려 하자, 얼금과 孫右三이라는 사람이 모의하여 얼금의 어머니가
이미 양처소생으로 양인이 되었기 때문에 김정렬의 노가 아니라는 이유
로 앙역을 거부하였다. 이때 얼금이 "나는 노 龍鶴의 양처소생인 禮丁
의 딸이다. 같은 用學의 양처소생인 尹鶴의 딸 貴尙도 양처소생으로 앙
역하지 않았는데 나만 어찌 비일 수 있느냐?"고 하면서 노양처소생종모
종량법이 실시된 신해년(1731년, 영조 7년-필자 주) 이후 소생임을 이유

---

16) 『속대전』 권2, 「호전」 호적.
17) 주 10)과 같음.
18) 『승정원일기』 697책, 영조 5년 11월 22일.

로 그의 아들의 앙역을 거부함으로써 문제가 되었다. 여기서 문제가 된 것은 얼금의 어머니 예정이 노양처소생종모종량법 시행 이전 소생이냐 이후 소생이냐의 여부와 예정의 오빠인 尹鶴의 딸 貴丹과 貴尚이 앙역 하지 않은 것이 용학의 양처소생의 자녀였기 때문이었는지의 여부였다. 그러나 귀단과 귀상이 앙역하지 않은 것은 이들이 용학의 양처소생인 윤학의 자녀였기 때문이 아니라 윤학의 양처소생으로 이 법이 시행된 신해년 이후 소생이었기 때문이었음이 밝혀져 얼금과 그녀의 자녀들은 김정렬의 노비로 판정되었다. 이에 얼금은 자신의 조부인 용학의 보충 대 입안을 관에 제출하였으나 이 보충대 입안이 용학의 것이 아니라 鶴 龍의 것임이 밝혀져 이 사건은 얼금이 노양처소생종모종량법과 보충대 입안을 이용하여 면천을 기도한데서 비롯되었음이 밝혀졌다.[19] 결국 이 사건은 같은 용학의 양처소생이었지만 귀단과 귀상은 윤학의 양처소생 이었고 얼금은 비 예정의 소생이었기 때문에 노양처소생종모종량법에 따라 윤학의 소생은 양인이 되었으나 얼금의 소생은 여전히 노비신분에 서 벗어나지 못하고 있었는데, 얼금이 귀단 형제가 양인이 된 것이 용 학의 양처소생의 자손이었기 때문이라고 생각한데서 발단된 것이다.

이 당시 노비들은 양인을 모칭하는데서 그치는 것이 아니라 유학이 나 종실, 또는 훈족 등 양반의 후예임을 모칭하는 자들도 적지 않게 나 타나고 있었다. 다산 정약용은 이러한 사회 풍조에 대하여 "공사천을 가릴 것 없이 모두 유학을 모칭하고 있다."[20]고 말한 바 있다. 실제로 1824년(순조 24) 경상도 예안현 남면 新基에 사는 黃流贊 등 13명은 본 래 사천이었는데 환부역조하여 平海君의 자손이라고 훈족의 후예를 모 칭하여 충의위에 입속한 바 있었다.[21]

---

19) 한국정신문화연구원 편, 『扶安金氏愚磻古文書』「所志類」, 113쪽.
20) 정약용, 『목민심서』「호적」.
21) 『各樣論報謄書』 갑신 11월 25일.(『지방사자료총서』 6, 508쪽)

노비들 중에는 또 宗姓인 전주 이씨의 자손은 대수의 제한 없이 천역이 면제되어 쉽게 면천될 수 있었기 때문에,[22] 종반 후예를 모칭하는 자들도 있었다. 1781년(정조 5) 어의궁의 궁노 李命銓은 종반 후예를 가칭한 바 있었으며, 관노나 사노를 막론하고 궁방에 입역하는 자들이 선파를 모칭하거나 유생을 가탁하는 일까지 일어나고 있었다.[23] 이 밖에 업무도 모칭되고 있었는데, 金德海라는 사람은 사천의 소생으로 업무를 모칭하여 금군에 들어간 후 변장을 거쳐 日傘事知에 까지 이른 바 있었다.[24]

노비들은 신분 모칭에 그치지 않고, 과거에 급제하여 출사하는 경우도 있었다. 『속대전』에 "할아버지와 아버지가 생원시나 진사시에 합격한 자로서 그 자손이 양인을 모칭한 자는 양인이 되는 것을 허락하고 아버지가 생원시나 진사시에 합격한 자로서 그 이들이 양인을 모칭한 자나 할아버지와 아버지가 은루하여 양인을 모칭하고 과거에 합격하지 않았다 하더라도 그 손자로서 생원시나 진사시에 합격한 자는 대구속신을 허락한다."[25]고 규정되어 있다. 이 규정에 따라 할아버지나 아버지가 도망한 후 생원시나 진사시에 급제한 자의 자손은 쉽게 양인이 될 수 있었다. 그러나 이러한 혜택도 자수가 전제되었다.

이와 같은 사회 분위기에서 조선 후기에는 상전을 배반하는 노비들이 많이 나타났다. 1726년(영조 2) 참찬관 金祖澤이 양정의 피역 행위를 규제하기 위하여 호패법을 다시 실시하자고 주장하면서 "그렇게 하면 양정의 피역을 줄일 수 있을 뿐만 아니라 사노비들이 본주를 멋대로 배빈하는 폐단도 줄어들 것이다."[26]라 하고 있는데서 사노비들이 상전을 배

---

22) 『속대전』 권5 「형전」 천첩자녀.
23) 『정조실록』 권11, 정조 5년 2월 을묘.
24) 『영조실록』 권76, 영조 28년 4월 무진.
25) 『속대전』 권5, 「형전」 공천. 이 규정은 1655년(효종 6) 전국적으로 공노비 추쇄사업이 실시될 때 마련된 것으로 이것이 『속대전』에 법제화된 것이다.

반하는 일이 자주 일어나고 있었음을 알 수 있다. 1783년(정조 7) 지평 申耆는 "노비가 상전을 배반하는 것은 명분과 기강이 해이되었기 때문"이라 하고 "법을 집행하는 관원에게 신칙하여 노비가 상전을 배반하는 것을 엄히 금하도록 하여 명분을 바로잡자.[27]"고 계청한 바 있었다.

노비가 상전을 배반하는 현상이 늘어남에 따라 조선 후기에는 상전을 배반하는 노비를 처벌하는 법규정이 새로이 만들어지기에 이르렀다.[28]

위에서 살펴본 바와 같이 여러 가지 방법으로 노비들이 도망하거나 은루하여 노비 신분에서 벗어나게 됨에 따라 조선 후기에 들어와서는 노비 인구가 급격히 줄어들었다.


## 3. 도망 · 은루 노비의 투속처와 생계유지 수단

앞에서 조선 후기에 노비의 은루 · 도망이 격심해졌음을 살펴보았다. 노비의 도망 · 은루는 노비제가 나타난 이후 어느 시기, 어느 곳에서나 있을 수 있었으며, 또 실제로 그러했다. 그러나 조선 후기와 같이 광범위하게 행해지지는 않았다. 노비의 도망 · 은루 현상이 조선 후기에 들어와 극심해진 것은 노비들이 도망하여 신분을 감추고 생활해 나갈 수 있는 여건이 마련되었기 때문이었다.

도망 노비들이 몸을 숨기고 살아갈 수 있는 곳으로는 섬이나 광산, 목장, 또는 상업이 발달한 도시 등이 있었다. 또한 서북 지방도 도망 노비들이 모여드는 곳의 하나였다.

도망 노비들이 섬으로 많이 모여 들어서 조선 후기의 섬은 도망 노비

26) 『비변사등록』 80책, 영조 2년 10월 초 6일.
27) 『정조실록』 권15, 정조 7년 6월 기묘.
28) 『속대전』 권5 「형전」 추단. '叛主奴婢 仍本役 絕島定配.'

의 도피처가 되고 있었다. 1751년(영조 27) 호남균세어사 李瑋는 이러한 현상을

> 섬에는 사람들이 많이 살고 있으며, 먹고 살기가 육지 사람들 보다 넉넉하다. … 대개 섬에 사는 사람들은 죄를 짓고 도피한 자가 아니면, 사노로서 도망하여 숨은 자들이다.[29]

라고 서남해의 섬에는 많은 도망 노비가 모여들고 있음을 말한 바 있다. 조선 후기에 섬은 궁방이나 각사에 절수되어 어장이 설치된 곳이 많았는데, 궁방이나 각사에서는 이를 보호하기 위하여 추노를 금했기 때문에 도망 노비들이 많이 투속했던 것이다.

도망 노비는 섬 외에 변방으로도 많이 모여들고 있었다. 1784년(정조 8) 훈련내장 具善復이 "상신책은 영변, 맹산, 강계, 삼수, 갑산으로 왕래하는 지름길이어서 근래 각 고을에서 공금을 포탈한 서리나 상전을 배반한 노비 등 죄를 짓고 도망한 무리들이 해마다 모여들어 유입인구가 3,000~4,000여 호에 이르고 있다."[30]고 한 것을 보면 변방 교통의 요지는 도망 노비의 은신처가 되고 있었음을 알 수 있다.

도망 노비는 이밖에도 국가에서 국방상의 요충지에 인구의 유입을 늘리기 위하여 추노를 금지한 곳으로 몰려들고 있었다. 1653년(효종 4) 안흥진에 모입한 사람은 사노라 하더라도 상전이 마음대로 잡아가지 못하도록 한 것[31]을 비롯하여 1737년(영조 13) 강화도에 모입한 사노비의 추쇄를 금한 일[32] 등 국가의 필요에 따라 특정 지역의 추노를 수시로 금한 바 있는데, 이에 따라 이들 지역에는 도망 노비들이 많이 모여들

---

29) 『영소실록』 권73, 영조 27년 2월 기축.
30) 『비변사등록』 167책, 정조 8년 11월 11일.
31) 『비변사등록』 16책, 효종 4년 5월 초 3일.
32) 『영조실록』 권43, 영조 13년 2월 경신.

고 있었다.

도망 노비들은 목장을 폐하고 이를 개간하여 경작시키는 과정에서도 많이 모여들었다. 예컨대 1650년(효종 1)에 강도의 목장을 분전 경작시킨 바 있었는데, 이때에 사천도 다수 유입하였다.[33] 북관에서는 사천이라 하더라도 그의 상전이 마음대로 잡아가지 못하도록 되어 있었다. 이로 말미암아 상전을 배반한 사천들이 서북 지방으로 몰려들 뿐만 아니라, 모리배들이 양인이나 남의 노비를 유인하여 몰래 팔아먹는 현상까지도 벌어졌다.[34]

노비의 도망은 강변에 있는 고을에서 더욱 심하였으며,[35] 추쇄가 곤란한 깊은 산속으로 숨는 자들도 있었다.[36]

상전을 배반하고 도망하여 관가나 내수사에 투탁하는 노비도 많았다. 1678년(숙종 4) 사헌부에서 "근래에 상전을 배반한 노비들이 내수사에 투속하는 자가 심히 많으나, 그 노비의 주인이 내수사를 상대로 소송을 하게 되면 패할 수밖에 없고, 소송에 패하면 치죄를 당하여 소송을 포기할 수밖에 없다. 이 때문에 내수사에 투속하는 자가 날로 늘어나고 있다."[37] 하고 있는 것에서 사노비들이 내수사에 다수 투속하고 있었음을 알 수 있다. 도망 노비들은 이밖에도 서원에 투속하기도 하고,[38] 절에 들어가 중이 되는 자도 있었다.[39]

조선 후기에 상전의 경제 기반에서 벗어난 도망 노비들은 이 당시 널리 발달하고 있던 고용 노동으로 자신의 노동력을 판매하거나 또는 장

---

33) 『비변사등록』 14책, 효종 원년 8월 18일.
34) 『승정원일기』 783책, 영조 10년 7월 초 5일.
35) 『비변사등록』 115책, 영조 22년 6월 초 3일.
36) 『남원현첩보이문성책』(一), 병진 5월 초 10일 보순영. '本縣奴婢…其中六口段 甲辰年隱接於谷城地窮峽之中.'(『지방사료총서』 1, 367쪽).
37) 『숙종실록』 권7, 숙종 4년 5월 무오.
38) 『영조실록』 권30, 영조 7년 12월 신해.
39) 『영조실록』 권80, 영조 29년 8월 무자. 『정조실록』 권28, 정조 13년 10월 경진.

시 등에서 상업에 종사하면서 생계를 유지할 수 있었다. 이 당시 고용 노동은 거의 모든 부면에서 일반화되고 있었다. 먼저 중앙에서는 종래 양인의 부역 동원으로 유지되던 각종 군역이나 공노비의 선상·입역으로 운영되던 중앙 각사의 노비 노동은 물론이고,[40] 조예나 궐내각처의 액예까지도 고군 즉 고용 노동력으로 충원되고 있었으며,[41] 관선에 종사하는 격군도 고립되고 있는 실정이었다.[42] 또한, 고용 노동은 국가에서 실시한 토목 공사에서도 광범위하게 모입되고 있었다. 이러한 사회적 추세에 따라 고용 노동은 도성에서는 물론이고 광산촌, 수공업장뿐 아니라 지방도시나 포구, 농촌 등지에서도 널리 발달하여 농업 노동력에도 널리 이용되었다.

고용 노동력의 공급원은 대부분 농토에서 유리된 농촌 유이민이었다. 17세기 이후 농촌 유이민들은 도성을 비롯한 도시나 광산촌 등으로 흘러들고 있었는데, 이들이 호구책을 마련하기 위하여 각종 직역이나 토목 공사에 모군으로 고용되고 있었다. 이 당시 위정자들이 '遊手無賴之輩'라고 표현하였던 이들 모군들 중에는 사노들도 많이 포함되어 있었다.[43] 고용 노동으로 생계를 유지한 이들 사노들이 모두 도망 노비라 할 수는 없으나, 그들 중 상당수는 도망 노비였을 것이다. 또 이들 가운데 도망 노비가 아닌 자들도 독자적인 경제 생활을 영위하고 있던 외거 노비로 고향에서 떠나와 도성이나 광산촌에 흘러들어와 살고 있어 사실상 도망 노비나 다름없는 자들이 많았을 것이다.

조선 후기에 들어와서는 전국 각지에서 광산이 개발되고 있었는데, 이들 광산에도 유이민이 볼려늘이 광산 노동사로 고용되고 있었다. 이 당시의 광산은 대부분이 정부의 허가 없이 잠채의 방식으로 개발되고

40) 전형택, 『조선후기노비신분연구』, 83~85쪽.
41) 『정조실록』 권12, 정조 5년 10월 정유.
42) 『정조실록』 권27, 정조 13년 7월 무술.
43) 윤용출, 「17·18세기의 모립제와 모군」, 『부산사학』 8, 151~157쪽.

있었기 때문에 정부의 통제가 제대로 이루어질 수 없어 遊手 즉, 유망민들이 노동사로 고용되었던 것이다.[44]

광산의 규모는 대부분 영세성을 면치 못하여 20~30명 정도의 연군을 고용하는 것이 대부분이었지만 그 중에는 수천 명의 연군을 고용한 광산도 있었다. 1798년(정조 22) 황해도 수안 광산은 상주 인구 1,500여 명에 광부들이 거주하는 막사가 700여 동이나 되었으며, 장마철에도 39개의 穴에서 일하고 있는 연군의 수가 550여 명에 이르고 있었다. 여기에 모여든 사람들은 모두가 '無賴之輩'로서 농토를 잃고 사방에서 이곳을 쫓아 모여든 부류들이어서 수안 광산이 도망한 무리들의 도피처가 되고 있었다.[45]

광산에 고용된 광산 노동자들은 수안 광산의 경우에서 밝혀진 바와 같이 대부분이 농토를 잃고 유랑한 자들이었다. 광산 노동자의 대부분이 농토에서 유리된 자들이었음은 1687년(숙종 13) 은점수세 문제를 논의하는 자리에서 영의정 南九萬이 "은을 채굴하는 무리들이 아침에 모였다가 저녁에 흩어지곤 하여 그 거처가 정해져있지 않을 뿐 아니라, 호적에도 올라있지 않다."고 하자 徐文重이 "은점 모군에는 무뢰배들이 많이 모여든다."[46] 하고 있는 것이나, 1690년(숙종 16) 호조판서 吳始復이 "외방 각 고을의 산은처에 모입하는 사람들은 거의가 무뢰배이다."[47] 라 하고 있는 것에서도 확인된다. 여기에서 광산 노동자의 대부분이 농토에서 유리되어 고향을 떠나 유랑 생활을 하는 이농민 내지는 도망민이었음을 알 수 있다. 이들 무리에는 도망 노비도 많이 포함되어 있었을 것이다.

이렇게 하여 형성된 광산촌에는 유이민이 계속 모여들었으며, 이러한

---

44) 『비변사등록』 166책, 정조 8년 2월 26일.
45) 『비변사등록』 198책, 정조 22년 7월 27일.
46) 『비변사등록』 41책, 숙종 13년 9월 20일.
47) 『비변사등록』 44책, 숙종 16년 정월 16일.

곳은 공금을 포탈한 아전이나 도망한 노비들의 도피처가 되고 있었다. 이와 같이 조선 후기 고용 노동의 발전은 도망 노비에게 새로운 일자리를 제공하였으며, 이러한 점에서 조선 후기 고용노동의 발전은 도망 노비의 새로운 생계 유지의 수단이 되어 노비의 도망을 가속화시키는 촉진제 구실을 하였다 할 것이다.

조선 후기에는 대동법 실시에 따라 시행하게 된 공납 청부와 공인의 대두로 유통 경제가 활성화되면서 상공업이 발달하였음은 주지의 사실이다. 이에 따라 노비신분층 중에는 상공업에 종사하는 자들도 나타났다. 공인은 원래 대동법 실시 당초에는 도성 내의 방민을 택정하여 공납 청부에 응하도록 하였으나, 조선 후기에 등장하는 공계의 구성원에는 일반 도성민 뿐 아니라 토호나 부상의 노복들도 참여하고 있었다.[48] 실제로 1734년(영조 10) 후릉참봉 文道濟의 상계에 의하면 후릉의 노예배와 도성민이 계방을 조직하여 가재와 소금, 시탄 등을 임의로 반출하고 있었다.[49] 노비들은 이외에도 자유 상인으로 난전에 참여하거나,[50] 수운이 편리하여 상업이 번창한 지방에서는 사판 활동에 참여하기도 하였다.[51]

이 당시 농촌에서는 유이민들이 장시에 출몰하면서 도살업에 종사하거나, 작당하여 도적이 되어 남의 재물을 훔치기도 하였다.[52] 도망 노비들도 이러한 일에 적극 가담하였을 것이다. 도살업에는 원래 백정들이 종사하고 있었는데, 조선 후기에는 경향 각지에서 노비들 중에서도 도살업을 생업으로 하여 살아가고 있는 자들이 많이 있었다. 실제로 1728년(영조 4) 館人 安得中의 노는 소를 도살하는 것을 식업으로 삼고 있었으며,[53] 1740년(영조 16) 충청도 임천군에 사는 사노 山葉은 금령이

---

48) 한우근, 「이조후기 공인의 신분」, 『학술원논문집(인문사회과학편)』 5, 1965.
49) 『영조실록』 권38, 영조 10년 4월 정묘.
50) 『비변사등록』 97책, 영조 11년 6월 19일.
51) 『비변사등록』 83책, 영조 4년 2월 28일.
52) 『비변사등록』 43책, 숙종 15년 12월 18일.

내려져 있는데도 불구하고 소를 도살하여 저자에서 발매하다 적발되어 치죄된 바 있었다.[54]

　도망 노비들이 명화적이라 불리는 도적의 무리에 가담하는 일도 흔히 있었다. 1700년(숙종 26) 경상도 의흥현에서 명화적의 처로 남편과 함께 붙잡혀 치죄된 사비 愛化가 그 한 예이다. 애화는 원래 충주에 살고 있었는데, 1695년(숙종 21)부터 흉년이 들어 생계를 유지할 수 없게 되자, 유리하며 걸식하다가 명화적의 처가 되었던 것이다.[55] 1736년(영조 12) 전라도 남원에 사는 柳乫海의 비첩 소생인 萬年도 도적의 무리에 가담한 정황이 탄로나 투옥된 바 있었다. 그는 10세도되기 전에 부모를 모두 여의고 의지할 곳이 없어 경상도 함양에 있는 영은사 아랫마을에 가서 살다가 2년 전에 남원으로 돌아와 살고 있었는데, 처족이라고 칭하는 자들과 작당하여 이들이 수시로 출입하여 관의 의심을 받고 있었다.[56] 또 같은 해 남원현 둔덕방에 사는 사노 善奉도 명화적으로 의심되어 투옥된 바 있었다. 그는 평소에 농사도 짓지 않고 있으면서, 호의호식할 뿐 아니라, 돈을 물 쓰듯이 하고 있었으며, 촌중에서 작폐가 심하여 촌민들이 관에 고발하였다.[57] 선봉은 그의 아버지가 "流離失所하였다."[58]한 것으로 보아 도망 노비의 자손이었을 것으로 추정된다.

　이상에서 살펴 본 바와 같이 조선 후기에 들어와 노비의 도망·은루가 심화되었던 것은 이 당시 노비들이 도망·은루하여도 그들에게 살아갈 수 있는 새로운 일자리가 제공되었기 때문이었다. 도망·은루노비들

---

53) 『비변사등록』 83책, 영조 4년 4월 초 7일.
54) 『가림보초』 경신 2월 27일 보순영(『지방사자료총서』 2, 824쪽).
55) 『의흥현공사』 경진 3월 21일(『지방사자료총서』 1, 21쪽).
56) 『남원현첩보이문성책』(一) 병진 4월 19일 보중영(『지방사자료총서』 1, 318쪽).
57) 『남원현첩보이문성책』(一) 병진 5월 초 4일, 6월 초 1일(『지방사자료총서』 1, 343·379쪽)
58) 『남원현첩보이문성책』(一) 병진6월 초 14일 보좌영(『지방사자료총서』 1, 385쪽).

은 섬이나 국방상 중요한 지역으로 정부에서 인구를 증가시킬 목적으로 추노를 금지한 곳으로 숨어들었다. 또 한 이들은 유통 경제의 발달에 따라 새로이 나타나고 있는 장시를 무대로 생계를 꾸려나가기도 하고, 고용노동자로서 자기의 노동력을 팔아 각종 토목공사장이나 광산에 고용되어 생계를 유지해갈 수 있었다. 조선 후기에 노비의 도망·은루가 격증한데는 이와 같은 고용 노동의 발전이라는 사회경제구조의 변화가 그 근저에 깔려 있었던 것이다.

## 4. 사노비 추쇄의 실상

앞에서 살펴 본 바와 같이 조선 후기에 들어와 노비의 도망·은루가 증가하자, 노비 소유주들은 자신의 재산을 확보하기 위하여 추노에 적극적으로 나서지 않으면 안 되었다.

조선 왕조에 있어서 사노비의 추쇄는 노비 소유주에게 일임되어 있어서 도망 노비의 추쇄에는 여러 가지 폐단이 뒤따르게 마련이었다. 노비 소유주들은 대체로 양반들이 많아서 이들이 많은 노비를 확보하려고 양반의 위세를 이용하거나, 관가와 결탁하여 불법적으로 추노를 자행했기 때문이다. 1736년(영조 12) 전라도 남원현감이 노비 추쇄로 야기된 송사를 판결하면서 "세력 있는 양반들이 세도를 빙자하고, 관가의 위세를 빌어서 (양인을) 자기의 대대로 전해 내려오는 물건(世傳之物)으로 만들고 있다."[59]고 한 것이니, "대저 추동 이래로 경외의 추노하는 무리들의 태반이 비리 행위로 양민을 횡침하고 있다."[60]고 한 것에서 그것

59) 『남원현첩보이문성책』(一) 병진 2월 30일. 「朴业采與木川柳謜或相訟決辭」(『지방사자료총서』1, 275쪽).
60) 『남원현첩보이문성책』(一) 병진 정월 일. 「本縣河緯明與京居李哥相訟決辭」(『지방사자료총서』1, 200쪽)

을 알 수 있다.

추노할 때의 비리 행위는 빈궁한 양반에 있어서도 마찬가지여서 1738년(영조 14) 宋寅明은 "근래 빈궁한 양반으로 추노하려는 자들의 비리가 무상하다."[61]고 말하고 있는데서 양반들의 추노가 대부분 불법적으로 행해지고 있었음을 알 수 있다.

양반들의 비리 추노는 대체로 久遠奴婢 즉, 도망한지 오래된 노비의 추쇄를 빙자하여 자행되고 있었다. 도망·은루 노비의 추쇄에는 정한이 있어 도망한지 60년이 경과하고 본인이 생존해 있지 않거나, 연속하여 2대 이상 양역을 지고 있는 자는 비록 자기의 도망 노비라 하더라도 추쇄할 수 없도록 되어 있었다.[62] 그러나 조선 후기의 실제 추노 과정에서 세력 있는 양반들은 이 정한을 무시하고 도망·은루한지 오래된 노비를 추쇄하는 일이 자주 있었다.

도망한 지 오래된 노비를 추쇄하는 방법에는 여러 가지가 있었다. 그 방법에는 ① 옛날에 도망한 노비의 이름과 같은 사람의 자손을 자기 노비로 추쇄하는 방법, ② 조상대에 다른 자손에게 분재된 노비의 자손을 추쇄하는 방법, ③ 자손이 없이 죽은 사람의 노비를 자기 조상의 노비로 추쇄하는 방법, ④ 이미 방량한 남의 노비의 자손을 자기 노비의 자손으로 추쇄하는 방법 등이 있었는데, 이러한 경우 대체로 문권까지 위조되고 있었다. 이러한 불법 추노로 추노하는 사람과 아무 관련이 없는 양인이 노비로 되는 경우가 많았으며, 조상이 일단 노비로 파악되면 그 자손이 모두 남의 노비로 되기 때문에 그 피해가 아주 컸다. 다음에 이러한 불법 추노의 방법을 구체적으로 살펴보기로 하자.

---

61)『승정원일기』882책, 영조 14년 12월 25일.
62)『속대전』권5「형전」청리.

## ① 옛날에 도망한 노비의 이름과 같은 사람의 자손을 자기 노비로 추쇄하는 방법

이러한 사례는 1735년(영조 11) 전라도 금산에 사는 金九鼎과 남원에 사는 盧大寬과의 상송에서 잘 드러난다. 이 소송은 김구정이 노대관의 노 石松의 양처 禮上과 그 소생을 자기 조상의 구원도망노비 소생이라 하여 추쇄하려 한데서 비롯되었다. 김구정은 芿金이란 사람이 스스로 찾아와 자신이 김구정의 조상의 오래전에 도망한 노비 准節의 딸 忠介의 아들이라고 밝히자, 노대관의 노 석송의 양처 禮上을 잉금의 동생인 충개의 딸이라 하여 추쇄하려 했던 것이다. 이에 대하여 노대관은 충개가 준절의 딸이 아니라고 맞섰다. 따라서 이 송사의 관건은 충개가 과연 준절의 딸인지의 여부에 달려 있었다. 관에서는 양측의 문권을 조사했으나, 충개가 준절의 딸이라는 증거는 없었다. 그렇다고 충개와 예상이 양녀라는 증거도 없어 김구정이나 노대관 모두 차지할 수 없다고 하여 예상은 속공되었다.[63] 이 소송을 판결하면서 남원관은 "남의 노비의 아버지나 할아버지의 이름이 우연히 자기의 구원도망노비와 같으면, 이를 빌미로 부회하여 송사를 일으키는 자가 있으므로, 내력이 분명하여 서로 부합되는 자 외에는 쉽게 청리해서는 안 된다. 지금 이 소송에 있어서는 내력이 분명하지 못할 뿐 아니라 준절이 도망한 지가 200년이 넘었으며, 김구정의 할아버지와 노대관의 아버지 그리고 충개와 그 조상인 잉금, 석송 등 소송 관련인이 모두 죽고 없으므로 '60년 전의 일로 당사사가 살아있시 않은 소송은 정리하지 않는다.'는 법전의 규정에 따라 판결하는 것이 마땅하다."고 밝히고 있다.

세력 있는 양반들 중에는 선대의 옛날 호적대장에 올라 있는 자기 조상의 노비와 이름이 같은 사람의 자손을 자기의 노비로 추쇄하는 일도

---

63) 『남원현첩보이문성책』(二) 을유 11월 17일 보순영(『지방사자료총서』 2, 305쪽).

많이 있었다.

1737년(영조 13) 전라도 남원현에 사는 河緯明과 서울에 사는 李哥 양반 사이의 상송에는 이러한 사례가 잘 나타나 있다. 이가 양반은 남원현의 오래된 원장적에 羅萬奉의 외할아버지인 金起敏과 이가의 노비문기에 올라 있는 노 己民의 이름이 우연히 음이 같은 것만을 가지고 나만봉과 그의 양처소생을 추심하려 했다.[64] 그러나 이가에게는 기민이라는 두 글자 외에는 나만봉이 그의 노임을 증명할 증거가 아무것도 없었다. 이에 남원관은 "근래 경외의 추노하는 무리들이 도망 노비의 자손이라 칭하거나 노양처소생이라 칭하여 추노하는데, 이는 거의가 다 불법적인 것으로 양반들이 세도를 믿고 백성들을 횡침하여 이미 속량한 자 가운데 재산이 있는 자들이 그 해를 입는다." 하고서, 이가를 비리횡침했다 하여 법에 따라 통렬히 금하도록 조처하였다. 이 사건은 나만봉과 그의 사위 4명이 모두 부유하였기 때문에 이들을 횡침하려는데서 비롯되었다.

충청도 목천에 사는 柳誠과 남원에 사는 朴岉粱의 상송도 비슷한 양상으로 전개되었다. 이 송사는 유욱이 朴岉粱의 처증조모의 이름이 자기의 조상이 매득한 비 江德의 손녀 芿今의 소생인 否介와 같다 하여 추쇄하려는데서 비롯되었다.[65] 따라서 이 쟁송의 초점은 향개의 동일인 여부에 달려 있었다. 이에 남원관은 유욱이 제출한 노비문기, 호구단자, 장적 등을 상고하여 강덕으로부터 朴岉粱의 처에 이르는 7대의 根派圖를 작성하여 두 향개가 별개의 인물임을 밝혀냈다. 이 소송을 판결하면서 남원관이 "양반들이 추노하면서 오래된 장적에서 비슷한 흔적만 발견하면 양반의 위세를 빙자하고, 관가의 위력을 빌어 아무 관련도 없는 양민을 자기의 대대로 전해 내려온 재물로 삼는데, 이로 말미암아 당시에는 3~4명 정도가 잘못되어 노비로 되지만, 5~6대 수백년 후에는 자자

---

64) 주 60)과 같음.

65) 주 59)와 같음.

손손이 모두 남의 노비가 되니 이보다 더 원통한 일이 없다."고 양반들이 오래된 장적에서 이름만 같은 노비를 찾아 추쇄하는 비리를 지적하고 있다.

## ② 조상 대에 다른 자손에게 분재된 노비의 자손을 추쇄하는 방법

세력 있는 양반들은 또 조상 대에 분재하면서 다른 인척이나 자손에게 분재된 노비를 수대가 지난 후에 자기 조상이 분재받은 노비로 추쇄하기도 하였다. 1737년(영조 13) 전라도 임실에 사는 유학 李昌勳은 증조고모가 출가할 때 轎前婢로 데리고 간 비의 자손을 6, 70년이 지난 후에 추쇄하려 한 바 있었다.[66] 이창훈은 증조고모의 자손이 소유하고 있는 노비를 추쇄하기 위하여 남원관에 다음과 같이 소지를 올렸다.

> 故婢 鸚春의 소생 비 莫介는 저의 선대부터 대대로 전해온 비이온데 이 몸의 증조고모가 남원의 丁哥에게 출가할 때 轎前婢로 그 모녀를 같이 데리고 갔습니다. 그들 모녀는 증조고모의 집에서 같이 살다가 도망하여 사는 곳을 모르고 지난지가 6, 70년이 지났는데 작년 겨울에야 비로소 막개의 소생들이 광주에 다수 살고 있으며 증조고모의 자손인 남원의 정재승이 이들을 속량하여 주기도 하고, 신공을 거두기도 하고 있다는 말을 들었습니다. 정재승이 저의 선대부터 전해 내려온 비인 막개의 소생들을 차지하고 되돌려주지 않으니 밝히 살펴 처결하여 주시옵소서.

이창훈의 이러한 추노 기도에 대하여 남원관에서는 "옛날 노비를 되찾고자 하여 일으키는 소송에는 원래 비리가 많아 60년 전에 일로 당시자가 생존해 있지 않는 사건은 청리를 불허하도록 되어 있다. 또한 양반가 신혼 시의 교전비는 문권의 유무에 관계없이 본족이 추쇄할 수 없다."는 이유를 들어 이를 퇴척하였다.

이러한 일은 양반들 사이에서 광범위하게 이루어지고 있었다. 1730년

---

66) 『남원현첩보이문성책』(二) 정사 정월 26일 보순영(『지방사자료총서』 2, 199쪽).

(영조 6) 서울 仁明坊에 사는 金孝進이라는 사람은 옛 상전이었던 李宜
馨이 무신의 난에 가담한 역당이라는 내용의 투서를 익명으로 하였다
발각되어 투옥된 일이 있었다. 그는 원래 이의형의 노였으나, 薛拜東이
란 사람에게 분재되어 이의형의 노가 아닌데도 이의형으로부터 혹독한
침학을 계속 당하자, 이를 견디지 못하여 이를 면하려고 날조한 것으로
밝혀졌다.[67] 조정에서 이 사건의 처리를 논의하면서 이조판서 宋寅明이

   이의형도 논죄해야 한다. … 김효진은 한 사람의 노의 몸으로 여러 번 속량하여
  속량한 것이 모두 십여 차례나 된다. 근래 인심이 교악하여 사사로이 서로 짜고 번
  갈아 가며 원고가 되고 피고가 되어 무고한 사람을 노비로 만들어 이곳을 나누니
  그 폐가 끝이 없어 가난한 백성들이 스스로 보전할 길이 없다.

고 한 것을 보면, 옛 주인인 이의형이 설배동에게 분재된 노인 김효진
을 다른 사람과 짜고 여러 차례 침학하여 속량을 강요하였던 것을 알
수 있다.

### ③ 자손이 없는 사람의 노비를 자기 노비로 추쇄하는 방법

   이 방법은 1761년(영조 37) 충청도 예산현에 사는 玄亐金, 印汝明, 南
老星과 李廷煥의 송사에서 잘 나타난다. 이 송사는 이정환이 그의 증조
부가 생질 安世紀에게 분재한 비 從伊의 증외손인 南老星 등을 자기 조
상이 분재받은 노비라 하여 추쇄하려한데서 비롯되었다.[68] 이 당시 안
세기에게 분재된 종이의 자손들은 속량되어 양역을 담당한 지가 이미
4, 5대나 지났는데도 이정환은 안세기의 가문이 무후하게 된 것을 틈타
종이의 자손을 자기 조상이 분재받은 것처럼 문권을 위조하여 추쇄하려

---

67) 『승정원일기』 715책, 영조 6년 12월 초 2일.
68) 『오산문첩』 신사 11월 일 보순영. 泰安玄亐金奴主卞別決辭(『지방사자료총서』
   4, 389쪽).

했던 것이다. 이 사건을 처리하면서 예산관에서

  대저 『속대전』에 조상의 도망 노비라 칭하거나, 노양처소생이라 칭하여 쟁송하는 경우 60년 전의 일로 당해인이 살아 있지 않거나, 연 2대 양역을 진 자는 비록 자기 노비라 하더라도 청리하지 않으며 이를 어긴 자는 압량위천률로 논하도록 되어 있는데, 이 법규는 바로 이정환과 같은 무리들 때문에 만들어진 것이다. 종이가 비록 진짜 이가의 비라 하더라도 100년 전에 생존했던 사람이고 그 자손이 안가에게 속량한 것 또한 60년이 지났으며, 양역을 담당한 지가 4~5대나 지났으므로 법에 따라 청리하지 않는다.

고 판결하였다. 이 송사는 이정환이 그의 증조 대에 생질인 안씨 집안에 분재된 비 종이의 자손을 안씨 집안이 무후하게 된 것을 기화로 자기 노비로 추쇄하려 한데서 비롯되었다.

  1766년(영조 42) 전라도 광주에 사는 曹允寬과 李韓復, 李必濟 등의 송사도 비슷한 양상으로 전개되었다.[69] 이 송사의 쟁점은 조윤관의 처가 이한복의 비라는 이한복 등의 주장과 비가 아니라는 조윤관의 다툼이었다. 조윤관의 처는 남평에 사는 孫後權의 딸 良女 九禮와 손후권의 친형인 孫後昌의 奴 夢龍의 손녀였으며 이필제는 손후창의 외손이었다. 이 송사의 관련 당사자들의 관계를 표로 나타내면 다음과 같다.

  이 송사에서 이필제 등은 그의 외할아버지인 손후창이 아들이 없이 사망하여 그의 아버지인 이시원이 사위로서 奉祀하게 되었으며, 이에 따라 손후창의 노인 몽룡이 봉사조로 분재되어 그의 노가 되었다고 하였다. 이러한 사실은 손후창의 사위들 끼리 작성한 和會文記의 祭位條에 몽룡이 기재되어 있는 것으로도 확인된다고 하고서 따라서 몽룡의 손녀인 조윤관의 처인 변운덕이 그들의 비라고 주장하였다.

---

69) 『보첩고』 병술 2월 초 1일 曹允寬李必濟等良賤卞別訟立案(『지방사자료총서』 5, 64쪽).

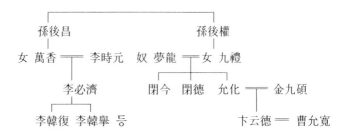

이에 대하여 조윤관은 그의 처외조부인 몽룡이 손후창의 노임은 분명하나 몽룡의 처 구례가 손후권의 딸이어서 면천되었으며, 외손에게 봉사조로 분재되지 않았고, 따라서 구례의 자손은 처음부터 노비 신분이 아니라고 주장하였다. 광주관에서는 양측의 주장과 이들이 제시한 문권을 상호 대조하여 살핀 결과 다음과 같은 문제점을 밝혀냈다.

　　㉠ 손후창의 사위들이 화회분재할 때에 재주 친가 측의 대표인 손후권이 참여하지 않은 점.
　　㉡ 손후창 생존 시에 작성된 남평현의 호구장적에는 손후창이 형으로 손후권이 아우로 되어 있는데, 이필제 측이 제출한 화회문서에는 손후권이 형으로 손후창이 아우로 형제가 뒤바뀌어 있는 점.
　　㉢ 화회문서에는 손후창이 계해년(1683-필주 주)에 사망했다고 되어 있으나, 남평현에서 발급한 호구장적에는 갑자년(1684)에까지 생존했던 것으로 기재되어 있는 점.
　　㉣ 이필제 측에서는 외손봉사했다고 주장하나, 이들이 제출한 문서에는 어디에도 외손봉사하기로 했다는 기록이 없는 점 등이었다.

이러한 문제점을 파악한 광주관에서는 "이시원의 동서들이 화회분재할 때 손후권이 참여했다면 그의 딸(의 자식들)을 결코 질녀서들에게 분재하지는 않았을 것이며, 설령 이시원의 동서들이 화회분재할 때에 손후권이 참여하지 않아 몰랐다 하더라도 그 후 분재문서를 보았을 터인데 그렇다면 그대로 두었겠는가? 이로서 보면 이필제 측에서 제시한 화회문서는 위조된 것이 분명하다."고 조윤관의 승소를 판결하였다.

결국 이 송사는 이필제 등이 몽룡의 상전인 손후창이 딸만 있고 아들이 없이 죽었기 때문에 손후창의 노인 몽룡과 손후창의 동생인 후권의 딸 구례와의 교가소생을 외손봉사하였다고 주장하여 봉사조로 분재받는 것으로 화회문서를 위조하여 추쇄하면서 비롯되었던 것이다.

### ④ 이미 방량된 남의 노비를 자기 노비로 추쇄하는 방법

이 방법은 소유주가 다른 노와 비의 교가소생을 노의 소유주가 추쇄할 때에 주로 이용되었다. 즉, 자기 소유의 노와 다른 사람 소유의 비가 혼인하여 비가 그녀의 상전에게 면천된 뒤 그녀의 자손을 노의 상전이 노양처소생이라 칭하여 추쇄하였던 것이다. 따라서 이 방법은 노양처소생종모종량법이 실시되기 전에 많이 이용되었다. 이러한 일은 1736년(영조 12) 전라도 남원에 사는 河緯明이 남원관에 올린 소지에서 "저의 노비로 이미 방량한 자를 서울에 사는 양반이 노양처소생이라 칭하여 불법적으로 내려와 침박합니다.[70]라 호소하고 있는 바와 같이 널리 행해지고 있었다.

이의 구체적 사례는 1738년(영조 14) 충청도 임천에 사는 趙甲戌의 경우에서 잘 나타난다. 조갑술의 어머니는 여주에 사는 南生員의 비였으며, 아버지는 이산에 사는 申生員의 노였는데, 신생원이 조갑술의 아버지를 다른 사람에게 방매하였다. 그 후 조갑술의 아버지가 죽자 아버지의 상전이었던 신생원이 조갑술의 집에 찾아와 그의 동생들을 노양처소생이라 칭하여 자기 노비로 추쇄하려 하였다. 이에 견디지 못한 조갑술이 이 사실을 어머니의 상전인 여주 남생원에게 알리고 관가에 신고하자, 신생원이 도망간 바 있었다. 신생원은 이에 그치지 않고 세력가

---

70) 『남원현첩보이문성책』(一) 병진 정월 일 보순영(『지방사자료총서』 1, 204쪽).

와 결탁하여 다시 찾아와 침학하여 조갑술은 할 수 없이 80냥의 돈을 바치고 속신하였다. 신생원은 이에 그치지 않고 그 후에도 宮 行次의 위세를 빌어 또 다시 침학하자 조갑술이 전후 사정을 관가에 고변하기에 이르렀다.71)

1740년(영조 16) 충청도 한산에 사는 韓貴先의 경우도 그의 어머니는 경상도 인동에 사는 장가 소유의 비였으며, 아버지는 충주에 사는 양반 박가 소유의 노여서 그 자신은 장가 소유의 노였는데, 수년전부터 아버지의 상전인 박가가 찾아와 공갈 침책하고 있었다.72) 이에 한귀선은 박가와 함께 어머니의 상전댁에 가서 그의 이름이 올라 있는 문서와 호적을 확인한 다음 박가로부터 다시는 횡침하지 않겠다는 각서까지 받았는데도 다시 박가로부터 침학을 받았다.

1744년(영조 20) 황해도 연안에 사는 金泳의 경우도 아버지의 상전의 침학을 받아 여러 차례 속신하지 않으면 안 되었다. 김영의 아버지 述伊는 본래 충청도 당진에 사는 김생원 소유의 노로 1714년(숙종 40)에 높은 값을 치르고 속량하였으며, 어머니 少女는 정산에 사는 허생원의 비였다. 그는 한생원에게 방매되었는데, 그 후 차차 전매되었다가, 1717년(숙종 4)에 그의 아버지가 동생 義德, 論禮, 蟾伊와 함께 아버지의 명의로 매득하여 속량시켜 보충대 입안까지 발급받고 병조에서 근력부위의 교첩을 받아 어영군에 충정되어 상번 입역하고 있었다. 그런데 1724년(경종 4)에 아버지의 옛 상전의 동성 6촌이 찾아와 그의 아버지를 결박하고 침학하여 속량을 강요하여 200냥을 바치도록 하고 있지도 않은 여동생을 있는 것으로 꾸며 속량시킨 바 있었다. 그 이듬해에 다시 옛 상전의 동성 문족 4명이 노 10여 명을 거느리고 나타나 침학하여 또 100냥의 돈을 바치고 다시는 침학하지 않겠다는 내용의 각서까지 받았

---

71) 『가림보초』 무오 9월 초 7일 보순영(『지방사자료총서』 2, 489쪽).
72) 『가림보초』 경신 4월 15일 보순영(『지방사자료총서』 2, 837쪽).

는데 그 후 다시 찾아와 김영을 노양처소생이라 칭하여 속량을 강요하였다.73) 김영의 아버지가 그 사이 옛 상전에게 바친 돈은 무려 1,300여 냥에 달했는데도 속신한 뒤에 낳은 소생까지 옛 상전이 노양처소생으로 파악, 추쇄하여 침학하고 있었던 것이다. 이 사건을 처리하면서 연안관에서 "이러한 폐단은 비단 연안에서만 그런 것이 아니다. 지방에 사는 무지랭이들이 양반들의 비리 추노로 한 사람의 노비가 심한 경우 4~5번씩이나 속량하며, 속량 후에도 徵索함이 끝이 없는데, 이러한 일은 조선 팔로가 모두 마찬가지이다."라고 하는 것으로 보아 이러한 일은 거의 전국적인 현상이었던 것으로 보인다.

자신 소유의 노와 남 소유의 비가 결혼하여 낳은 소생으로 어머니의 상전에게 속량한 자를 아버지의 상전이 다시 노양처소생으로 파악하여 추쇄하는 현상이 빈발하여 속량의 실익이 없게 되자, 정부에서는 1675년(숙종 1)에 아버지의 상전이 이들을 자기의 노비로 침학하지 못하도록 하는 법령을 제정하였다.74) 그러나 이 법령이 제정된 이후에도 이러한 현상이 근절되지 않았음은 앞에서 살펴본 바와 같다.

이러한 현상은 노양처소생종모종량법75)이 실시된 1731년(영조 7) 이후에도 그대로 계속되었다. 이러한 사례는 이 법이 실시된 지 30년이 지난 1761년(영조 37) 충청도 예산현에 사는 林九月金의 경우에서 잘 나타난다. 구월쇠의 외할아버지는 결성에 사는 田克祥 소유의 노였고, 외할머니는 내수사 비었는데, 전극상이 구월쇠를 노양처소생으로 파악하여 자기의 노로 삼으려다 발각되었다.76) 이 사건을 처리하면서 예산관이 "근래 양반으로 노양처소생을 자기의 노비라 칭하여 호적에 기재하고 사역시키는 자가 전가 한 사람뿐이겠는가?"라 하고 있는 것으로 보

---

73) 『언주보첩』 집자 6월 조 4일 보순영(『지방사자료총서』 3, 172쪽).
74) 『수교집록』 「형전」 속량 및 『숙종실록』 권3, 숙종 원년 5월 계미.
75) 이에 대해서는 전형택, 『조선후기노비신분연구』, 210~219쪽 참조.
76) 『오산문첩』 신사 4월 15일 보순영(『지방사자료총서』 4, 310쪽).

아 노양처소생종모종량법이 실시된 후에도 이러한 현상이 광범위하게 자행되고 있었음을 알 수 있다.

이미 방량된 남의 노비를 자기 노비로 추쇄하는 방법에는 앞에서 살펴 본 바와 같이 자기 소유 노의 양처소생이라 칭하여 추쇄하는 방법 외에 방량된 남의 노비를 매득했다고 칭하여 추노하는 일도 흔히 일어났다. 1762년(영조 38) 충청도 청양에 사는 양녀 去飛는 자기 어머니가 상전에게 몸값을 치르고 속량시켰는데, 홍주에 사는 申正源이란 사람이 두꺼비를 매득했다고 주장하여 자기의 비로 추쇄하려 한 바 있었다.77) 1738년(영조 14) 홍산에 사는 趙方信과 李仁起의 경우는 이들이 원래 경기도 안성에 사는 이생원의 노였으나 상전에게 속량한 지가 이미 오래되었는데도, 양반 申弼明이 상전이라 자칭하고 여러 가지로 침어한 바 있었으며, 또 順義君이라 칭하는 자가 신필명에게 매득했다고 하고서 노 10여명을 데리고 나타나 추노하려 한 바 있었다.78)

세력 있는 양반들 사이에서는 이미 속량한 자기 노비 가운데 재력이 있는 자를 다시 자기 소유의 노비로 추쇄하는 일도 자주 있었다. 1725년(영조 1) 전현감 河必圖가 "방량한 노비에게 상전이라 칭하여 다시 침징하는 것이 실로 생민의 고폐이니 법령을 따로 정하여 엄히 금단해야 한다."79) 하고 있는 것을 보면 추노 시에 이러한 일이 흔히 있었음을 알 수 있다.

실제로 1738년(영조 14) 충청도 임천군에 사는 朴枝榮이란 사람은 1724년(경종 4)에 몸값을 치르고 속량하여 이미 15년이나 지났는데도 옛 상전의 친족이 順義君이라 칭하는 자와 함께 찾아와 침학하면서 선물로 30냥을 바칠 것을 강요당한 바 있었다.80) 또 1762년(영조 38) 충청도 예

---

77) 『오산문첩』 임오 3월 일 보순영(『지방사자료총서』 4, 426쪽).
78) 주 71)과 같음.
79) 『비변사등록』 85책, 영조 5년 7월 22일.
80) 『가림보초』 무오 8월 28일 보순영(『지방사자료총서』 2, 473쪽).

산현에 사는 金鉉重이란 사람은 자기 조상이 속량시켜 준 노비의 살림 살이가 충실한 것을 보고 다시 속량시키려다 발각되어 압량위천죄로 치죄된 바 있었다.[81] 같은 해 예산현에 사는 申秉天이란 사람도 이미 속량하였는데도 옛 상전에게 수차례나 속량을 강요당하고 있었다.[82]

이러한 비리는 양반뿐 아니라 궁방에 의해서도 자행되고 있었다. 1778년(정조 2) 영의정 金尙喆이 "각 궁방이 노비를 사패받은 후 높은 값으로 강제로 속량시키기도 하며, 이미 속량한 노비 가운데 부유한 사람이 있으면 이를 은루 노비라 칭하여 추노하여 침학하는 일이 지극히 낭자하다."[83] 하고 있는데서 그것을 알 수 있다.

사패노비를 높은 값에 강제로 속량시키는 일은 궁방뿐 아니라 훈신가에서도 마찬가지여서 1689년(숙종 15) 영의정 權大運은 "훈신가에서 사패노비를 빈부를 가리지 않고 강제로 속신시키는데, 한 사람의 몸값을 100냥씩이나 요구하고 노비 당사자가 마련하지 못하면 그 족속까지 침박한다."[84]고 말한 바 있다.

양반들은 또 추노하다 세불리하면 문권을 타인에게 전매하여 이를 매득한 사람이 추노하기도 하였다. 1761년(영조 37) 충청도 예산에 사는 李廷煥은 玄已金 등 100여명의 노비를 추쇄하려다 여의치 않자 김진사에게 겨우 70냥에 이를 전매한 바 있었다.[85] 1734년(영조 10) 흉년이 들어 추노의 금지여부를 논의하는 자리에서 부제학 李宗城이 "추노하려는 자들은 대부분이 자기 노비가 아니라 타인의 문권을 빌리거나 넘겨받아 추노하러 내려가는데, 이들이 관부의 위세를 빙자하여 혹독한 형벌은 사행하고, 집어사 끝이 없다."[86]고 말하고 있는 것에서 이러한 일이 아

---

81) 『오산문첩』 임오 3월 초 10일 보순영(『지방사자료총서』 4, 439쪽).
82) 『오신문첩』 임오 3월 일 보순영(『지방사자료총서』 4, 420쪽).
83) 『승정원일기』 1,411책, 정조 2년 정월 10일.
84) 『비변사등록』 43책, 숙종 15년 6월 초 5일.
85) 『오산문첩』 신사 12월 초 8일(『지방사자료총서』 4, 397쪽).

주 많았던 것을 알 수 있다.

이러한 추노 과정에서의 비리로 상전을 칭하는 자가 여러 명이 나타나 그들 모두에게 속신하지 않으면 안 될 경우도 나타났다. 1744년(영조 20) 황해도 연안에 사는 金泳의 경우가 그러한 예이다. 그는 앞에서 살펴 본 바와 같이 아버지의 상전과 어머니의 상전이 서로 달라서 어머니의 상전으로부터 속량된 뒤에 아버지의 상전으로부터 전후 7차례나 침학을 받고 있었는데, 이번에는 다시 金乭先이란 사람이 상전이라고 나타나 추노하려 하고 있었다.[87]

이러한 일은 전라도 남원에서도 있었다. 앞에서 살펴보았던 1736년 (영조 12) 하위명과 이가 양반의 상송에서 문제가 된 나만봉은 외조부의 이름이 같다는 이유 하나만으로 노양처소생으로 파악되어 崔興仁이란 사람에게 1차로 속신한 뒤, 이가에게 두 번째 속신하고, 하위명에게 세 번째 속신하지 않을 수 없었다.[88]

이러한 사회 정세에서 심지어는 10여 차례나 속신을 강요당하는 노비도 있었다. 1730년(영조 6) 자신을 불법으로 추노하여 속량을 강요하는 옛 상전을 억모에 관련된 것으로 무고하여 투옥된 金孝進의 처리를 논의하는 자리에서 이조판서 宋寅明이 "한 사람의 노의 몸으로 여러 차례 속량을 강요당하여 심지어 10여 차례나 속량하는 자도 있다."[89] 하고 있는 것에서 그것을 알 수 있다.

이들 비리 추노의 대상이 된 자들은 거의가 가계가 비교적 넉넉한 자들이었다. 1731년(영조 7) 남원에 사는 金祥用이란 사람은 이웃에 사는 사노 明乭을 사들인 후 여러 가지로 침학을 하다가 끝내는 명돌을 말 뒤에 매달고 강변의 자갈밭을 끌고 다니면서 재산을 빼앗으려고 시도하

---

86) 『승정원일기』 785책, 영조 10년 8월 29일.
87) 주 74)와 같음.
88) 주 64)와 같음.
89) 주 67)과 같음.

기까지 하였다. 그것은 명돌의 가계가 자못 넉넉하여 김상용이 이를 탐내어 한 일이었다.[90] 또 앞에서 인용한 바 있는 나만봉의 양천 여부를 심리하면서 남원관이 "서울에서 멀리 떨어진 먼 지방에 사는 무지랭이로 이미 속량한 자들 가운데 다소라도 가계가 넉넉한 자들이 그 해를 입는다." 하고서 "이는 나만봉이 부유한 사람으로서 양역을 담당하고 있었으며, 그의 사위 4명도 모두 재산이 넉넉한 양민이었기 때문이다."고 말 한 바 있다. 1762년(영조 38) 예산현에서 비리 추노하다 발각되어 압량위천죄로 치죄된 金鉉重도 그의 조상이 속량시켜준 노의 가계가 자못 넉넉한 것을 보고 이를 빼앗기 위함이었으며, 이미 속량한 申秉天이 옛 상전인 김생원에게 여러 차례 속량을 강요당한 것도 그가 부유했기 때문이었다. 또 1744년(영조 20) 황해도 연안에 사는 김영이 옛 상전인 김생원의 족속에게 전후 7차례나 속량한 뒤 다시 金�垕先에게 추노당한 것도 먹을 만큼 살고 있었기 때문이었다. 김영이 옛 상전인 김생원의 족속에게 바친 돈만 모두 1,300여냥에 달했다. 이러한 사정은 연안부사가 "근래 간세한 무리들이 (추노를 빙자하여) 촌간을 횡행하면서 양민으로 먹을 만큼 살고 있는 자를 탐지하여 문서를 위조하고 권세가에게 부탁하여 침학하니 백성들이 목숨을 부지하지 못하고 있다."[91]고 말하고 있는 것에서도 잘 드러난다. 이와 같이 부유한 면천자를 대상으로 비리 추노가 널리 행해지고 있었던 것은 이들이 대체로 부력을 배경으로 속량한데다가, 이들 가운데 부력을 갖춘 자들이 다수 존재했기 때문이었을 것이다.

양반들은 추노하면서 자기 노비를 시켜 추노 대상자를 잡아들여 혹독한 사형을 자행하였다. 이들은 도망 노비를 추쇄하면서 큰 새끼줄로 손발을 묶고 불로 지지거나 거꾸로 매달아 놓고 콧구멍에 잿물을 부어

---

90) 『남원현첩보이문성책』(二) 정사 정월 23일 보순영(『지방사자료총서』 2, 188쪽).
91) 『연주보첩』 갑자 2월 15일 보순영(『지방사자료총서』 3, 160쪽).

넣기도 하였으며, 심지어는 발을 씨아에 넣고 돌리거나, 양다리를 새끼 줄로 묶고 그 사이에 모가 난 막대기를 꿰어 거꾸로 매달아 구타하기도 하고, 손가락이나 발목을 자르는 악형을 예사로 자행하고 있었다.[92] 이러한 혹독한 형벌은 정부에서 엄금하고 있었지만 私家에서 은밀히 이루어지고 있어서 근절되지 않고 있었다. 실제로 1744년(영조 20) 연안에 사는 述伊는 옛 상전인 당진의 김생원의 족속에게 추노당하면서 결박당한 채 혹독한 형벌을 받아 사경에 이른 바 있었으며, 사가의 감옥에 가두고 계속 형벌을 가하자 이를 견디지 못하여 두 번, 세 번 속량에 응하지 않을 수 없었다.[93]

양반들의 비리 추노는 지방 행정 책임자인 감사나 수령 등의 관원들이 노비 소유주인 양반의 편에서 일을 처리함으로써 더욱 조장되기도 하였다. 1654년(효종 5) 사헌부에서

감사나 수령이 자신과 친구를 위하여 노비와 전토를 추심하면서 옮겨 가두기도 하고, 함부로 형벌을 시행하기도 한다. 都事에 이르러서는 수령이 아니므로 노비를 잡아들이는 일이 자기의 소임이 아님에도 불구하고 추노하여 가두고 형벌을 가하는데 조금도 거리낌이 없으니 금단하지 않으면 안 된다.[94]

하고 있는 것에서 그 폐가 심했음을 알 수 있다.

이러한 사회정세 하에서 관원이 추노 과정에서 비리를 행하다가 적발되어 처벌을 당한 일도 조선 후기에는 많이 있었다. 1669년(현종 10) 전라감사 閔點은 이웃에 사는 친지의 부탁을 받고 추노하기 위하여 전라도 화순현에서 5대째 양역을 담당하고 있는 徐得生, 徐忠立 등을 감영에 잡아들여 취조하다 충립 등을 장살하고, 득생의 족속들을 환천하

---

92) 『가림보초』 경신 5월 19일 各面下帖草(『지방사자료총서』 2, 841쪽).
93) 주 73)과 같음.
94) 『비변사등록』 17책, 효종 5년 6월 20일.

여 추노를 부탁한 이웃 친지에게 결급해준 일로 사헌부의 탄핵을 받은 바 있었다.[95] 이 당시 서득생 등은 그의 5대조 때부터 양역을 지고 있어 법전에 규정되어 있는 '연 2대 양역을 지는 자는 환천하지 못한다.'는 조항에 부합될 뿐 아니라 그들의 5대조가 양역에 충정된 것이 1592년(선조 25)이어서 '조상노비의 쟁송은 60년이 경과하고 당사자가 생존해 있지 않으면 청리하지 않는다.'는 규정에도 부합됨에도 불구하고 현직 감사가 불법 추노에 가담하여 혹독한 형벌을 가하여 이들을 자기 친지의 노비로 결급하였던 것이다. 그러나 이들은 후에 감사의 불법이 발각되어 모두 다시 양인으로 판정되어 양적에 이적되었다.

1721년(경종 1) 충청도 덕산현감 尹沆도 친구를 위하여 추노한 일로 파출되었으며,[96] 1728년(영조 4) 청주영장 盧洽은 법을 어기고 추노하다 인명을 남살한 일로 仕版에서 사제되었다.[97] 또 1741년(영조 17) 황해수사 閔昌基는 그 해 흉년이 들어 국가에서 추노를 금하였는데도 다른 사람의 오래된 노비를 샀다고 칭하고서 추노하면서 다른 지방에 까지 차인을 보내어 가재를 빼앗아 배에 실어 수영에 운반한 뒤, 횡탈의 흔적을 없애려고 원래의 주인을 추포무사의 안에 올렸다가 일이 발각되어 삭직되었으며,[98] 1776년(영조 41) 운봉현감 枕은 남의 부탁을 받고 추노하다가 양녀 2명에게 사형을 가하여 목숨을 잃게 한 일로 홍원에 정배된 바 있었다.[99]

친지의 부탁을 받고 양반의 비리 추노를 도와주는 일은 감사나 수령 등의 지방관뿐 아니라 중앙 관료도 자행하고 있었다. 중앙 관료 중에서

95) 『현종개수실록』 권20, 현종 10년 정월 갑진.
96) 『경종실록』 권3, 경종 원년 4월 경신 및 5월 신유.
97) 『영조실록』 권19, 영조 4년 10월 경진.
98) 『비변사등록』 108책, 영조 17년 2월 11일 및 『영조실록』 권52, 영조 16년 12월 무신.
99) 『영조실록』 권105, 영조 41년 3월 경진.

는 노비에 관한 사송을 담당하는 장례원의 관원이 많았다. 1745년(영조 21) 당진에 사는 徐恒一이란 사람이 남양에 사는 麻堂과 奴丰卞別事로 송사를 벌였다가, 형조의 송사에서 패소하자, 장례원에 다시 이송하였 는데, 장례원에서는 마당을 서항일과 대면시키지 않고 30일이 지나도 마당이 송사에 출두하지 않았다고 조작하여 서항일에게 마당을 결급해 준 일이 있었다. 그러나 이 일이 마당의 원정에서 밝혀져 당해 장례원 당상은 파직되고 서항일은 비리 압량위천죄로 치죄된 일이 있었다.[100]

비리 추노에 가담하는 중앙 관리는 장례원의 관리뿐 아니라 일반 관리 중에서도 있었다. 1738년(영조 14) 남을 위하여 추노한 일이 발각되어 臺籍에서 삭거하라는 사헌부의 탄핵을 받은 전지평 鄭玉이 그러한 예이다.[101]

양반들이 추노 과정에서 관원과 결탁하여 관권을 동원하는 일은 지방사 자료에서도 산견된다. 1744년(영조 20) 연안부에 사는 金泳을 추노하려 한 金흘先은 궁방에 부탁하여 입안을 불법 발급받은 바 있었으며,[102] 1738년(영조 14) 충청도 임천에 사는 朴枝榮 등을 추노하려 한 申弼明이란 양반은 順義君을 대동하고 나타나 궁 행차의 세력을 빙자하여 추노하려 한 바 있었다.[103] 또 1762년(영조 38) 예산에 사는 納節의 소생녀들을 추노하려 했던 洪儒漢이란 사람은 송사에서 패하자 현감의 판결을 뒤엎기 위하여 같은 집안의 현직 중앙 관료인 지평의 권력을 이용하려 시도하기도 하였다.[104]

이상에서 살펴본 바와 같이 조선 후기의 양반들은 가능한 모든 방법을 동원하여 노비를 추쇄하려 하였으며, 이 과정에서 무지한 양인이나

---

100) 『비변사등록』 103책, 영조 21년 정월 11일.
101) 『영조실록』 권47, 영조 14년 7월 무오.
102) 주 91)과 같음.
103) 주 71)과 같음.
104) 『오산문첩』 임오 11월 초 7일(『지방사자료총서』 4, 489쪽).

이미 속량된 자들이 여러 가지로 침학을 당하고 있었다.

## 5. 국가의 추노 규제와 노비신분층의 대응

앞에서 살펴본 바와 같이 조선 후기에 일부 양반들의 비리 추노가 심해지면서 노비신분층의 피해가 속출하였다. 그리하여 일부 식자층에서는 이러한 피해를 줄이기 위하여 사노비의 면천·속량에 국가에서 적극 개입할 것을 주장하기도 하였다. 예컨대 정조 연간에 无極 梁周翊은 "사천으로 속량하려는 자는 재산을 모두 탕진하지 않으면 불가능하다. 이를 고치기 위해서는 베 30필로 가격을 정하여 속량하려는 자가 관에 고하면 관에서 그 값을 받아 주인에게 주고 속량 문권을 주인으로부터 받아야 한다."[105]고 주장한 바 있었다.

사노비를 추쇄할 때에 노비 소유주의 명을 받아 실제 지방에 내려가 추노를 담당하는 추노객의 작폐도 심하였다. 1746년(영조 22) 나주목사 李璵는 나주목에 소속된 여러 섬의 폐막에 대하여 언급하는 가운데 추노객의 작폐를 그 중의 하나로 들면서

> 서울과 타지방에서 해마다 추노객들이 내려와 머물면서 의복, 식량, 솥 등의 물품을 빼앗아가 이 때문에 섬 사람들이 모두 집안이 기울고 파산하여 근심하고 원망하는 정경이 차마 눈뜨고 볼 수 없는 지경이다. 조정에서 추노를 금하더라도 수령이 이를 모두 금단할 수는 없는 바 이를 그대로 둔다면 장차 섬사람들이 보전하기 어렵다.[106]

고 하면서 그 대책으로 추노객의 왕래를 엄금하도록 할 것을 제안한 바

---

105) 『无極集』 권3, '法盖私賤之贖者 非蕩産不得 今以布三十疋定價 募民自贖告官價 輸于主券出于官則 私賤庶免永錮 良額自然日裕矣.'
106) 『비변사등록』 115책, 영조 22년 4월 15일.

있었다. 이와 같이 추노객의 작폐가 심하였기 때문에 지방에 따라서는 추노객의 출입을 막은 경우도 이었다.[107] 이러한 상황에서 정부에서는 양반들의 비리 추노를 규제하지 않을 수 없었다. 추노야 말로 실로 빈궁한 백성들이 생계를 유지할 수 없게 하는 단서가 되었기 때문이었다. 그리하여 정부에서는 우선 양반들의 비리 추노를 제도적으로 막기 위하여 여러 가지 입법 조처를 강구하였다.

앞에서 자기노와 혼인한 다른 사람의 소유의 비가 그녀의 상전에게 속신한 경우 노의 상전이 이미 속신한 비를 양녀라 칭하여 그 소생을 노양처소생으로 불법 추노하는 현상이 많았음을 살펴본 바 있었다. 정부에서는 이러한 폐단을 제도적으로 막기 위하여 1675년(숙종 1)에 이러한 자들을 압량위천률로 다스리도록 한 바 있었다.[108]

또 양반들이 추노 과정에서 관원과 결탁하여 불법을 자행하는 것을 막기 위하여 관원들의 추노 행위에 대해서도 이를 금하였다. 감사나 수령 등 지방관의 추노 행위에 처음 금령이 내려진 것은 1654년(효종 5)이었다. 이해에 사헌부에서 "감사와 수령이 자기의 친구를 위해서 노비와 전토를 추심하면서 관련자를 옮겨 가두고 형벌을 함부로 하는 가운데 都事까지도 이러한 일에 나서는 실정이니 이를 금해야 한다."고 건의하자, 왕이 이를 재가하였던 것이다.[109] 이에 더하여 1695년(숙종 21)에는 영장이 도둑을 잡는다고 하고서 추노하는 일이 있자, 이것도 금하였으며,[110] 1731년(영조 7)에는 대소 사신들이 추노하면서 형벌을 남용하여 가난한 백성들이 피해를 입자 이러한 일에 대하여 감사가 교체되어 올라온 뒤에 보고하거나 암행어사가 염탐하여 서계로 보고하도록 조처하

---

107) 『남원현첩보이문성책』(二) 정사 정월 14일. 移雲峯縣 '推奴人 乞食客 曾聞阻 闥事.'(『지방사자료총서』 2, 165쪽).
108) 『숙종실록』 권3, 숙종 원년 5월 계미.
109) 주 94)와 같음.
110) 『신보 수교집록』 「형전」 금제.

였다.[111] 또한 추노를 둘러싸고 일어나는 쟁송에서 수령들이 양반들에게 유리하게 판결하는 것을 막기 위하여 1703년(숙종 29)에는 부당하게 추쇄하는 자에게 결급해주거나, 정당하게 추노하는 자에게 결급해주지 않는 수령을 논죄하도록 하였으며,[112] 1730년(영조 6)에는 사적 감정을 가지고 청리하는 수령을 따로 논죄하도록 왕이 특별히 지시하기까지 하였다.[113]

정부에서는 이러한 법 규정을 제정하여 이를 통하여 양반들의 비리 추노로 야기되는 폐단을 제거하려 한 외에 가능한 한 추노 자체를 금지하려는 정책을 취하여 난을 겪고 난 뒤나 흉년이 든 해에는 추노를 금하였다.

사실 추노는 常年에 있어서도 백성들에게 크나큰 고통을 주고 있었다. 1731년(영조 7) 경상, 전라, 황해도 3도의 감사가 추노의 금지를 계청한 것을 비변사에서 논의하는 자리에서 좌의정 李㙫이 "추노는 비록 상년에 있어서도 가장 백성을 소요시키는 정사이다."[114]라 한 말에서 그것을 알 수 있다. 또 1727년(영조 3) 도승지 李廷濟가 "추쇄는 백성을 소요시키는 일이다."[115]고 한 것이나, 1734년(영조 10) 평안도에 흉년이 들어 추노의 금지 여부를 논의하는 자리에서 대사간 金始炯이 "외방의 추노는 실로 가난한 백성들을 제대로 살아갈 수 없게 하는 단서이다."[116]라 한 말, 1755년(영조 31) 황해도 연안부사가 추노의 금지를 청하

---

111) 위와 같음.
112) 『신보 수교집록』 「형전」 사천.
113) 『비변사등록』 88책, 영조 6년 12월 초 7일. 이러한 규정은 『속대전』에서 통합되어 '大小使令(統制使, 兵·水使, 營將, 都事도 같음)으로 추노 또는 徵債 하는 자들은 해당 도의 관찰사가 발견하는 즉시 狀聞하도록' 법제화되었다.(『속대전』 권5 「형전」 잡령)
114) 『비변사등록』 90책, 영조 7년 8월 29일.
115) 『비변사등록』 82책, 영조 3년 9월 23일.
116) 주 86)과 같음.

면서 "추노는 상년에 있어서도 가장 백성을 괴롭히는 정사이다."[117]라 한 말에서도 추노의 폐해를 짐작할 수 있다.

이와 같이 추노는 평상시에 있어서도 백성들에게 큰 피해를 끼치고 있었기 때문에 흉년에는 그 피해가 더욱 클 수밖에 없었다. 따라서 정부에서는 흉년이 들어 기근이 발생한 지역에 대해서는 수시로 추노를 금지하는 정책을 취했다. 이리하여 조선 후기에는 흉년이 자주 들어 그때마다 추노를 금했기 때문에 평상시에도 추노를 선뜻 허용하기가 어려운 지경에 이르고 있었다. 1734년(영조 10) 한성판윤 趙尙絅이 "근년 이래 흉년이 연속되어 추노를 금지하였는데, 유독(금년의 농사가 조금 실하다고 하여) 금년에 이를 허용한다면 추노하는 자들이 여러 해 거두어들이지 못한 신공을 금년에 다 거두어들이려 할 것이고, 이러할 경우 혹독한 형벌이 뒤따를 것인데, 가난한 백성들이 이를 어떻게 견디어 낼 수 있겠는가?"[118]라 하면서 계속하여 추노를 금지할 것을 주장하고 있는 것에서 그러한 사정을 엿볼 수 있다. 이와 같이 추노에 따르는 폐단이 컸기 때문에 흉년이 들 때마다 추노를 금지한 예는 열거할 수 없이 많다.

추노를 금지한 것은 추노 때문에 일어나는 백성의 소요를 방지하여 민심을 안정시키기 위한 것이기 때문에 흉년이 아니라도 난리를 겪고 난 후나 사신의 행차가 통과하는 지역에도 이를 금하였다. 1728년(영조 4) 외방뿐만 아니라 경중에서도 추노를 금한 것은 이인좌의 난을 겪고 난 후 민심을 안정시키기 위한 것이었으며,[119] 1732년(영조 7)에 황해도와 평안도에 추노를 금한 것은 이 지역이 사행이 빈번히 왕래하는 지역으로 사신과 그 수행원들이 사사로이 형벌을 남발하여 가난한 백성들이

---

117) 『연주보첩』 갑자 11월 15일 보순영. '至於推奴徵債 雖在常年 最爲擾民之政….' (『지방사자료총서』 3, 250쪽).
118) 주 86)과 같음.
119) 『비변사등록』 84책, 영조 4년 10월 12·14일.

피해를 입는 사례가 많은 상황에서 그 피해를 줄여주기 위함이었다. 이때 서북 지방에 대해서는 사행이 통과할 때에는 추노를 금하고 대소 사신으로 형벌을 남용하여 추노한 자에 대해서는 감사가 교체되어 올라와 보고하여 죄를 청하거나, 암행어사가 염탐하여 서계하도록 조처하였다.[120]

또 국방상 사람을 다수 거주시킬 필요가 있는 지역에 있어서는 평상시에도 추노를 일절 금하였다. 1737년(영조 13) 강화도에 흘러들어온 사천을 본주가 추쇄하지 못하도록 한 것[121]이 그러한 예이다. 1739년(영조 15) 경기도 광주에서도 남한산성의 군비를 강화하기 위하여 강화도의 예에 따라 유입한 사천을 본주가 잡아가지 못하도록 하려고 시도한 바 있었는데, 이때에는 남한산성이 서울에서 너무 가까워 추노를 금하면 서울에 살고 있는 사대부의 노비들이 대거 몰려들 것을 염려하는 대신들의 반대로 실시되지 못하였다.[122] 북관에서는 사천이라 하더라도 그의 상전이 마음대로 잡아가지 못하도록 되어있었는데,[123] 이것도 이 지역에 가능한 한 인구를 많이 거주시켜 국방력을 강화하려는 의도에서였다.

흉년이 들거나 난리를 겪고 난 후에 추노를 금한 것은 민심을 안정시키려는데 그 목적이 있었다. 1723년(경종 3) 崔錫恒이 "추노를 금지시켜 백성들에게 휴식할 여유를 주자."[124]고 한 것이나, 1730년(영조 6) 평안감사 金取魯가 추노의 금지를 민생 안정의 방편으로 거론하고 있는 것,[125] 1738년(영조 14) 우의정 宋寅命이 "해마다 재해를 당하면 추노를 금한 것은 진실로 백성을 편안케 하고 생업을 안정시키려는 뜻에서 나

---

120) 『비변사등록』 90책, 영조 7년 10월 26일.
121) 주 32)와 같음.
122) 『비변사등록』 105책, 영조 15년 2월 초 6일.
123) 『비변사등록』 104책, 영조 14년 7월 21일.
124) 『경종실록』 권13, 경종 3년 7월 정미.
125) 『비변사등록』 88책, 영조 6년 11월 19일.

온 것이다."[126]라고 한 말에서 추노를 금지한 조처가 바로 민심을 안정시키려는 데서 나온 것임을 알 수 있다.

정부에서 추노를 금지한데는 또 추노로 인하여 야기될 노비신분층의 동요를 막아 농업 생산력이 저하되는 것을 막아보려는 의도도 있었다. 1743년(영조 19) 추노를 금하게 해달라는 제주목사 安慶運의 요청을 비변사에서 논의하면서 좌의정 송인명이 "보리 수확기가 곧 닥치게 되는데 추노를 실시하게 되면 (노비의 동요로) 농사를 어떻게 하려는가?"[127]라고 반문하면서 추노를 추수 후로 미루자고 말한 것에서 추노를 금지한 이유의 하나가 이로 인하여 야기될 생산력의 파괴를 방지하려는데 있었음을 알 수 있다.

어느 지역에 흉년이 들거나 특별한 사유로 추노를 금지하려 할 때에는 일반적으로 당해 도의 감사가 장계를 올려 이의 금지 여부를 조정에서 논의해주도록 청하면 조정에서 이를 논의하여 왕에게 품의하여 재가를 얻어 시행하도록 되어 있었다. 1731년(영조 7) 경상, 전라, 황해도 3도 감사가 장계로 추노 금지를 청함에 따라 조정에서 이들 3도의 추노의 금지 여부를 논의하면서 대사성 宋眞明이 "이 일은 의당 조정에서 품의하여 왕의 재가를 얻어 시행하도록 되어있다. 경상, 황해 양도 감사는 조정에서 품의할 것을 계청하지 않고 직접 각 고을에 명을 내리고 그 연유만을 馳啓하였으니, 일이 심히 미안하다."[128]라 하고 있는 것에서 추노의 금지는 각도의 감사가 장계를 올려 조정에서 논의해 줄 것을 청하고 이에 따라 조정에서 이를 의논한 다음 왕에게 품달하여 재가를 얻어 시행되었음을 알 수 있다. 이러한 절차를 거치지 않은 경상, 황해 양도 감사는 이를 지키지 않았다 하여 추고되었다.

---

126) 주 61)과 같음.
127) 『비변사등록』 112책, 영조 19년 2월 15일.
128) 주 114)와 같음.

조선 후기에 내려진 추노 금지령은 거의가 다 이러한 절차에 따랐다. 1760년(영조 36) 경기감사 尹汲이 災實分等의 장계를 올리면서 추노의 금지 여부를 조정에서 품처하여 주도록 청한 것에 따라 조정에서 이를 논의하여 우의정 閔百祥이 그에 따르는 것이 좋겠다는 의견을 개진하자, 영조가 이를 윤허한 것이 그러한 예이다.[129] 추노의 금지는 일반적으로 당해도 감사의 장청에 따라 조정에서 논의되었지만, 감사의 장청이 없더라도 암행어사나 조정 대신의 의견에 따라서도 논의되었다. 위에서 언급한 바 있는 1731년(영조 7) 경상, 전라, 황해 3도에 추노의 금지를 결정하면서 충청도에서도 추노를 금지하도록 결정한 바 있었다. 이때 충청감사의 장청이 없었음에도 충청도에서도 추노를 금지하도록 결정한 것은 병조판서 金在魯가 "이곳도 흉년이 심하기는 다른 도나 마찬가지이니 함께 추노를 금지하지."고 요청한데 따른 것이었다. 이때 흉년임에도 불구하고 충청감사가 추노의 금지를 요청하지 않은 것은 그에게 이 당시 공무를 수행하지 못할 사정이 있었기 때문이었다.

암행어사도 추노의 금지를 장계를 올려 청할 수 있었다. 1734년(영조 10) 북관어사의 청에 따라 북관에서 추노의 금지 여부를 비변사에서 품처한 것이 그러한 예이다.[130] 그러나 전국적으로 흉년이 들어 전면적으로 추노를 금할 필요가 있을 때에는 왕이 직접 윤음을 내려 금하기도 하였다. 1765년(영조 41) 흉년을 이유로 전국적으로 추노를 금한 것[131]이나, 1783년(정조 7)에 8도에 윤음을 내려 추노를 금한 것[132]이 그러한 예이다

이와 같이 하여 추노의 금지가 결정되면 이러한 사실이 감사를 통하여 수령에게 알려지고, 수령은 이를 관내 각면에 신칙, 효유하여 추노를

---

129) 『비변사등록』 139책, 영조 36년 10월 20일.
130) 『영조실록』 권39, 영조 10년 9월 계유.
131) 『영조실록』 권106, 영조 41년 9월 임진.
132) 『정조실록』 권16, 정조 7년 9월 경술.

엄금하였다.[133] 이러한 금령에도 불구하고 추노를 하다가 적발된 자는 수령이 감사에게 첩보하여 감사가 무거운 벌로 다스리도록 되어 있었다.[134]

추노의 금지는 노비신분층에게는 큰 혜택이었으나, 정부로서는 추노를 전적으로 금할 수만은 없었다. 그것은 추노 금지로 노비들이 상전을 배반하는 일이 많아져 조선왕조가 금석지전으로 여겨오던 노주지분 즉 강상과 기강이 무너지는 결과를 초래할 수도 있었기 때문이다. 1730년 (영조 6) 조정에서 추노 금지 여부를 논의하는 자리에서 영조 자신이 "추노는 이를 금하면 노비들이 능상하는 악습이 있기 때문에 완전히 금할 수는 없다. … 한 가지 폐단을 제거하면 또 다른 폐단이 생기니 실로 이것이 난처하다." 하고서 이에 대한 대신들의 의견을 묻자, 형조판서 徐命均이 "추노를 전적으로 막기만 하면 그 상전을 함부로 배반하는 자가 있어 풍교에 관계되는 바 큽니다."[135]라 하고 있는 것이나, 1734년 (영조 10) 평안도의 추노 금지 여부를 논의하는 자리에서 형조판서 尹陽來가 "추노를 완전히 금지하면 몇 년 안 되어 주인을 배반하는 폐가 나타날 것이다."[136]라 하고 있는 것에서 추노의 금지로 상전을 배반하는 노비가 많이 나타났음을 알 수 있다.

추노의 금지는 노비가 상전을 배반하는 현상을 증가시킬 뿐만 아니라, 노비들이 쉽게 몸을 숨겨 노비 신분에서 벗어날 수 있게 해주었다. 1734년(영조 10) 평안도의 추노금지 여부를 논의하는 자리에서 우의정 金興慶이 "국가에서는 추노가 민폐를 일으킨다 하여 금지하는데, 해마다 금지하면 여러 해가 지난 후에는 외방에 있는 노비를 영원히 잃어버릴 것이다."[137]라 한 말이나, 이듬해 황해도의 추노 금지 여부를 논의하

---

133) 『가림보초』 무오 11월 29일 보순영(『지방사자료총서』 2, 594쪽).
134) 『가림보초』 무오 11월 18일 각면하첩보(『지방사자료총서』 2, 617쪽).
135) 『비변사등록』 87책, 영조 6년 정월 16일.
136) 주 86)과 같음.

는 자리에서 호조판서 李廷濟가 "상전을 배반하는 노비가 심히 많기 때문에 추노를 완전히 막을 수는 없다."고 하자, 지돈녕 金在魯가 "추노를 금지하면 함부로 상전을 배반하는 노비들을 영영 잃어버리게 된다."[138)고 한 말에서 추노 금지로 노비들이 보다 쉽게 상전의 구속에서 벗어날 수 있게 된 사정을 이해할 수 있다.

조선 후기에 호강 양반들의 추노에 있어서는 추노객의 작폐로 노비나 양인층의 피해가 컸지만 수시로 추노 금지령이 내려지면서 노비신분층의 반항도 점차 커갔다. 예컨대 충청도 해미에 사는 李春英이란 사람은 그의 5촌인 이통제사댁의 노비 신공을 거두려고 전라도 함평에 내려갔다가 노비들에게 거두어들인 공물을 빼앗기고 살해당할 처지에 놓인바 있었다.[139) 이와 같이 조선 후기에는 어느 정도 세력 있는 양반이 아니고서는 멀리 떨어진 외거노비로부터 신공을 거두어들이는 것도 그리 쉬운 일이 아니었던 것 같다.

노비신분층의 반항은 이제 단순히 신공 납부의 기피나 도망에 그치지 않고 심한 경우에는 상전을 살해하는 경우도 흔히 일어나고 있었다. 숙종 연간에는 노비들이 殺主契를 조직하여 상전을 살해하고 노비신분에서 벗어나려 한 일이 있었으며,[140) 영조 연간에는 실제로 노비들이 상전을 살해하는 일이 많이 일어나고 있었다.[141) 이러한 현상을 이 당시 위정자들은 노비법이 붕괴하여 나타난 현상으로 여겼으며, 노비법의 붕괴는 곧 국가를 유지해온 강상이 무너진 것으로 받아들이고 있었다.

지금까지 살펴 본 바와 같이 조선 후기에 국가에서는 호강 양반들의 추노로 야기되는 폐단을 줄이기 위하여 불법적인 추노를 치죄하고, 필

---

137) 위와 같음.
138) 『비변사등록』 98책, 영조 11년 7월 26일.
139) 전형택, 앞의 책, 198쪽.
140) 정석종, 『조선후기 사회변동연구』, 23~26쪽.
141) 전형택, 앞의 책, 198~199쪽.

요시에는 추노를 금지하기도 하였다. 그러나 이에 따라 노비의 도망·은루·모피 현상이 증가함과 함께 상전을 배반하는 폐단이 증가하자 추노를 전면적으로 금지하지는 못하였다.

## 6. 맺음말

지금까지 조선 후기 사노비의 추쇄에 대하여 살펴보았다. 조선 후기에는 노비의 도망·은루가 격증하고 있었다. 이들 도망·은루 노비들은 기근이 발생했을 때 대량으로 나타났으며, 특히 외거노비에서 두드러졌다.

이와 같이 조선 후기에 들어와 노비의 도망·은루가 심화되었던 것은 이 당시 노비들이 도망·은루하여도 그들에게 살아갈 수 있는 새로운 일자리가 제공되고 있었기 때문이었다. 도망·은루노비들은 섬이나 국방상 중요한 지역으로 국가에서 인구를 증가시킬 목적으로 추노를 금지한 지역으로 모여들었다. 또한 이들은 유통경제의 발달로 새로이 나타나고 있는 장시를 무대로 생계를 꾸려나가기도 하고 고용노동자로서 자기의 노동력을 판매하여 각종 토목공사장이나 광산에 고용되어 생계를 유지해 나갔다. 조선 후기에 노비의 도망·은루가 격증 하는 데는 이와 같이 유통경제의 활성화와 고용노동의 발전이라는 사회경제구조의 변화가 그 근저에 깔려 있었다.

조선 후기에 들어와 노비의 도망·은루가 증가하자, 노비 소유주들은 자신의 재산을 확보하기 위하여 추노에 적극적으로 나서지 않을 수 없었다. 이 과정에서 여러 가지 폐단이 발생했다. 그 중에서도 가장 심각한 것이 양반들에 의한 불법적인 비리 추노였다. 조선왕조에 있어서 사노비의 추쇄는 소유주에게 일임되어 있는데다가 노비 소유주들 중에는 대체로 양반이 많아서 이들이 많은 노비를 확보하려고 양반의 위세를 이용하거나 관가와 결탁하여 불법적으로 추노를 자행했기 때문이다.

양반들의 비리 추노는 주로 구원노비 즉, 도망한지 오래 된 노비의 추쇄를 빙자하여 이루어지고 있었다. 여기에는 ① 옛날에 도망한 노비의 이름과 같은 사람의 자손을 자기 노비로 추쇄하는 방법, ② 조상대에 다른 자손에게 분재된 노비의 자손을 자기 노비로 추쇄하는 방법, ③ 자손이 없이 죽은 사람의 노비를 자기 조상의 노비로 추쇄하는 방법, ④ 이미 방량된 남의 노비의 자손을 자기 노비로 추쇄하는 방법 등이 많이 이용되었다. 이러한 양반들의 비리 추노로 옛 상전을 자칭하는 사람이 여러 명이 나타나 심한 경우 10여 차례나 속량을 강요당하는 일까지 벌어지고 있었다. 이들 비리 추노를 당하는 사람들은 거의가 다 가계가 비교적 넉넉한 자들이었다.

양반들의 비리 추노로 노비신분층의 피해가 속출하자 정부에서는 양반들의 비리 추노를 규제하여 가능한 한 추노를 금지하려는 정책을 취하여 난을 겪고 난 후에나 흉년이 든 해에는 추노를 금하였다.

추노의 금지는 노비신분층에게는 큰 혜택이었으나, 정부에서는 추노 자체를 완전히 금할 수는 없었다. 그것은 추노 금지로 노비들이 상전을 배반하는 일이 많아졌기 때문이었다. 그렇다고는 하여도 양반의 불법적인 추노를 금지하는 정부의 정책은 노비신분층으로 하여금 보다 용이하게 노비신분에서 벗어날 수 있게 해주었다.

# Ⅷ. 전라도 어느 양반가의 노비 소유와 사역
## - 광주 전의 이씨 종가 소장 고문서의 사례 분석 -


## 1. 머리말

조선 후기 사노비의 존재형태는 시기와 지역이나 노비 소유주의 향촌 사회에서의 위치나 경제적 기반의 차이에 따라서 그 모습에 차이가 날 수 있다. 이러한 지역적 시기적 사회기반의 차이에서 오는 노비 존재형태의 차이는 고문서 자료에 잘 반영되어 있다.

이 글은 이러한 관점에서 조선 후기 사노비의 존재형태가 지역적으로 어떻게 차이가 나는 지를 알아보기 위한 것이다. 여기에서 다루어질 전의 이씨는 선조 때에 광주목사를 지낸 李愼儀의 아들 耇이 부친이 사망한 후 어머니를 따라 외가가 있는 전라도 광주에 이거한 이후 현재까지 세거하고 있다.

이 가문의 이한수씨 댁에는 많은 고문서와 함께 호구자료(호구단자와 준호구)가 50여건 소장되어 있다. 이들 호구자료는 17세기 후반에서 19세기 초에 걸쳐서 작성된 것으로 한 집안의 것이 8대에 걸쳐 보관되고 있어 그 자체로도 사료적 가치가 크다. 그 중에서도 노비의 기재에 있어 다른 지역의 호구 자료와는 다른 면을 보이고 있어 그 가치가 높다고 할 것이다.

이 글은 주로 이들 호구 자료에 대한 분석으로 이루어진다. 즉 전의 이씨 가문에 소장되어 있는 호구 자료에 기재된 노비를 거주형태별로 분류한 다음, 이를 분석하여 조선 후기 지방 중소지주의 노비 소유 경향과 그 존재형태를 규명할 것이다. 이러한 과정에서 경우에 따라서는 분재기류나 토지문기, 소지류 등의 다른 고문서도 활용될 것이다.

이 작업은 전라도 광주 지역의 한 중소지주의 노비 소유 경향을 분석한 사례 연구에 지나지 않으나, 기왕에 진행된 다른 지역의 연구 결과와 비교한다면 조선 후기 양반가문의 노비 소유와 사역 양상의 이해에 어느 정도 접근할 수 있을 것이다.


## 2. 전의 이씨의 가계와 소장 고문서 자료

### 1) 전의 이씨의 가계

이 글에서 분석할 고문서를 소장하고 있는 전의 이씨는 석탄 이신의의 직계 후손으로 그 가계를 호구 자료와 족보[1]를 기초로 하여 작성한 것이 〈표 1〉이다.

李愼義(1551~1627)는 岾村 閔純의 문인으로 字는 景則이라 하였으며 호는 석탄이다. 이신의는 1582년(선조 15)에 학행으로 예빈시 봉사에 천거되었으나 나아가지 않다가 2년 후에 효릉참봉을 시작으로 종묘서 봉사를 거쳐 사옹원 직장, 사재감 주부, 공조좌랑, 광주목사, 형조참의, 형조참판 등의 관직을 역임하였다.

---

1) 『예안전의이씨 족보』, 예안전의이씨 대동보 간행위원회, 1979.

〈표 1〉 전의 이씨 가계

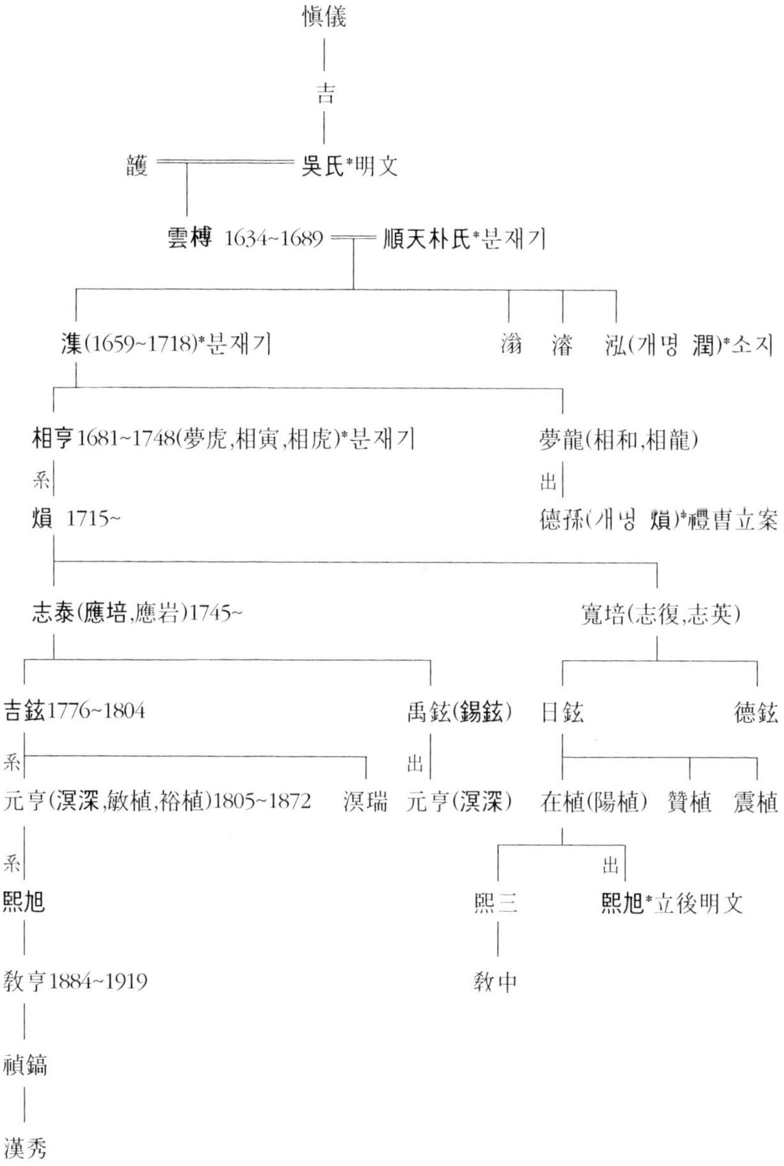
愼儀
吉
頀
吳氏*明文
雲榑 1634~1689
順天朴氏*분재기
準(1659~1718)*분재기
潝
濬
泓(개명 潤)*소지
相亨1681~1748(夢虎,相寅,相虎)*분재기
夢龍(相和,相龍)
系
出
熉 1715~
德孫(개명 熉)*禮曺立案
志泰(應培,應岩)1745~
寬培(志復,志英)
吉鉉1776~1804
禹鉉(錫鉉)
日鉉
德鉉
系
出
元亨(溟深,敏植,裕植)1805~1872
溟瑞
元亨(溟深)
在植(陽植)
贊植
震植
系
出
熙旭
熙三
熙旭*立後明文
敎亨1884~1919
敎中
禎鎬
漢秀

*고딕은 관련 고문서가 남아있는 인물임

이신의는 임진왜란이 발발하자 향군 300명을 이끌고 의병을 일으켜 참전하였는데 이 공으로 선무원종공신에 봉해졌다.[2] 이때 이신의는 2등 공신으로 녹훈되었다.

광해군 때에는 광해군이 영창대군을 주살하고 인목대비를 서궁에 유폐하자 이를 반대하는 상소를 올린 일로 함경도 회령으로 유배되었다가 인조반정 후에 풀려났다. 1627년(인조 5)에는 병자호란이 일어나자 인조를 호종하여 강화도로 가던 도중 수원에서 병사하였다. 사후에 이조판서에 추증되었으며, 1685년(숙종 11)에는 문정이라는 시호를 받았다. 문봉서원에 배향되었으며, 유집으로 석탄집이 있다.[3]

이신의 이후 이 가문에서는 과거 합격자 한 사람 배출하지 못할 정도로 한미한 상태로 호구 자료에 기재된 직역이 한결같이 유학에 머물고 있다. 그러나 이 가문은 광주에 이거한 이후 이곳의 유력한 가문과 혼인 관계를 맺고 이 지방에서 어느 정도 사족으로써 자리를 잡아 간 것으로 보인다. 1703년에 작성된 유경석남매의 분재기에 이 가문에서 李漢이 참여하고 있는데, 이때 참여한 사람들은 모두가 광주와 이웃 고을의 유명 가문 출신이었다. 이때 같이 분재에 참여한 羅載挺은 담양에 세거하고 있는 금성 나씨로 증조 羅茂春과 조 羅緯文이 연이어 문과에

---

2) 선무원종공신은 임진왜란 때 전투에 공을 세우거나 군수품 보급에 기여한 인물로서 1604년에 책훈한 선무공신에 들지 못한 사람들을 대상으로 1605년(선조 38) 4월에 9,060인을 녹훈한 것이며, 이들에게는 선무원종공신녹권이 발급되었다. 선무원종공신녹권은 현재 이신의 종가에 소장되어 있는데, 첫머리에 「선무원종공신」이라는 문서의 명칭이 있고 이 문서를 발급받은 군수 李愼儀를 기록하고 이어서 1605년 4월에 선조가 도승지 申欽을 통하여 공신도감에 내린 선무원종공신 녹훈의 전지를 실었다.

3) 이신의는 1623년(인조 1)에 광주목사를 역임한 바 있는데, 후일 후손이 광주에 들어와 세거하면서 광주 유생들이 주축이 되어 枈亭에 유애사를 설립하여 그를 제향하였다. 시정의 유애사는 대원군의 서원 철폐시 훼철되었다. 이신의 종가 소장 고문서에 시정의 유애사와 관련된 고문서가 다수 포함되어 있는 것은 이 때문이다.

급제하였으며, 나재정 본인까지 연속 담양의 향안에 입록된 담양의 유력 씨족의 하나였다.[4] 또 李愼儀의 7대손인 李熼의 처인 행주기씨는 장성의 유력한 사족 가문출신이었다.[5] 이로써 보면 전의 이씨 가문은 광주에 이주한 뒤 얼마 안 되어 이 지방의 유력 사족 가문들과 통혼을 통하여 가문의 지위를 공고히 하고 있었음을 알 수 있다.

## 2) 전의 이씨 가문 소장 고문서 자료

이 가문에는 현재 앞에서 언급한 고문서를 포함하여 모두 130점의 고문서가 소장되어 있다.

이들 고문서 가운데서 이 글에서는 정조 대 이전에 발급된 준호구와 호구단자 등 호구자료 19건을 기본으로 하고 분재기와 별급문기 등의 재산관련 자료 4건을 이용하여 조선 후기 광주 지역 한 양반 가문의 노비 소유 경향을 분석할 것이다. 〈표 2〉는 이를 정리한 것이다.

〈표 2〉에 나타난 바와 같이 이 글에서 분석할 전의 이씨 가문 소장 고문서는 호적 자료 19건과 분재기류 4건이다. 이신의 종가에 소장되어 있는 호적 자료는 준호구 38점, 호적단자 12점 등 모두 50점에 이른다. 그 가운데 29점은 19세기에 작성된 것으로 기재 노비수가 극히 적을 뿐 아니라 조선 후기 사회 변동이 급격히 진행되던 시기를 이미 지난 것이어서 분석의 실효가 없다고 판단되어 분석 대상에서 제외하였다. 또 18세기에 작성된 것이라 하더라도 노비의 기재가 누락되었거나, 노비의 기재가 수명에 불과하여 분석의 실효가 없는 경우를 제외하고 19건만을 분석의 대상으로 하였다. 이 가운데 1687년에 발급받은 이운부의 준호구가 가장 오래된 것으로 시기적으로 그렇게 오래 된 것이라 할 수는

---

4) 본서 제1부 Ⅲ. 17세기 담양의 향회와 향소 참조.
5) 행주기씨는 32세의 젊은 나이에 요절하였는데, 그녀의 오빠인 奇泰東이 이를 조상하는 글을 남겼다. 이 글도 전의 이씨 고문서와 함께 보관되어 있다.

없다. 그러나 이후 연속 5대에 걸쳐서 몇 式年을 제외하고는 거의 모든
식년의 호적 자료가 다 갖추어져 있어, 한 가문의 노비 소유의 변화와
노비 신분층의 변동 상황을 연속적으로 파악할 수 있어 비교적 사료로
서의 가치가 높다.

## 〈표 2〉 전의 이씨 소장 주요 고문서 자료

1. 호적 자료별 호주와 기재노비수

| 자료 | 연대 | 구분 | 호주 | | 노비수 | | | | 비고 |
|---|---|---|---|---|---|---|---|---|---|
| | | | 직역 | 성명 | 솔거 | 외거 | 도망 | 계 | |
| 1 | 1687 | 준호구 | 幼學 | 李雲榑 | 11 | 47 | 23 | 81 | |
| 2 | 1690 | 호적단자 | 〃 | 〃 | 13 | 56 | 25 | 94 | |
| 3 | 1699 | 준호구 | 〃 | 李澰 | 27(1) | 71 | 38 | 136 | 양역 1 |
| 4 | 1702 | 〃 | 〃 | 〃 | 16(1) | 70 | 35 | 121 | 고공 1 |
| 5 | 1705 | 〃 | 〃 | 〃 | 15(2) | 87 | 46 | 148 | 고공 1 |
| 6 | 1708 | 〃 | 〃 | 〃 | 15(1) | 77 | 44 | 136 | |
| 7 | 1711 | 〃 | 〃 | 〃 | 12(1) | 71 | 42 | 125 | |
| 8 | 1723 | 호적단자 | 〃 | 李相亨 | 6(1) | 67 | 40 | 113 | |
| 9 | 1726 | 〃 | 〃 | 〃 | 8(1) | 62 | 40 | 110 | |
| 10 | 1741 | 〃 | 〃 | 〃 | 10(2) | 49 | 43 | 102 | |
| 11 | 1744 | 〃 | 〃 | 〃 | 7(2) | 48 | 42 | 97 | |
| 12 | 1747 | 〃 | 〃 | 〃 | 7 | 55 | 40 | 102 | |
| 13 | 1750 | 〃 | 〃 | 李熉 | 5 | 71 | 40 | 116 | 솔거=양역 |
| 14 | 1753 | 〃 | 〃 | 〃 | 4 | 70 | 42 | 116 | 〃 |
| 15 | 1756 | 〃 | 〃 | 〃 | 5 | 67 | 41 | 113 | 〃 |
| 16 | 1759 | 〃 | 〃 | 〃 | 5 | 61 | 41 | 107 | 〃 |
| 17 | 1771 | 준호구 | 〃 | 李應培 | 6 | 47 | 38 | 91 | |
| 18 | 1777 | 〃 | 〃 | 李志泰 | 4 | 43 | 33 | 80 | |
| 19 | 1798 | 〃 | 〃 | 李吉鉉 | 5 | 0 | 0 | 5 | |
| 계 | | | | | 181(12) | 1124 | 688 | 1993 | |

* ( ) 안은 추정임. ** 솔거의 ( ) 안은 도망노비로 도망에 포함됨.

2. 전의 이씨 분재기별 재주, 상속인 및 분재 재산  (단위: 전답-마지기, 노비-명)

| 자료 | 연대 | 구분 | 재주 | 상속인 | 관계 | 재산규모비 | | | 비고 |
|---|---|---|---|---|---|---|---|---|---|
| | | | | | | 전 | 답 | 노비 | |
| 1 | 17세기 | 별급 | 豊川林氏 | 李䕊妻吳氏 | 외손부 | | | 13 | 미상 수명 포함 |
| 2 | 1697(?) | 분재 | 李雲梅妻 朴氏 | 李湸 | 長子 | 21 | 39 | 19 | 봉사조, 묘직조 포함 |
| | | | | 安後綺 | 長女 | 3 | 9 | 6 | |
| | | | | 李瀚 | 二子 | 14 | 17 | 12 | |
| | | | | 李溶 | 三子 | 14 | 17 | 12 | |
| | | | | 李潤 | 四子 | 13 | 17.5 | 12 | |
| | | | | 金承豪 | 末女 | 6 | 6 | 6 | |
| 3 | 1703 | 분재 | 柳慶錫父 | 鄭萬迪 | 長女 | 7 | 17 | 6 | |
| | | | | 羅載梃 | 二女 | 6 | 16 | 6 | |
| | | | | 李湸 | 三女 | 5 | 16.5 | 7 | |
| | | | | 柳慶錫 | 末男 | 5 | 27 | 11 | |
| 4 | 1748 | 분재 | 李相亨 | 李熼 | 長子 | 6 | 15 | 3 | 由來之物은 別途 |
| | | | | 宋瑊 | 伯女 | | 9 | 3 | |
| | | | | 鄭運燮 | 末女 | | 7 | 4 | |

이 가문 소장 호적 자료의 특징은 우선 각 식년마다 발급받거나 제출한 호적 자료가 거의 빠짐없이 갖추어져 있다는 점이다. 대수로는 한 대도 누락됨이 없이 8대에 걸쳐 거의 완벽하게 갖추어져 있다. 이렇게 호적 자료가 거의 완벽하게 갖추어져 소장되고 있는 가문은 별로 없다.

또한 소장되어 있는 호적 자료는 노비의 기재에 있어 기존에 소개된 호적 자료와는 다른 몇 가지 특징을 보여주고 있다. 일반적으로 호적 자료에서 노비의 기재는 솔거노비질, 외거노비질(또는 외방노비질), 도망노비질로 나누어 기재되는 것이 상례인데, 이 가문에 소장되어 있는 호적 자료 가운데 비교적 연대가 빠른 자료 중에는 이러한 구분법이 사용되지 않고 노비를 솔노(비)와 호노(비)로 구분하고 있으며, 1699년에 발급받은 이집의 준호구는 솔노비질, 호노비질로 구분하여 기재하고 있다. 여기서 솔노(비)는 다른 가문의 호적 자료에도 나타나지만 호노(비)는 다른 가문의 호적 자료에서는 지금까지 발견하지 못한 새로운 기재

방식이다.

이러한 노비 기재 방식은 1687년에 발급받은 이운부의 준호구를 시작으로 1711년에 발급받은 이집의 준호구에 이르기까지 모두 2대 8점에 이른다. 이후에는 이 가문도 다른 가문과 마찬가지로 '솔노비질'과 '외방노비질'로 나누어 노비를 기재하고 있다.

전체적으로 호적 자료에 기재된 노비수는 18세기 중반까지는 100명을 훨씬 상회하다가 18세기 후반에 들어와 50~60명 수준으로 줄어들고, 19세기에 들어와서는 10명 미만에 머물고 있으며, 이 가문의 마지막 호적 자료인 1894년에 발급받은 준호구에는 노 1명만이 기재되어 있다. 이러한 노비 소유 경향은 조선 후기의 일반적인 양반 가문의 그것과 크게 다를 바 없다.

이상에서 살펴본 바와 같이 전의 이씨 문의공파 종가 소장 호적 자료는 기재 양식상의 차이와 자료의 연속성으로 그 가치가 높다고 할 수 있다.

분재기류는 별급명문 1건과 분재기 3건이 소장되어 있다. 별급명문은 재주 풍천임씨가 외손자인 이호의 처 오씨에게 노비를 별급해주면서 작성한 것으로, 이호가 이미 사망한 뒤여서 그의 처인 오씨가 별급받은 것이다. 이 풍천 임씨 별급명문은 문서의 앞부분과 뒷부분이 훼손되어 정확한 작성 연대를 알 수는 없으나 별급의 대상인 이호 대신에 그의 처가 받은 것으로 미루어 보아 대체로 17세기 중반으로 생각된다.[6]

이 별급명문의 내용은 외조모인 풍천임씨가 외손자인 이호의 처 오씨에게 노비 추쇄의 공로로 광주와 영광, 재령의 노비를 별급하는 내용의 것으로 이신의 종가의 재산이 어떻게 증식되었나를 보여주는 자료

---

6) 이호의 처 오씨가 별급받은 것은 이호가 이미 사망했기 때문이었을 것이다. 이호는 『전의이씨 족보』에는 1645년에 사망한 것으로 되어 있다. 따라서 이 문서의 작성 연대는 빨라도 1645년 이후가 된다.

중의 하나이다.

분재기는 1697년경에 작성된 「朴氏分財記」와 1703년에 작성된 「柳慶錫四男妹分財記」, 그리고 1748년에 작성된 「子孫等處區處明文」이다. 1697년경에 작성된 「박씨분재기」는 이운부의 처인 순천박씨가 奉祀祭位條를 설정하고 나머지 재산을 6남매(4남 2녀)에게 분재하면서 작성한 것이다. 이 분재기가 이신의 종가에 소장되게 된 것은 유경석의 셋째 누나가 이집의 부인이어서 이집이 분재에 참여하였기 때문이다. 「子孫等處區處明文」은 재주 李相亨이 1748년에 작성한 것으로 「박씨분재기」에 비하여 재산이 절반 이하로 대폭 줄어들고 있어 할아버지 대에 비하여 가세가 크게 기울었던 것으로 보인다.

이들 분재기류는 소장되어 있는 건수는 적지만 이 가문의 노비를 비롯한 재산의 변동을 추적하는데 보조 자료로서 중요하게 이용될 수 있을 것이다.


## 3. 노비 소유 양상

이 가문의 호적 자료에서 특징적인 것은 솔거(앙역)노비의 기재는 비교적 충실하나, 외거노비와 도망노비는 그렇지 못하다는 점이다. 이러한 경향은 특히 도망노비의 기재에서 두드러지게 나타난다. 호적자료에 기재된 도망노비의 수는 1705년 이후 대체로 큰 변동이 없다. 전체 노비 소유 규모는 1687년의 81명을 시작으로 1705년까지는 급격히 증가하여 1705년의 148명을 징점으로 섬차 감소하다가 1798년에는 5명으로 급감하고 있다. 5명은 모두 앙역노비로 외거노비와 도망노비는 호적자료에서 모두 사라지고 있다. 이것은 아마도 이 당시에 들어와서 관례적으로 기재되어 내려오던 외거노비와 도망노비를 계속 기재할 필요가 없게 되어 탈락시킨 결과가 아닌가 한다. 이미 노비의 신분 변동이 급격히 진행되이 솔거노비를 제외하고는 이들을 통제하거나 이들에게서 신공을 징수하는 것이 거의 불가능하게 될 정도로 사태가 심각해지고 있었던 사정을 반영한 것이라 생각된다. 말하자면 이 시기에 들어와 노비의 장악력이 크게 떨어졌던 것이다.

한편 솔거노비만을 따로 떼어서 살펴보면 전체 노비의 변동과는 크게 상관없이 비교적 고정되어 있다. 이 가문의 솔거(앙역)노비는 1687년에는 11명, 1690년에는 14명으로 10명을 약간 넘는 수준이었으나, 1699년에는 27명으로 대폭 증가하고 있다. 1699년에 솔거(앙역)노비가 이렇게 급증한 것은 이때에 재주 이집이 동생들을 분가시키거나 분가시킬 준비를 하면서 동생들에게 분재할 솔거노비를 미리 다수 확보했기 때문이었던 것으로 보인다. 이집은 4형제였기 때문에 동생들에게 분재해줄 솔거노비가 적지 않았을 것이다. 이때의 호구단자에는 '舍弟戶去'로 기재된 노비가 상당수에 달하고 있다. 또한 이때에는 새로 태어난 솔거노비의 소생도 상당수에 이르고 있었으며, 전 식년 이후 새로 호구단자를 작성할 당해 식년까지의 3년 사이에 사망한 솔거노비도 3명에 이르고 있어 실제 사역 가능한 솔거노비는 다른 식년에 비하여 결코 많은 편은 아니었다. 그것은 이때에 외거하고 있는 노비 5명을 솔거로 전환시킨 외에 다른 노 1명을 앙역으로 징발하여 사역시키고 있는 것으로 미루어 알 수 있다.[7] 전체적으로 솔거(앙역)노비의 수는 1699년을 제외하고는 17세기 후반에서 18세기 전반까지는 10명 내외를 유지하다가 이후 서서히 감소하여 18세기 중반 이후 18세기말 까지는 7~5명 수준으로 줄어들고 있다. 이러한 증감 경향은 다른 가문의 노비 소유 경향과 대체로 비

---

7) 앙역은 솔거와 달리 외거하여 독립호를 유지하고 있으면서 상전집에 가서 일해주는 노비를 의미한다. 이에 대해서는 본서 제2부 Ⅳ. 조선 후기의 앙역노비 참조.

슷하다.

이 가문이 소유하고 있는 노비가 많지 않았던 것은 일차적으로 이 가문의 경제력과 관련이 깊을 것으로 보이나, 다른 한편 이 가문의 사회적 지위와도 무관하지 않았을 것이다. 이 가문은 우선 호주들의 직역이 시종 유학으로 일관하고 있어 그렇게 위세 있는 가문으로 통했던 같지는 않다. 이러한 점이 노비 소유에도 그대로 반영된 것이 아닌가 한다. 다음에 살펴볼 바와 같이 도망노비의 추쇄에 조차 수령의 도움을 얻어내지 못했을 뿐더러 추쇄한 노비도 미미할 정도로 적었던 것이 그러한 사정을 말해주는 것이다.

다음으로 노비의 증감 상황을 요인별로 나누어 살펴보자. 〈표 3〉은 이를 살펴보기 위하여 작성한 것이다.

노비의 증감 요인으로는 출생과 사망, 매득과 방매, 도망괴 推刷, 분재 등을 상정할 수 있다. 먼저 증감 요인을 살펴보면 〈표 3〉에 나타난 바와 같이 노비 소생이 압도적으로 많다. 〈표 3〉에서 순수한 증가 요인이라 할 수 있는 소생, 매득, 미상의 합 216명 가운데 노비의 소생이 191명을 차지하여 거의 90%에 육박하고 있다. 이 밖에 미상으로 분류된 7명도 대부분 노비 소생이었을 것으로 보인다. 이들을 미상으로 따로 분류한 것은 호적자료 상에 이들의 부모의 기재가 생략되었기 때문이다.

매득은 18명으로 8%에 지나지 않아 노비의 증가 요인으로는 큰 의미를 갖지 못하고 있다. 매득 노비 가운데 솔거(앙역)노비는 모두 이 가문 소유의 솔거(앙역)노와 다른 가문 소유의 비가 결혼하여 낳은 소생이며, 외거노비는 조상의 묘가 소재한 지역에 거주하는 노비가 없거나 부족하여 산직노를 확보하기 위하여 매득한 것이었다.

추쇄의 결과로 추정되는 노비는 도망에서 외거노비로 돌아온 1명과 환현 5명에 불과하다. 이들 가운데 도망에서 1701년에 외거노비로 파악된 1명은 추쇄의 결과일 가능성이 크나, 나머지 환현으로 표시된 5명은 추쇄의 결과라기보다는 도망한 노비가 스스로 돌아온 것을 의미한 것으로 보인다. 이 환현 노비 가운데서도 1711년에 환현한 2명은 이전의 호적 자료에는 외거노비로 기록되어 있어 이 때의 환현이 무엇을 의미하는지 정확히 파악할 수는 없으나, 실제로는 도망한 노비를 호적 자료상에 여전히 외거노비로 기재해 두었는데, 이 때 실제로 환현한 것이 아닌가 생각된다.

### 〈표 3〉 노비의 연대별, 증감 요인별 통계

| 구분 연대 | 증가 요인 | | | | | | | | | | | | | | | 감소 요인 | | | | | | | | | | | | | | | | |
|---|---|---|---|---|---|---|---|---|---|---|---|---|---|---|---|---|---|---|---|---|---|---|---|---|---|---|---|---|---|---|---|---|
| | 솔거(앙어) | | | | | 외거(호) | | | | | | 도망 | | | | 솔거(앙역) | | | | | | 외거(호) | | | | | | 도망 | | | | |
| 연대 | 소명 | 외→ | 도→ | 매득 | 미상 | 소생 | 솔→ | 도→ | 매득 | 환현 | 미상 | 소생 | 솔→ | 외→ | 미상 | 고 | 탈락 | 방매 | 방량 | 외→ | 도 | 고 | 탈락 | 방매 | 방량 | 솔→ | 도 | 고 | 탈락 | 방매 | 솔 | 외 |
| 1687 | 11 | | | | | 38 | | | | | | | | | 22 | | 2 | | | | | | 1 | | | | 22 | | | | | |
| 1690 | 1 | 1 | | | | 10 | | | | 1 | | | | | 7 | | | | | | | | | | | | 1 | | 1 | | | 1 |
| 1699 | 14 | 5 | | 4 | | 20 | | | | | 2 | 10 | | | 9 | 3 | 1 | | 1 | | | 12 | 11 | | | 5 | 9 | 2 | 1 | | | 1 |
| 1702 | 1 | | | | | 3 | 8 | | | | 1 | | | | 2 | 1 | | | 2 | 8 | 1 | 1 | | | | | | | 3 | | | |
| 1705 | 1 | | | | | 18 | | 1 | | | | 10 | | | 4 | | 1 | | | | | 4 | | | | | | | 4 | | | |
| 1708 | | 1 | | | | 4 | | | | 2 | | | | | 2 | 2 | 1 | | | | | 1 | 6 | | | 1 | | | 2 | | | |
| 1711 | | | 1 | 1 | | 2 | | | | *2 | | | | | 3 | 3 | 2 | | | | | 3 | 8 | | | | | 1 | | | | |
| 1723 | | 2 | | 1 | | 8 | 4 | | 6 | | | | | | | 1 | 2 | | | 4 | | 4 | 18 | | | | | | | | | |
| 1726 | | | 3 | | | 2 | | | | | | | | | | 1 | | | | | | 4 | 3 | | | | | | | | | |
| 1741 | 6 | 3 | | 1 | | 3 | 2 | | | | | 1 | | 2 | 3 | 1 | 4 | 1 | | 2 | 2 | | | | | 2 | 3 | 3 | | | | |
| 1744 | | | | | | | | | | | | | | | 2 | 1 | 2 | | | | | 1 | 1 | | | | | | 2 | | | |
| 1747 | | | | | | | | | 7 | | | | | | 1 | 1 | | | | | | 1 | | | | | | | 1 | | | |
| 1750 | 5 | | | | | 9 | 7 | | | | | | | | 1 | | | | | 7 | | 2 | 1 | | | | | | 1 | | | |
| 1753 | | 1 | | | | 6 | 2 | | | | | | | | 2 | 1 | | | | 2 | | 1 | 5 | | | 1 | | | 2 | | | |
| 1756 | | 1 | | | | | | | | | | | | | | | | | | | | 2 | | | | | | 1 | 1 | | | |
| 1759 | | 1 | | | | | | | | | | | | | | 1 | | | | | | 1 | | | | | | 1 | 1 | | | |
| 1771 | 2 | 1 | | | | 2 | | | | | | | | | | | | | | | | 2 | 15 | | | | | | | | | |
| 1777 | | | | | | | | | | | | | | | | 1 | 2 | | | | | 2 | | | | | | | | | | |
| 1798 | 4 | | | | | | | | | | | | | | | | 3 | | | | | | 52 | | | | | | 29 | | | |
| 계 | 45 | 16 | | 5 | 5 | 125 | 23 | 1 | 13 | 5 | 2 | 21 | | 3 | 58 | 15 | 21 | 1 | 3 | 23 | 3 | 41 | 120 | | 3 | 16 | 58 | 2 | 35 | | | 4 |

\* 1711년의 환현 2명은 이전 호적자료에는 외거노비로 기재되어 있음.

이렇게 본다면 이 가문에서 도망 노비의 추쇄는 거의 이루어지지 못했다고 할 것이다. 이 가문에는 도망 노비 추쇄와 관련된 소지 1건이 소장되어 있다. 그 내용은 이운부의 넷째 아들인 이윤이 도망한 노비를 추쇄하려고 나주목사에게 장적의 열람을 청하는 내용이다. 이 당시 이윤은 도망한 노비를 추쇄하기 위하여 해남, 영암 등지를 돌아다니던 중 나주 종남면에 사는 徐仁發이라는 사람이 도망한 비 禮今 소생의 딸 5

명을 그들의 상전이라고 칭하고 장적에 까지 올렸다가, 이들이 속신한 후 양인으로 장적에 등재되어 있다는 말을 듣고 이를 확인하기 위하여 수차례 방문한 바 있었다. 그러나 이때는 춘분이 이미 지나 농사철이 시작되었다는 이유로 장적의 열람이 불허되었다.[8] 따라서 이때의 추쇄는 실패했다.[9]

또 노비의 증가 요인 중의 하나로 간주되는 분재를 통한 타 가문으로부터의 노비의 유입은 이 가문의 경우 그렇게 많지 않았다. 이에 관해서는 앞의 〈표2〉의 b가 참고가 된다. 이에 의하면 17세기 李護 대에 이호의 처 외할머니가 이호의 처 오씨에게 13명 이상의 노비를 별급한 바 있으며, 1703년에는 이집이 처가의 분재에 참여하여 약간의 전답과 노비 7명을 분재 받은 것이 전부이다. 이밖에 다른 자료가 있다면 더 많은 노비가 타 가문으로부터 유입된 것이 확인될 수도 있으나, 현재로서는 위에서 언급한 것이 전부이다.

노비의 감소 요인 가운데서는 도망, 탈락[10]과 사망이 가장 비중이 컸다. 도망은 모두 82명으로 다른 존재형태로 전환된 노비를 제외한 전체 감소 노비 302명의 약 27%를 점하고 있다. 이 중에서도 외거 상태에서 도망한 노비가 58명인 반면, 솔거 상태에서 도망한 노비는 3명에 불과

---

8) 光州幼學李潤(광주 광산구 이한수 씨 소장)
　　'矣身年前 親往海南靈巖等地 搜出逃奴婢禮今所産 婢禮閑 婢禮丹 婢愛德 婢愛春 婢梅花是乎則 奴婢言內 稱以羅州從南居 徐仁發稱名人亦 其矣上典是如 丙午年以後 年年帳籍 昭然懸錄是如 爲臥乎所 殊不知奴婢輩釀謀之如何 是白遣 更爲推見 近年戶口則 稱以贖身後 以良人懸錄是如 爲臥乎所…. 矣身考籍次 春分前 親到官門則 收役上以剛職事 乘日不還 小비奇待 還歸矣 今者復 來敢爲呈訴爲去乎 考籍一款…. 雖春分已過 考籍啓疑 似無防塞之理是乎矣…. 戊寅二月 日'
9) 이들을 추쇄하려는 노력은 결국 성공하지 못했던 것으로 보인다. 그렇게 보는 것은 위 소지에 언급된 노비들의 이름이 이후의 호적 자료에 나타나지 않기 때문이다.
10) 이전의 호적 자료에는 등재되어 있으나, 당해 식년의 호적 자료부터는 등재되어 있지 않은 노비를 말한다.

하여, 외거노비의 도망이 일상적으로 일어나고 있었음을 보여주고 있다. 나머지 21명은 도망노비의 소생이었다.

사망한 노비는 솔거노비 15명, 외거노비 41명으로 모두 56명에 달하고 있다. 또, 이전의 호적 자료에는 등재되어 있으나, 당해 식년의 호적 자료부터는 등재되어 있지 않은 탈락 노비도 1798년에 일괄적으로 호적 자료에서 탈락된 외거노비와 도망노비를 제외하면 사망한 노비가 대부분이었을 것으로 보인다. 탈락 노비는 특히 호적 자료가 결락되어 있는 다음 식년의 자료에서 많이 나타난다. 예컨대, 1690년 이후 2식년치의 호적 자료가 결락된 1699년과 1711년 이후 3식년치가 결락된 1723년, 1759년 이후 3식년치가 결락된 1771년, 1777년 이후 무려 7식년치가 결락된 채 작성된 1798년의 호적 자료에서 월등히 많이 나타남을 볼 수 있다. 1798년의 호적자료에는 양역노비를 제외한 모든 노비가 탈락되었다.

일반적으로 당해 호적 자료가 작성되는 3년 사이에 사망한 노비에게는 사망하였음을 표시하는 '故'자가 표시되며, 다음 식년의 호적 자료부터는 아예 이들의 이름이 등재되지 않는다. 이러한 사실을 종합해 보면 탈락으로 파악된 노비들은 대부분 그 사이 사망하여 당해 식년에 작성된 호적 자료에는 '故'자가 표시되었을 것이나, 당해 식년의 호적 자료가 결락되어 확인할 수 없을 뿐이다. 이렇게 본다면 탈락 노비도 사망한 노비로 간주할 수 있을 것이다. 따라서 사망 노비에 탈락 노비까지를 포함하면 사망 노비는 모두 234명으로 전체의 77%를 상회한다.

한편, 분재를 통하여 타 가문으로 유출된 노비는 그리 많지 않았다. 이 역시 위의 〈표 2〉의 b를 통하여 확인할 수 있다. 이에 의하면 1697년경에 이운부의 막내 사위인 金承豪에게 노비 6명, 1748년에 이상형의 막내 사위인 鄭運燮에게 노비 4명이 분재되고 있어 모두 10명에 그치고 있다. 결국 이 집안에서 분재를 통한 노비의 증감은 타 가문으로부터 유입된 노비가 타 가문으로 유출된 노비보다 훨씬 많았던 것이다.

이밖의 감소 요인으로는 방매 1명, 방역 3명, 방량 3명이 있다. 이러한 수치는 무시할 수 있을 정도로 미미한 것이다. 방매는 매득에 대비되는 것으로, 이 가문의 매득 노비가 18명이었던 데 비하여 방매가 1명에 지나지 않았던 것으로 보아 노비의 방매는 특별한 경우가 아니면 없었던 것으로 보이며, 방역이나 방량, 면천 역시 거의 불가능하지 않았나 생각된다.

이상에서 살펴본 바와 같이 노비의 감소 요인 중에서는 사망이 가장 높은 비중을 차지며, 도망도 결코 무시할 수 없다. 이 가운데 사망은 어느 시대에나 존재하며 또 이것은 노비의 출생으로 상쇄되고도 남기 때문에 노비의 감소 현상으로 바로 연결되지는 않는다. 위에서 살펴 본 바와 같이 같은 기간에 노비의 소생은 191명이었는데 사망한 노비는 58명에 불과하였다. 여기에다 이 기간에 탈락한 노비 176명 중 1798년에 탈락된 84명을 제외한 92명을 실제로 사망한 노비로 간주하면[11] 같은 기간 중 사망한 노비는 150명 정도로 추정된다. 이를 근거로 사망과 출생을 비교하면 오히려 41명이 증가하는 결과가 나온다. 따라서 사망은 조선 후기에 노비가 급격히 줄어든 사실을 설명해주지는 못 한다.

한편, 같은 기간 도망은 82명이었는데 비해, 도망 노비를 추쇄한 결과로 보이는 노비는 앞에서 살펴본 바와 같이 환현 5명을 포함하여 6명에 지나지 않았다. 여기에서만 76명의 감소가 발생하였다. 결국 조선 후기에 노비가 급격히 감소한 것은 도망이 가장 큰 요인이었음을 여기에서 다시 한번 확인할 수 있다.

---

11) 탈락된 노비의 경우 대부분이 이미 사망한 노비로 판단되나, 1798년의 외거노비와 도망누비 탈락자는 이 당시 호적 자료에서 외거노비와 도망노비를 일괄 삭제하는 과정에서 이루어진 것이어서 이들을 모두 이미 사망한 노비로 간주할 수는 없다. 따라서 탈락된 노비 전체에서 1798년에 탈락된 노비 84명을 제외한 것이다.

## 1) 솔거(앙역)노비

호석 사료에 기재된 솔거(앙역)노비는 1687년의 11명에서 1798년의 5명까지 약간의 증감을 겪으면서 꾸준히 존속되고 있다. 최후까지 남아 있는 노비도 앙역 노비였다. 이들 중에서 당해 식년 사이에 사망했거나, 放役, 病廢, 숨弟戶去 등의 사유로 사역이 불가능한 자들을 제외하면 실제 사역이 가능한 솔거(앙역) 노비의 수는 18세기 초까지는 10명을 약간 상회하다가, 이후부터는 10명 미만으로, 그리고 1723년 이후부터는 5명 내외로 줄어들고 있다. 〈표 4〉의 실존 노비는 이를 나타낸 것이다.

### 〈표 4〉 솔거(앙역)노비의 실존수 및 연령별 분포

| 연대 | 기계수 | 사고노비 | | | | | 실존노비 | 연령별 분포 | | | | | | | | | | | | | 비고 |
|---|---|---|---|---|---|---|---|---|---|---|---|---|---|---|---|---|---|---|---|---|---|
| | | 고 | 도망 | 방역 | 병폐 | 타호거 | | 0~5세 | 6~10 | 11~15 | 16~20 | 21~25 | 26~30 | 31~35 | 36~40 | 41~45 | 46~50 | 51~55 | 56~60 | 61~ | |
| 1687 | 11 | | | | | | 11 | | | | | 1 | 2 | 3 | 1 | | 1 | 3 | | | |
| 1690 | 13 | | | | 1 | | 12 | | | | | 1 | 2 | 2 | 3 | | 1 | 3 | | | |
| 1699 | 27 | 3 | 1 | 1 | 1 | 4 | 17 | 1 | | 2 | 3 | 1 | 3 | 2 | 2 | 1 | 1 | | 1 | | 앙역 1 |
| 1702 | 17 | 1 | 1 | 2 | 1 | 1 | 11 | 1 | | | 1 | | 4 | 2 | 1 | | 1 | | 1 | | |
| 1705 | 16 | | 2 | | 1 | 1 | 12 | 1 | 1 | | 1 | | 2 | 2 | 1 | 2 | 1 | | | | |
| 1708 | 16 | 2 | 1 | | 1 | 2 | 10 | 1 | | | | 1 | | 2 | 1 | 2 | 1 | 1 | | 1 | |
| 1711 | 13 | 3 | 1 | | 1 | | 8 | | 2 | | | 1 | | | 2 | 1 | 2 | | | | |
| 1723 | 7 | 1 | 1 | | | | 5 | | | 1 | 1 | 1 | | | 1 | | | 1 | | | |
| 1726 | 9 | 1 | 1 | | | | 7 | 2 | | | 1 | 2 | | 1 | | | | | | 1 | |
| 1741 | 12 | 1 | 2 | | | 3 | 6 | | | | | | 1 | | 3 | | 1 | | 1 | | |
| 1744 | 9 | 1 | 2 | | | | 6 | | | | | | 1 | | 1 | 2 | | 1 | 1 | | |
| 1747 | 7 | | | | | | 7 | | | | | | 1 | 1 | | 3 | | | 1 | 1 | |
| 1750 | 5 | | | | | | 5 | | 1 | 2 | 2 | | | | | | | | | | 앙역 |
| 1753 | 4 | | | | | | 4 | | | 2 | | | 1 | | | 1 | | | | | 앙역 |
| 1756 | 5 | | | | | | 5 | | | 2 | 1 | | 1 | | | 1 | | | | | 앙역 |
| 1759 | 5 | | | | | | 5 | | 1 | | | 3 | 1 | | | | | | | | 앙역 |
| 1771 | 6 | | | | | | 6 | | 1 | | | | 2 | | 1 | 1 | 1 | | | | |
| 1777 | 4 | | | | | | 4 | | | 1 | | | 1 | | | 1 | 1 | | | | |
| 1798 | 5 | | | | | | 5 | 2 | | | | | 1 | 1 | | | | | | 1 | |
| 계 | 191 | 13 | 12 | 3 | 6 | 11 | 146 | 6 | 5 | 6 | 16 | 17 | 23 | 15 | 13 | 16 | 16 | 3 | 7 | 3 | |

호적자료에서 솔거(앙역)노비의 기재는 시기적으로 큰 차이를 보이고 있다. 일반적으로 이들은 1687년부터 1741년까지는 '率' 또는 '率奴婢秩'로, 1750년부터 1759년까지는 '仰役' 또는 '仰役秩'로 표기하고 있다. 이 밖의 호적 자료에서는 '賤口秩'로 표기하는 중에 앙역노비를 앞에 기재하고 있다.

여기서 한 가지 주목되는 것은 '앙역'이라는 용어가 '率去'와는 약간 다른 의미로 사용되고 있다는 사실이다. 즉 1699년의 준호구에는 '솔거노비질'에 기재된 27명의 솔거노비와는 별도로 외거노인 성용에게 '앙역'이라는 주기를 달아놓고 있다. 이는 이 당시에는 '솔거'와 '앙역'이 구별되어 사용되고 있음을 보여주는 것이다. 솔거노비와 앙역노비가 서로 달랐음을 시사해주는 사례는 다른 가문의 호적자료에서도 쉽게 찾아진다. 예컨대 1786년 춘천부에서 발급한 李漢明의 준호구에는 '솔거노비질'과 별도로 '앙역노비질'이 설정되어 있다.[12] 또 1678년 나주목에서 유학 裵世大에게 발급한 준호구에는 '率仰役婢劉今伍所生奴千唐…'[13]이라 기재되어 있다. 여기에서 '率'은 노 천당이 솔거노라는 의미이고, '仰役'은 천당의 어머니 유금이 앙역비이었음을 나타낸다.

그렇다면 '솔거'와 '앙역'은 그 의미가 서로 어떻게 다른가? 지금까지 연구자들은 일반적으로 솔거노비와 앙역노비를 같은 성격의 노비로 파악하는 경향이 있었다.[14] 그러나 위에 제시한 사료가 시사하는 바와 같이 솔거노비와 앙역노비는 그 성격이 서로 달랐던 것으로 보인다. 지금까지 살펴본 바로는 솔거노비는 상전집에 같이 거주할 뿐 아니라 상전

---

12) 서울대 규장각, 『고문서』9, 240쪽, 李漢明戶.

13) 전북대학교 박물관, 『박물관도록 − 고문서 −』, 1998, 109쪽.

14) 이에 대해서는 다음 논고가 참고가 된다.
  이영훈, 「조선사회 솔거·외거노비 구분 재고」, 『한국 근대 경제사 연구의 성과』 1989; 박노욱, 「16~18세기 부안 김씨가의 재산 실태 연구」(충남대 석사학위 논문), 1989.

댁의 호적에 올라 있는 노비를, 앙역 노비는 상전과 별도의 호적을 갖고 외거하고 있는 노비 중 일부가 상전댁에 불려와 사역되는 노비를 지칭하는 용어가 아니었나 생각된다. 이들은 솔거노비와는 달리 별도의 호적에 올라 있고 또 외거하고 있는 가족이 있어서 독립적인 생활 기반을 갖고 있는 노비 가운데 일시적으로 상전댁에 징발되어 사역되는 노비로 추정된다.

솔거노비와 앙역노비는 서로 다른 의미로 사용되었으나, 세월이 지나면서 이들이 실제로 하는 일이 같고 , 또 솔거노비와 외거노비의 교체가 빈번히 일어나면서 솔거노비의 가족이 외거하고 있는 경우가 자연스럽게 나타나자, 사실상 외거노비에서 차출된 앙역노비와 솔거노비의 성격이 같아지면서 솔거노비와 앙역노비를 동일시하는 현상이 일어난 것이 아닌가 생각된다. 이에 따라 18세기 이후에는 아예 솔거노비 대신 앙역노비라는 용어가 일반적으로 사용되게 된 것이 아닌가 생각된다.[15]

실제로 전의 이씨 문의공파 종가 소장의 호적 자료에 기재된 '솔' 또는 '솔거질'에 올라 있는 노비와 '앙역'으로 표기된 자 사이에는 약간의 차이가 찾아진다. 그것은 우선 연령 구성에서 차이가 크다는 점이다. 〈표 4〉에서 이를 확인해 보면, '솔'이나 '솔거질'에 올라 있는 1747년 이전의 노비는 연령 분포가 비교적 다양한데 비하여, '앙역'으로 되어 있는 1750년 이후의 노비는 1798년[16]을 제외하고는 모두가 11~50세 사이

---

15) 이러한 사례는 『부안 김씨우반고문서』에서도 확인된다. 이 가문의 호적자료에서는 이미 1699년부터 솔거노비 대신 앙역노비라는 용어가 사용되고 있다.

16) 1798년의 6세~10세 사이의 비 2명은 모두 당시 앙역비의 딸로써 이 당시 6세, 9세였다. 이들은 앙역비인 어머니와 함께 상전가에 기거하고 있었던 것으로 생각된다. 61세 이상의 자는 이 당시 67세인 비 선향으로 그녀는 15세 때인 1750년에 처음 앙역비로 징발된 자로 이 당시 외거 가족이 없어 그대로 상전가에 살고 있었던 것으로 생각된다. 아마 이들도 다른 외거 가족이 있었다면 앙역으로 파악되지는 않았을 것이다.

에 분포하고 있다. 그 중에서도 16세~30세 사이의 노비가 전체 41명 중 24명으로 59%를 점하고 있다. 이를 16~50세까지로 확대하면 34명으로 83%에 육박한다. 또 1699년의 외거노에서 차출된 앙역노 1명도 18세의 젊은 노였다.

반면에 솔거노비의 연령 구성은 젊은 노비 중심으로 되어 있는 중에도 어린이와 노년층이 앙역노비보다는 많다. 1744년까지의 솔거노비 가운데 실존 노비 연인원 105명의 연령 구성을 살펴보면 노동력이 전혀 없는 10세 미만이 9명(약 9%), 노동력의 질이 비교적 우수하다고 할 수 있는 16~50세까지 사이의 노비가 83명(약 80%), 어느 정도 노동력이 있다고 할 수 있는 11~15세 사이와 51세 이상의 노비가 13명(약 9%)으로 앙역노비에 비하여 어린 노비와 노년층이 많다. 솔거노비 가운데 10세 미만인 지들은 솔거비의 사너로 섯벅이거나 따로 떨어져 살아갈 수 없는 자들이었다.

이들 솔거(앙역)노비들이 어떻게 솔거(앙역)노비가 되었는지를 알아보기 위하여 이들 부모의 존재 형태와 상관관계를 조사하여 〈표 5〉를 만들었다. 이 표에 의하면 전체 66명의 솔거(앙역)노비 중 부모의 존재 형태를 알 수 없는 노비[17] 16명(매득 1명 포함)과 도망노비 소생 1명을 제외한 49명의 부모의 거주 형태를 살펴보면, 솔거(앙역)노의 소생이 6명, 솔거(앙역)노였다가 외거하고 있는 노의 소생이 1명으로 아버지를 따라 솔거(앙역)노비로 된 자가 7명인데 비하여, 솔거(앙역)비 소생이 22명, 솔거(앙역)비였다가 외거로 전환한 비의 소생이 1명으로 어머니를

---

17) 이들은 부모의 이름이 호적 자료에 기재되어 있으나, 호적 자료 작성 당시 이미 사망하고 살아 있지 않아 거주 형태를 비롯한 제 기록이 호직 자료에 나타나지 않은 자들이다. 이들은 전식년의 호적 자료가 결락된 다음 식년의 호적 자료에 집중적으로 나타난다. 이들도 다른 노비와 마찬가지로 대부분 솔거노비의 자녀였다.

따라 솔거(앙역)노비로 된 자가 23명으로 3배 이상 많다. 나머지는 외거하고 있는 비의 소생 가운데 외거에서 솔거(앙역)로 징발된 자로 모두 19명에 이르고 있다. 아버지가 솔거(앙역)하고 있거나 솔거(앙역)하고 있다가 외거로 전환된 자의 소생은 어머니가 양녀이거나 그 당시 사망하고 없는 자들이었다. 이렇게 본다면 노비의 거주 형태는 그들의 신분 결정과 마찬가지로 어머니의 거주 형태를 따라 결정되는 것이 일반적이었음을 알 수 있다.

<표 5> 솔거(앙역)노비 부모의 존재 형태

| 구분 / 연대 | 부솔거 | 부솔거→외거 | 부도망 | 모솔거 | 모솔거→외거 | 모외거 | 매득 | 미상 | 계 |
|---|---|---|---|---|---|---|---|---|---|
| 1687 | | | | 1 | | 2 | | 8 | 11 |
| 1690 | | | 1 | (1) | | | | | 1(1) |
| 1699 | 1 | | | 2 | | 5(5) | | 6 | 14(5) |
| 1702 | | | | 1 | | | | | 1 |
| 1705 | | | | 1 | | | | | 1 |
| 1708 | | | | | | (1) | | | (1) |
| 1711 | *1 | | | | | | | | 1 |
| 1723 | *1 | | | | | (2) | | | 1(2) |
| 1726 | *2 | | | | | | 1 | | 3 |
| 1741 | 1 | | | 3 | | 1(3) | | 1 | 6(3) |
| 1744 | | | | | | | | | |
| 1747 | | | | | | | | | |
| 1750 | | | | 4 | 1 | | | | 5 |
| 1753 | | | | (1) | | | | | (1) |
| 1756 | | (1) | | | | | | | (1) |
| 1759 | | | | (1) | | | | | (1) |
| 1771 | | | | 2(1) | | | | | 2(1) |
| 1777 | | | | | | | | | |
| 1798 | | | | 4 | | | | | 4 |
| 계 | 6 | (1) | 1 | 18(4) | 1 | 8(11) | 1 | 15 | 50(16) |

※ ( )는 외거에서 솔거(앙역)으로 전환한 노비. * 는 매득 노비의 자녀.

그러나 자녀의 거주 형태가 전적으로 어머니의 거주 형태만을 따라 결정되는 것은 아니었다. 다른 요인도 고려되었던 것으로 보인다. 예컨대 1687년의 호적 자료에는 戶婢 旕德의 아버지가 다른 소생 비 後金과 비 禿德이 거주 형태를 달리하고 있는 것이 확인된다. 후금의 아버지는 어영군인 김득복이었으며, 독덕의 아버지는 名不知로 누구인지 알 수 없으나 떠돌이거나 거주지가 일정하지 않은 사람일 가능성이 크다. 이 경우 생활 근거지가 있는 김득복의 소생은 외거해도 생계를 유지할 수가 있겠지만, 아버지가 누구인지 알지 못하는 독덕은 외거가 어려웠을 수도 있다. 또 이 당시 후금은 61세였고, 독덕은 46세였다. 이러한 여러 요인이 복합적으로 고려되어 거주 형태가 결정되었을 것으로 보인다. 어영군 김득복의 딸 후금은 외거하고 있으며, 그녀의 두 아들 역시 후금과 함께 외거하고 있었다. 반면에 아버지의 이름을 알 수 없는 딸 독덕은 솔거하고 있으며, 그 자녀 역시 독덕을 따라 솔거하고 있다.[18]

또 외거에서 솔거(앙역)로 전환된 노비의 외거하고 있던 거주지를 살펴보면, 이들이 대부분 상전가와 가까운 이웃에 살고 있었던 사실을 확인할 수 있다. 1690년에 외거에서 솔거로 전환한 비 碧玉의 경우 외거하고 있던 거주지가 기록되어 있지 않으나, 그의 어머니가 이미 솔거하고 있어 그녀 또한 부근에서 살고 있었을 것으로 보이며, 1699년에 외거에서 솔거로 전환한 5명(앙역 1명 포함)도 역시 거주지가 기록되어 있지 않으나, 부모나 형제의 일부가 이미 솔거하고 있거나, 자녀들이 솔거하고 있어 역시 부근에 살고 있었음이 확실하다.[19] 후술하겠지만 이

---

18) 이들의 혈연관계와 거주 형태를 표시하면 다음과 같다.(♂-노, ♀-비, 이희 간요)

```
營軍 金得福
     ╟♀ 후금〈외거〉 ┌♂ 상운〈외거〉
                     └♂ 황운〈외거〉
◎戶婢 旕德
     ╟♀ 독덕〈솔거〉 ┌♂ 태생〈솔거〉
  名不知             └♀ 벽옥〈솔거〉
```

19) 이들 가운데 3명은 같은 부모 소생으로 같이 외거로 있다가 함께 솔거로 전환

당시의 호석 자료에서 외거노비 가운데 기주지가 표시되어 있지 않은 경우는 대부분 상전가의 인근에 거주하고 있는 자들이었다. 1708년에 외거에서 솔거로 전환한 노 이선은 외거에서 1699년에 솔거로 전환하였다가 1702년에 외거로 전환한 뒤 다시 솔거로 들어왔으며, 1723년에 외거에서 솔거로 전환한 노 살봉과 시봉은 형제 사이로 이들은 원래 솔거노였으나, 1702년에 외거로 전환한 뒤 1705년에 도망하였다가 1708년에 환현하였고 이 해에 다시 솔거로 전환하였다.[20] 따라서 이들도 상전가 부근에 살고 있었을 것으로 생각된다. 1741년에는 3명이 외거에서 솔거로 전환하였다. 비 연비는 외거하고 있다가 솔거로 전환한 다음 다시 1747년에 외거로 전환하여 용산촌에 거주하고 있었으며, 비 선진은 외거하고 있다가 솔거로 전환한 다음 1747년에 다시 외거로 전환하여 이웃 군현인 함평에 거주하고 있었고, 노 인학은 1699년에 매부 김승호의 집에 보내졌다가 1741년에 돌아와 솔거로 전환하였다. 인학은 솔거비인 채덕과 결혼하여 5명의 자녀를 두었는데, 채덕과 함께 이들도 모두 앙역노비를 거쳐 인근 와곡 마을에 외거하고 있었다.[21] 채덕은 그의 아버지가 이 집안의 솔거노였으나, 어머니가 私婢 즉 다른 집안의 비여서 이 집안 소유가 아니었다. 채덕은 1744년에 이 집안에서 그의 동생인 노 비아시와 함께 매득함으로써 비로소 이 집안 소유가 되었다.

---

하였다. 이들의 혈연관계를 표로 나타내면 다음과 같다.(솔:솔거노비, 호:호노비, 외:외방노비)

◎班婢 明花 ┬ ♀ 계단〈1690호〉
          ├ ♂ 이선〈1690호 1699솔 1702~1705호, 1708~1711솔〉
          ├ ♀ 인춘〈1690호 1699솔 1702~1705호〉
          └ ♀ 인화〈1690호 1699솔 1702~1705호〉

20) 이들의 기주 형태 전환은 다음과 같다.

◎班婢 귀양 ┬ ♂ 시봉〈1699솔節, 1702호, 1705今逃, 1708還現, 1723솔〉
          └ ♀ 살봉〈1699솔節, 1702호, 1705今逃, 1708還現, 1723솔〉

21) 이들의 혈연관계와 기주 형태 전환은 다음과 같다.

1750년에 앙역으로 차출된 비 춘상도 그 어머니 백례는 물론이고 언니 귀녀 오빠 귀금 모두 솔거노비였으며, 오빠 귀금은 이 당시 외거로 전환하여 와곡에 살고 있었다.[22] 이로써 본다면 춘상 역시 상전댁 인근에 살고 있었음은 거의 확실하다. 1756년에 외거에서 앙역으로 차출된 비 미정은 1723년에 매득하여 솔거노로 사역되다가 1741년에 외거로 전환되어 본면 흑석에 살고 있는 노 비아시의 딸로 그녀의 아버지와 함께 살고 있었다. 1759년에 앙역으로 차출된 노 장악은 앞에서 언급한 비 채덕의 아들로 1756년까지 와곡에 외거하고 있었으며, 1771년에 외거에서 앙역으로 전환한 노 악귀 역시 솔거비 채덕의 소생으로 1750년 앙역에서 1753년에 외거로 전환하여 와곡에 거주하고 있었다.

이상에서 살펴본 바와 같이 외거에서 솔거(앙역)로 전환한 노비들은 대부분이 솔거(앙역)노비이거나 솔거(앙역)노비였던 자들의 소생이었으며, 이들이 외거하고 있는 곳도 대부분 상전댁에서 가까운 지역이었다. 이들 가운데 외거 지역이 밝혀지지 않은 노비들도 대부분 상전댁 부근 마을에 살고 있었을 것이다. 외거노비들의 거주지가 상전이 살고 있는 군현인 경우 거주지 기재를 생략하는 것이 일반적이었으며, 다른 군현에 살고 있는 경우에 이들을 외방노비로 분류하여 거주지를 표시하는

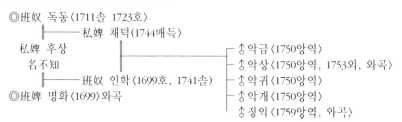

22) 이들의 혈연관계와 거주 형태는 다음과 같다.

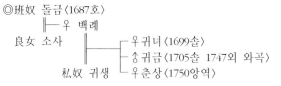

것이 일반적으로 통용되는 호적 자료의 기재 방식이었다. 이러한 기재 방식은 이 가문의 호적 자료에서도 비교적 잘 지켜지고 있었다.

상전댁 인근에 거주하고 있던 외거노비가 솔거(앙역)로 차출된 노비의 대부분을 차지하였던 것은 이들에게 상전댁의 노비 지배력이나 파악력이 효과적으로 발휘될 수 있었기 때문이었을 것이다.

### 2) 호노비와 외거노비

이 가문의 외거(호)노비는 연인원 1,174명으로 전체 소유노비 1,996명의 59%를 점할 정도로 그 비중이 높았으며, 따라서 그 증감의 폭 또한 컸다. 외거(호)노비의 수는 전체적으로 솔거(앙역)노비와 마찬가지로 18세기 초까지는 증가하여 1705년의 93명을 정점으로 이후 서서히 줄어들어, 18세기 말에 이르러서는 아예 한 명도 남아 있지 않았다.

이 가문의 호적 자료에서 외거노비의 기재는 다른 가문의 호적 자료와는 다른 경향을 보여주고 있다. 그것은 상당수의 호적 자료에서 외거노비를 '戶', 또는 '戶奴婢秩'로 구분하고 있는 점이다. 〈표 6〉은 이 가문의 호적 자료에서 사용된 노비 구분 방식을 나타낸 것이다.

〈표 6〉에 나타난 것을 보면, 외거노비를 의미하는 '호' 또는 '호노비질'이라는 용어는 1687년부터 1759년까지 나타난다. 그러한 중에도 1711년까지는 '호' 또는 '호노비질'이라는 용어만 사용되고, 1723년부터는 '호,와 '외방노비질'이 함께 사용되는 중에 1723년부터 1744년까지는 '호'가 '솔' 다음에 '외방노비질'과 분리되어 기재되어 있으며, 1753년부터 1759년까지는 '외방노비질'에 '호'가 포함되어 기재되어 있다. 또 '호' 또는 '호노비질'에 올라있는 노비에는 대부분 거주지가 표시되어 있다. 이로 미루어 보면 '호' 또는 '호노비질'에 기재된 노비는 통상 말하는 외거노비와 다른 점을 찾기가 힘들다.

## 〈표 6〉 노비의 구분 방식

| 구분<br>연대 | 노비를 구분하는 용어 | 기재 방식 | 비      고 |
|---|---|---|---|
| 1687 | 솔, 호, 도 | 혼합 기재 | 호노비 대부분 거주지 기재 |
| 1690 | 솔, 호, 도 | | 〃 |
| 1699 | 솔노비질, 호노비질, 도망노비질 | 구분 기재 | 〃 |
| 1702 | 솔, 호, 도 | 〃 | 〃 |
| 1705 | 솔, 호, 도 | 〃 | 〃 |
| 1708 | 솔, 호, 도노비질 | 〃 | 〃 |
| 1711 | 솔, 호, 도노비질 | 〃 | 〃 |
| 1723 | 솔, 호, 외방노비질, 도노비질 | 〃 | 호노비 거주지 표시 없음 |
| 1726 | 솔, 호, 외방노비질, 도노비질 | 〃 | 〃 |
| 1741 | 솔, 호, 외방노비질 | 〃 | 〃, 도망노비 외방노비질에 포함 |
| 1744 | 천구질, 호, 외방노비질 | 〃 | 〃, |
| 1747 | 천구질 | | 통합하여 순서대로 기재 |
| 1750 | 천구질, 양역 | 혼합 기재 | 양역 표시 |
| 1753 | 양역질, 외방노비질(호, 도망 포함) | 구분 기재 | 외방노비질에 호노비 도망노비 포함 |
| 1756 | 양역노비, 외방노비(호, 도망 포함) | 〃 | 〃, 호노비 거주지 기재 |
| 1759 | 양역노비, 외방노비(호, 도망 포함) | 〃 | 〃,    〃 |
| 1771 | 천구 | 〃 | 통합하여 순서대로 기재 |
| 1777 | 천구질 | 혼합 기재 | 통합 |
| 1798 | 천구 | | 양역노비만 기재 |

　그러면 '호노비'와 '외거노비'는 같은 노비인가?, 아니면 서로 다른 성격의 노비인가? 〈표 6〉에 나타난 바를 토대로 추정한다면 1711년까지의 '호노비'는 외거노비와 완전히 일치하며, '호'와 '외방노비질'이 같이 기재되어 있는 1723년 이후의 '호노비'는 '외방노비'와 성격이 약간 다른 것으로 보인다. 이렇게 보는 것은 1711년까지는 '외방노비질'이 설정되어 있지 않고, 또 '호노비' 거주지의 대부분이 외방 즉, 상전이 거주하는 광주가 아닌 다른 군현으로 되어 있는 점이다. 통상 '외방노비'는 상전이 사는 군현이 아닌 다른 군현에 거주하는 노비를 의미하는데,[23] 이러한 노비들이 '호노비'로 기재되어 있다는 것은 '호노비'가 바로 이들까지를 포함하는 의미로 사용되었음을 알려주는 것이다.

---

23) 정구복, 「고문서를 통해본 조선조 양반의 의식」, 『한국사학』 10, 1989.

그러나 '외방노비질'이 설정된 1723년 이후의 '호노비'는 통상 의미하는 외방노비와는 그 성격이 달랐던 것으로 보인다. '외방노비질' 또는 '외방노비'가 따로 설정된 경우의 '호노비'는 '앙역질' 또는 '앙역노비'가 따로 설정되어 있는 경우에는 '외방노비질' 또는 '외방노비'에 포함되어 '호'라는 주기가 부기되어 있고, '솔'이 설정되어 있는 경우에는 '솔' 다음에 '호노비'가 기재되고 이어서 '외방노비질' 또는 '외방노비'가 등재되고 있어 이들이 솔거노비 또는 앙역노비와도 다르고 외방노비와도 다른 성격의 노비였음을 시사하고 있다. 이들의 수는 많게는 5명 적은 경우 1명에 지나지 않는다. 이들의 거주지는 밝혀진 경우도 있고 그렇지 않은 경우도 있으나, 밝혀진 경우 모두가 상전이 거주하고 있는 인근 마을인 와곡과 흑석이었으며, 이전의 솔거노비 또는 앙역노비나 그의 어린 자녀들이었다. 실제로 1753년 이후에 새로 앙역노비로 된 자들은 모두가 이전의 호노비였다. 예컨대 비 미정의 경우 그녀는 1723년에 매득하여 이후 솔거노로 있다가 1753년에 '호노'로 전환한 비아시의 딸로, '호비'로 아버지와 함께 흑석에 살고 있는데, 1756년에 앙역비로 되었다. 그녀는 1756년의 호적 자료에는 '앙역비'와 '호비'로 이중 등재되어 있으며, 1759년에는 '앙역비'로만 등재되어 있다.

이로 미루어 보면, '외방노비질' 또는 '외방노비가' 따로 설정된 호적 자료의 '호노비'는 독립하여 독자적인 호를 구성하여 상전가의 인근에 거주하고 있으면서 수시로 앙역으로 차출되거나 앙역에서 전환된 노비였음을 알 수 있다. 이들이 때로는 '솔' 바로 다음에 '외방노비'와는 별도로 기재되기도 하고, 때로는 '외방노비질'에 포함되어 있기도 하나 '호'로 구분되어 있는 것은 바로 이러한 성격 때문이었을 것이다. 말하자면, '호노비'의 의미는 독립된 호를 구성하고 있는 노비인 것이다.

'독립된 호'라는 의미에서 호노비는 외거노비와 같은 성격을 지니고 있었다. 그렇기 때문에 외방노비질이 따로 설정되어 있지 않은 호적 자료의 '호노비'에는 외방노비까지 포함하여 기재되었던 것이다.

그러나 '외방노비질'이 따로 설정된 호적 자료에서는 독립된 호를 구성하고 있는 노비 중에서 외방노비 즉 타군현에 사는 노비가 여기에 기재됨에 따라 '호노비'에는 독립된 호를 구성하고 있는 노비 중에서 타군현에 살고 있는 노비를 제외한 노비만이 기재되어 앞에서 살펴본 바와 같이 상전과 같은 군현에 거주하는 노비 즉 상전가 부근에 살고 있는 노비만이 기재되었던 것으로 보인다. 상전가 부근에 사는 노비들은 양역노비에서 전환된 자들이 대부분이었을 것이며, 한편으로는 양역노비로 차출될 대상이기도 하였을 것이다. 말하자면 이 당시 '호노비'는 양역노비의 공급원이었던 셈이다.

반면에 '외방노비질'이 따로 설정되어 있지 않은 호적 자료의 '호노비'에는 외방에 거주하고 있는 자들까지 포함되어 있어 이들에게는 거주지를 기재해 두었던 것이다. 이리하여 '외방노비질'이 따로 설정되지 않은 호적 자료의 '호노비'에는 대부분 거주지가 기재되었던 것이다. 실제로 '외방노비질'이 설정되어 있지 않은 호적 자료의 '호노비'에 기재된 노비의 거주지의 대부분이 상전이 살고 있는 광주가 아닌 타 군현이었다.

이들 외거(호)노비들은 선대의 산소가 있는 경기도 고양을 제외하고는 모두 상전이 살고 있는 전라도에 많이 흩어져 살고 있었다. 이들의 거주지를 알아보기 위하여 〈표 7〉을 작성하였다.

〈표 7〉에 나타난 바와 같이 이 가문의 외거(호)노비가 거주하고 있던 지역은 경기도 고양을 제외하고는 모두 전라도에 국한되어 있었다. 이 집안의 외거(호)노비가 전라도에 국한된 것은 아마도 이 가문이 지방의 인미한 양반에 머물렀기 때문이었을 것이다.

고양은 이 집안이 광주로 이거하기 전의 거주지로 이신의를 비롯한 선대의 묘소가 있는 선산이 있었다. 따라서 이 가문에서는 이의 관리를 위하여 이곳의 노비를 유지하는데 많은 노력을 기울이고 있었다.

## 〈표 7〉 외거(호)노비의 거주지별 연대별 통계

| 지역 / 연도 | 강진 강진도 | 고달도 | 병영 | 지도 | 완도 | 남원 | 남평 | 보성 | 순천 | 영암 영암 | 마봉 | 모도 | 서안도 | 좌일 | 죽도촌 | 장수 | 장흥 대흥면 | 유치 | 함평 | 해남 해남 | 무역촌 | 홍 양삼도 | 광주 흑석 | 공수방 | 덕산촌 | 서남촌 | 내도포 | 담양촌 | 대구촌 | 외곡 | 용산촌 | 고양 |
|---|---|---|---|---|---|---|---|---|---|---|---|---|---|---|---|---|---|---|---|---|---|---|---|---|---|---|---|---|---|---|---|---|
| 1687 | 1 |  | 1 | 1 | 3 | 1 |  | 1 |  | 2 |  |  |  |  |  | 2 |  | 3 |  | 2 |  | 3 |  |  |  |  |  |  |  |  |  | 1 |
| 1690 | 1 |  | 1 | 1 | 5 | 1 | 1 | 1 |  | 2 |  |  |  |  |  | 2 |  | 3 |  | 2 |  | 3 |  |  |  |  |  |  |  |  |  | 1 |
| 1699 |  |  | 1 | 8 | 2 | 3 | 1 |  | 2 | 7 |  |  |  | 1 |  | 2 | 1 | 3 |  | 4 |  | 3 |  |  |  |  |  |  |  |  |  | 1 |
| 1702 |  |  | 1 | 9 | 2 | 3 |  |  | 3 | 7 |  |  | 1 | 1 |  | 2 | 1 | 3 |  | 4 |  | 3 |  |  |  |  |  |  |  |  |  | 1 |
| 1705 |  | 1 | 1 | 15 | 2 | 3 |  |  | 3 | 7 |  | 2 | 1 | 1 |  | 2 | 1 | 3 |  | 4 |  | 3 |  |  |  |  | 3 |  |  |  |  | 1 |
| 1708 |  | 1 | 1 | 14 | 2 | 2 |  |  | 3 | 7 |  | 2 | 1 | 1 |  | 2 | 1 | 3 |  | 4 |  | 3 |  |  |  |  | 3 |  |  |  |  | 1 |
| 1711 |  | 1 | 1 | 13 | 2 | 2 |  |  | 2 | 7 |  |  | 1 | 1 | 2 | 2 | 1 | 3 |  | 4 | 1 |  |  |  |  |  |  |  | 3 |  |  |  |
| 1723 |  | 1 | 1 | 9 | 2 |  |  |  | 2 | 6 |  |  | 1 | 1 | 3 | 2 | 1 | 3 |  | 1 |  |  |  |  |  | 2 |  |  | 2 |  |  | 2 |
| 1726 |  | 1 | 1 | 7 | 2 |  |  |  | 2 | 6 |  |  | 1 | 1 | 3 | 2 | 1 | 3 |  | 1 |  |  |  |  |  | 2 | 1 |  | 1 |  |  | 2 |
| 1741 |  | 1 | 1 | 7 | 2 |  | 2 |  | 2 | 6 | 3 |  | 2 | 1 |  | 2 |  | 3 |  | 1 |  |  | 1 |  |  |  | 1 | 1 |  |  |  | 2 |
| 1744 |  | 1 | 1 | 7 | 2 |  | 2 |  | 2 | 6 | 3 |  | 2 | 1 |  | 2 |  | 3 |  | 1 |  |  | 1 |  |  |  | 1 | 1 |  |  |  | 2 |
| 1747 |  | 1 | 1 | 7 | 2 |  | 3 |  | 2 | 6 | 3 |  | 2 | 1 |  | 2 |  | 3 |  | 1 |  |  | 1 | 2 |  |  | 1 | 1 |  |  |  | 2 |
| 1750 |  | 1 | 1 | 7 | 2 |  | 3 |  | 2 | 6 | 3 |  | 2 | 1 |  | 2 |  | 3 |  | 1 |  |  | 4 | 2 |  |  | 1 | 1 |  |  |  | 2 |
| 1753 |  | 1 | 1 | 7 | 2 |  | 3 |  | 2 | 6 | 3 |  | 2 | 1 |  | 2 |  | 3 | 1 | 1 |  |  | 7 | 2 |  |  | 1 |  |  | 3 | 1 | 5 |
| 1756 |  | 1 | 1 | 7 | 2 |  | 2 |  | 2 | 6 | 3 |  | 2 | 1 |  | 2 |  | 3 | 1 | 1 |  |  | 7 | 2 |  |  | 1 |  |  | 3 | 1 | 5 |
| 1759 |  | 1 | 1 | 7 | 2 |  | 2 |  | 2 | 6 | 3 |  | 2 | 1 |  | 2 |  | 3 | 1 | 1 |  |  | 7 |  |  |  | 1 |  |  | 3 |  | 4 |
| 1771 |  | 1 | 1 | 7 |  |  | 2 |  | 2 | 6 | 3 |  | 2 | 1 |  | 2 |  | 3 |  | 1 |  |  |  |  |  |  | 1 |  |  | 2 |  | 3 |
| 1777 |  | 1 | 1 | 7 |  |  | 2 |  | 2 | 6 | 3 |  | 2 | 1 |  | 2 |  | 3 |  | 1 |  |  |  |  |  |  | 1 |  |  | 1 |  | 2 |

1723년에는 지금까지 이곳에 살고 있던 노 세일이 죽자 그와 사비 사이에 낳은 노 명금을 매득하여 이를 관리하게 한 바 있었다.

고양에 거주하고 있는 노비를 제외하고는 모든 외거노비들이 전라도 내에 거주하고 있었는데, 상전이 살고 있는 광주 외에 강진, 남원, 남평, 보성, 순천, 영암, 장수, 장흥, 함평, 해남, 홍양 등 11군현에 분포하고 있었다. 이 중에서도 강진과 영암의 섬에 많은 외거노비들이 살고 있었는데, 이들은 사실상 도망 노비와 다름이 없었던 것으로 보인다. 이들 중 일부는 100세가 훨씬 넘을 때까지도 계속하여 '외방노비질'에 그대로 기재되어 있었기 때문이다.

이러한 현상은 상전가에서 멀리 떨어진 군현에 살고 있는 노비들도 마찬가지였다. 호적 자료에 따라서는 앞 식년에 기재되어 있는 외방노비의 대부분이 광주와 인근 군현에 살고 있는 자들을 제외하고 다음 식년의 호적 자료에 그대로 등재되어 있는 경우가 많았다. 〈표 7〉에서 앞식년의 거주 노비수가 다음 식년에 그대로 기재되어 있는 강진의 고달도, 병영, 지도, 완도와 영암, 영암의 마봉, 서안도, 장흥의 유치, 장수 등지에 거주하고 있는 노비들이 그러하였다. 이들의 대부분이 100세가 훨씬 넘을 때까지 계속하여 호적 자료에 등재되고 있었음을 감안하면 도망노비나 다름없었을 것이다. 이들의 대부분은 도망노비와 마찬가지로 도서 지방에 거주하는 자들이 많았음이 눈에 띈다. 이로서 본다면 이 가문의 외방노비에 대한 지배력은 지극히 미약하여 이미 그 한계를 드러내고 있었다 할 것이다.

한편, 광주 관내에 거주하는 노비는 1723년 이후에 집중적으로 나타난다. 이것은 이때부터 '호노비'와 '외방노비'가 분리되어 기재됐기 때문이었을 것이다. 광주 관내에 거주하는 노비는 이 이전에도 많이 있었을 것이다. 그러나 이들이 '호노비'로 통합 기록되면서 군현 단위로 거주지를 기록하는 관행에 따라 상전이 살고 있는 광주에 거주하는 노비는 거주지의 기재가 생략되었을 것이다. 따라서 이전의 호적 자료에서 거주지가 생략된 '호노비'의 대부분은 광주 관내에 거주하는 노비였을 것으로 생각된다.

외거(호)노비들은 대부분 같은 혈족끼리 같은 지역에 모여 살고 있었다. 강진 지도에 거주하고 있는 노비의 경우 비 예금 및 노 선손, 그리고 노 귀남의 소생들이었으며,[24] 순천에 거주하는 노비는 비 춘녀와 그 소생이었고,[25] 영암에 거주하는 노비는 반비 옥추의 소생과 그 자녀들이었다.[26] 영암 마봉에 사는 노비는 1705년~1708년 사이 모도에 살다가 1711년에 죽도촌으로 이거한 후 1741년에 이곳으로 다시 이거한 비 모난과 그의 자녀들이었다.[27] 영암 서안도에 살고 있는 노비는 비 해상과

24) 이들의 혈연관계는 다음과 같다.

그의 딸이었으며, 장수의 노비는 사롱과 사양 남매였다. 또 장흥 유치에 살고 있는 노비는 노 성필과 신필 형제, 그리고 이들과 혈연관계가 확인되지 않는 노 몽이었다. 해남에 살고 있는 노비는 호비 귀덕의 소생인 노 천일과 비 애진 및 그의 소생들이었으며,[28] 흥양 삼도에 거주

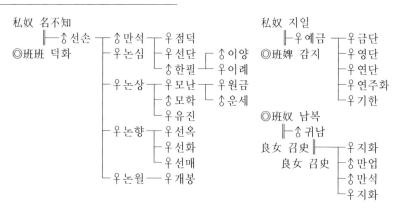

25) 이들의 혈연관계는 다음과 같다.

◎戶婢 춘비 ── 우춘녀 ┬ ♂선일
                      ├ ♂귀인
                      └ ♂선이

26) 이들의 혈연관계는 다음과 같다.

◎班婢 옥추 ┬ 우득화
            ├ 우애정 ┬ 우애생
            │        ├ 우해상 ─ 우종지
            │        ├ 우애상
            │        ├ 우애당
            │        ├ 우돌상 ─ ♂성기
            └ ♂순봉 └ 우점상

27) 이 들의 혈연관계는 다음과 같다. 논상의 선대 계보는 주 24) 참조.

◎班婢 논상 ── 우모난 ┬ 우원금
                       └ ♂운세

    모난과 그의 자녀들은 죽도촌에서도 함께 거주하고 있었다.

28) 이들의 혈연관계는 다음과 같다.

◎戶婢 귀덕 ┬ 우애진 ┬ ♂육만
            └ ♂천일 └ ♂을축

하는 노비는 호비 고온지의 딸 매심과 그의 아들 정복 및 이들과 혈연 관계가 확인되지 않는 비 상금이었다.

상전댁이 있는 광주에서 비교적 멀리 떨어진 강진과 영암의 여러 부속 도서와 순천, 장수, 장흥, 해남, 흥양 등지에 거주하고 있는 노비들은 대부분 사실상 도망노비와 다름없었다. 대부분 이들은 처음 외거로 기재된 이후 기재 내용이 거의 변함없이 1777년까지 외거 지역에 거주하고 있는 것으로 기재되어 있다. 1777년에 외거하고 있는 것으로 파악된 노비 43명의 최초 등재 호적 자료 작성 연대를 살펴보면 이들이 고양과 남평에 거주하고 있는 노비를 제외하고는 사실상 도망노비나 다름없었던 사정을 잘 알 수 있다. 〈표 8〉은 이를 살펴보기 위하여 작성한 것이다.

〈표 8〉 1777년 외거노비로 등재된 노비의 최초 등재 연도별 인원

| 연도 | 1687 | 1690 | 1699 | 1702 | 1705 | 1711 | 1723 | 1726 | 1741 | 1753 | 계 |
|---|---|---|---|---|---|---|---|---|---|---|---|
| 인원 | 9 | 1 | 12 | 1 | 7 | - | 2 | 2 | 3 | 5 | 43 |

〈표 8〉에 나타난 바와 같이 1777년에 외거노비로 등재된 노비 43명 가운데 31명(72%)이 이미 60년 전인 1711년 이전부터 호적 자료에 등재된 노비였다. 따라서 1777년 당시의 나이가 이미 100세를 넘긴 자들이 많았다. 예컨대 1687년에 51세로 등재된 비 춘화의 경우는 145세에 달하는 데도 그대로 등재되어 있었다. 이렇게 볼 때 적어도 1711년 이전에 등재된 노비는 모두 이미 사망했음이 틀림없다. 이러한 현상은 호적 단자를 작성하면서 외방에 거주하는 노비의 실제 생존 여부를 확인하지 않고 이전의 호시낙사를 그대로 전재한데 따른 깃으로 보인다.

1723년과 1726년에 처음 등재된 노비도 1777년까지 생존해 있을 가능성은 희박해 보인다. 1723년에 처음 등재된 노비는 2명이었는데, 이들은 1723년에 각각 42세와 14세여서 1777년에는 96세, 68세에 달하였다. 또,

1726년에 처음 18세와 11세로 등재된 노비 2명도 1777년에는 72세와 64세에 이르러 이미 사망하였을 것으로 추정된다. 이들을 사망한 것으로 보는 이유는 1777년에 작성된 호적단자에는 이들의 생년의 간지만이 기재되어 있으며, 실제 나이는 기재되어 있지 않기 때문이다.

그러나 1741년에 처음 등재된 노비 3명 중 1명과 1753년에 처음 등재된 노비 5명은 1777년까지 생존해 있을 가능성이 크다. 1741년에 처음 등재된 노비는 각각 31세와 29세, 19세였는데, 이들 중 2명은 1777년의 호구단자에 '故'로 기록되어 있고, 19세였던 노는 52세로 남평에 거주하고 있는 것으로 기재되어 있다. 또 1753년에 처음 등재된 5명은 모두 고양 원당에 살고 있었다. 남평과 고양 원당에는 이 가문의 산소가 소재하고 있어 이 가문에서 노비를 매득하여 산소를 관리할 정도로 각별히 관심을 기울이던 곳이었다.[29]

이렇게 본다면, 이 시기에 와서는 결국 산소가 있는 남평과 고양 원당을 제외하고는 모든 외방노비가 사실상 도망노비나 다름없었다 할 것이다.

### 3) 도망노비

이 가문의 호적 자료에서 도망노비의 기재는 〈표 6〉에 나타난 바와 같이 '도노비질', 또는 '도망노비질'이 별도로 설정되어 기재된 경우도 있으나, '외방노비질' 또는 '외방노비'에 포함하여 기재하고 이름 다음에 '逃'자를 주기하는 형태로 기재되어 있는 경우가 많았다. 호적 자료에 기재된 이들 도망노비의 수는 1705년까지 약간 증가하다가, 이후는 1771년까지 거의 그대로 고정되어 있으며, 1777년에는 약간 줄어들고

---

29) 1753년에 고양 원당에 살고 있는 노비는 1723년에 매득하여 고양 산소에 거주하고 있던 비의 자손이었다. 남평에는 護의 묘소가, 고양 원당에는 愼儀와 貞㐣의 묘소가 있다.

있으나 그 기재 내용은 1771년의 내용 그대로 이다. 1777년에 등재되어 있는 도망노비에는 나이는 물론 출생 연대를 표시하는 간지조차도 기록되어 있지 않다. 이들의 나이를 처음 기재되어 있는 호적 자료의 나이를 기초로 역산하면 거의 모두가 100세를 훨씬 넘는다. 이로 미루어 보면 도망노비의 파악은 호적 자료상에서 일 뿐이고, 실제로는 거의 파악이 이루어지지 않았다 할 것이다.

이들 도망노비들은 1708년 이후 부분적인 가감만 있을 뿐 큰 변화 없이 이후의 호적 자료에 거의 그대로 전재되어 있다. 1777년의 호적 자료에 도망으로 등재되어 있는 노비 33명의 최초 등재 연도를 살펴보면 이러한 사정을 잘 알 수 있다. 〈표 9〉는 이를 알아보기 위하여 작성한 것이다.

〈표 9〉 1777년 도망으로 기재된 노비의 최초 도망 등재 연도

| 연도 | 1687 | 1690 | 1699 | 1702 | 1705 | 1741 | 1744 | 1777 | 계 |
|------|------|------|------|------|------|------|------|------|-----|
| 인원 | 8 | 2 | 10 | 3 | 7 | 1 | 1 | 1 | 33 |

위 〈표 9〉에 나타난 바와 같이 1777년의 호적 자료에 도망노비로 기재되어 있는 노비 33명 가운데 30명(91%)이 1705년 이전에 이미 도망노비로 등재되었다. 1687년에 도망으로 등재된 노비는 모두 23명이었는데, 이들 중 8명이 90년이 지난 1777년까지 계속 도망으로 호적단자에 기재되고 있었던 것이다.

1687년에 도망노비로 등재되어 있는 8명도 실제 도망한 것은 이보다 훨씬 이전이었다. 이들 가운데 1640년과 1643년, 1667년에 도망한 자들이 1명씩, 1671년에 도망한 자가 2명, 도망한 연도가 기재되어 있지 않은 자가 3명이 있다. 1640년에 도망한 노비는 도망한 이후 무려 137년

이 지난 1777년에 작성된 호적 자료에까지 등재되고 있었다.

이들의 도망지는 대부분 상전가에서 멀리 떨어진 외방 군현, 그 중에서도 서남해의 섬이 압도적으로 많았다. 〈표 10〉은 노비의 도망 지역을 알아보기 위하여 작성한 것이다.

도망노비가 도망간 지역은 모두가 외방 즉, 상전이 살고 있는 광주를 벗어난 지역이었다. 이 가운데서 부평과 정선 등의 타도는 물론이고, 전라도에서도 강진, 광양, 순천, 영암 등 광주에서 멀리 떨어진 해안이나 섬에 집중되어 있었다.[30]

조선 후기에 해안이나 섬은 각 궁방이나 아문에 절수되어 궁방전이나 아문 둔전이 설치되어 있는 곳이 많았다.[31] 따라서 이러한 곳에는 도망노비나 죄를 짓고 도망한 사람들이 많이 모여들고 있었는데[32], 궁방이나 아문에서는 이들을 끌어 모아 궁방전이나 漁箭을 경영하고 있었다. 따라서 궁방이나 아문에서는 이곳으로 모여드는 사람들을 보호할 필요가 있었고 이를 위하여 추노를 금하였기 때문에 자연히 도망노비들이 이러한 지역으로 많이 모여들었다. 이 가문의 도망노비들도 이러한 사정으로 해안이나 섬으로 숨어들었던 것으로 보인다.

도망노비들도 외방노비와 마찬가지로 대개는 같은 노비의 형제나 자손들이 같은 지역으로 함께 도망하여 거주하고 있었다. 〈표 10〉에서 1777년에 도망노비 거주지로 나타나는 지역의 노비를 중심으로 이를 살펴보면 이러한 현상을 잘 알 수 있다.

---

30) 상전이 살고 있는 광주에서 가까운 담양, 창평, 옥과에도 도망노비가 있었는데, 이들은 처음 담양으로 도망한 노비와 그 소생들이 거처를 옮겨간 것이다. 이들은 상전의 추쇄를 피하여 옮겨 다닌 것으로 생각된다.
31) 『영조실록』권29, 영조 7년 5월 갑자.
32) 『영조실록』권73, 영조 27년 2월 기축.

〈표 10〉 도망노비의 거주지별 연대별 통계

| 지역 / 연도 | 강진 | | 광양대인도 | 나주 | 능주 | 담양부저 | 동복 | 무장 | 순천 | 영암 | | | 옥과엄동 | 임실 | 창평정중촌 | 해남 | 부평 | 정선 |
|---|---|---|---|---|---|---|---|---|---|---|---|---|---|---|---|---|---|---|
| | 담포 | 완도 | | | | | | | | 영암 | 노양촌 | 안매도 | | | | | | |
| 1687 | | | | | 1 | | | | 3 | 1 | | 2 | 2 | | | | 1 | 6 |
| 1690 | 2 | | | | 1 | | | | 3 | 1 | | 2 | 2 | | | | 1 | 6 |
| 1699 | 3 | 3 | 4 | | | 4 | 1 | | 3 | 2 | | 2 | 2 | | | | 1 | 3 |
| 1702 | 3 | 3 | 4 | | | 1 | 1 | | 3 | 2 | | 2 | 2 | 1 | 3 | | 1 | 3 |
| 1705 | 3 | 4 | 4 | | | 1 | 1 | | 3 | 2 | 6 | 2 | 2 | 1 | 3 | 1 | 1 | 3 |
| 1708 | 3 | 4 | 4 | | | | 1 | | 3 | 2 | 6 | 2 | 2 | 1 | 4 | 1 | 1 | 3 |
| 1711 | 3 | 4 | 4 | | | | 1 | | 3 | 2 | 6 | 2 | 2 | 1 | 4 | 1 | 1 | 3 |
| 1723 | 3 | 4 | 4 | | | | 1 | | 1 | 2 | 6 | 2 | 2 | | 4 | 1 | 1 | 3 |
| 1726 | 3 | 4 | 4 | | | | 1 | | | 2 | 6 | 2 | 2 | | 4 | 1 | 1 | 3 |
| 1741 | 2 | 4 | 4 | 1 | | | 1 | 1 | | 2 | 6 | 2 | 2 | | 4 | 1 | 1 | 3 |
| 1744 | 2 | 4 | 4 | 1 | | | 1 | 1 | | 2 | 6 | 2 | 2 | | 4 | 1 | 1 | 3 |
| 1747 | 2 | 4 | 4 | | | | 1 | 1 | | 2 | 6 | 2 | 2 | | 4 | 1 | 1 | 3 |
| 1750 | 2 | 4 | 4 | | | | 1 | 1 | | 2 | 6 | 2 | 2 | | 4 | 1 | 1 | 3 |
| 1753 | 2 | 4 | 4 | | | | 1 | 1 | | 2 | 6 | 2 | 2 | | 4 | 1 | 1 | 3 |
| 1756 | 2 | 4 | 4 | | | | 1 | 1 | | 2 | 6 | 2 | 2 | | 4 | 1 | 1 | 3 |
| 1759 | 2 | 4 | 4 | | | | 1 | 1 | | 2 | 6 | 2 | 2 | | 4 | 1 | 1 | 3 |
| 1771 | 2 | 4 | 4 | | | | 1 | 1 | | 2 | 6 | 2 | 2 | | 4 | 1 | 1 | 3 |
| 1777 | 1 | 4 | 4 | | | 1 | 1 | 1 | | 2 | 6 | 2 | 2 | | 4 | 1 | 1 | 3 |

　먼저 강진의 담포에 도망으로 기재된 노비 중 1690년에 도망한 노비 2명은 비 허금과 그 소생이었으며, 1699년에 등재된 노비는 이들과 혈연관계가 확인되지 않으며, 완도로 도망한 노비들은 서로 혈연관계가 없었다. 또 1699년에 담양 부저에 은거한 것으로 기재된 노비 4명은 노업이와 그의 소생이었는데, 이들은 1702년과 1708년에 담양에 이웃해 있는 창평 정중촌으로 다시 도망하였다.[33] 1777년에 도망으로 기재된 노비는 이들과 혈연관계가 없다. 1687년에 순천으로 도망한 노비 3명

---

33) 이들의 혈연관계는 다음과 같다.

◎ 班奴 업이 ┬ ⚤필경〈1699도 담양, 1702도 창평〉
　1699도, 담양 ├ ⚤필득〈1699도 담양, 1702도 창평〉
　1708도 창평 └ ⚤필상〈1699도 담양, 1702도 창평〉

중 2명은 모자간이었으나, 1명은 이들과 혈연관계가 없었으며, 영암으로 도망한 노비 역시 서로 혈연관계가 없었다. 영암 노양촌으로 도망한 노비들은 비 설금과 그의 5명의 자녀였으며,[34] 영암 안매도로 도망한 노비 역시 모자 사이였다. 옥과 엄동으로 도망한 노비는 형제 사이였으며, 창평 정중촌으로 도망한 노비가 담양 부저에서 이거해온 아버지와 그의 세 아들이었음은 이미 언급한 바 있다. 마지막으로 강원도 정선으로 도망한 노비는 노 옥룡 부녀와 복대 소생 3남매 및 이들과 혈연관계가 확인되지 않는 노 1명이었다.

지금까지 살펴본 바와 같이 도망노비들은 개별적으로 도망한 경우도 있지만 대체적으로 부모나 형제가 한 곳으로 도망하여 살고 있었다. 이러한 현상은 외방노비들이 대체로 부모나 형제가 같은 지역에 살고 있는 현상과도 일치한다. 그만큼 노비에 있어서도 가족 사이의 유대가 긴밀하였음을 말해주는 것이라 하겠다.

## 4. 맺음말

이상에서 전의 이씨 문의공파 종가에 소장되어 있는 호적 자료를 중심으로 지방 중소 양반의 노비 소유의 특징을 살펴보았다.

전의 이씨 문의공파 종가 소장 호적 자료의 분석 결과 호적 자료에 기재어 있는 노비수는 18세기 중반까지는 100명을 훨씬 상회하다가 18

---

34) 이들의 혈연관계는 다음과 같다.

◎班婢 설금 ── 우 금단〈1705逃節 영암노양촌〉
1705逃節   ── 金 검동〈1705逃節 영암노양촌〉
영암노양촌  ── 우 검덕〈1705逃節 영암노양촌〉
       ── 金 이언〈1705逃節 영암노양촌〉
       └─ 우 금선〈1705逃節 영암노양촌〉

세기 후반에 들어와 50~60명 수준으로 낮아지고, 1798년에는 5명으로 급감하고 있다. 이때의 5명은 모두 앙역노비로 외거노비와 도망노비는 호적 자료에서 모두 사라지고 없다. 호적 자료에 기재되어 있는 노비가 이렇게 급감한 것은 명목상으로만 기재되어 있던 외거노비와 도망노비를 계속 호적 자료에 기재해둘 필요성이 없어져 탈락시켰기 때문이다. 이 당시에 와서는 이미 노비의 신분 변동이 급격히 진행되어 솔거노비를 제외하고는 이들을 통제하거나 이들에게서 신공을 징수하는 것이 거의 불가능하게 될 정도로 사태가 심각해지고 있었던 사정을 반영한 것이다. 말하자면 이 시기에 들어와 노비의 장악력이 크게 떨어졌던 것이다.

이러한 노비 소유 경향은 조선 후기의 일반적인 양반 가문의 그것과 크게 다를 바 없다. 이 가문의 노비도 다른 가문과 마찬가지로 출생이 가장 큰 증가 요인이었으며, 노망이 가장 큰 감소 요인이었다.

솔거(앙역)노비의 수는 1687년의 11명에서 1798년의 5명까지 약간의 증감을 겪으면서 꾸준히 존속되고 있다. 최후까지 남아 있는 노비도 앙역노비였다.

솔거노비와 앙역노비는 그 성격이 서로 달랐던 것으로 보인다. 지금까지 살펴본 바로는 솔거노비는 상전댁의 호적에 올라 있으며, 동시에 상전과 같은 호에 거주하고 있는 노비를 의미하며, 앙역노비는 외거하고 있는 노비 중의 일부가 가족은 그대로 외거하여 살고 있으면서 상전 댁에 불려와 사역되는 자로, 이들의 호적은 외거하고 있는 가족과 함께 등재되어 있었던 것으로 생각된다. 또한 솔거노비에는 어린 노비와 나이든 노비가 앙역노비에 비하여 많은 반면, 앙역노비는 보다 노동력이 우수한 젊은 노비가 중심이었다. 솔거(앙역)노비는 어머니의 거주 형태를 따라 결정되는 것이 일반적이었다.

외거에서 솔거(앙역)로 전환한 노비들은 대부분이 이전에 솔거(앙역)

노비였거나 현재 솔거(앙역)하고 있는 노비의 소생이었으며, 이들이 외거하고 있는 지역도 대부분 상전댁에서 가까운 지역이었다. 이것은 이들에게 상전댁의 노비 지배력이나 파악력이 효과적으로 발휘될 수 있었기 때문이었을 것이다.

외거(호)노비는 전체 소유노비의 59%를 점할 정도로 그 비중이 높았으며, 따라서 그 증감의 폭 또한 컸다.

이 가문의 호적 자료에서 외거노비의 기재는 다른 가문의 호적 자료와는 달리 상당수의 호적 자료에서 외거노비를 '戶', 또는 '戶奴婢秩'로 구분하고 있다. 외방노비질이 설정되지 않은 호적 자료에서의 '호노비'는 외방노비를 포함하여 외거노비를 가리키는 용어였으며, '외방노비질'이 설정된 때의 '호노비'는 그 의미가 축소되어 앙역노비로 차출되거나 앙역노비에서 전환되어 상전댁 부근에 살고 있는 노비들을 의미한 것으로 파악되었다. 이들은 모두 독립된 호를 구성하고 독자적인 호적을 갖고 있었다.

외거노비들은 서남해의 섬 지방에 많이 살고 있었는데, 이들은 사실상 도망노비와 다름이 없었다. 이들은 대부분 같은 혈족끼리 같은 지역에 모여 살고 있었다.

도망노비는 대부분 상전댁에서 멀리 떨어진 외방 군현이나 서남해의 섬 지방에 압도적으로 많았다. 이들 지역은 추노가 어렵거나 금지되어 있을 뿐 아니라 도망하여도 생계를 유지할 길이 열려 있었기 때문이었다. 도망노비들도 외방노비와 마찬가지로 대개는 같은 노비의 형제나 자손들이 같은 지역으로 함께 도망하여 거주하고 있었다. 그만큼 노비들도 가족 사이의 유대가 긴밀하였음을 말해주는 것이라 하겠다.

# 참고문헌

## (1) 자료

『고려사』『조선왕조실록』『비변사등록』『승정원일기』『일성록』『경국대전』『대전속록』『대전후속록』『각사수교』『수교집록』『신보수교집록』『속대전』『대전회통』『대전통편』『신증동국여지승람』『증보문헌비고』『만기요람』『탁지지』『추관지』『사마방목』『국조방목』『부역실총』『양역실총』『호구총수』『정조병오소회등록』『전고대방』『추안급국안』『서원가고』『설재서원지』『필암서원지』『필암서원원적』『담양향교지』『장성향교지』『눌재속집』『수암지』『율곡전서』『미암일기초』『묵재일기』『홍재전서』『성호사설』『농포문답』『쇄미록』『목민심서』『무극집』『잡동산이』『덕봉선생문집』『언양김씨족보』『함양박씨세보』『함양박씨가장』『광산김씨족보』『전주이씨파보』『홍주송씨세보』『원주이씨세보』『금성나씨대동보』『선산유씨세보』『함평이씨족보』『신평송씨족보』『나주정씨족보』『전의이씨대동보』

『건륭사십이년십이월　일　육상궁노비병술이후을미지계추쇄도안』(서울대 규장각 18725)
『경북지방고문서집성』(이수건 편), 영남대 출판부, 1981
『경상도안동육상궁노비무술조수공성책』(서울대 규장각 18724)
『고문서』(서울대학교 규장각, 1993)
『고문서집성』(정신문화연구원)
『관노비관안』(서울대 고도서 4219-11, 4219-61, 4259-61, 4652-8)
『관노안』(일사 고5512-t'613g)
『광산김씨오천고문서』(최승희편), 성신문화연구원, 1982
『남원현첩보이문성책』(서울대 규장각 25033)
『내수사각방상하책』(서울대 규장각 19008)
『내시노비감공급대사목』(서울대 규장각 17203)

『박물관도록-고문서-』(전북대학교 박물관, 1998)

『부안김씨우반고문서』(한국정신문화연구원, 1983)

『영노비관안』(서울대 고도서 4652-11)

『완영병제총록』(서울대 규장각 4480)

『을해내시노비감공급대사목』(서울대 규장각 17203)

『전라병영이노작대성책』(서울대 규장각 4481)

『조선민정자료(목민편)』(內藤吉之助 편)(이문사, 1977)

『조선민정자료총서』(여강출판사, 1987)

『조선전기고문서집성』(국사편찬위원회, 1997)

『지방사자료총서』(여강출판사, 1987)

『추쇄도감의궤』(서울대 규장각 14934,5)

『충청도내시노비절목』(서울대 규장각 17226)

『팔도내노비을해절목중비구총수』(서울대 규장각 18981)

『하동부관노비적몰노비교노비계묘개식속안』(서울대 규장각 12319)

『해영송안』(서울대 고 5120-13-1)


## (2) 저서

강만길, 『조선후기 상업자본의 발달』, 고려대 출판부, 1973

강만길, 『조선시대상공업사연구』, 한길사, 1984

김용덕, 『향청연구』, 한국연구원, 1978

김용만, 『조선시대 사노비 연구』, 집문당, 1997

김용섭, 『조선후기농업사연구』 Ⅰ,Ⅱ(증보판), 일조각, 1990

김홍식, 『조선시대 봉건사회의 기본구조』, 박영사, 1981

송찬식, 『조선후기 사회경제사의 연구』, 일조각, 1997

송준호, 『조선사회사연구』, 일조각, 1987

유승원, 『조선초기 신분제 연구』, 을유문화사, 1987

육군사관학교 학국사연구실, 『한국군제사』, 육군본부, 1968

윤용출, 『조선 후기의 요역제와 고용노동』, 서울대 출판부, 1998

윤희면,『조서시대 서원과 양반』, 집문당, 2004

이성무,『조선초기 양반연구』, 일조각, 1980

李榮薰,『조선후기사회경제사』, 한길사, 986

이정수·김희호,『조선시대 노비와 토지 소유방식』, 경북대 출판부, 2006

이존희,『조선시대의 지방행정제도연구』, 일지사, 1990

이호철,『조선전기 농업경제사』, 한길사, 1986

정구복,『고문서와 양반사회』, 일조각, 2002

정석종,『조선후기 사회변동연구』, 일조각, 1983

정순목,『한국서원교육제도연구』, 영남대 출판부, 1977

지승종,『조선전기 노비신분연구』, 일조각, 1995

차문섭,『朝鮮時代軍制研究』, 단국대 출판부, 1973

천관우,『근세조선사 연구』, 일조각, 1979

최승희,『한국고문서연구』(증보판), 지식산업사, 1989

한영우,『조선전기사회경제연구』, 을유문화사, 1983

허흥식,『고려사회사연구』, 아세아문화사, 1981

김석형,『朝鮮封建時代農民の階級構成』, 日本 學習院 東洋文化研究所, 1957

田川孝三,『李朝貢納制の研究』, 日本 東洋文庫, 1964

和田一郎,『朝鮮土地制度及地稅制度調査報告書』, 1920

## (3) 논문

강만길,「조선 후기 雇立制의 발달」『韓國史研究』13, 1976

구병삭,「조선법제사특수연구」『우석대 문리법경대논문집』1, 1967

구완회,「조선중엽 사족얼자녀의 속량과 혼인-'미암일기'를 통한 사례
　　　검토-」『경북사학』8, 1985

김동수,「16~17세기 호남사림의 존재형태에 대한 일고-특히 정개청의
　　　문인집단과 지산서원의 치폐사건을 중심으로-」『역사학연구』
　　　7, 1977

김동인,「조선전기 사노비의 예속형태」『이재룡박사 환력기념 사학논

총』, 1992

김용덕, 「향규연구」『한국사연구』54, 1986

김인걸, 「조선후기 향안의 성격 변화와 재지 사족」『金哲埈博士 華甲 紀念史學論叢』, 1983

민병하, 「조선시대의 서원정책고」『대동문화연구』15, 1970

민병하, 「조선 서원의 경제구조」『대동문화연구』5, 1968

박노욱, 「16~18세기 부안김씨가의 재산 실태 연구」, 충남대학교 석사 학위논문, 1988

성주탁, 「회덕향약고」『백제문화』9, 1978

손숙경, 「조선후기 경주용산서원의 경제기반과 지역민 지배」『고문서 연구』5, 1994

송정현, 「필암서원 연구」『역사학연구』10, 전남대 사학회, 1981

안승준, 「16세기 이문건가의 노비사환과 신공수취」『고문서연구』16·17, 2000

안승준, 「1745·6년에 작성된 필암서원의 노비보」『고문서연구』4, 1993

이상백, 「서얼차등의 연원에 대한 문제」『진단학보』1, 1934

이상백, 「서얼금고 시말」『동방학지』1, 1954

이영훈, 「고문서를 통해본 조선전기 노비의 경제적 성격」『한국사학』9, 1987

이영훈, 「조선시대 솔거·외거노비 구분재고」『한국근대경제사의 성과』, 형성출판사, 1989

이영훈·안승준, 「1528년 안동부 주촌 호적단편」『고문서연구』8, 1993

이재룡, 「조선전기 노비의 연구」『숭전대논문집』3, 1971

이태진, 「서얼차대고」『역사학보』27, 1965

이해준, 「조선후기 영암지방 동계의 성립배경과 성격」『전남사학』2, 1988

임영정, 「조선초기 공천에 대한 연구」『사학연구』23, 1973

임영정, 「조선초기 보충군 산고」『현대사학의 제문제』, 1977

임학성, 「조선후기 호적대장에 보이는 사노비의 이중등재 양상에 대하여」『고문서연구』 3, 1992

정구복, 「고문서를 통해본 조선조 양반의 의식」『한국사학』 10, 1989.

정구복, 「조선초기의 고신(사령장) 검토」『고문서연구』 9·10 합집, 1996

정만조, 「17~18세기 서원·사우에 대한 시론」『한국사론』 2, 1975

정만조, 「조선 후기의 대서원 시책과 영조 17년의 사원훼철」『한국학논총』 9, 1984

정진영, 「조선 전기 안동부 재지사족의 향촌지배」『대구사학』 27, 1985

최완기, 「조선서원 일고-성립과 발달을 중심으로-」『역사교육』 18, 1975

최원규, 「조선 후기 서원전의 구조와 경영」『손보기박사정년국사학논총』, 1988

한상권, 「조선 후기 향촌 사회와 향촌 사회 조직 연구 현황」『한국중세사회 해체기의 제문제(下)』, 1987

한상권, 「16·17세기 향약의 기구와 성격」『震檀學報』 58, 1984

한영국, 「호남에 실시된 대동법(상)」『역사학보』 15, 1961

한영우, 「조선초기의 상급서리「成衆官」」『동아문화』 10, 1971

한우근, 「이조후기 공인의 신분」『학술원논문집(인문사회과학편)』 5, 1965

川島藤也, 「『丹城鄕案』에 대하여」『청계사학』 4, 1987

有井智德, 「李朝補充軍考」『조선학보』 21·22 합집, 1961

前間恭作, 「庶孼考」『조선학보』 5·6, 1953

田川孝三, 「李朝の鄕規について」『朝鮮學報』 76·78·81, 1975·1976

周藤吉之, 「高麗末より朝鮮初期に至る奴婢の研究一」『歷史學研究』 9-1, 1937

# 찾아보기

## 나

## 자

## 전형택(全炯澤)

서울대학교 사범대학 역사과 졸업(문학사)
서울대학교 대학원 국사학과 석사 및 박사(문학박사)
전남대학교 사범대학 역사과 교수

## 주요 논문

「19세기초 내시노비의 혁파」, 「한국 노비의 존재양태」 등 다수

## 주요 저서

『조선후기 노비신분연구』, 일조각, 1989
『노비, 노예, 농노』(공저), 역사학회편, 일조각, 1998
『우리 역사의 7가지 풍경(공저), 역사비평사, 1999 외 다수

# 조선 양반사회와 노비

2010년 5월 31일 1쇄 발행
2011년 10월 10일 2쇄 발행

지은이    전 형 택
펴낸이    한 신 규
편 집    이 은 영
펴낸곳    도서출판 문현
주 소    138-210 서울특별시 송파구 문정동 99-10 장지빌딩 303호
전 화    Tel.02-443-0211  Fax.02-443-0212
E-mail    mun2009@naver.com
홈페이지  www.mun2009.com
등 록    2009년 2월 24일(제2009-14호)

ⓒ전형택, 2010
ⓒ문현, 2010, printed in Korea

ISBN  978-89-94131-01-6  93910  정가 32,000원